V&R

Willy Christian Kriz

Lernziel: Systemkompetenz

Planspiele als Trainingsmethode

Mit 115 Abbildungen
und 1 Tabelle

Vandenhoeck & Ruprecht
in Göttingen

Die Deutsche Bibliothek – CIP-Einheitsaufnahme

Kriz, Willy Christian:
Lernziel: Systemkompetenz : Planspiele als Trainingsmethode /
Willy Christian Kriz. –
Göttingen: Vandenhoeck & Ruprecht, 2000
ISBN 3-525-45869-X

Umschlagabbildung: Eve Aschheim, *Hangar*,
1997, Öl auf Leinwand, 36 × 28 cm

Satz: Satzspiegel, Nörten-Hardenberg
Druck und Bindung: Hubert & Co., Göttingen

Inhalt

Zum Anliegen des Buches 9

Vorgeschichte . . . 9
Inhalte und Kerngedanken . . . 10
Das Problem: Menschen versagen bei der Gestaltung von Lebensräumen . . . 10
Eine Lösung – Förderung von Systemkompetenz . . . 11

Systemwissenschaften 17

Was ist ein System? . . . 18
Prinzipien systemischen Denkens . . . 20
Holismus und Verbundenheit der Elemente . . . 20
Prozeßhaftigkeit und Zielorientiertheit . . . 22
Offenheit von lebenden Systemen . . . 23
Rückkopplung . . . 24
Nichtlinearität und Nachhaltigkeit . . . 27
Selbstorganisation . . . 30
Chaostheorie und Attraktoren . . . 30
Stabilität und Veränderung . . . 33
Synergetik . . . 36

Konstruktivismus 45

Die systemisch-konstruktivistische Perspektive . . . 49
Triviale und nicht-triviale Maschinen – zwei Weltbilder im Vergleich . . . 49
Die Konstruktion von Realität . . . 57
Vom naiven Empirismus bis zum kritischen Rationalismus . . 59
Konstruktivismus . . . 62
Perspektivenvielfalt und Perspektivenwechsel . . . 66

Lernen und Kompetenzerwerb 72

Der Lernprozeß aus systemisch-psychologischer Sicht 73
Lernen ist ein selbstorganisierter Prozeß 73
Selbstorganisiertes Lernen und Experiential Learning 76
Lernen aus Sicht der konstruktivistischen Schematheorie Piagets 90

Gaming Simulation 96

Systemwissenschaften und Gaming Simulation 98
Konstruktion von Realität mit Gaming Simulation 101
Gaming Simulation und Experiential Learning 105
Durchführung und Debriefing von Planspielen 105
Entwicklung von Planspielen 107

Prozesse menschlichen Erlebens und Verhaltens – das Systemisch-Ökopsychologische Handlungsmodell (SÖHM) 111

Das Systemisch-Ökopsychologische Handlungsmodell und die Ökopsychologie 114
Die fünf Systembereiche des Systemisch-Ökopsychologischen Handlungsmodells 118
Systembereich Natur 118
Systembereich Körper 120
Systembereich Psyche 123
Gestaltpsychologie und Attraktoren der Wahrnehmung . . . 126
Sinnattraktoren – Musterbildungen der Kognition 133
Die Schematheorie von Bartlett 133
Die Theorie der persönlichen Konstrukte von Kelly . . . 135
Schemata, Skripts, Prototypen, mentale Modelle und Stereotype 136
Emotionale, motivationale und volitionale Attraktoren . . . 143
Die Affektlogik 146
Affektive Superzeichen 147
Probleme des Menschen mit der Umsetzung von Nachhaltigkeit 148
Systembereich Soziale Mitwelt 150
Handeln und soziales Handeln 150
Zielorientiertes Handeln in der Feldtheorie Lewins 153
Die soziale Konstruktion von Realität 155
Informationsaustausch und Semiotik 155
Soziale Repräsentationen 161

Attraktoren in der sozialen Mitwelt- Kommunikations- und Handlungsmuster 162
Normen und Rollen – Symbolischer Interaktionismus . . 164
Muster zirkulärer Kommunikation 169
Probleme des Menschen im Umgang mit komplexen dynamischen Systemen 176
Systembereich Technik 180
Gestaltung von Prozessen aus systemisch-psychologischer Sicht . 183

Das Trainingsmodell für Systemkompetenz 190

Ein universitäres Trainingsprogramm 193
Inhalte und Struktur des Trainingsprogramms 193
Lernziele des Trainingsprogramms 195
Techniken im Trainingsprogramm für Systemkompetenz 198
Techniken für Systemanalysen 199
Wirkungsgefüge, Feedback-Loops und Systemarchetypen . . 199
Das Systemisch-Ökopsychologische Handlungsmodell als Werkzeug 203
Synergetische Modelle 205
Techniken für Perspektivenvielfalt und Kommunikation 206
Perspektiven wechseln und »Verfremdung« 206
Metaphern und Geschichten 208
Metaphern für Reframing und Perspektivenwechsel . . . 209
Metapher für Ganzheitlichkeit und Vernetzung von Perspektiven 212
Metapher für die Interpunktion eines ganzheitlichen Prozesses 213
Metapher für die Effizienz von Kooperation statt Konkurrenzverhalten 214
Infragestellen der Realität 215
Feedback in Gruppen 215
Zirkuläres Fragen 219
Reflecting Team 222
Techniken für Problemlösen und Lernen 223
Prozeßplanung 223
Minimale Leittexte: Kartentechnik, Brainstorming, Bewerten von Vorschlägen und Kommunikationsübung . . 228
Lerntagebuch 232
Planspiele und Teamübungen im Trainingsprogramm für Systemkompetenz 234

»Klassische« Gaming Simulation-Anwendungen 234
World3–91 234
Ökolopoly 235
The Island 235
Slogan 236
Star Power 238
Bafa Bafa 238
Stratagem 240
Hex 241
Framegames – Beispiel »Reframing Organizations« 242
Structural Frame 243
Human Resource Frame 244
Political Frame 246
Symbolic Frame 247
Teamübungen 249
Trust Wave 249
Labyrinth 250
Debrief-Fragen 252
Beispiele zur Integration von Wissen, Techniken und Gaming Simulation im Trainingsprogramm 256
Das Planspiel »Fish Banks Ltd.« 256
Die Teamübung »Group Juggle« 264
Empirische Ergebnisse zur Effizienz des universitären Trainingsprogramms 270
Bewertung des Trainingsprogramms 271
Ergebnisse einer Pilotstudie 272

Danksagung 276

Literatur 277

Straßenbau-Planspiel 297

Zum Anliegen des Buches

Vorgeschichte

Der erste Impuls zu diesem Buch geht bereits auf das Jahr 1994 zurück. Nach dem Psychologiestudium an der Universität Wien war ich zwei Jahre als wissenschaftlicher Mitarbeiter bei der Wiener Internationalen Zukunftskonferenz (WIZK) beschäftigt. Mit der WIZK verfolgte die Stadt Wien das Ziel, praxisorientierte Empfehlungen für eine nachhaltige Entwicklung des städtischen Lebensraumes vorzuschlagen. Unter der Leitung anerkannter Wissenschaftler arbeiteten verschiedene Projektgruppen zu Themen wie Technologie, Verkehr, Gesundheit, politische Entwicklung zusammen. Die wissenschaftliche Gesamtleitung lag bei Dennis H. Meadows, Autor des bekannten Berichts an den Club of Rome »Die Grenzen des Wachstums« (Meadows et al. 1972) und von »Die neuen Grenzen des Wachstums« (Meadows et al. 1992). Aufgabenstellung der Psychologen in der Projektgruppe »Wissen und Handeln« (unter der Leitung von Giselher Guttmann) war es, menschliches Wissen und Handeln besser verstehbar zu machen und Trainingsmethoden zu entwickeln, die nachhaltiges, zukunftsorientiertes und verantwortliches Handeln konkret ausbilden oder verbessern können. Durch eine Integration des in der Psychologie vorhandenen Wissens (u. a. aus Lernpsychologie, Pädagogischer Psychologie, Organisations- und Umweltpsychologie) unter einer systemischen Perspektive wurde das »Systemisch-Ökopsychologische-Handlungsmodell« und das »Trainingsmodell für Systemkompetenz« formuliert (Guttmann et al. 1995). Forschend und durch eine Vielzahl von praktischen Erfahrungen mit Trainingsprogrammen zur Förderung von Systemkompetenz wurden beide Modelle in den letzten fünf Jahren[1] weiterentwickelt und insbesondere auf Verbindun-

1 Neben der Leitung von Workshops mit Lehrern und Schülern und mit unterschiedli-

gen zwischen Konzepten aus Psychologie, Systemwissenschaften, »Gaming Simulation« und »Experiential Learning« fokussiert. In diesem Buch geht es darum, was systemkompetentes Handeln bedeutet und wie Systemkompetenz mit der Planspielmethode gefördert und spielend erlernt werden kann.

Inhalte und Kerngedanken

Das Problem: Menschen versagen bei der Gestaltung von Lebensräumen

Unsere moderne Welt wird zunehmend komplexer. Dies zeigt sich nicht nur in Politik, Wirtschaft und Wissenschaft, sondern auch in vielen Bereichen des Alltagslebens. In den letzten Jahrzehnten zeigt sich auch, daß die Folgen zunehmender Komplexität (z. B. in den Informationstechnologien) die handelnden Menschen immer öfter an die Grenzen ihrer physischen und psychischen Belastbarkeit treiben. Eine Ursache für diese Entwicklung ist in der Tatsache zu sehen, daß Menschen, »obwohl sie sich in Systemen bewegen, selten systemisch denken und handeln. Aufgrund ihrer Schwierigkeit, Systeme (deren Komplexität, Beziehungen, Funktionen und Rückkopplungen) zu verstehen, unterlaufen Menschen in Handlungs- und Planungsprozessen beträchtliche Fehler« (Höfling 1994, S. 22). Für die zukunftsfähige Gestaltung unserer Lebenswelten sind somit noch erhebliche Optimierungen möglich.

Duke (1974, S. 5 f.; Übersetzung W.K.), einer der Väter des Gaming Simulation Ansatzes und Entwickler bekannter Planspiele, beschrieb bereits vor 25 Jahren einige der Probleme des Menschen im Umgang mit Komplexität: »Die heutigen Probleme sind komplex, sie umfassen komplizierte Systeme und interagierende Teilsysteme, deren Verständnis den normalen geistigen Horizont des Menschen übersteigt. ... Betrachtet man unsere großen städtischen Lebensräume, wie sie heute existieren, so erkennt man eine Vielzahl an Systemen und mögliche Ent-

chen Personengruppen in Organisationen (Führungskräfte, Verwaltungsbeamte, Personalentwickler usw.) basieren die Erfahrungen auch auf der – zum Teil kontinuierlichen – Durchführung von verschiedenen Trainingsprogrammen als Lehrveranstaltungen in der Ausbildung von Studenten an den Universitäten Linz, München, Osnabrück und Venedig.

wicklungsalternativen. ... Das Management einer solchen Umwelt erfordert eine holistische Perspektive und ... neue Kommunikationsformen.«

Diese Probleme hat auch die Europäische Union erkannt. Im Weißbuch der Europäischen Union »Wachstum, Wettbewerbsfähigkeit, Beschäftigung« (1993, S. 141) heißt es: »Das Grundprinzip der verschiedenen Maßnahmenkategorien muß die Nutzung des menschlichen Potentials im gesamten Verlauf des aktiven Lebens sein. ... Die ... Grundfähigkeiten reichen von der perfekten Beherrschung des Grundwissens (Sprachkenntnisse ...) bis hin zu technologischen und sozialen Fertigkeiten: Entwicklungs- und Handlungsfähigkeit in einem komplexen und von hoher Technologiedichte geprägtem Umfeld, das besonders durch die Bedeutung der Informationstechnologien gekennzeichnet ist; Kommunikationsfähigkeit, Kontakt- und Organisationsvermögen ...«

Interessant ist daran vor allem der Hinweis auf die Wichtigkeit sozialer Kompetenzen wie Kommunikationsfähigkeit und Organisationsvermögen. Aus der Analyse der Probleme und Fehlleistungen menschlicher Wahrnehmungs-, Denk- und Handlungsprozesse (Dörner 1989) ergeben sich verschiedene Fördermaßnahmen, die die Erlebnis- und Handlungsfähigkeit steigern können (Preuss 1991). Diese wichtigen Konzepte für die Entwicklung menschengerechter Planungsstrategien sowie für die Gestaltung und Organisation von Arbeitsprozessen schließen insbesondere die Förderung von Systemkompetenz mit ein. Systemkompetenz, das heißt Kompetenz im Umgang mit komplexen dynamischen Systemen, ist daher in vielen Bildungs- und Trainingszusammenhängen gefragt.

Eine Lösung – Förderung von Systemkompetenz

Um nachhaltiges und zukunftsorientiertes Handeln gezielt zu fördern, sollte künftig in allen Bereichen der Jugend- und Erwachsenenbildung, in Politik und Wirtschaft der Umgang mit komplexen, dynamischen Systemen geschult werden. Sowohl im persönlichen Umgang mit der eigenen Lebensumwelt, aber auch für die Handlungsalternativen von gesellschaftlichen Organisationen und Wirtschaftsbetrieben entscheidet die Verfügbarkeit an handlungsrelevantem Wissen und die Kenntnis von umsetzbaren Methoden und Prozessen darüber, ob und wie Wertschöpfungsmaßnahmen – bei einer gleichzeitigen Steigerung der Lebensqualität und Verringerung von Umweltschäden – verbessert werden können.

Das Konstrukt »Systemkompetenz« wurde erstmals von Schiepek formuliert und definiert (Manteufl u. Schiepek 1993, S. 25): »Systemkompetenz kann zusammenfassend in bewußt angelegter Doppeldeutigkeit als Kompetenz von Systemen für Systeme verstanden werden, als Kompetenz von Systemen für ihr eigenes Prozessieren und als Kompetenz für das Prozessieren anderer Systeme in ihrer Umwelt.« Schiepek (1997, S. 190 f.) zählt eine Reihe von Teilqualifikationen auf, die zu individueller Systemkompetenz beitragen und hier verkürzt vorgestellt werden sollen (vgl. folgende Auflistung).

(1) Berücksichtigung von Sozialstrukturen und Kontexten

- Kompetenz-, Rollen-, Aufgaben- und Auftragsklärung, Klärung von Erwartungen,
- Erfahrung in der Arbeit mit Teams, Teamfähigkeit,
- Delegieren können,
- Berücksichtigung von formellen und informellen Systemstrukturen- und regeln,
- Präsentation,
- Feedback geben,
- Spielregeln – z. B. von Therapien – kennen und einhalten bzw. gezielt thematisieren.

(2) Umgang mit der Dimension Zeit

- die Eigendynamik von Systemen kennen und nutzen,
- die sensiblen Momente und »Aufnahmebereitschaften« erspüren und fördern,
- Perspektiven, Orientierungen, Ziele entwickeln,
- Umgang mit den Grenzen der Planung, der Vorhersage, des Wachstums, der Veränderungsmöglichkeiten,
- Wechsel zwischen Aktion und Reflexion,
- Geduld, sich Zeit nehmen, Zeitdruck vermeiden,
- langsame Taktung, »hinter dem Klienten bleiben«,
- Entwicklung von Prognosen, Kenntnis nichtlinearer Prozesse,
- Kenntnis von Familien- und Lebenszyklen,
- Frequenz von Sitzungen/Interventionen systemangemessen gestalten,
- entkrampfter Umgang mit Irreversibilität, Unveränderbarkeit, Chronifizierung.
- Zeitrituale nutzen.

(3) Umgang mit der emotionalen Dimension

- Selbstverstärkung, Genuß, die »Sorge um sich«, Förderung der eigenen Lebensqualität,
- vorhandene Kräfte und Energien nutzen,
- Fokussieren, konzentrieren (nicht verzetteln),
- Beteiligungen, Zugehörigkeiten erzeugen, Schaffen von »Kulturen« und »corporate identities«,
- Umgang mit emotionalen Belastungen, konkrete Coping-Strategien,
- Nutzung von Hilfen, Informationen,
- Ambiguitätstoleranz (bei widersprüchlichen Wahrnehmungen und Wirklichkeitskonstruktionen, Paradoxien usw.),
- Engagement, eigene Motivationsklärung (Leistung nur, wenn man dahinter steht).

(4) Soziale Kontaktfähigkeit

- verständliche Sprache,
- Sensibilisierung für die Aufnahmebereit- schaft der Interaktionspartner,
- Flexible Selbstdarstellung, Gespür für Sprache, Regeln, Umgangsformen, Kulturen (multikulturelle Perspektive),
- Konfliktmanagement und Konfrontation,
- Interdisziplinäre Kooperationskompetenz,
- Unterstützung des Selbstwertgefühls (des eigenen und das der Kooperationspartner).

(5) Systemförderung, Entwicklung von Selbstorganisationsbedingungen

- Experimentieren,
- Fehlerfreundlichkeit,
- heuristische Kompetenzen (Informationssuche, Analogiebildung, Suchraumerweiterung),
- Nutzung von Ressourcen.

(6) Theoriewissen, systemtheoretische Methoden

- theoretisches Wissen,
- methodisches Wissen, Nutzung methodischer Vielfalt (von Hermeneutik zur Mathematik),
- Modellierungskompetenz,
- Komplexitätsreduktion (flexibel anpaßbare Modelle, Handlungsorientierung).

Die hier zugrunde gelegte allgemeine Begriffsdefinition lautet: *Systemkompetenz beinhaltet Grundhaltungen, Wissen, Handlungs- und Methodenkompetenz über das Wirksamwerden von Prinzipien der System-*

wissenschaften (z. B. Rückkopplung, Nichtlinearität, Selbstorganisation) in verschiedenen Lebenswelten. Bei der aktiven Gestaltung menschlicher Lebenswelten schließt systemkompetentes Wissen und Handeln insbesondere einen nachhaltigen Umgang des Menschen mit seinem Körper, seiner Psyche (kognitive und emotionale Fähigkeiten), seiner sozialen, technischen und natürlichen Umwelt mit ein.

Systemkompetente Fähigkeiten können nicht allein in traditioneller Weise erlernt werden. Unsere zum Teil praxisferne Schul- und Universitätsausbildung ist auch dadurch gekennzeichnet, daß in erster Linie Wissen im Frontalunterricht vermittelt und aus Büchern gelernt wird. Jene Unterrichtsformen (z. B. »Team Teaching«; Schulz-Wensky 1994; Rotering-Steinberg 1995), die in aktiver Weise das interdisziplinäre Erlernen und Üben von Handlungen ermöglichen sollen, fehlen weitgehend. Zudem ist unser Schulsystem mehr auf individuelle Leistungen hin ausgelegt, Teamfähigkeit und Konfliktlösungsstrategien können somit weniger gut vermittelt werden.

Eine sinnvolle Lernmethode zur Förderung von Systemkompetenz stellt die Vorgabe komplexer Probleme dar, die in einer Gruppe von Personen gemeinsam gelöst werden sollen. In dieser Weise können die Teilnehmer an Planspielen in der Praxis erfahren, welche Faktoren und Dynamiken in verschiedenen Lebenswelten wirksam werden. Damit wird das Denken in Systemen und die Fähigkeit gebildet, mit hochkomplexen Prozessen und Systemen adäquat umzugehen. Gleichzeitig werden soziale Kompetenzen erweitert, da die Entwicklung von effizienteren Kommunikations- und Organisationsstrukturen erprobt werden kann, was schließlich auch eine positive Auswirkung auf das emotionale Wohlbefinden zur Folge hat (W. Kriz u. Rizzi 1998). In diesem Buch wird zumeist der englische Fachbegriff »Gaming Simulation« benutzt und vom Begriff »Planspiel« getrennt. Zum einen geschieht dies deshalb, weil neben Planspielen im klassischen Sinn hier auch Team-Übungen, Rollenspiele und verschiedenste gruppendynamische Übungen eingesetzt werden. Gaming Simulation besitzt eine umfassendere Bedeutung und paßt somit inhaltlich besser. Zugleich meint Gaming Simulation auch wesentlich mehr als nur die Durchführung von Übungen, sondern auch den Bereich der Entwicklung von Fähigkeiten zur Leitung von Übungen und – das ist noch entscheidender – den Prozeß (und die Bildung der dafür benötigten Fähigkeiten) der Entwicklung von Übungen und Planspielen für eine bestimmte Problemstellung (Crookall u. Arai 1994). Der Begriff Planspiel wird hier nur benutzt, wenn die Durchführung einer Gaming Simulation Anwendung (Simulation Game) gemeint ist. Sieht man Gaming Simulation als prozeßhafte Konstruktion und Simulation, die zur Abbildung[2] dynamischer Realitäten in ein prozeßhaftes Modell dient, so wird hier auch schon die tiefe Verbindung zu einem systemischen Verständnis von Lebensphänomenen deutlich.

Als Lernprozeß wird im Training von Systemkompetenz das Konzept des »Experiential Learning« von Kolb (1984) favorisiert. In diesem Konzept spielen in einem vernetzten (Kreis-)Prozeß folgende Aspekte eine zentrale Rolle: Aktives Handeln und Ausprobieren von Plänen (application), die dadurch ermöglichten direkten Erfahrungen (experience), eine nachfolgende gründliche Reflexion über sachliche und gruppendynamische Aspekte des Erlebten (reflection) und die darauf aufbauende Bewertung, Definition von Konsequenzen und Generalisierung der Erkenntnisse für weitere Handlungsschritte (generalisation).

2 Die »Abbildung« ist jedoch als Konstruktion von Realität aufzufassen.

Systemwissenschaften

Phänomene wie »Selbstorganisation«, »Emergenz« oder »Strukturbildungsprozesse« und die dynamische Entwicklung von komplexen Systemen spielen schon seit längerer Zeit in der Physik, Chemie und Biologie eine wesentliche Rolle und bilden die Basis von Systemtheorie, Theorie dynamischer Systeme, Chaostheorie, Theorie der Fraktale (Küppers 1987; J. Kriz 1992; Peitgen 1990) und verschiedener Selbstorganisationstheorien, wie Synergetik (Haken 1984), Dissipative Strukturen (Prigogine u. Stengers 1981), Hyperzyklus (Eigen u. Schuster 1979) oder Autopoiese (Maturana u. Varela 1980). Auch in den Sozial- und Humanwissenschaften gewinnt eine systemische Perspektive bei der Erklärung psychischer und sozialer Dynamiken zunehmend an Bedeutung.

Dem systemtheoretischen Ansatz liegt die Vorstellung zugrunde, daß es prinzipiell allgemeine Gesetzmäßigkeiten gibt, die in allen Einzelwissenschaften gleichermaßen beschrieben werden können, wenn man die Strukturen der beobachteten Phänomene analysiert. Eine solche Perspektive ermöglicht es, vollkommen verschiedene Phänomene aus unterschiedlichen Lebensbereichen – etwa atomare, molekulare, zellulare, psychische, soziale Organisationsstrukturen und Prozesse – als Systeme zu betrachten, die gemeinsame Merkmale besitzen. »Letztlich gesehen, handelt es sich bei der Systemtheorie damit um eine Universalsprache, die Werkzeuge und Sichtweisen zur Beschreibung von Kraftwerken, Flugzeugen und Zeitungsrotationen, wie auch von Pflanzenzellen, Partnerschaftsbeziehungen und Organisationen bereitstellt« (Wagner 1995, S. 14). Die Systemtheorie ist somit ein multidisziplinär angelegter Ansatz, mit dem Ziel einer integrativen Zusammenarbeit verschiedener Wissenschaftsdisziplinen und hat daher auch ihrerseits unterschiedliche Wissensgebiete beeinflußt.

Was ist ein System?

Eine allgemein gültige Definition des Systembegriffs existiert nicht. J. Kriz (1985) definiert ein System – bezugnehmend auf Hall und Fagen (1956) – als Menge von Elementen (Objekten) und bestimmten Relationen zwischen diesen Elementen. Vester (1983a, S. 17) nennt einen Haufen Sand als Beispiel für das Fehlen wesentlicher Kennzeichen eines Systems. Ein Sandhaufen stellt deshalb kein System dar, weil eine »wichtige Eigenschaft eines Systems ist, daß seine Teile nicht wahllos nebeneinanderliegen, sondern zu einem bestimmten Aufbau vernetzt sind«. Ein Atom hingegen ist ein gutes Beispiel für ein System, in dem die Elemente (Elementarteilchen; z. B. Elektronen) nicht zufällig und beziehungslos zusammengewürfelt, sondern zu einem dynamischen und geordneten Wirkungsgefüge organisiert sind.

Die Antwort auf die Frage, welche Elemente zu welchem System gehören, oder was die Elemente eines bestimmten Systems sind, ist abhängig von der eingenommenen Perspektive des Erkenntnissubjekts und nicht objektiv gegeben. So gesehen besteht auch ein Sandhaufen, der auch aus Atomen besteht, aus einer Vielzahl von Systemen. Die Existenz von Systemen ist ebenfalls kein objektiv vorgegebener Sachverhalt, sondern abhängig von der eingenommenen Perspektive. Systemisches Denken beinhaltet auch eine konstruktivistische Erkenntnisposition, wonach wir die Realität über die Welt und ihre Phänomene aktiv selbst konstruieren (J. Kriz 1990a; Wallner 1990). Sowohl die Definition von Systemelementen als auch die Unterscheidung zwischen System und Systemumwelt ist somit abhängig vom Forschungskontext und den Interessen und Zielen in bezug auf die Erklärung von bestimmten Phänomenen. »Ein System wird immer erst dann als solches erkennbar, wenn es von einer Umwelt unterschieden werden kann, das heißt, es geht offenbar gar nicht ohne den Beobachter, der die Entscheidung darüber trifft, was er oder sie als ›System‹, was als Umwelt betrachtet. Systeme entstehen dadurch, daß ein Unterschied gemacht wird zwischen Elementen, die ›innen‹ (im System) und ›außen‹ (in der Umwelt) sein sollen« (v. Schlippe u. Schweitzer 1996, S. 54 f.).

In einer Definition des Systembegriffs von Willke (1983, S. 282) wird genau auf diese Unterscheidung zwischen Systeminnenwelt und Systemumwelt Bezug genommen. Für ihn kennzeichnet ein System »einen ganzheitlichen Zusammenhang von Teilen, deren Beziehung untereinander quantitativ intensiver und qualitativ produktiver ist, als ihre Beziehungen zu anderen Elementen. Diese Unterschiedlichkeit der Beziehungen konstituiert eine Systemgrenze, die System und Umwelt

Ebene	Elemente	Relationen	Beispiel
1	Person A, B, C . . .	Interaktion R1(1), R1(2), . . .	A: Peter, B: Fritz, R1(1): anschreien AR1(1)B: "Peter schreit Fritz an"
2 Meta-Ebene	R1(1), R1(2), . . . (oder AR1(1)B . . .)	Beziehungen zwischen den R1 also R2(1), R2(2), . . .	R1(2): weinen, R2(1): folgt auf R1(1)R2(1)R1(2): "auf anschreien folgt weinen"
3 Meta-meta-Ebene	R2(1), R2(2), . . . (oder w.o.)	Beziehungen zwischen den R2 also R3(1), R3(2), . . .	R3(1): häufiger (R1(1)R2(1)R1(2)) R3(1)(R1(1)R2(1)R1(1)) "auf anschreien erfolgt häufiger weinen als zurückschreien"

Abbildung 1: Betrachtungsebenen des Systems Familie
(aus: J. Kriz 1985, S. 232)

trennt.« Die Elemente und Beziehungen (Quantität und Qualität) zwischen den Elementen konstituieren demnach ein System und eine Grenze zur Systemumwelt. Somit sind analytische Trennungen, die ein Beobachter bei der Definition von bestimmten Systemen durchführt, immer die subjektive Herstellung von Realität mit dem Bestreben, eine pragmatisch adäquate Lösung anstehender Probleme zu ermöglichen, wobei aber diese geschaffene Realität nicht mit einer ontischen Wirklichkeit verwechselt werden darf. Bei der Frage nach dem »System Familie« können so – je nach Kontext – verschiedene Ebenen unterschieden werden (vgl. Abb. 1).

Auf Ebene 1 sind die Elemente Personen und die Relationen sind Interaktionen zwischen den Personen. Auf Ebene 2 werden genau diese Kommunikationen der Ebene 1 als Elemente betrachtet (Ebene 2 ist somit eine Metaebene von Ebene 1). Die Relationen von Ebene 2 sind Relationen von Relationen. Die 2. Ebene (und weitere Metaebenen) rückt somit (typische) Interaktionsmuster in der Familie als Systemverhalten in den Mittelpunkt des Erkenntnisinteresses.

Prinzipien systemischen Denkens

Holismus und Verbundenheit der Elemente

Ein wichtiges Konzept systemischen Denkens ist der Holismus und die Verbundenheit[1] der Elemente. Systeme werden als Ganzheiten angesehen und alle existierenden Phänomene werden in ganzheitlichen Zusammenhängen begriffen. Systeme sind folglich etwas anderes als die Summe ihrer Teile, was schon die Gestalttheorie und -psychologie formuliert hat. Die Teilkomponenten eines Systems wirken in einem Prozeß komplexer Vernetzung und Wechselwirkung zusammen, wobei durch dieses Zusammenwirken auch die Systemelemente neue Qualitäten erhalten. Ein System kann dabei wiederum selbst als Teilelement in einem System hierarchisch nächsthöherer Ordnung fungieren (bottom up-Sichtweise) oder es kann eine Ganzheit künstlich immer weiter in Elemente und Subsysteme aufgespalten werden (top down-Sichtweise). »Lebende Systeme sind so organisiert, daß sie Strukturen auf mehreren Ebenen bilden, wobei jede Ebene aus Untersystemen besteht, die in bezug auf ihre Teile Ganzheiten sind, und Teile in bezug auf die größeren Ganzheiten« (Capra 1991, S. 41). Ein Beispiel für eine solche hierarchische Ordnung von Systemen lautet: Atome ↔ Moleküle ↔ Zellen ↔ Lebewesen ↔ Ökosysteme.

Der systemische Ansatz geht sowohl analytisch als auch ganzheitlich vor. Einerseits werden übergeordnete Systemstrukturen in kleinere Teilkomponenten zergliedert, Grenzziehungen zwischen System und Umwelt durchgeführt und in verschiedene Systemebenen und Teilprozesse differenziert. Andererseits wird die Vernetzung dieser Elemente und Teile nicht vernachlässigt und immer wieder thematisiert und reflektiert. Im Bestreben, Aussagen über interessierende Phänomene zu machen, kommt man also nicht umhin, verschiedene Systeme voneinander zu unterscheiden, also analytische Trennungen in System und Umwelt, aber auch zwischen System und den bei der Emergenz (Entstehung) von Strukturen zusammenwirkenden Systemkomponenten vorzunehmen. Eine ausschließlich analytische Vorgehensweise der Trennung in Teilelemente ist aber schon deshalb keine zielführende Strategie, weil bei einer zu extremen Reduktion wesentliche Qualitäten des Ganzen und damit auch der Elemente verloren gehen.

---

1 Wenn von der Vernetzung von »Elementen« gesprochen wird, ist dies streng genommen bereits eine nicht-holistische Sichtweise, da bereits von einer analytischen Trennung in Elemente ausgegangen wird.

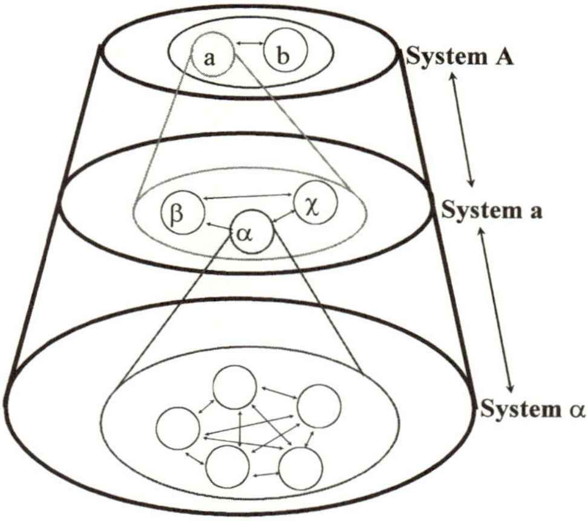

Abbildung 2: Vernetzte Systeme auf verschiedenen hierarchischen Ebenen

1) Verdeutlichung von Vernetztheit – »Tuchübung«

Eine Personengruppe steht im Kreis, wobei die Gruppenmitglieder ungefähr gleich großen Abstand zueinander halten. Gemeinsam hält die Gruppe ein großes rundes Tischtuch. Jede Person hält mit beiden Händen am Tuch fest. Das Tuch wird dabei fest gespannt. Dann wird ein Ball in die Mitte des Tuches gelegt. Nun dürfen die Personen die Hände heben oder senken (dabei weiter am Tuch festhalten). Dadurch wird der Ball in verschiedene Richtungen bewegt. Oft haben kleine Bewegungen große Wirkungen und der Ball verläßt die Tuchfläche. Die Gruppe soll aber versuchen, den Ball auf der Tuchfläche zu halten. Die Bewegung des Balls zeigt die dynamische Vernetzung von Systemen und Systemelementen. Veränderungen an einer Stelle des Netzwerkes wirken sich sofort auf andere Systeme oder Teilsysteme und auf das Systemverhalten aus.

2) Verdeutlichung komplexer Zusammenhänge – »Wollkneulübung«

Auch bei dieser Übung steht eine Gruppe im Kreis. Zu einer konkreten Frage bzw. Problemstellung wird die Gruppe gebeten die zentralen Variablen eines Wirkungsgefüges darzustellen. Jede der Personen repräsentiert eine Variable. Nun bekommt eine Person ein farbiges großes und zu einem runden Ball aufgewickeltes Wollkneul. Die Person versucht nun einen Zusammenhang der eigenen Variable zu einer anderen Variable herzustellen, benennt die Art und Weise der Vernetzung und wirft das Kneul dann zu der entsprechenden anderen Person weiter. Beispiel: Problemstellung ist die Erhöhung der Kundenzufriedenheit. Person A repäsentiert »Kundenbedürfnisse«, Person B »Zeitdruck«,

Person C »Personaleinsparungen« Person D »Gewinn des Unternehmes« usw. Person B beginnt, wirft das Kneul zu Person A und sagt: »Wenn das Personal unter großem Zeitdruck steht, hat es für das Eingehen auf spezielle Kundenbedürfnisse zu wenig Zeit zur Verfügung«. Person A fängt das Kneul auf und wirft dieses an D weiter und erklärt: »Die Kunden sind unzufrieden, wir verlieren Kunden und haben somit weniger Umsatz und Gewinn« usw. Natürlich kann man dieses Spiel auch für ganz andere Fragestellungen einsetzen. In jedem Fall soll mit der Übung die komplexe Vernetzung und Wechselwirkung verschiedener systemrelevanter Faktoren deutlich werden.

Prozeßhaftigkeit und Zielorientiertheit

Der systemtheoretische Ansatz betont – und dies ist eine weitere grundlegende Annahme – die Prozeßhaftigkeit. »Systeme« bilden untrennbar mit dem Aspekt »Zeit« eine Einheit. Sie bleiben als Prozesse in einer gewissen Zeit stabil oder verändern sich, und genau auf solche Entwicklungsprozesse richtet sich der Fokus der Betrachtung. Die Prozesse dynamischer Systeme werden zusätzlich unter dem Blickwinkel der Zielorientiertheit der Herstellung eines Fließgleichgewichts[2] oder einer stabilen Systemstruktur betrachtet.

Der Systembegriff selbst zielt eben nicht auf statische, sondern auf dynamische Phänomene. »Die Welt ist ein Prozeß. Sie ist nicht, sondern sie geschieht«, schreiben Cramer und Kämpfer (1991, S. 1), die der Zeit selbst eine zweifache Struktur zuschreiben. Demzufolge ist es nützlich, zwischen irreversiblen und reversiblen Prozessen zu unterscheiden: Der irreversible oder »evolutive« Aspekt der Zeit fokussiert auf »einmalige« Erlebnisse, wie etwa Geburt, Tod, Urknall, Freundschaft, Traum, Revolution und Kunstwerke. Diese zeitlich einmaligen, in ihrer speziellen Qualität nicht wiederholbaren Erlebnisse bedingen dabei unser Veränderungserleben. Letztlich ist jeder Moment in der Dynamik des Lebens in diesem Sinne »einmalig«, trotzdem erfährt der Mensch auch in großem Ausmaß zeitliche Stabilität.[3] Dieser zyklische oder periodisch wiederkehrende und damit reversible Aspekt der Zeit läßt sich an Phänomenen wie Herzschlag, Uhren, traditionellen Riten, Gezeiten, Tag-Nacht-Zyklen ermessen und bedingt das Erleben von Kontinuität

2 Häufig wird für »Fließgleichgewicht« in der systemwissenschaftlichen Literatur auch der synonyme Begriff »Homöostase« benutzt.

3 Stabilität oder Reversibilität wird vom Menschen auch durch die kognitive Reduktion von Komplexität und Kategorisierung von Erfahrungen hergestellt und ist genau genommen nur scheinbar vorhanden.

bis hin zu (einer scheinbaren) Starre und Unveränderlichkeit (J. Kriz 1997a).

Es stellt ein elementares, lebensnotwendiges Bedürfnis des Menschen dar, die unendliche Komplexität des Einmaligen zu reduzieren und geordnete, stabile oder reversible Prozesse zu konstruieren. Zyklische Prozesse garantieren Regelmäßigkeit, und diese Regeln sind die Grundlage für die Berechenbarkeit der Zukunft. Unterbrechungen der gewohnten Abläufe ermöglichen zwar Kreativität und Weiterentwicklung (vgl. die Redewendung vom kreativen Chaos), wirken aber zumeist auch bedrohlich im Sinne einer Störung der Ordnung. Eine als solche empfundene »Unordnung« oder der Verlust an Vorhersagbarkeit und Kontrollierbarkeit des Geschehens löst vielfach Angst und Unsicherheit aus.

Offenheit von lebenden Systemen

Systeme sind in ihrer Entwicklung bestrebt, stabile Systemstrukturen herzustellen. Ein stabiles System muß aber nicht zwangsläufig auch statisch sein, wie dies fälschlicher Weise oft angenommen wird. Schon der Begriff »Fließgleichgewicht« (v. Bertalanffy 1968) drückt zugleich auch Dynamik aus. Wie kann man sich eine solche dynamische Stabilität vorstellen? J. Kriz (1997a, S. 107) gibt dazu ein eindrucksvolles Beispiel vom System »Kerze« und vom System »Kerzenflamme«, das zur Veranschaulichung von dynamischer Stabilität dienen kann: »Elemente sind die Kerzen-Moleküle und die Relationen die räumlichen Beziehungen in der Anordnung dieser Moleküle. Solange sich die Moleküle und ihre räumliche Anordnung nicht ändern (wir z. B. den Kerzenstummel nicht verbiegen), betrachten wir dieses System als stabil. Bei der Kerzenflamme hingegen ist es keineswegs die zeitliche Identität der Moleküle, die für die Stabilität des Systems relevant ist. Vielmehr werden ständig Moleküle aus der Kerze aufgesogen, verbrennen . . . und diffundieren in den Raum. Von Augenblick zu Augenblick sind somit immer neue Moleküle am Geschehen beteiligt. Was stabil bleibt, wenn wir von ›der‹ Flamme sprechen, ist somit die Struktur dieses dynamischen Prozesses.«

Systeme sind hinsichtlich jener Prozesse, welche der betrachteten Dynamik zugrunde liegen, sinnvoll nur als offene Systeme zu verstehen, die mit ihrer Umwelt über aktive Austausch- oder Interaktionsprozesse verbunden sind (u. a. Austausch von Materie, Energie), wobei im

Rahmen psychischer und sozialer Systeme insbesondere Informationsaustauschprozesse eine wesentliche Rolle spielen. Lebende Systeme (u. a. Menschen) sind prinzipiell offene dynamische Systeme. Nach v. Schlippe und Schweizer (1996, S. 55) erklärt dies auch, daß sich wohl niemand wundern würde, wenn er am Auto eines Freundes eine Beule sieht, die nach einer Woche noch genauso vorhanden ist. Autobeulen sind nämlich eine Form statischer Stabilität. Verwunderlich würde es aber erscheinen, wenn man am Kopf eines Freundes eine Beule sieht, die nach einer Woche noch genauso sichtbar ist wie am ersten Tag. Zumindest würde man hier nachfragen, was derjenige hier getan oder nicht getan hat, um die Beule zu verheilen (Simon 1997). Der Kopf eines Menschen ist eine Form dynamischer Stabilität. Durch Körperprozesse wird eine Form (wieder)hergestellt und die Beule verschwindet. Pro Sekunde werden im Körper allein über 100 Millionen rote Blutkörperchen abgebaut und neue aufgebaut, Millionen Zellen sterben und werden neu erschaffen, die Körperform als Struktur einer Entwicklungsdynamik bleibt dabei relativ stabil. »Heilung« zeigt zugleich, daß lebende Systeme eine Eigendynamik besitzen, für die aber der Austausch mit der Umwelt über Systemgrenzen hinweg notwendig ist (z. B. durch Nahrungsaufnahme und Ausscheidung).

Rückkopplung

Die Wechselwirkung von System und Umwelt, aber auch das gemeinsame interaktive Zusammenwirken von Systemelementen innerhalb des Systems werden durch Rückkopplungsprozesse (auch Feedback oder Iteration genannt) realisiert. Rückkopplung ist ein zentraler Begriff, der aus der Kybernetik stammt (Wiener 1968; Ashby 1985) und bei sogenannten Regelkreisen eine wichtige Rolle spielt. Ein Anwendungsbeispiel ist die Temperaturkonstanthaltung in Kühlhäusern. Bei

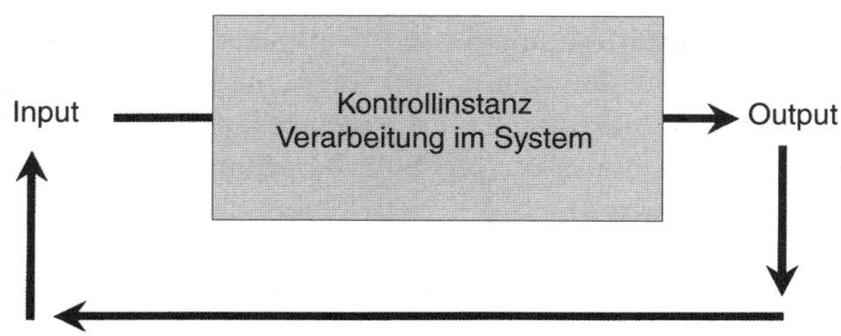

Abbildung 3: Darstellung einer einfachen Rückkopplungsschleife

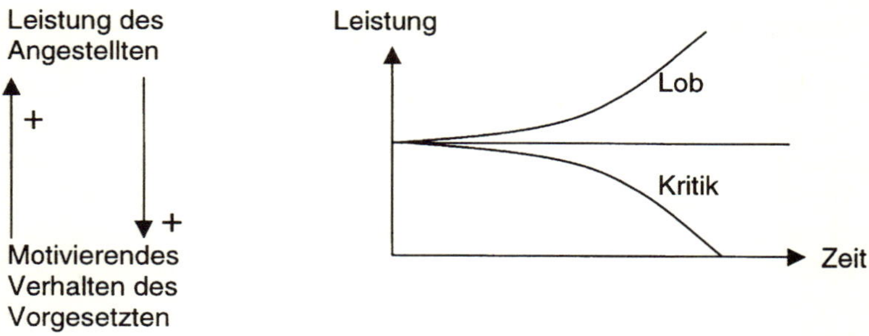

Abbildung 4: Positive Rückkopplungsschleife und Systemverhalten (übersetzt aus: Kim 1995, S. 14)

einem einfachen Regelkreis werden bestimmte Eingangsgrößen (Input aus der Umwelt in das System; z. B. Temperatur) mit einem Sollwert (angestrebter optimaler Zustand; z. B. –20°C) durch eine Kontrollinstanz verglichen. Dieser Vergleich führt dann zu einem bestimmten Verhalten des Systems (Output; z. B. »Kühlen«), was wiederum zu einer Veränderung der Systemumwelt führt und als neuer Input an das System zurückgemeldet wird (vgl. Abb. 3). Rückkopplungsprozesse ermöglichen sowohl die Aufrechterhaltung der Stabilität eines Systems (negative Rückkopplung) als auch in anderen Entwicklungsphasen die Veränderung von Systemen über selbstverstärkende Systemdynamik (positive Rückkopplung).

Homöostase (Fließgleichgewicht) wird durch negative Rückkopplungen sichergestellt (vgl. Abb. 5). Eine Abweichung vom Gleichgewichtszustand wird erkannt und löst in der Folge eine regulierende Handlung aus. Diese Regulation führt dazu, daß bestimmte Werte der Systemumwelt konstant gehalten werden. Wenn beim Auto etwa die Benzinanzeige unter einen kritischen Wert sinkt, fahren wir zur Tankstelle und füllen den Tank auf. Wird ein Kind in seinen Schulleistungen schlechter, meinen manche, Schläge als regulierende Maßnahme verwenden zu müssen, so daß das Kind wieder mehr lernt, sich mehr anstrengt und bessere Noten erlangt. Mit einer Maßnahme kann aber etwas ganz anderes erreicht werden als intendiert. Es kann – um bei dem Beispiel zu bleiben – auch zur Eskalation kommen. Das Kind könnte zurückschlagen, worauf die Eltern noch mehr schlagen, worauf das Kind noch stärker zuschlägt. Eine andere Folge der Schläge könnte sein, daß das Kind mit noch mehr Schulangst und weniger Leistungsmotivation reagiert und noch schlechtere Noten erlangt, worauf noch mehr Vorwürfe und Schläge der Eltern folgen. Diese Eskalation ent-

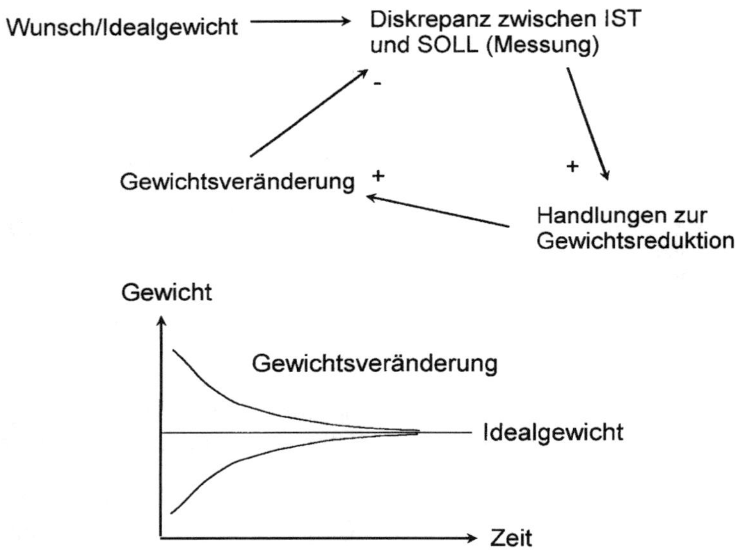

Abbildung 5: Negative Feedbackschleife und Systemverhalten in der Zeit

fernt das System immer weiter vom Gleichgewichtszustand und ist Ausdruck einer positiven Rückkopplung, wobei Wirkung und Rückwirkung gleichgerichtet sind (+). Ein bestimmtes Systemverhalten sinkt dadurch auf null oder steigt (theoretisch) ins Unendliche.[4]

In Abbildung 4 sind die Veränderungen in der Arbeitsleistung eines Angestellten dargestellt. Ein helfendes, motivierendes Verhalten (Lob) des Vorgesetzten führt zu besserer Arbeitsleistung, dieses zu mehr Lob, dieses wiederum zu besserer Arbeitsleistung. Umgekehrt führt verletzende Kritik zu geringerer Leistung, diese wieder zu mehr verletzender Kritik. Die Arbeitsleistung wird damit immer schlechter und tendiert gegen null.

Bei der negativen Rückkopplung sind Veränderungen aufgrund von Wirkung und Rückwirkung teilweise entgegengesetzter Richtung (–). Abbildung 5 zeigt als Systemverhalten die Veränderungen im Körpergewicht einer Person. Negative Rückkopplung bringt das System zum erwünschten Sollgewicht. Je nach Idealvorstellung ergibt sich eine Diskrepanz zwischen gemessenem Gewicht (Kontrollinstanz ist hier eine

4 Bei lebenden Systemen kommen in der Praxis keine isolierten positiven Rückkopplungen vor, sondern Kombinationen positiver und negativer Rückkopplungsschleifen.

Waage) und Idealgewicht. Eine große Diskrepanz (20 Kilogramm zuviel) führt (gleichgerichtet) zu einer großen Verhaltensänderung (z. B. Diät). Diese Verhaltensveränderung führt (gleichgerichtet) zu einer Veränderung des aktuellen Gewichts (um so stärker die Diätmaßnahmen, desto größer die Gewichtsveränderung). Die Gewichtsveränderung führt (gegengerichtet) zu einer Verringerung der Diskrepanz (2. Messung; je stärker die Gewichtsveränderung, desto kleiner die Diskrepanz; 10 Kilogramm abgenommen).

Nichtlinearität und Nachhaltigkeit

Eine lineare Entwicklung ist bei dynamischen Systemen selten und nur innerhalb begrenzter Zeitbereiche beobachtbar. Wenn Systeme oder Systemelemente in vernetzter, rückgekoppelter Weise zusammenwirken, treten in der Regel nichtlineare Dynamiken auf. Diese können sich etwa in exponentiellem Wachstum äußern. Ein Beispiel dafür ist das der Weltbevölkerung.

Exponentielles Wachstum wird von den meisten Menschen stark unterschätzt. Ein beliebtes Beispiel ist die Geschichte von einem König, der einem Weisen voreilig versprach, eine Menge an Reis zu verschenken, die dadurch bestimmt werden sollte, daß auf das erste Feld eines Schachbretts ein einzelnes Reiskorn gelegt würde. Jedes weitere Feld sollte eine Verdoppelung der Reismenge bedeuten, so daß am Ende allein auf dem letzten, 64. Feld über 400 Milliarden Tonnen Reis liegen würden, das entspräche der Weltreisernte von 1000 Jahren. Solche und andere nichtlineare Veränderungen sind typisch für Systemprozesse. Unkontrolliertes Wachstum kann schließlich zu einem Zusammenbruch des Systems führen, wenn bestimmte Grenzen überschritten oder Ressourcen der Systemumwelt aufgebraucht sind. Die Möglichkeit von Systemzusammenbrüchen spricht unsere Verantwortung als Menschen an, eine lebenswerte Zukunft für uns und unsere Nachkommen sicherzustellen. Handlungen, die diese Lebensfähigkeit unterstützen, werden »nachhaltig« genannt. Nachhaltigkeit (Sustainability) meint den »Zustand eines Systems, das sich so verhält, daß es (nach menschlichem Ermessen) über unbeschränkte Zeiträume ohne grundsätzliche oder unsteuerbare Veränderungen (Zusammenbrüche) im Rahmen seiner gegebenen Umwelt existenzfähig bleibt ...« (Meadows et al. 1972, S. 300). Um den Kollaps eines Systems zu vermeiden und Nachhaltigkeit zu gewährleisten, sind daher negative Rückkopplungsschleifen notwendig.

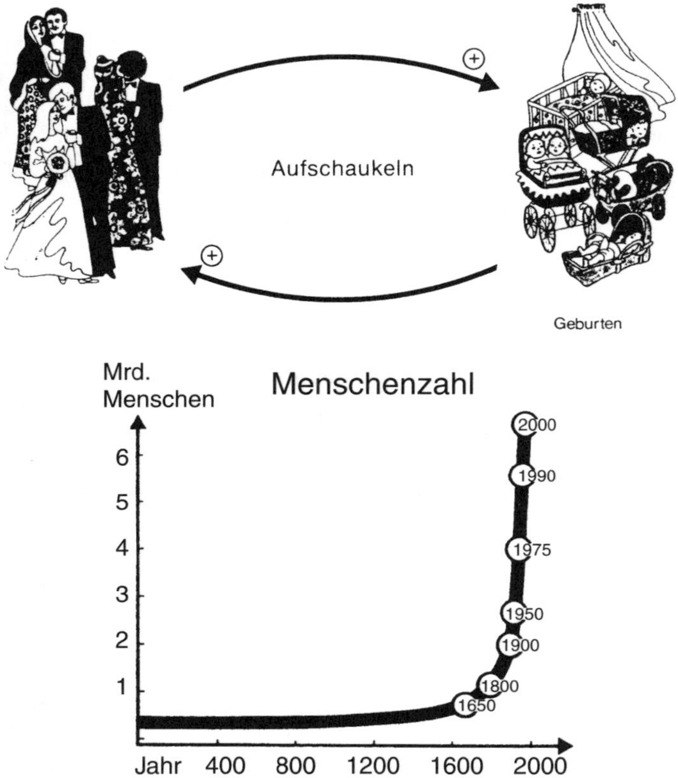

Abbildung 6: Positive Rückkopplung beim Bevölkerungswachstum führt zu einer nichtlinearen Zunahme der Bevölkerung (Vester 1983a, S. 57)

In komplexeren Systemen sind häufig eine Reihe von verschiedenen positiven und negativen Rückkopplungsschleifen kombiniert. Bei der erwähnten Kerzenflamme gibt es eine positive Rückkopplung (Vester 1983b, S. 59 f.): Je größer die Flamme wird, desto mehr Wachs schmilzt und wird vom Docht aufgenommen. Je mehr Wachs im Docht ist, desto größer wird wiederum die Flamme. Warum wächst demnach die Flammengröße tatsächlich nicht unendlich an? Abgesehen davon, daß die Wachsressourcen der Kerze begrenzt sind, existiert in diesem System auch eine negative Rückkopplung: Je größer die Flamme wird, desto schneller verbrennt das Wachs im Docht. Der Nachschub an Wachs kommt nicht mehr mit und der Docht selbst verglimmt und wird kürzer. Dadurch wird die Flamme wieder kleiner. Das Zusammenspiel der bei-

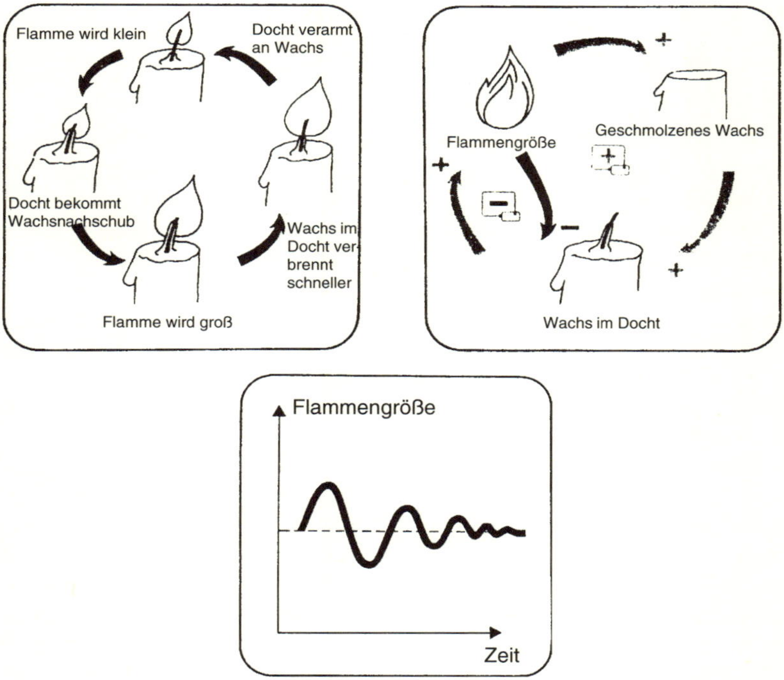

Abbildung 7: Veränderung der Flammengröße in der Zeit
(aus: Vester 1983b, S. 60)

den Rückkopplungsschleifen führt zum »Flackern«. Das System pendelt sich aber in kurzer Zeit auf ein konstantes Gleichgewicht zwischen Verbrennung und Wachszufuhr ein.

Eine andere Erscheinungsform nichtlinearer Prozesse sind die tatsächlich auch häufig beobachteten plötzlichen Entwicklungssprünge. Dabei werden Systemstrukturen in einer diskontinuierlichen selbstorganisierten Dynamik verändert und neue Ordnungszustände herausgebildet, oder Systeme sind durch eine chaotische Dynamik gekennzeichnet. Nichtlineare Systemprozesse können sich in einer Weise entwickeln, die sich dann der Vorhersagbarkeit, Berechenbarkeit und Kontrollierbarkeit entziehen. Die vom Menschen künstlich geschaffenen Veränderungen und dadurch ausgelösten Zerstörungen unserer natürlichen Lebensgrundlagen sind auf solche unkontrollierten Wachstumsprozesse zurückzuführen. Ein besonderes Problem ergibt sich aus der Irreversibilität mancher Prozesse.

Selbstorganisation

Chaostheorie und Attraktoren

Die Systemwissenschaften untersuchen die dynamische Entwicklung von Systemen im Wechselspiel von Stabilität und Veränderung oder chaostheoretisch ausgedrückt das Zusammenwirken von Ordnung und Chaos. Systeme zeigen in ihrer Entwicklung sowohl strukturbildende Prozesse, die eine gewisse zeitliche Stabilität garantieren, als auch strukturzerstörende Dynamik, die Instabilität und zeitliche Entwicklung ermöglicht. Die Chaostheorie beschäftigt sich mit dynamischen nichtlinearen Systemprozessen (J. Kriz 1992; Cramer 1988; Küppers 1987; Peitgen u. Richter 1986). Insbesondere das Konzept des »Attraktors« ist für das weitere Verständnis der in dieser Arbeit dargestellten Konzepte von zentraler Bedeutung.

Eine gute Ausgangsmöglichkeit zum besseren Verstehen der Dynamik von Systemen bietet ein Beispiel aus der Populationsdynamik (J. Kriz 1992). Eine Tierpopulation besitzt die Größe N_t (Anzahl der Tiere zum Zeitpunkt t). Ist ein bestimmtes N als Ausgangswert gegeben und ist die Wachstumsrate a (Geburtenüberschuß) der Population bekannt, so kann das Wachstum zum Zeitpunkt t+1 leicht berechnet werden. Ist $N_t = 1000$ und $a = 0{,}3$ (30 %), so ist $N_{t+1} = 1300$ ($1000 + 1000 \times 0{,}3$). Bei positivem a würde die Population in das Unendliche wachsen, bei negativem a würde die Population aussterben. Dies bedeutet eine positive Rückkopplung mit dem bereits bekannten Systemverhalten. Realistischerweise muß noch ein weiterer Parameter b eingeführt werden, der die Erschöpfung der Ressourcen (z. B. Nahrung der Tiere) ausdrückt. Dabei ist b natürlich selbst wieder von N, der Größe der Population, abhängig (je mehr Tiere, desto geringer die Ressourcen). Daraus ergibt sich die grundlegende Gleichung der Populationsdynamik: $N_{t+1} = N_t + (a - bN_t)N_t$. Auch die Interaktion mehrerer Populationen (Konkurrenz, Symbiose u. a.) kann mit ähnlichen Gleichungen beschrieben werden. Bleiben wir aber bei der Grundgleichung. Die Berechnung der Populationsgröße für spätere Zeitpunkte (t_1, t_2, t_3, usw.) kann man auch als mathematische Rückkopplung (Iteration) begreifen. Für den angenommenen Wert $a = 0{,}3$ zeigt die Berechnung, daß N nach wenigen Iterationen eine feste Größe erreicht, nämlich $N = a/b$, unabhängig von verschiedenen Ausgangsbedingungen für N_t. Einen solchen stabilen Wert, auf den ein Prozeß (z. B. durch negative Rückkopplung) zuläuft, nennt man »Attraktor«. Ein Attraktor ist also mit dem Fließgleichgewicht vergleichbar.

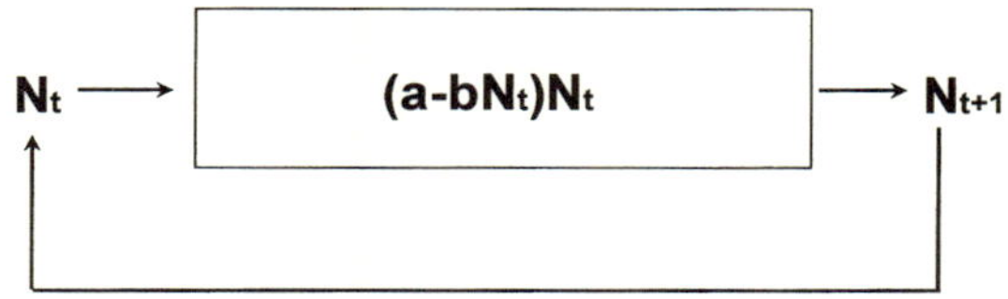

Abbildung 8: Iterative Darstellung der Populationsdynamik

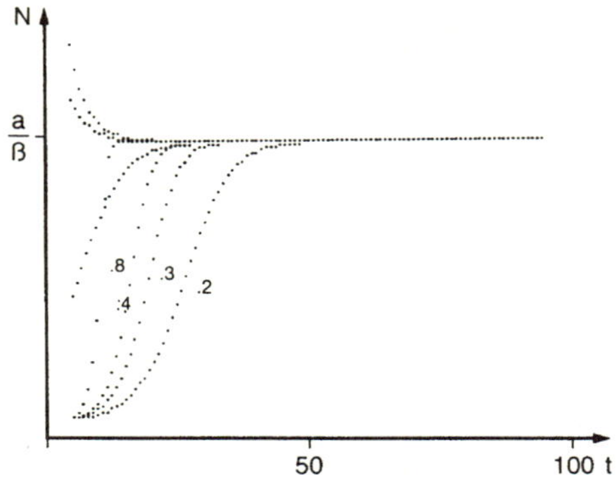

Abbildung 9: Entwicklung einer Population für unterschiedliche a und N_t
(aus J. Kriz 1992, S. 27)

Erhöht man a, ergeben sich ab einer bestimmten Größe verschiedene neue Phänomene im Systemverhalten. Zunächst kann ein »Einpendeln« um den Attraktor beobachtet werden. Das Oszillieren der Populationsgröße N um den Attraktor a/b dauert dabei um so länger, je größer a ist. Bei einem a > 2 wird der einzelne Attraktor-Wert (sog. Punktattraktor) gar nicht mehr erreicht, sondern es ergibt sich eine stabile Oszillation (zyklische Dynamik) zwischen zwei Werten (sog. Grenzzyklus der Periode 2). Mit weiter steigendem a verdoppeln sich die Perioden (dem 2er Zyklus folgt ein 4er, 8er, 16er Zyklus usw.).

Die Periodenverdoppelungen erfolgen dabei in immer kürzeren Abständen, die einer Gesetzmäßigkeit unterliegen. Bezeichnet man die Abstände zwischen zwei kritischen a-Werten mit $d_1, d_2, \ldots d_i$, dann gilt $d_i/d_{i+1} = 4{,}669201\ldots$ Diese Größe wird Feigenbaumzahl genannt und ist eine universelle Konstante. Alle Systeme folgen auf dem Weg ins Chaos über Periodenverdoppelungen dieser Gesetzmäßigkeit.

Ab einem Grenzwert von a = 2,5699... tritt ein neues Phänomen auf. Es gibt keine weiteren Periodenverdoppelungen. Die Folge zeigt keine Regelmäßigkeit mehr, sondern ein unberechenbares Schwanken, das »deterministisches Chaos« genannt wird. Unter bestimmten Bedingun-

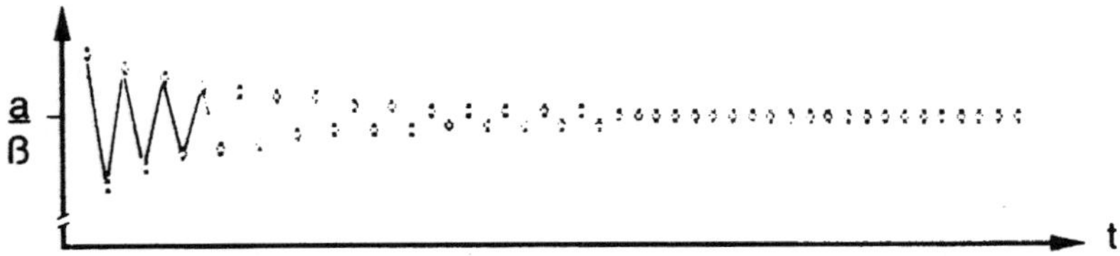

Abbildung 10: Populationsdynamik für a = 1,9 (aus: J. Kriz 1992, S. 29)

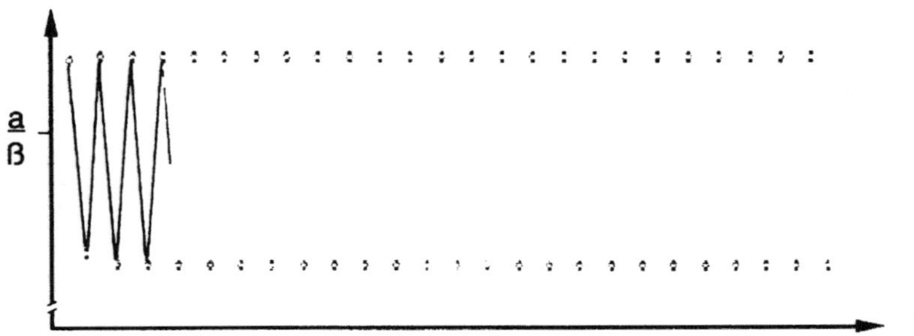

Abbildung 11: Populationsdynamik für a = 2,2 (aus: J. Kriz 1992, S. 29)

gen existiert somit ein stabiles Systemverhalten. Ein Attraktor garantiert Berechenbarkeit und Stabilität. Unabhängig von Ausgangsbedingungen (verschiedenes Anfangs-N) wird ein finaler Gleichgewichtszustand angestrebt (J. Kriz 1997a). Diese stabile Endstruktur (Attraktor) ist sogar gegen Störungen resistent. Abweichungen werden kompensiert (man kann etwa ein paar Tiere zur Population dazugeben oder wegnehmen), nach wenigen Zyklen ist der Attraktor wieder erreicht. In anderen Phasen der Systementwicklung hingegen zeigt sich Chaos. Das Systemverhalten wird unberechenbar und reagiert extrem empfindlich auf Störungen und unterschiedliche Ausgangsbedingungen.

Abbildung 12 zeigt das »Feigenbaum-Szenario«. Auf der Abszisse sind die Werte für a aufgetragen, auf der Ordinate die Werte der Attraktoren. Zunächst kann man erkennen, daß nur ein einzelner Attraktor existiert, dann folgen immer schneller die Periodenverdoppelungen und danach der chaotische Bereich. In diesem chaotischen Bereich existieren jedoch »Fenster der Ordnung«, also Bereiche, in denen wieder stabile Grenzzyklen (Attraktoren) existieren, die wieder, bei weiter erhöhtem a, über Periodenverdoppelung ins Chaos führen. Eine solche Selbstähnlichkeit – in einem Teil ist das Ganze enthalten – ist typisch für fraktale Strukturen. Fraktale entstehen aus der Anwendung des Iterationsprozesses auf geometrische Operationen.

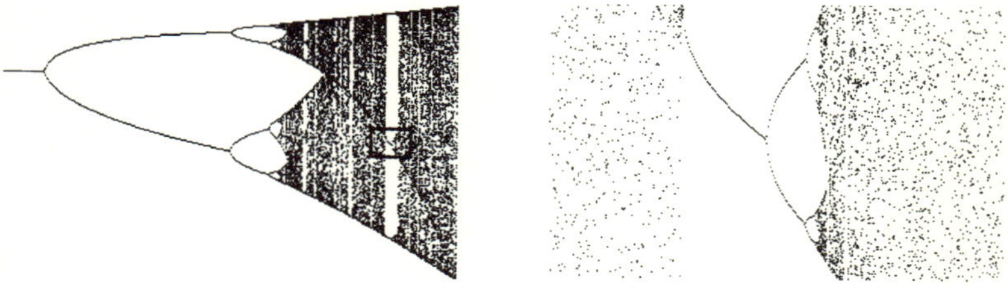

Abbildung 12: Links: Feigenbaum-Szenario; Rechts: Vergrößerung eines Bildausschnitts

Stabilität und Veränderung

»Man kann . . . die ungeheure Bedeutung der Stabilitätsfrage daran erkennen, daß einerseits faktisch alle Phänomene dieser Welt als Prozesse angesehen werden müssen, andererseits alle stabilen Strukturen – »Formen«, »Zustände«, »Dinge«, »Regeln« – und natürlich auch die Voraussagbarkeit und Verläßlichkeit von Phänomenen, an stabile, periodische Dynamiken geknüpft sind . . . Welt, so wie sie ist, hinreichend evolutionär und stabil, ist somit nur im Wechselspiel zwischen Chaos und Struktur möglich« (J. Kriz 1992, S. 39). Die Dynamik oder Stabilität eines Systems kann – auch mathematisch korrekt – als Veränderung einer Kugel in einer Potentiallandschaft veranschaulicht werden (Haken 1983).

Bei stabilem Gleichgewicht liegt die Kugel in einer »Potentialmulde«. Kleine Störungen (Auslenkungen der Kugel) werden kompensiert. Die Kugel wird ein paar Mal hin und her rollen und wieder in der Mulde liegenbleiben, vergleichbar mit der Oszillation um den Punktattraktor, bis dieser schließlich erreicht wird. Beim instabilen Gleichgewicht liegt die Kugel auf einem »Potentialhügel«. Bereits kleinste Störungen führen zu einer großen Veränderung. Diese Veränderung bedeutet dabei keineswegs nur Chaos, sehr viel wahrscheinlicher ist in der Regel die Bildung von neuen stabilen Strukturen, das heißt das System konvergiert zu einem neuen Fließgleichgewicht (Attraktor), wie es Abbildung 14 darstellt.

Abbildung 14 zeigt auch, daß bei komplexeren Systemen Attraktoren mehrdimensional sein können. Sehr schnell sind dann die Grenzen der graphischen Darstellungsmöglichkeit überschritten. Abbildung 15 zeigt die Schematisierung eines Grenzzyklus der Periode 2. Hier schwankt das System zwischen zwei stabilen Gleichgewichtszuständen (den beiden Mulden).

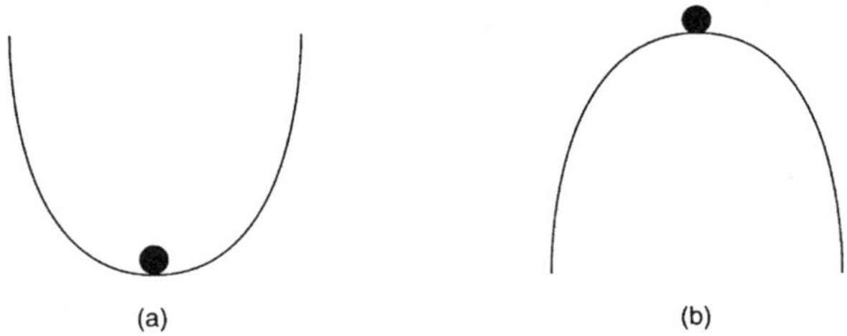

Abbildung 13: a) links: stabiles und b) rechts: instabiles Gleichgewicht (aus: J. Kriz 1992, S. 38)

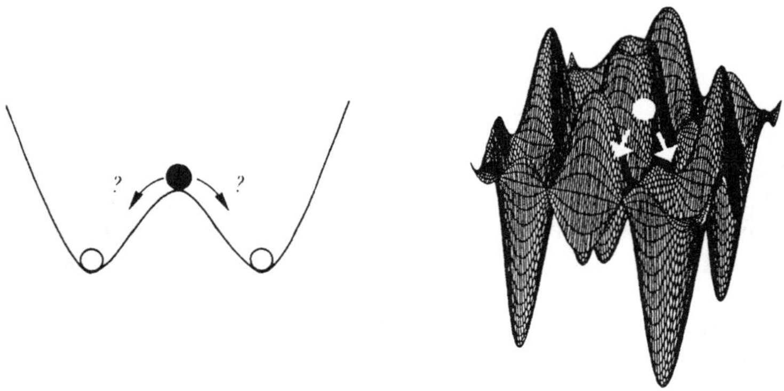

Abbildung 14: Veränderung des Systems, hier sind mehrere Attraktoren möglich (links aus: Haken 1995a, S. 127; rechts aus: Haken 1995b, S. 198)

Bei komplexeren Systemen sind zusätzlich sogenannte chaotische oder seltsame Attraktoren möglich. Dies bedeutet, daß in manchen Dimensionen des Systemverhaltens Chaos und zugleich in anderen Dimensionen Stabilität vorhanden ist. Um diese Dynamik zu veranschaulichen, kann man das Verhalten eines Systems im sogenannten Phasenraum verfolgen. Der Phasenraum wird aus jenen Dimensionen aufgespannt, die zur Beschreibung des Systems dienen sollen. Jeder momentane Zustand des Systems wird durch einen Punkt in diesem Phasenraum geometrisch veranschaulicht. In der zeitlichen Entwicklung (als kontinuierlicher Prozeß betrachtet) ergeben sich durch die Verbindung der Punkte miteinander Linien oder Kurven, die »Trajektorien« genannt werden. Bei einem Fixpunktattraktor werden die Trajektorien zu einem bestimmten Endpunkt »hingezogen«.

Beim Lorenz-Attraktor, einem chaotischen Attraktor, bleiben die Trajektorien auch in einem festgelegten Bereich des dreidimensionalen

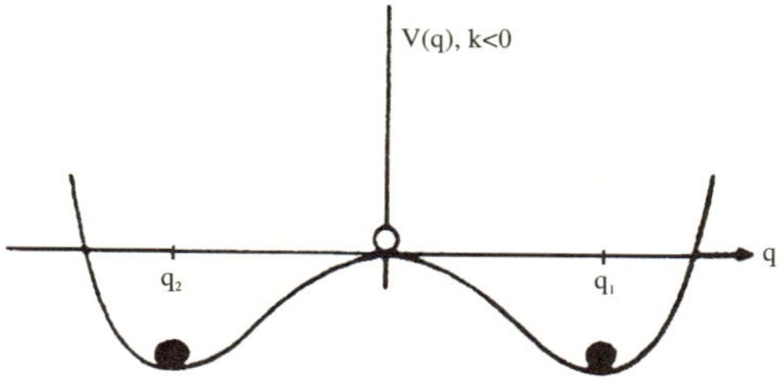

Abbildung 15: Grenzzyklus der Periode 2 (aus: W. Kriz 1993, S. 24)

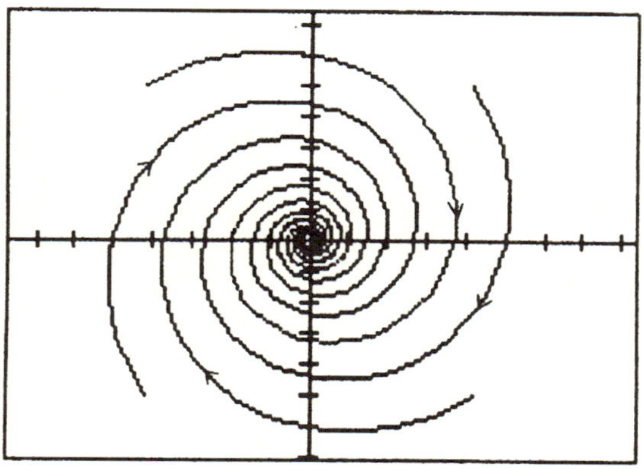

Abbildung 16: Attraktor im Phasenraum. Die Trajektorien gehen von vier verschiedenen Anfangswerten aus, um den Punktattraktor zu erreichen (aus: Tschacher 1990, S. 49)

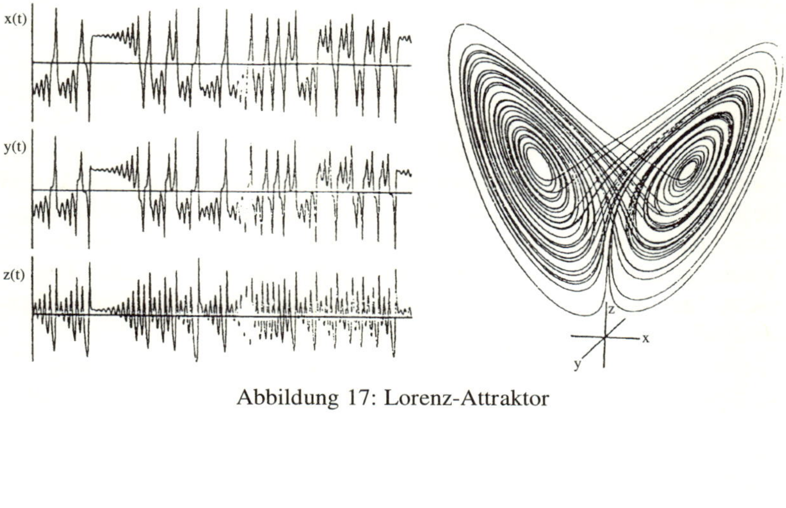

Abbildung 17: Lorenz-Attraktor

Phasenraumes[5], es ergibt sich immer die charakteristische Flügelform. Da es sich um einen Attraktor handelt, werden die Trajektorien »in die Nähe gezogen« und bilden diese Form. Das Chaotische an diesem Prozeß ist aber, daß die Bahnen (Trajektorien) in der zeitlichen Dynamik unberechenbar von einem »Flügel« zum anderen springen. Die Zeitpunkte des Umspringens sind nicht vorhersagbar (vgl. J. Kriz 1992).

Synergetik

Das Konzept der Selbstorganisation wurde ursprünglich in jenen Zweigen der Naturwissenschaften entwickelt, die sich mit dynamischen Systemen beschäftigen. Es existieren eine ganze Reihe von verschiedenen Selbstorganisationstheorien, so die Theorie der »Dissipativen Strukturen« (Prigogine u. Stengers 1981; Nicolis u. Prigogine 1987), der Ansatz der »Autopoiese« (Maturana u. Varela 1987; Maturana 1982, 1990) oder eine Autopoiese-Theorie von Roth (1992), die Katastrophentheorie (Zeemann 1976) und die Theorie des Hyperzyklus (Eigen u. Schuster 1979; Mechsner 1990). Alle diese Ansätze weisen Gemeinsamkeiten, aber auch Unterschiede auf, die hier nicht speziell diskutiert werden sollen (vgl. W. Kriz 1993).

Insbesondere aber die Selbstorganisationstheorie der Synergetik von Haken (1981) spielt eine essentielle Rolle. Die Synergetik (oder: »Die Lehre vom Zusammenwirken«) wurde von dem Physiker Haken (1981, 1992a) im Zusammenhang mit der ebenfalls von ihm stammenden Theorie des Lasers begründet. Ganz allgemein untersucht die Synergetik Systeme, die (a) offen gegenüber ihrer Umwelt sind, (b) nichtlineares dynamisches Verhalten zeigen und (c) aus vielen Systemkomponenten bestehen, die miteinander interagieren und kooperieren, so daß selbstorganisierte Entwicklungen von Systemstrukturen möglich sind. Die Synergetik beschränkt sich nicht auf physikalische Systeme. »Ganz allgemein untersucht die Synergetik, wie Teile in einem System zusammenwirken und ihr Verhalten selbst organisieren, wobei das Ganze spezielle Ordnungszustände oder Strukturen erhält . . . Ein wesentlicher Gesichtspunkt der Synergetik ist, daß sie nach allgemeingültigen Prinzipien sucht, unabhängig davon, ob es sich bei den Teilen des Systems um Atome, Moleküle, Zellen oder sogar Menschen handelt« (Haken

5 Die Trajektorien schneiden sich nicht wirklich, der Eindruck entsteht nur durch die zweidimensionale Abbildung.

1984, S. 2 f.). Ein Vorzug der Synergetik liegt auch darin, daß für ihre Konzepte detaillierte mathematische Ausformulierungen vorliegen, so daß sie – zumindest in den Naturwissenschaften – über eine bloß anschauliche Darstellung von systemischen Zusammenhängen hinausgeht und exakte Voraussagen über die Entwicklung von Systemen ermöglicht. In den Humanwissenschaften und auch in der Psychologie sind die Möglichkeiten derartiger empirisch gewonnener Prognosen jedoch noch sehr beschränkt, da in diesen Wissenschaften nur wenige theoretische Kalküle in meßbarer und quantifizierbarer Form vorliegen (vgl. J. Kriz 1992). Dennoch leistet die Synergetik auch hier einen wesentlichen Beitrag zu einem besseren Verständnis interessierender Prozeßverläufe (vgl. Haken 1991; Haken u. Stadler 1990; Tschacher 1990; Tschacher et al. 1992; Haken u. Haken-Krell 1994).

Das Konzept der Selbstorganisation ist eingebunden in die systemtheoretische Fragestellung wie Veränderung, Entwicklung und Differenzierung von Systemen in ihrer Dynamik angemessen beschrieben werden können. Dabei sind die qualitativen Veränderungen von Systemen und deren Strukturen von besonderem Interesse. Entscheidend für das Phänomen der Selbstorganisation ist aber nicht nur ein vernetztes Zusammenwirken von Teilkomponenten, sondern ». . . die Grundidee besteht zunächst darin, dasjenige an oder in einem System als selbstorganisiert zu bezeichnen, was ihm nicht von außen aufgeprägt oder aufgezwungen wird, sondern was im und durch das System selbst erzeugt wird« (an der Heiden 1992, S. 72). Selbstorganisation bedeutet eine Struktur- bzw. Ordnungsbildung des Systems (vgl. Abb. 18).

Selbstorganisation eines Systems liegt aber nur dann vor, wenn die speziellen vom System erzeugten Strukturen in den vernetzt zusammenwirkenden Systemprozessen selbst begründet sind. Externe Einflüsse aus der Umwelt des Systems sind dabei nicht in ihren eigenen strukturellen Aspekten von Bedeutung für den ausgebildeten geordneten Systemzustand. Zwar spielen Umgebungsbedingungen insofern ei-

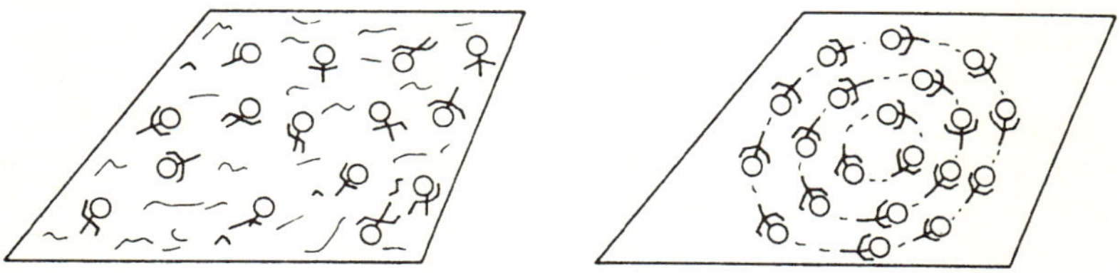

Abbildung 18: a) links: Schwimmer in einem Becken – ungeordnete Bewegung; b) rechts: geordnete Schwimmbewegungen der Schwimmer (aus: Haken 1995a, S. 53)

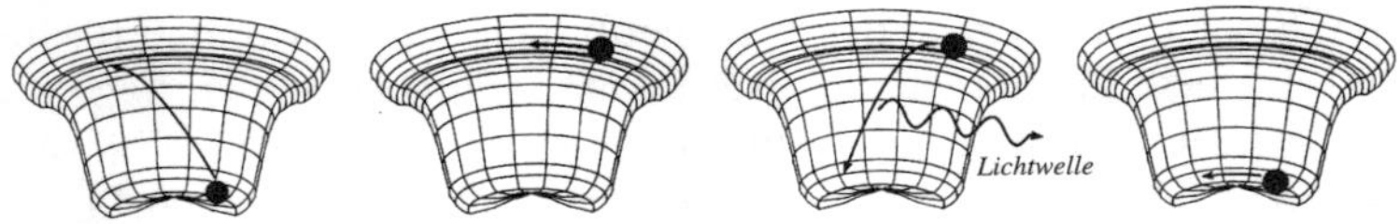

Abbildung 19: Dynamik des Elektrons (Kugel), Erklärung im Text (aus: Haken 1995b, S. 72)

ne wesentliche Rolle, als Selbstorganisationsprozesse nur unter bestimmten Randbedingungen auftreten. Aber es sind nur Bedingungen für die Bildung von Strukturen von außen vorgegeben, nicht die gebildete Struktur selbst. »Fremdorganisiert« würde man Systemprozesse nennen, die dem System hauptsächlich von außen als Struktur »aufgezwungen« werden (wenn die Schwimmer in Abb. 18 etwa unter Androhung von harten Strafen zu den geordneten Kreisbahnen gezwungen würden), wobei zu berücksichtigen ist, was in einem bestimmten Kontext jeweils als System oder als Umwelt betrachtet wird. Die System-Umwelt Relation ist aber noch in einem weiteren Sinne wichtig: Systeme selektieren aktiv für ihre Selbstorganisationsdynamik aus jenen Randbedingungen, die von der Umgebung zur Verfügung gestellt werden. Dieses Verhältnis von System und Umwelt wird »Interdependenz« genannt (Krohn u. Küppers 1992). Selbstorganisation ist nur in offenen Systemen möglich (Prigogine 1981).

Die Terminologie der Synergetik soll im folgenden beispielhaft am System »Laser« erklärt werden, mit dem Haken ursprünglich die Strukturbildung in dynamischen Systemen untersuchte. »Während in einer Lampe die angeregten Atome völlig ungeordnete Lichtwellen aussenden, sozusagen wie Spaghetti, gelingt es den Atomen im Laser eine völlig gleichmäßige gigantische Lichtwelle, sozusagen wie einen Makaroni, zu erzeugen« (Haken 1995b, S. 197). Wie kann der Übergang vom chaotischen Licht der Lampe in das geordnete Laserlicht erklärt werden? Der Laser ist ein offenes System, weil von außen ständig Energie (elektrischer Strom) zugeführt wird. Dadurch werden die Elektronen der Atome angeregt. Vereinfacht gesagt nehmen die Elektronen Energie auf und gehen von inneren Bahnen auf äußere Bahnen über. Nach der Quantentheorie fällt ein Elektron aber in einer nicht vorhersagbaren Zeit auf die niedrigere Bahn zurück und sendet dabei Energie in Form einer Lichtwelle aus.

Bei der normalen Lampe senden die Atome unabhängig voneinander Lichtwellen aus. Dieser Zustand wird auch »mikroskopisches Chaos« genannt. Grundlage für das Laserlicht ist aber eine makroskopisch geordnete Lichtwelle. Dabei stimmen die Atome ihr Emissionsverhalten

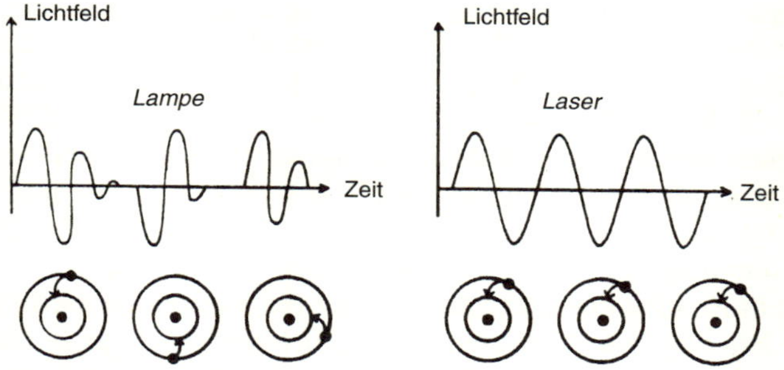

Abbildung 20: Lampe und Laser; oben: die erzeugten Lichtwellen; unten: Bahnübergänge der einzelnen Elektronen (aus: Haken 1987, S. 136)

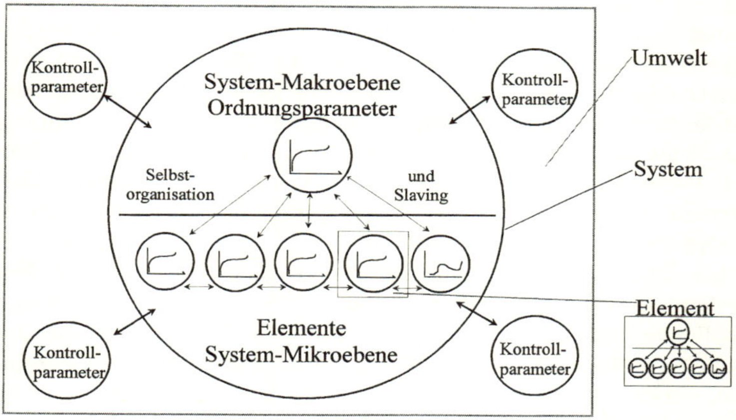

Abbildung 21: Wechselwirkung von Ordnern und Teilkomponenten allgemein

aufeinander ab, und es entsteht ein einziger kohärenter und unendlich langer Lichtwellenzug. Umgebungsbedingungen (oder externe Parameter, die sie repräsentieren) werden in der Synergetik »Kontrollparameter« genannt. In diesem Beispiel ist die Stromstärke (die Energiezufuhr) der Kontrollparameter. Die unspezifischen Kontrollparameter determinieren aber die Systemprozesse nicht, sondern die Umgebungsbedingungen werden vom System für die eigene Selbstorganisationsdynamik genutzt, um eine differenzierte dynamische Struktur zu bilden. Die Entstehung geordneter Strukturen aus dem mikroskopischen Chaos nennt man »Emergenz«. Der Wechsel zwischen zwei makroskopischen Strukturen in der Systemdynamik wird als »Phasenübergang«

bezeichnet. Wird die Stromstärke – als unspezifischer Kontrollparameter – erhöht, wird aus dem Lampenlicht plötzlich Laserlicht. Eine kontinuierliche Veränderung des Kontrollparameters geht mit einer diskontinuierlichen (plötzlichen) Veränderung in der makroskopischen Struktur einher. Nochmals soll dabei betont werden, daß eine kritische Stromstärke als Umgebungsbedingung zwar vorhanden sein muß, der Kontrollparameter determiniert aber nicht die Struktur des entstandenen Phänomens selbst.

In der Terminologie der Synergetik sind aber noch zwei weitere Begriffe und deren inhaltliche Konzepte wesentlich, um die Emergenz (Entstehung) von Strukturen aus dem Chaos angemessen zu erklären: »Ordnungsparameter« (kurz: Ordner) und das sogenannte Slaving- Prinzip.

Zwischen den Ordnungsparametern und den Variablen der Teilsysteme oder Systemkomponenten besteht eine Art zirkuläre Kausalität. Einerseits bringen die Systemelemente (z. B. Atome) durch ihr kooperatives vernetztes Zusammenwirken die Ordnungsparameter (z. B. Lichtwelle) hervor, andererseits bestimmen diese Ordnungsparameter wieder das Verhalten der einzelnen Systemteile, so daß die Ordnungsparameter die Dynamik der einzelnen Elemente »versklaven«. Haken (1984) gibt für die Selbstorganisation und das Slaving-Prinzip sozialer Systeme die Muttersprache an, in die ein Kind hineingeboren wird. Die Muttersprache fungiert als Ordner, der die Sprache des Kindes »versklavt«[6]. Dabei ist die Sprache eines Volkes langsamer veränderlich als die Sprache des Individuums. Gleichzeitig baut aber auch die Sprache des Kindes den Ordnungsparameter Muttersprache mit auf, es findet also eine zirkuläre Wechselwirkung statt. Systemstrukturen oder Ordner unterliegen zwar auch einer Dynamik, sind aber zeitlich relativ stabil im Vergleich zu der Dynamik der Elemente, die nach diesen Strukturen erzeugt werden.

Beim Laser existiert aber nicht nur die Emergenz einer geordneten Struktur aus dem mikroskopischen Chaos, sondern auch Phasenübergänge. Wird die Stromstärke weiter erhöht, treten plötzlich zeitlich geordnete Lichtblitze in Erscheinung. Bei noch weiterer Veränderung des Kontrollparameters (hier: Erhöhung der Stromstärke) wird eine chaotische Lichtwelle gebildet. Im Gegensatz zum mikroskopischen Chaos der Lampe ist dies aber ein makroskopisches Chaos, da alle Atome gemeinsam zusammenwirken, um eine einzige Lichtwelle auszusen-

6 Der Begriff »Versklavung« ist natürlich aus sozialwissenschaftlicher Sicht problematisch, es soll aber diese Terminologie beibehalten werden, da sie der Fachliteratur – auch der psychologischen – in diesem Forschungsbereich entspricht.

den, deren Frequenz aber völlig unregelmäßig und unberechenbar ist. In der Regel existieren in einem selbstorganisierten Prozeß nach kurzer Zeit nur noch ganz wenige Ordnungsparameter. Es findet also eine drastische Reduzierung von Freiheitsgraden des Systems statt, freilich mit dem Gewinn qualitativ neuer makroskopischer Verhaltensweisen. Bei der Veränderung von Kontrollparametern in der Systemumwelt finden häufig Phasenübergänge statt (Wechsel von Systemstrukturen), wobei die Dynamik des Systems in selbstorganisierter Weise in Zusammenhang mit den veränderten Randbedingungen neue Ordner und damit auch neue Strukturen bildet.

Entsprechend den Ausführungen über Stabilität und Instabilität in der Systemdynamik können diese Phasenübergänge allgemein als instabile Zustände in der Systemdynamik angesehen werden, während die erreichten stabilen Strukturen als Attraktoren der Dynamik aufzufassen sind. Ordnungsparameter und Attraktoren sind somit weitgehend äquivalente Termini, deren Gleichsetzung aber trotzdem nur bedingt gültig ist. Grundsätzlich müßte immer exakt zwischen Prozessen und manifestierten Mustern oder Strukturen unterschieden werden. Unsere sprachliche Ausdrucksweise ist hier häufig nicht präzise genug, weil Prozesse verdinglicht werden. Es müßte zwischen anordnenden Kräften und dem Ergebnis der Dynamik genauer getrennt werden. Attraktoren bezeichnen dabei eher Ergebnisse oder Strukturen, Ordnungsparameter bezeichnen Kräfte.

Stabile und instabile Gleichgewichtszustände können durch die Lage einer Kugel in einer Potentiallandschaft veranschaulicht werden. Die Dynamik des Phasenübergangs kann somit graphisch gut illustriert werden. Abbildung 22a zeigt einen stabilen Ordnungsparameter: das System (Kugel) bewegt sich bei Auslenkungen aus seiner Gleichgewichtslage (»Mulde« O_3) in diese wieder zurück. Störungen (sog. Fluktuationen) innerhalb gewisser Grenzen werden ausgeglichen und das System kehrt in »seinen« Attraktor zurück, das Verhalten des Systems ist somit stabil. In der Terminologie der Synergetik formuliert kann man sagen, daß der Ordnungsparameter (Attraktor) eine in der Zeit relativ stabile Systemdynamik darstellt, die kleinere Störungen aus der Systemumwelt kompensiert, was zur Beibehaltung eines spezifischen Verhaltensmusters führt. Abbildung 22b veranschaulicht einen instabilen Gleichgewichtszustand (»Hügellage« O_2). Hier genügen kleinste Auslenkungen der Kugel, um sie aus ihrer Position zu stoßen, in die sie nicht wieder zurückkehren kann, wie es für irreversible Prozesse typisch ist.

Dabei wirkt sich die Veränderung des Kontrollparameters mathematisch gesehen als Deformation der Potentiallandschaft aus. Dies ge-

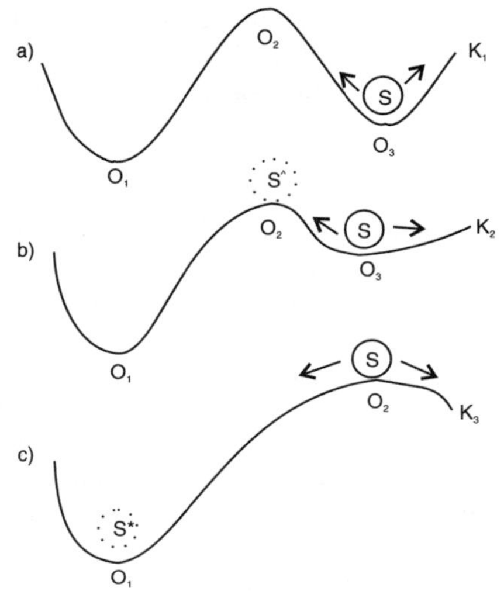

Abbildung 22: Dynamik des Phasenüberganges
(aus: Guttmann et al. 1995, S. 49)

schieht etwa dergestalt, daß die Potentialmulde (z. B. O_3) immer flacher wird. Einflüsse von außen, die das System (Kugel) stören oder auf dieses einwirken, können dadurch immer schlechter kompensiert werden. Das System kann sich an den Attraktor immer langsamer adaptieren, das Wieder-Einpendeln in der Mulde dauert länger. Dieses Phänomen nennt man »critical slowing down«. Schließlich ist aus dem stabilen Ordnungszustand ein höchst instabiler Zustand geworden, und das System befindet sich am »Bifurkationspunkt« (d. h. die Kugel liegt auf einem Potentialhügel). Jetzt genügt ein geringer Einfluß und das System kippt – von außen betrachtet plötzlich – in einen anderen Attraktor, oder es bildet einen neuen Ordnungsparameter (O_1 in Abbildung 22c). Hier spielt der Zufall eine Rolle, denn in der Regel muß man sich die Potentiallandschaft eines Systems als vieldimensional vorstellen und bedenken, daß es mehrere mögliche neue Ordnungszustände gibt, an die sich das System adaptieren kann. Hat sich das System einmal geringfügig auf diesen neuen Attraktor zubewegt, wird diese attrahierende Dynamik (ein Prozeß, der auf diese neue Ordnungsstruktur zuläuft) notwendig fortgesetzt. Eine solche Verknüpfung von Zufall und Determiniertheit ist typisch für selbstorganisierte Prozesse. Da der Zufall in der Geschichte von komplexen Systemen auftritt, kann das Langzeitverhalten dynamischer Systeme häufig nicht vorhergesagt werden. In manchen Phasen der Systementwicklung zeigen also kleine Ursachen große Wirkungen. Dieses Phänomen wurde von Lorenz (1973) »Schmetterlingseffekt« genannt, da kleinste Unterschiede und Zufallsschwankungen einen entscheidenden Einfluß haben können. Als Metapher dafür wird oft der Flügelschlag eines Schmetterlings in Indien angeführt, der das Wetter in Deutschland beeinflussen kann. Aufgrund der Nichtlinearität und Vernetztheit von Systemen und Systemprozessen können Auswirkungen von dynamischen Strukturveränderungen auch zeitlich und/oder räumlich sehr weit entfernt von einem »Einwirkungspunkt« zum Tragen kommen. In anderen Phasen der Systemdynamik ist hingegen auch größter »Druck« und Kraftaufwand von außen nicht in der Lage, die stabile Struktur eines Systems zu verändern.

In der Darstellung der Inhalte der Systemwissenschaften wurde bisher weitgehend darauf verzichtet, den Zusammenhang mit jenen Prozessen zu diskutieren, die die Psychologie thematisiert. Diesen Bezug werden erst die kommenden Kapitel herstellen. Das folgende Beispiel soll aber einen ersten Zugang zur Verbindung zwischen Psychologie und Synergetik eröffnen. Das Beispiel wurde aus Rogers (1982) entnommen und ist hier im Sinne der Synergetik interpretiert. Rogers gibt einen Ausschnitt aus einem Gespräch mit dem Ehepaar Gail und Dick wieder. Gail und Dick hatten eine Reihe von starken Konflikten vor ihrer Ehe, die Paarbeziehung war immer wieder der Auflösung nahe. Kommunikationsmuster, die als Phänomen »Streit« beschrieben werden, sind ebenfalls Ordnungsstrukturen einer Paarbeziehung, auch wenn sie ein sehr instabiles Gleichgewicht (Potentialhügel) darstellen. Gail und Dick berichten Rogers, wie ein kritischer Punkt (Bifurkationspunkt in synergetischer Terminologie) erreicht wurde, und wie sie das Problem (zumindest für einige Zeit) lösen konnten (S. 44):

»Rogers[7]: Aus welchen Gründen haben Sie geheiratet?
Gail: Ich hatte Dick immer mal wieder gefragt, was er vom Heiraten hält (...) Dann gingen wir eines Abends zu irgendwelchen Freunden, und ich war wirklich widerlich. Dick wurde hinterher sehr wütend. Wir stritten den ganzen Weg nach Hause, und es war ein langer Weg; zu Hause zankten wir weiter, bis Dick schließlich sagte, ich solle verschwinden. Er sagte: ›Du kannst deine Sachen packen und abhauen.‹ Ich wollte aber nicht und sagte: ›Nein, ich gehe nicht. Ich wohne hier und ich bleibe hier. Ich gehe nicht.‹ Nach kurzem Schweigen sagte er: ›Okay. Willst Du mich dann heiraten?‹ Und ich sagte: ›Okay.‹ Es

7 Im Originalzitat steht hier »Ich« und nicht »Rogers«, da es ein Gesprächsprotokoll von Rogers wiedergibt.

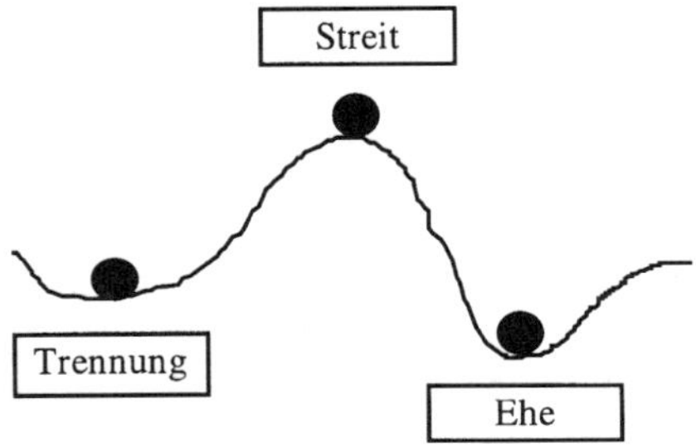

Abbildung 23: Potentiallandschaft-Analogie für das Beispiel »Warum wir heirateten.«

klang fast so, als hätte er gesagt: ›Entweder wir heiraten, oder du verschwindest von hier.‹ Und weggehen wollte ich nicht. Deshalb sagte ich okay. Und dann war ich froh darüber.
Dick: Danach schien die Luft rein. Irgendein kritischer Punkt war offenbar überwunden. Was auch immer zu dem Zwischenfall geführt haben mochte, die Ehe schien die Sache zu klären. Auf jeden Fall schien der Heiratsantrag zu diesem Zeitpunkt eine Lösung der einen oder der anderen Richtung – entweder wurde die Beziehung gelöst oder gefestigt.«

Als neue selbstorganisierte Ordnungsstrukturen waren für Gail und Dick zwei Alternativen vorhanden (natürlich wären auch noch weitere Alternativen möglich, wie z. B. eine weitere Beziehung ohne Ehe). Eine endgültige Trennung schien eine mögliche stabile Ordnungsstruktur (auch wenn diese das Ende der Beziehung bedeutet hätte; auch eine Nicht-Beziehung kann im übertragenen Sinne ein Ordnungsparameter einer noch bestehenden Beziehung sein). Die andere Lösung (Potentialmulde) war die schließlich realisierte Ehe. In der Folge der Beziehung wurden dann zunächst verstärkt Handlungs- und Kommunikationsmuster gebraucht, die sich auf die bevorstehende Ehe bezogen. Wer nur ein wenig von Beziehungen versteht, wird sich aber nicht wundern zu hören, daß diese Lösung natürlich nur kurzfristig Bestand hatte. Trotzdem waren die damit verbundenen Kommunikationsmuster einige Zeit lang dynamisch stabil und haben einzelne Handlungen und Äußerungen der beiden Partner in dieser Zeit »versklavt«.

Konstruktivismus

Ein diagnostischer Test (aus: Simon 1997, S. 9 f.[1])

Lassen Sie uns mit einer einfachen Prüfung beginnen: Stellen Sie sich vor, Sie haben ein Buch mit dem Titel »Lernziel Systemkompetenz« aufgeschlagen und beginnen gerade das dritte Kapitel zu lesen.

Stellen Sie sich vor, Sie lesen in diesem Moment die erste Zeile des zweiten Absatzes. Sehen Sie, das war zu befürchten: Sie lassen Ihrer Phantasie die Zügel schießen, und sie geht mit Ihnen durch. Sie sind offensichtlich ein Mensch mit einer viel zu plastischen Vorstellungsfähigkeit. Gestehen Sie es sich ruhig ein, Sie haben den Eindruck, wirklich in solch einem Buch zu lesen. Ja, Sie glauben sogar, gerade dieses Buch in der Hand zu halten und sinnlich wahrzunehmen.

Es ist sehr bedenklich, daß jemand wie Sie, der sich für aufgeklärt, kritisch und vernünftig hält, derart leicht zu beeinflussen und so suggestibel ist. Um ihre unabhängige Urteilskraft und Autonomie scheint es nicht sehr gut bestellt. Sie gehorchen nicht nur blind den Einflüsterungen eines Fremden, sich irgendwelchen Hirngespinsten hinzugeben – nein, schlimmer noch: Sie vertiefen sich derart in diese Tagtraumwelt, daß Sie meinen, wirklich in ihr zu leben. Oder wollen Sie etwa leugnen, daß Sie im Moment das Gefühl haben, in diesem fiktiven Buch zu lesen?

Mein Eindruck ist: Sie können Ihre Vorstellung nicht von Ihrer Wahrnehmung unterscheiden. Aber gibt es mich denn überhaupt? Bin ich nicht auch Ausdruck Ihrer kranken Phantasie? Sie glauben, dieses Buch wirklich in der Hand zu halten. Das ist nach allgemeiner psychiatrischer Erfahrung ein Zeichen dafür, daß Sie den Bezug zur Realität verloren haben. Schließlich folgen Sie nur der Anweisung, sich etwas vorzustel-

1 Aus dem Buch leicht modifiziert und gekürzt übernommen.

len. Gehorchen Sie immer den Anweisungen all Ihrer Mitmenschen? Seit wann können Sie sich so schlecht abgrenzen?

Wenn Sie jetzt ärgerlich mit dem Gedanken spielen sollten, das Buch zuzuschlagen, so wäre dies ein Indiz dafür, daß Sie mit Fluchttendenzen reagieren, wenn Sie etwas nicht sofort in seinem Sinn verstehen. Wahrscheinlich reagieren Sie dann auch sonst mit Beziehungsabbrüchen in für Sie undurchschaubaren Situationen. Sollte Sie hingegen das, was Ihnen gerade widerfährt, vollkommen kalt und unberührt lassen, so ist dies auch ein bedenkliches Zeichen: Sie wehren alle Gefühle ab, die Sie in Ihrer Selbst- und Weltgewißheit verunsichern und Ihnen Angst einflößen könnten. Sie lassen sich daher gar nicht richtig auf Beziehungen ein (nicht einmal auf eine so ungefährliche, wie die zu einem phantasierten Buch).

Sie überlegen, was das alles soll und sind etwas verwirrt? Fragen Sie sich nicht sogar, ob Sie manipuliert werden und ein Spiel mit Ihnen gespielt wird? Sie sind wirklich leicht zu durchschauen...

Aber wahrscheinlich glauben Sie ja Sie wüßten, daß Sie jetzt gerade in diesem Buch lesen. Wie können Sie sich selbst und den Diagnostiker, der behauptet, Sie seien das Opfer einer optischen Halluzination und in ein Wahnsystem verstrickt, davon überzeugen, daß es dieses Buch vor Ihnen wirklich gibt? Wie kommen Sie und andere dazu, irgendwelche Ansichten und Aussagen über die Welt für wahr oder falsch zu halten?

Die Frage nach der Wirklichkeit und der Wahrheit, wie sie in dem »diagnostischen Test« aufgeworfen wird, beschäftigt seit Jahrtausenden Philosophen, die auch ein breites Spektrum an unterschiedlichen Antworten zu dieser Thematik geliefert haben. »Nicht die Dinge selbst, sondern die Meinungen von den Dingen beunruhigen den Menschen« schrieb etwa der Stoiker Epiktet ca. 50 n. Chr. Eine Auffassung, die der hier vertretenen konstruktivistischen Sichtweise entspricht. Aber diese Frage, was Wirklichkeit und Wahrheit sind, ist nicht ausschließlich für Philosophen und Wissenschaftler in ihren Elfenbeintürmen fernab jeder Alltagsrealität interessant, sondern von höchster Bedeutung gerade für das Alltagsleben, für das Verständnis menschlichen Erlebens und Verhaltens. Die Alltagsrealität ist nach konstruktivistischer Auffassung selbst ein komplexes Netzwerk aus individuell und sozial konstruierten Realitäten. In dem Beispiel wurde gefragt, wie wir sicher sein können, daß unsere Interpretation von Weltphänomenen normal und nicht gar verrückt ist. Für Tausende von Menschen, die jährlich in eine psychiatrische Klinik eingewiesen werden, ist diese Frage unmittelbar für ihr Alltagsleben relevant.

Simon (1997, S. 63 f.) gibt einen humoristischen Erklärungsversuch für »Krankheit«: »Zwei Irre spielen miteinander Mensch-ärgere-dich-nicht. Da sagt der eine: ›Schach!‹, worauf er von seinem Mitspieler die erregte Antwort erhält: ›Du Idiot, beim Halma gibt es doch keinen Elfmeter!‹ ... Der Halma-Elfmeter Witz, ein Klassiker, erfaßt in treffender Weise, daß ›Irre‹ sich nicht an die Regeln unserer Gesellschaftsspiele halten. Und er liefert auch eine Erklärung dafür: Es werden die Regeln verschiedener Spiele durcheinandergebracht.«

Abnormität wird hier damit erklärt, daß Regeln durcheinandergebracht oder nicht eingehalten werden. »Kranke« scheinen nicht in der selben Wirklichkeit zu leben wie »Gesunde«. »Kranke« konstruieren demnach ihre Welt in einer Weise, die der Wirklichkeit nicht entspricht. Aus konstruktivistischer Sicht gibt es aber für keinen Menschen, ob als »krank« oder »gesund« qualifiziert, einen objektiven Zugang zur Wahrheit. Psychisch »Kranke« halten sich aber nicht an jene Bandbreite an zulässigen Regeln (»Gesellschaftsspiele«) für Verhaltensweisen, die von der Mehrheit der Menschen einer Kultur als für das Zusammenleben bindend angesehen werden. Daß die gesellschaftlichen Regeln selbst wieder intersubjektiv (aber nicht objektiv!) konstruierte Realitäten darstellen, beschreibt Watzlawick (1992, S. 87) sehr treffend: »Zum Beispiel gibt es in Amerika das sogenannte DSM, Diagnostical and Statistical Manual. ... Das ist eine komplizierte, ausgeklügelte Auflistung aller nur möglichen seelischen und geistigen Störungen, auch psychosomatischer Art. Als man von DSM-II zu DSM-III überging, wurde aufgrund gesellschaftlichen Drucks die Homosexualität nicht mehr als Störung aufgeführt. Man hat so mit einem Federstrich Millionen von Menschen von ihrer »Krankheit« geheilt. Einen solchen therapeutischen Erfolg findet man nur selten.«

Die Frage nach der Konstruktion von Realitäten ist aber nicht nur für Menschen mit dem Etikett »psychisch krank« von Bedeutung, sondern auch in anderen Alltagssituationen, in denen wir etwa mit anderen Menschen in Konflikt geraten, in denen verschiedene Sichtweisen von Realität aufeinandertreffen. »Spielregeln« und Handlungsmuster werden in allen Bereichen menschlichen Zusammenlebens relevant (Berne 1988). Auch wissenschaftliche Erkenntnis und wissenschaftliches Handeln – als ein Spezialfall von Alltagsdenken und Handeln – ist an bestimmte Regeln der Scientific Community gebunden. Lange Zeit galt gerade »die« Wissenschaft als Garant für eine objektive Beschreibung der Welt, sie diente zur Entdeckung »wahrer Gesetzmäßigkeiten«. Erkenntnis- und Denkprozesse stellen – aus systemisch-psychologischer Sicht – selbst eine ordnungs- und strukturbildende Dynamik dar (z. B. wirken kognitive Schemata als Ordnungsparameter im Sinne der Synergetik). Wissenschaft und deren Erkenntnisse dienen ebenfalls dazu, Ordnung zu schaffen. Um diesen Ordnungsanspruch zu erfüllen wird versucht, möglichst allgemeingültige Gesetze zu finden, Theorien werden aufgestellt. Eine wissenschaftliche Aussage oder Theorie erscheint dann um so wertvoller, je stärker sie Ungewißheit beseitigt und Informationen zur Verfügung stellt. Tschacher (1990, S. 9) drückt diesen Gedanken in ähnlicher Weise aus, wenn er schreibt: »Das Ausmaß, in dem eine Theorie Nichtwissen und Beliebigkeit zu Wissen, Vorhersagbarkeit und damit Kontrollierbarkeit wandelt, gilt als Gütekriterium und entscheidet, ob wir diese Theorie verwenden ... Theorien können Ordnung erzeugen.«

In diesem Kapitel geht es darum, die epistemologische Position des Konstruktivismus zu beschreiben und Abgrenzungen zu anderen Wissenschafts- und erkenntnistheoretischen Richtungen vorzunehmen. Vielfach wird bei der festzustellenden Hinwendung vieler Wissenschaftsdisziplinen zu einer systemisch-konstruktivistischen Sichtweise von Paradigmenwechseln gesprochen. Kratky (1990, S. 12) begründet diesen stattfindenden Paradigmenwechsel mit einer Reihe von Entdeckungen in den Naturwissenschaften, und dieser Erkenntnisprozeß »hat in letzter Zeit – nach jahrzehntelangem Abwarten – zu einem Umkippen des Weltbildes, eben zum Selbstorganisationsparadigma geführt. Dieses Umkippen läßt sich übrigens auch als Selbstorganisationsprozeß – nunmehr der Wissenschaft – auffassen.« Wissenschaftliche Theorien sind in Paradigmen eingebunden, die – grob gesagt – disziplinäre Grunddenkmodelle darstellen und die Basis von darin aufgestellten Theorien bilden. Ein Beispiel für ein solches Paradigma ist das ptolemäische Weltbild und die darauf aufbauenden Theorien über die Bewegungen der Planeten. Nach dem Paradigmenwechsel der »kopernikanischen Wende« wurden diese Theorien bedeutungslos und neue, dem kopernikanischen Paradigma entsprechende Theorien gebildet.

Betrachtet man die historische Entwicklung der Wissenschaft, so wird deutlich, daß Paradigmen und Theorien einander ablösen, teilweise aber auch nebeneinander bestehen oder in Konkurrenz miteinander treten. Kuhn (1962) stellte eine Theorie der Wissenschaftsentwicklung auf. Seiner Ansicht nach lösen einander verschiedene Paradigmen in einer diskontinuierlichen Dynamik in der Entwicklung einer Wissenschaft ab. Allerdings wurde Kuhn selbst vorgeworfen, den Paradigmabegriff in bis zu 21 unterschiedlichen Bedeutungen zu verwenden

(Masterman 1970). Die Bezeichnung »Paradigmenwechsel« wird hier daher im wesentlichen als Metapher dafür verwendet, daß von vielen Wissenschaftlern ein Wechsel von einem analytisch-dualistischen Weltbild zu einem ganzheitlich-systemischen Denken beobachtet wird. Eine wichtige Schlußfolgerung, die jedenfalls gezogen werden kann, wenn man die historische Entwicklung von Wissenschaften analysiert, ist, daß einmal als »wahr« anerkannte Theorien und Gesetzmäßigkeiten sich später immer wieder als »falsch« herausgestellt haben. Die Wahrheitsproblematik wird ebenfalls diskutiert. Aus konstruktivistisch-systemischer Sichtweise bildet wissenschaftliche und – ganz allgemein – auch menschliche Erkenntnis keine objektive Wirklichkeit und Wahrheit ab. Zentral ist es daher, die Konstruktionsprozesse, die zu einer spezifischen individuellen oder sozialen Realität beitragen, immer wieder kritisch zu hinterfragen.

Die systemisch-konstruktivistische Perspektive

Triviale und nicht-triviale Maschinen – zwei Weltbilder im Vergleich

Kernpunkt des analytisch-dualistischen Weltbildes ist ein linear-kausales Ursache-Wirkung-Denken, die Maschine wird zum Modell des Universums und des Menschen. Die beiden einander ablösenden Weltbilder können anhand einer Konzeption von v. Foerster (1988) besonders anschaulich beschrieben werden. v. Foerster unterscheidet zwischen »trivialen« und »nicht-trivialen« Maschinen. Die Abbildung 24 zeigt das Schema einer trivialen Maschine.

Das Quadrat stellt die Maschine dar, deren Funktion bestimmt werden kann (Wirkungsfunktion y = f(x)). »X« bedeutet eine bestimmte Eingabe oder einen Reiz oder Input und »y« ist eine Ausgabe oder Reaktion oder Output. Die Funktion der Maschine ist demnach, eine

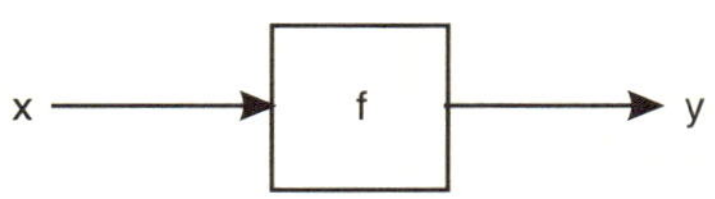

x	y
A	1
B	2
C	3
D	4

Abbildung 24: Schema und möglicher »Bauplan« einer trivialen Maschine (aus: J. Kriz 1997, S. 88)

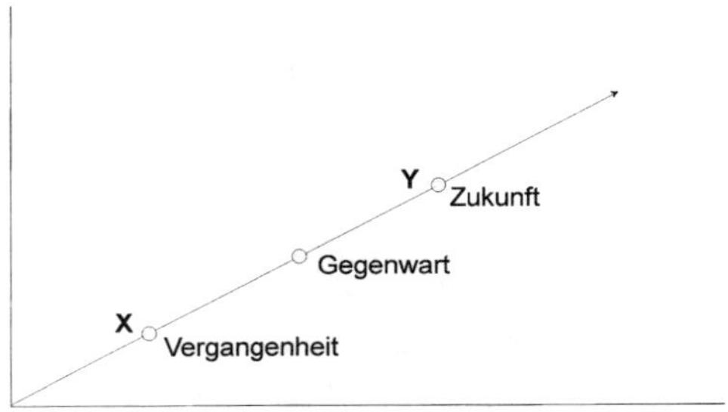

Abbildung 25: Das Prinzip linearer Kausalität

Ursache x mit einer Wirkung y zu verknüpfen. Um die Trivialität dieser Maschine zu demonstrieren, wurde ein einfacher Bauplan konstruiert mit jeweils vier Ein- und Ausgabemöglichkeiten (Input A, B, C, D und Output 1, 2, 3, 4): auf den Input A reagiert die Maschine mit dem Output 1 und so weiter. Die Maschine repräsentiert das Kausalprinzip, in dem auf eine Ursache gemäß eines (Natur-)Gesetzes eine Wirkung folgt. Kennzeichnend für solche trivialen Maschinen ist die Vorhersagbarkeit und Determiniertheit ihres Verhaltens und ihre analytische Bestimmbarkeit. Für jemanden, der den Bauplan der Maschine nicht kennt, ist es ein triviales und leicht lösbares Problem, die Funktion der Maschine zu ermitteln. Man braucht nur der Reihe nach die Eingabesymbole darzubieten und den Output zu notieren, bis man den Bauplan des Konstrukteurs vollständig reproduziert hat. In diesem Beispiel gibt es 4^4 = 256 mögliche Maschinen.

Bevor die nicht-triviale Maschine dargestellt wird, soll auf die Bedeutung der trivialen Maschine und des damit in Zusammenhang stehenden mechanistischen Weltbildes eingegangen werden. V. Foerster schreibt (1988, S. 22 f.): »Andererseits kann ich mir vorstellen, daß Sie meine Behauptung, diese Maschine symbolisiere das fundamentale Denkschema unserer westlichen Kultur, mit etwas Zweifel hinnehmen würden. Lassen Sie mich diesen Zweifel ... zerstreuen. Zum Beispiel hält man einen Stein in der Hand und läßt ihn dann los, so fällt er zufolge der Schwerkraft zu Boden. Hier ist ›Gravitation‹ der Name der trivialen Maschine.« Das mechanistische Weltbild, in dem der Mensch und das gesamte Universum wie eine Maschine ablaufen, hat sich von vielen Quellen her entwickelt. Geprägt wurde dieses Weltbild insbesondere von Persönlichkeiten wie Descartes, Galilei und Newton im 16. und 17. Jahrhundert. Descartes etwa verglich den kranken Menschen mit einer schlecht konstruierten Uhr und den gesunden Menschen mit einer gut konstruierten.

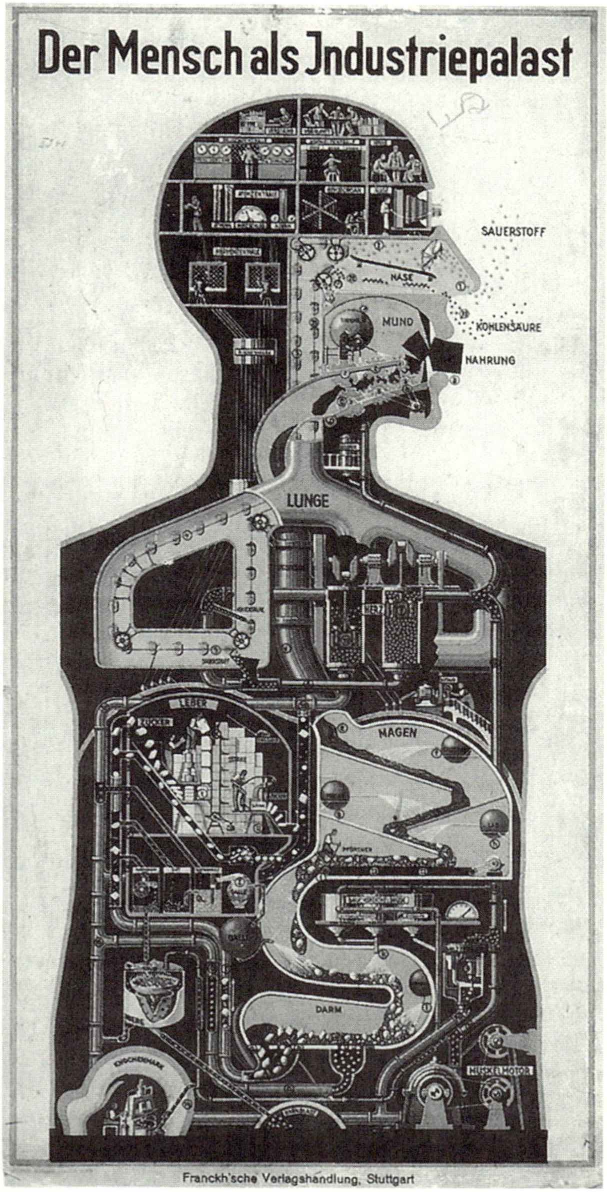

Abbildung 26: Der »Mensch als Industriepalast«

Descartes vertrat die analytisch-dualistische Methode des Denkens. Mit dem Begriff »analytisch« ist gemeint, daß der zu untersuchende Gegenstand in seine Bestandteile zerlegt wird und deren Beziehungen zueinander untersucht werden. Descartes postulierte auch die Trennung des Beobachters vom Forschungsgegenstand, die in der wissenschaftlichen Forschung bis heute die entscheidende Voraussetzung für die angestrebte Objektivität im Forschungsprozeß darstellt. Die wohl wichtigste Trennung, die Descartes einführte, ist die Unterscheidung zwischen zwei unabhängigen und getrennten Bereichen, nämlich »res cogitans« (Bewußtseinswelt, Denken, Geist usw.) und »res extensa« (mechanisch erklärbare Welt, Körper, Materie usw.). Die materielle Welt, mit der sich in der Folge die Naturwissenschaften befaßten, zu der auch lebende Organismen gehörten, lief nach dieser Vorstellung wie eine triviale Maschine ab, was gleichzeitig Grundbedingung für das Auffinden von objektiven Naturgesetzmäßigkeiten und wahren Erkenntnissen darstellt.

Dieses Weltbild wurde von Galilei und Newton weiter vervollständigt, vor allem durch eine präzise mathematische Ausformulierung (z. B. Gravitationstheorie) der mechanistischen und reduktionistischen Anschauungen. Da in diesem Paradigma alles eine definitive Ursache und Wirkung besitzt, spricht man auch von Determinismus, der in dem folgenden Zitat von Laplace zum Ausdruck gebracht wird: »Ein Intellekt[2], der zu einem gegebenen Zeitpunkt alle in der Natur wirkenden Kräfte kennt und die Lage aller Dinge, aus denen die Welt besteht ... würde in derselben Formel die Bewegungen der größten Körper im Universum und die kleinsten Atome erfassen, ihm wäre nichts ungewiß, und die Zukunft wie die Vergangenheit wäre seinen Augen gegenwärtig« (Laplace, zit. nach Capra 1987, S. 55). Zwar wirkten zu gleicher Zeit ganzheitlich-mystische Denker wie Kepler und Bruno, von ihnen wurden jedoch nur jene Erkenntnisse übernommen (im Sinne der Synergetik »versklavt«), die zum sich formierenden mechanistischen Weltbild (Ordnungsparameter) paßten.[3]

Auch in der Psychologie besitzt die Reduktion des Menschen zu einer trivialen Maschine im Sinne v. Foersters (1988) eine lange Tradition. In besonders reiner Form manifestierte sich dieses mechanistische Denken im Behaviorismus. Als Beispiel für eine »triviale Maschi-

2 Unter der Bezeichnung »Laplacescher Dämon« bekannt geworden.

3 Z. B. wurde Keplers Versuch, in Anlehnung an Pythagoras die Welt und ihre Phänomene aufgrund harmonisch-musikalischer Ordnungsstrukturen zu erklären, nicht ernstgenommen.

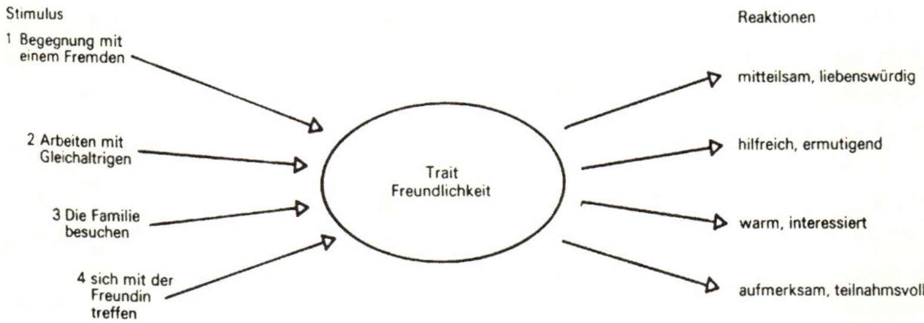

Abbildung 27: Trait (aus: Mischel 1971, S. 16)

ne« im Bereich psychologischer Theoriebildung sei das Konzept »Trait« aus der Persönlichkeitspsychologie genannt. Das »Trait« ist eine Struktur, die Reize und Reaktionen miteinander verbindet. Nach Amelang und Bartussek (1994, S. 62) sind Traits (bei Menschen) definiert als »relativ breite und zeitlich stabile Dispositionen zu bestimmten Verhaltensweisen, die konsistent in verschiedenen Situationen auftreten.« Kennt man die Persönlichkeit (Traits) eines Menschen, kann man sein Verhalten wie eine triviale Maschine vorhersagen.

Das Krankheitsverständnis in der klinischen Psychologie ist ein weiteres Beispiel, da lange Zeit – und bis heute – pathologisches Verhalten, je nach Ansatz, kausal auf wenige Ursachen zurückgeführt wird, ohne die Vernetztheit von vielen Prozessen zu beachten. Die »Krankheit« des Menschen ist demnach durch Diagnostik eindeutig bestimmbar und durch Therapie kontrollierbar; Ziel ist es, den Menschen wieder zum Funktionieren zu bringen. Der Mensch wird in der Terminologie v. Foersters »trivialisiert«. Anliegen von Psychotherapie und anderen Mitteln (z. B. Medikamenten) ist die Anpassung der Wirklichkeit des »kranken« Menschen an eine allgemeingültige, normative und »wahre« Wirklichkeit. Der Grad an Wirklichkeitsanpassung ist dabei das Maß für geistige Krankheit oder Normalität. Unter Wirklichkeit wird dabei zumeist noch, wie im mechanistischen Weltbild üblich, das menschenunabhängige So-Sein der Welt verstanden, das dem Normalen zugänglich und dem Geistesgestörten verhüllt ist. Gerade die Erkenntnisse der Physik und Chemie in unserem Jahrhundert führten aber zu einem Wandel dieses Weltbildes, hin zu einem systemisch-ganzheitlichen Verständnis von Prozessen und entwickelten – erkenntnistheoretisch gesehen – ein konstruktivistisches Paradigma.

Die nicht-triviale Maschine veranschaulicht das systemische Denken, so wie zuvor die triviale Maschine das mechanistische Weltbild

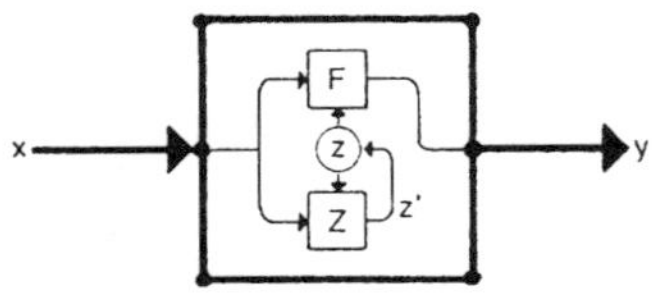

Im Zustand I

x	y	z
A	1	I
B	2	II
C	3	I
D	4	II

Im Zustand II

x	y	z
A	4	I
B	3	I
C	2	II
D	1	II

Abbildung 28: Schema und möglicher »Bauplan« einer nicht-trivialen Maschine (aus: J. Kriz 1997a, S. 90)

illustrierte. Die nicht-triviale Maschine ist fähig, innere Zustände zu verändern (vgl. Abb. 28).

Bei dieser Maschine ist es möglich, daß ein bestimmter Input nicht immer den selben Output zur Folge hat, sondern zu einer anderen Reaktion führt, weil sich inzwischen der innere Zustand (Z) der Maschine verändert hat. Auch hier wurde, wie bei der trivialen Maschine, ein Bauplan einer möglichen Maschine konstruiert. Das Erstaunliche an einer solch »einfachen« (nur 4 Reize, 4 Reaktionen und 2 innere Zustände) und durch den Bauplan sogar determinierten Maschine ist es, daß daraus 10^{2466} mögliche Zuordnungen resultieren. Wenn man sich verdeutlicht, daß das Alter des Universums mit ca. 5×10^{23} Mikrosekunden angenommen wird, so ist leicht einzusehen, daß das Problem, den Bauplan zu rekonstruieren, unlösbar ist. Solche nicht-trivialen Maschinen sind daher analytisch unbestimmbar und im Verhalten nicht voraussagbar. Aus den Eigenschaften der nicht-trivialen Maschine ergibt sich die Annahme einer nicht-linearen Kausalität. Systeme zeigen vielfach nichtlineare Prozesse, auch aufgrund von Rückkopplungen und Vernetzungen.

Menschen sind »nicht-triviale Maschinen«, zumindest nach humanistischer und systemischer Auffassung. So reagiert ein Mensch auf den selben Reiz anders, wenn er ängstlich ist als wenn er sich selbstsicher fühlt. Im Unterschied zum Trait-Konzept wird hier angenommen, daß der Mensch zur Veränderung innerer Zustände fähig ist. Ellis (1977) hat im Rahmen seiner Rational-Emotiven Verhaltenstherapie das sogenannte ABC-Modell entworfen. Ein und dasselbe auslösende Ereignis (A: activating event) kann aufgrund unterschiedlicher subjektiver Deutungen, Annahmen, Gefühle, die man sich über die äußeren Ereignisse macht (B: belief system), zu völlig unterschiedlichen Handlungskonsequenzen führen (C: consequences). Zentral ist dabei, daß sich das »belief system« verändern kann, auch wenn bestimmte Glaubenssätze durchaus zeitlich stabil sein können (»Sinn-Attraktoren« als Ordnungsparameter psychischer Dynamik).

Die modernen Naturwissenschaften zeigen, daß Systeme im Bereich des Lebens, aber auch physikalische Systeme hochkomplex organisier-

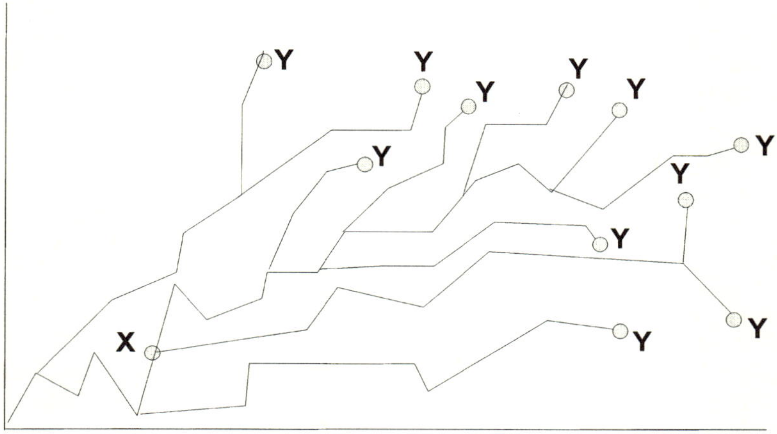

Abbildung 29: Nichtlineare Kausalität

te nicht-triviale Maschinen darstellen. Dabei sind viele Systeme wesentlich komplizierter aufgebaut als die Maschine in Abbildung 28. Zudem treten eine Vielzahl solcher nicht-trivialer Systeme auf verschiedenen Hierarchieebenen miteinander in Wechselwirkung. Die Annahme eines einfachen Ursache-Wirkung-Denkens ist somit unhaltbar geworden. Trotz des bei lebenden Systemen (fast) unendlich großen und prinzipiell nicht vorhersagbaren Spektrums an möglichen Prozessen des Erlebens und Verhaltens findet man im Alltag, in dem die »Wirklichkeit« üblicher Weise nicht problematisiert wird, erfahrungsgemäß trotzdem ein hohes Ausmaß an Regelmäßigkeit vor. Zwar sind Menschen keine trivialen Maschinen, dennoch ist Vorhersage möglich, sonst »würden wir im kognitiven und interaktionellen Chaos zugrunde gehen« (J. Kriz 1997a, S. 91).

Durch Konstruktion von Realität, sowohl auf individueller Ebene als auch durch soziale Konstruktion von Realität, werden mögliche Freiheitsgrade, potentielle Verhaltensvielfalt und Komplexität reduziert oder »trivialisiert«. Das Prinzip der Trivialisierung ist somit vergleichbar dem Versklavungsprinzip der Synergetik. »Wie wir schon gesehen haben, sind nichttriviale Maschinen lästige Zeitgenossen: man weiß nicht, was sie tun und auch nicht, was sie tun werden. Man sehnt sich daher nach der trivialen Maschine und versucht alles, was nach Nichttrivialität aussieht, schleunigst zu trivialisieren. Wie wir wissen, sind manchmal die Antworten unserer Kinder recht unerwartet: auf die Frage, wieviel ist zwei mal zwei, könnte man ›grün‹ als Antwort bekom-

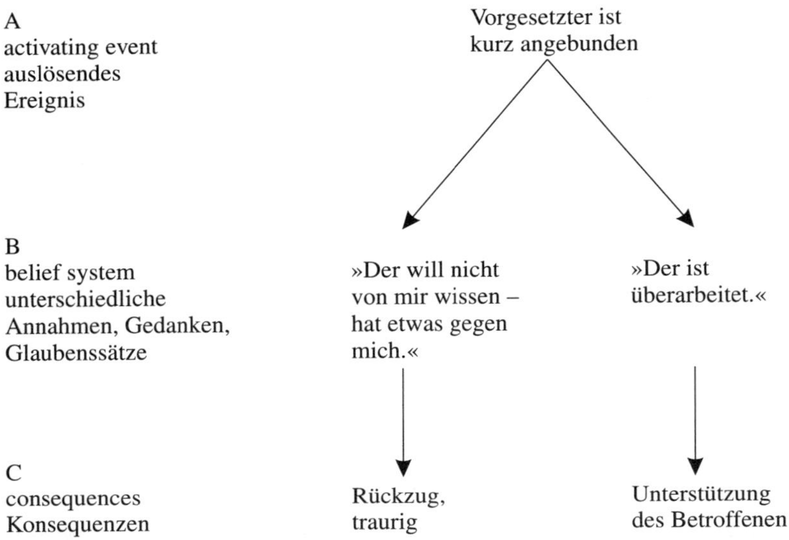

Abbildung 30: Beispiel für das ABC-Modell (aus: König u. Volmer 1997, S. 87)

men. Das geht zu weit. Also werden unsere Kinder in die Schule – die große staatliche Trivialisierungsmaschine – geschickt, damit sie dann mit den erwarteten Antworten herauskommen« (v. Foerster 1988, S. 26).

Wesentliche Impulse für die Hinwendung zu dem systemisch-konstruktivistischen Denken sind die ebenfalls bereits thematisierten Erkenntnisse der Chaostheorie und der Selbstorganisationstheorien. Bereits Einsteins Relativitätstheorie und die Quantentheorie von Heisenberg, Schrödinger und anderen lieferten die Grundlage des systemisch-ganzheitlichen Weltbildes, da sie die Vorstellung der klassischen Physik von absolutem Raum, absoluter Zeit, festen Elementarpartikeln oder der kausalen Natur physikalischer Phänomene zerstörten. Die moderne Physik hat erkannt, daß auch die Trennung von Beobachter und untersuchtem Objekt nicht vollständig möglich ist. Der aktiven Rolle des Beobachters kommt dabei sogar eine entscheidende Bedeutung zu, denn wie Einstein bemerkte, bestimmt die Theorie was wir beobachten (z. B. Licht kann als Welle oder Teilchen aufgefaßt werden). Eine fundierte Darstellung der Entwicklungen, die zur Konstruktion des »neuen« Weltbildes beitragen, geben beispielsweise Kratky (1990), Capra (1983) und Krohn und Küppers (1992). Schrödinger (1958, S. 44), einer der »Väter« der Quantentheorie, schreibt: »Jedermanns Weltbild ist und bleibt eine geistige Konstruktion. Seine Existenz kann in keiner anderen Weise nachgewiesen werden.«

Die Konstruktion von Realität

Zunächst wird eine Geschichte erzählt und im Anschluß werden einige Fragen gestellt.[4] Die Erörterungen dieses Abschnittes nehmen Bezug zur Übung und den Fragen.

Übung Erkenntnistheorie (leicht modifiziert aus: J. Kriz 1989, S. 17f.)

(1) Bitte die folgende Geschichte lesen:
Superagent 00X wird eines Tages von Herrn Y angerufen und zu einem Treffpunkt bestellt. Als 00X den Ort des Treffens erreicht, sieht er gerade noch, wie zwei Männer einen dritten (aufgrund des verabredeten Erkennungszeichens offensichtlich Y) in eine schwarze Limousine zerren und davonbrausen. Y kann 00X aber gerade noch ein Kuvert zuwerfen und rufen »Enthält eine wichtige Nachricht«. Mehr erfährt 00X nicht, er kennt weder Y noch irgendwelche Begleitumstände zu der Nachricht.

00X entnimmt dem Kuvert ein ca. 17m langes braunes Kunststoffband, daß 00X selbstverständlich sofort als Tonband identifiziert. 00X legt das Band in ein Tonbandgerät, probiert verschiedene Techniken aus (es gibt viele Aufzeichnungsverfahren) und kann nach einiger Zeit undeutliche Laute hören, die aber keinen eindeutigen Sinn ergeben. Sollten die Laute womöglich geheime Kodierungen sein, die in Wirklichkeit etwas anderes bedeuten? 00X hat eine Idee: er legt das Band in einen Videorecorder und plötzlich erscheint auf dem Bildschirm ein – leider gestörter – Text. Doch auch dieser Text, so schließt 00X, könnte eine spezielle Kodierung für eine andere Nachricht sein. Verzweifelt sucht 00X einen Bekannten auf, der einen Computer mit mehreren Magnetbandstationen besitzt. Wieder wird das Band eingelegt und in der digitalen Computer-Dekodierung der Magnetisierung ergibt sich auf dem angeschlossenen Drucker ein neuer – für 00X sinnloser Text-, der aber wieder eine Kodierung für etwas anderes sein könnte. Beim Her-

4 Dies ist zugleich eine Übung, die im Training von Systemkompetenz von den Teilnehmern zunächst in Kleingruppen bearbeitet wird. Die Ergebnisse werden dann in der Gesamtgruppe diskutiert. Daran schließt sich die Wissensbildung im Bereich Erkenntnistheorie an.

ausnehmen des Bandes fällt 00X Blick auf das Band selbst und er entdeckt, daß auf dem Band etwas mit einem blauen Spezialstift geschrieben wurde. Doch wieder ist in den Zeichen kein eindeutiger Sinn auszumachen. Aber auch das Braun des Bandes weist Unregelmäßigkeiten auf. Sollte die geheime Information etwa in Form verschiedener Brauntöne kodiert worden sein, oder, oder, oder? Wie soll 00X herausfinden, was die *»wirkliche«* Nachricht ist und was in *»Wahrheit«* auf dem Band ist?

(2) Fragen:
Machen Sie sich klar, daß alles, was Sie bis jetzt getan haben (Lesen, Denken usw.), ausschließlich von »Druckerschwärze« auf einem Blatt Papier hervorgerufen wurde. Machen Sie sich weiters klar, daß bei vielen Lebewesen (z. B. Pferde, Würmer) diese Druckerschwärze kaum etwas bewirkt hätte.

1) Unter welchen Bedingungen nimmt 00X (oder allgemein: wir Menschen) überhaupt Druckerschwärze wahr?
2) Wann nehmen wir Druckerschwärze als Zeichen wahr?
3) Was gibt Zeichen die »Macht«, uns zu bestimmten Handlungen zu veranlassen?
4) Wie können wir sicher sein (oder sicherer werden), daß wir eine Information »richtig« verstehen?
5) Gibt es so etwas wie vollkommen »richtiges« Verstehen überhaupt, existiert prinzipiell die Möglichkeit, die »Wahrheit«, die »Wirklichkeit« zu erkennen?

Wendet man sich der ersten Frage zu, so kann man feststellen, daß Druckerschwärze dann wahrgenommen wird, wenn entsprechende Wahrnehmungsorgane (Rezeptoren) vorhanden sind, die auf bestimmte Reizqualitäten der Umwelt ansprechen (hier: optische Rezeptoren, die Lichtschwingungen wahrnehmen können). Das Wahrnehmen von Druckerschwärze ist weiters an zentralnervöse Prozesse gebunden, die die wahrgenommene Information verarbeiten, ist an ein »waches« Bewußtsein (z. B. kein Tiefschlaf) und an die Hinwendung der Aufmerksamkeit zum Gegenstand geknüpft. Da es in der folgenden Diskussion insbesondere auch um eine Problematisierung von Begriffen wie »Erkenntnis«, »Wirklichkeit« und »Wahrheit« geht, ist es sinnvoll, zwischen einer subjektiven phänomenalen Welt und einer objektiven transphänomenalen Welt zu unterscheiden. Unter dem Begriff »Wirklichkeit« soll im folgenden eine unabhängig von der Existenz des Lebens, des Psychischen und des Menschen vorhandene physikalische Welt verstanden werden, und mit dem Begriff »Realität« werden alle Formen der subjektiven Erscheinung der Wirklichkeit bezeichnet. Verschiedene erkenntnistheoretische Theorien unterscheiden sich in der Konzeption des Verhältnisses zwischen Realität und Wirklichkeit. Hier wird auch die große Bedeutung der Erkenntnistheorie für die Psychologie verstehbar, denn die Psychologie setzt sich ebenfalls mit der Wahrnehmung von Realität im Subjekt auseinander und beschäftigt sich mit jenen kognitiven Prozessen, die an der Herstellung der Realität beteiligt sind. Eine gute Einführung in Themen der Epistemologie und Erkenntnispsychologie geben J. Kriz (1989), Maderthaner (1987) und Ingensiep und Dünckmann (1990).

Vom naiven Empirismus bis zum kritischen Rationalismus

Das analytisch-dualistische, deterministische und mechanistische Weltbild fand in seiner vielleicht reinsten Form im naiven Empirismus oder Positivismus mit Vertretern wie Mill und Spencer seinen Niederschlag. Der Positivismus geht zurück auf den Empirismus von Locke, Comte und Hume. Für Anhänger dieser Position lassen sich mit Hilfe von Wissenschaft wahre Erkenntnisse gewinnen und durch Experimente können objektiv und real gegebene Naturgesetze entdeckt werden. Diese dogmatische Position besitzt eine lange Tradition und prägt seit der Philosophie Platons und Aristoteles' unser westliches Denken. So versucht etwa Platons Ideenlehre eine Antwort darauf zu geben, wie wahres Wissen und Erkenntnisse möglich werden. Für Platon vermitteln die Sinnesempfindungen zwar trügerisches Wissen, wahre Erkenntnis ist allerdings durch »Anamnesis«, also Wiedererinnern der unwandelbaren, vollkommenen und »wahren« sogenannten »Ideen«, erreichbar. Der Mensch besitzt Anteil an zwei verschiedenen Seinsbereichen, dem der veränderlichen und sinnlich wahrnehmbaren Dinge und dem der unveränderlichen, »archetypischen« Ideen. Wahrnehmungsgebilde (z. B. eine Kugel) entsprechen niemals vollständig den ihnen zugeordneten Ideen, haben aber einen bestimmten Anteil an ihnen, stehen somit in einer Ähnlichkeitsbeziehung zu den zugrundeliegenden Ideen und ermöglichen es dem erkennenden Menschen, sich an die »Urbilder« der Ideen zu erinnern. Wahres Wissen ist somit Ideenwissen. In dieser Weise wird reales Sein im Bewußtsein abgebildet. Man bezeichnet die platonische Position deshalb auch als metaphysischen Realismus oder Ideenrealismus. Aristoteles, ein Schüler Platons, lehnt hingegen die

Existenz von Ideen im platonischen Sinne ab und verwirft auch die Wiedererinnerungslehre. Die Ideen sind vielmehr untrennbar mit den wahrnehmbaren »Sinnesdingen« verwoben, sie sind den Dingen immanent. Der Geist ist ursprünglich leer, wie eine unbeschriebene Tafel (tabula rasa), der Mensch kann aber trotzdem im Laufe seiner Entwicklung Begriffe und wahres Wissen erkennen. Wahr ist, nach Aristoteles, was dem Seienden entspricht. Das Seiende wird durch die Sinnesempfindungen abgebildet. Eine Ontologie, eine Lehre von real und wahrhaftig seienden Dingen, wird dadurch möglich. Wahrheit ist nach Aristoteles gegeben (sog. Korrespondenztheorie), wenn Sachverhalte und Aussagen über die Sachverhalte übereinstimmen. Das Problem bei dieser Sichtweise ist, daß sich Sachverhalte (ein braunes Plastikband) und eine Aussage (»das ist ein braunes Plastikband«) auf einer unterschiedlichen Seinsebene befinden. »Beim Anblick einer lebenden Katze ergreift eine Maus die Flucht, vor einer Folge von Buchstaben nicht ... Hier wird schon deutlich, daß Zeichen nur in Hinsicht auf Erfahrungssubjekte funktional werden und sich die Zeichen produzierenden, empfangenden und interpretierenden Subjekte nicht aus der Erkenntnisdiskussion ausklammern lassen« (Slunecko 1996, S. 15). »Wahrheit« ist nicht möglich, da die Übereinstimmung zwischen Sachverhalt und Aussage letztlich nicht überprüft werden kann.

Auf die zweite Frage (Wann nehmen wir Druckerschwärze als Zeichen wahr?) kann somit geantwortet werden, daß wir die Erfahrung haben müssen, daß es Symbole gibt, die prinzipiell etwas bedeuten können. Wir müssen wissen, daß wir Menschen verschiedene Zeichensysteme geschaffen haben (z. B. Sprache, Schrift). Diese Zeichensysteme sind gemeinsam geteilte und konstruierte Realität und haben daher die »Macht« (dritte Frage), bestimmte Handlungsmuster zu »erzeugen«. Zeichensysteme dienen der Komplexitätsreduktion oder Trivialisierung im Sinne v. Foersters. Durch kommunizierte Symbole können Regeln konstruiert werden, die selbst wieder als Ordnungsparameter menschlichen Verhaltens im sozialen Prozeß wirken und damit Berechenbarkeit und komplexere Formen aufeinander bezogenen Zusammenlebens ermöglichen. Konstruierte Regelmäßigkeiten haben eine solch große Bedeutung für geordnete soziale Prozesse, daß Regelverstöße mit Strafsanktionen unterbunden werden sollen. Damit werden zwar die Freiheitsgrade des Individuums eingeschränkt, aber zugleich neue soziale Qualitäten erworben.

Sowohl Platons, aber insbesondere Aristoteles erkenntnistheoretische Position bestimmten lange Zeit das Denken unserer Kultur. Bereits im Mittelalter, im sogenannten Universalienstreit, zeichnet sich eine alternative erkenntnistheoretische Auffassung ab. Ausgehend von W. v.

Ockham entwickelt sich der Nominalismus, der eine skeptizistische Position darstellt und als Vorläufer von Kants Kritizismus und des modernen Konstruktivismus genannt werden kann. Nach dieser Auffassung ist wahres Wissen nicht mehr erreichbar, die Allgemeinbegriffe (sog. »universalia«, wie z. B. Raum, Zeit) sind weder in Form von Ideen vor den wahrnehmbaren Einzeldingen (Platon), noch in ihnen immanent (Aristoteles). Menschliches Wissen ist demnach ein »subjektives« Denkprodukt. Kant versuchte, Extrempositionen zu verbinden. Zentral ist seine These, daß beim Erkennen keine Abbildrelation zwischen Objekt und Subjekt vorliegt. Der Mensch kann demnach die Realität, die sogenannten »Dinge an sich«, nicht erkennen, selbst die höchsten Ordnungsstrukturen, die »apriori« gegeben sind (z. B. Raum, Zeit, Kausalität), bilden Konstruktionselemente für »subjektive« Erscheinungen.

Während im naiven Realismus die Realität und die Wirklichkeit einander vollkommen entsprechen, beginnt sich mit dem logischen Empirismus eine kritisch-realistische und repräsentationale Wahrnehmungstheorie durchzusetzen, in der die Wirklichkeit nur noch Ursache für das im Subjekt erzeugte Abbild ist. Der logische Empirismus geht von der Annahme aus, daß Wissenschaft nicht mit Erfahrung, sondern mit theoretischen Konzepten beginnt. Der Forscher und Wissenschaftler hat bereits zu Beginn bestimmte Kriterien, mit denen er aus der unendlichen Menge an Beobachtbarem auswählt. Wissen und Erkenntnisse repräsentieren somit lediglich relative und hypothetische Wahrheiten. Das Ziel von Wissenschaft wird nach dieser Position in der Ansammlung von wahren Satzsystemen gesehen, die zueinander nicht in Widerspruch stehen dürfen. Mit der Kohärenztheorie wird auch das Kriterium für Wahrheit anders definiert. Es geht nicht mehr um die Übereinstimmung zwischen Sachverhalt und Aussage, sondern *nur* noch um die Widerspruchsfreiheit einer Aussage mit allen anderen Aussagen innerhalb eines Aussagensystems. Es werden also Sätze mit Sätzen verglichen. Gegen diese Theorie spricht aber, daß kohärente Aussagensysteme möglich sind, bei denen wohl trotzdem niemand von Wahrheit sprechen würde (z. B. Science Fiction-Erzählungen). Es sind auch verschiedene kohärente Satzsysteme denkbar, die sich zwar auf denselben Gegenstand beziehen, aber zu unterschiedlichen Aussagen kommen (z. B. das ptolemäische und kopernikanische Weltbild).

Wissen über die Welt und deren Phänomene wird nach dem logischen Empirismus in Hypothesen niedergelegt, die die Grundlage für die Vorhersagbarkeit späterer Ereignisse bilden. Gelingt eine Vorhersage, erhöht sich der Vorhersagewert der Hypothese, die durch diesen Vorgang empirisch bestätigt wird. Da sich aber Hypothesen logisch nicht einwandfrei verifizieren lassen, ersetzt Popper in seinem kritischen Rationalismus das Verifikationsprinzip durch das Falsifikationsprinzip. Vorläufig nicht widerlegte Hypothesen nennt man »bewährt«. Damit sich Theorien nicht als zufällige Folge von noch nicht falsifizierten Basissätzen ergeben, führt Popper den Begriff der Wahrheitsnähe ein, wobei Wissenschaft einer Maximierung an Wahrheitsnähe dient. Ziel von Wissenschaft ist auch hier noch immer die möglichst objektive, wahrheitsgetreue Beschreibung und Kontrolle der Natur und des Menschen. Popper (1973, S. 31) schreibt: »Die Theorie ist das Netz, das wir auswerfen, um die Welt einzufangen, sie zu rationalisieren, zu erklären und zu beherrschen. Wir arbeiten daran die Maschen des Netzes immer enger zu machen.« Aber auch die Falsifikation von Hypothesen ist logisch nicht letztgültig durchführbar, und wie J. Kriz (1989, S. 77) kritisch anmerkt: Es »läßt sich die ›Nähe‹ zu einem Punkt ›Wahrheit‹, über dessen Koordinaten man nichts sagen kann, nicht feststellen. Damit wird ›Wahrheitsnähe‹ dubios.«

Konstruktivismus

Die Synergetik vertritt die Auffassung einer Evolution, in der sich die Organismen in selbstorganisierter Weise und aus den Umgebungsbedingungen selektierend entwickeln. Diese Position steht damit im Widerspruch zur Annahme der evolutionären Erkenntnistheorie (Vollmer 1981; Lorenz 1973), nach der primär die Gegebenheiten der Umwelt die Organismen mit größtem Anpassungswert selektieren. Das konstruktivistische Konzept der »Viabilität« von v. Glasersfeld (1987) meint, daß die vom Subjekt konstruierte Realität als Voraussetzung für überlebensrelevantes Verhalten keineswegs die Wirklichkeit möglichst genau abbilden muß oder subjektive und objektive Strukturen keineswegs »ineinanderpassen« müssen, sondern die subjektiven Erkenntnisstrukturen nur nicht gegen gewisse umweltspezifische Randbedingungen verstoßen dürfen, um zu überleben. Nicht maximale Anpassung und Übereinstimmung mit der realen Welt garantiert die Existenzerhaltung, sondern minimale Angepaßtheit ist ausreichend.

Konstruktivismus als epistemologische Position meint, daß Wissenschaftler – aber auch Menschen allgemein – ihre Realität (oder Theorien) selbst in einem Prozeß aktiver Realitätskonstruktion herstellen. Jeglicher Anspruch, eine ontische »Wahrheit« erkennen zu können, ist im Konstruktivismus aufgegeben worden, da es keine letztgültigen Kriterien gibt, die die Wahrheitsnähe von Erkenntnissen überprüfen können. Die fünfte Frage (Gibt es so etwas wie vollkommen »richtiges« Verstehen überhaupt, existiert prinzipiell die Möglichkeit die »Wahrheit«, die »Wirklichkeit« zu erkennen?) wird je nach Position verschieden beantwortet. Im Konstruktivismus lautet die Antwort »nein«. Die vierte Frage (Wie können wir sicher sein (oder sicherer werden), daß wir eine Information »richtig« verstehen?) würde aus konstruktivistischer Sicht so beantwortet werden, daß vollkommene Sicherheit nicht existieren kann. Da sich die Konstruktion von Realität aber auch durch soziale Prozesse vollzieht, wie noch gezeigt wird, gibt es die Möglichkeit der Reflexion und Metakommunikation über konstruierte Realitäten. Damit kann zwar kein größeres Verstehen einer ontischen Wahrheit erreicht werden, aber ein besseres Verstehen der sozial konstruierten Realitäten. Auch die wissenschaftlichen Erkenntnisse werden im Konstruktivismus als konstruierte Realität gesehen. »Reflexion und Kommunikation nehmen einen zentralen Stellenwert ein ... wissenschaftliche Ergebnisse werden als gemeinsame Produkte einer Kommunikationsgemeinschaft gesehen« (Pellert 1990, S. 83 f.).

Eine Konsequenz konstruktivistischen Denkens ist somit eine größere Toleranz gegenüber alternativen Auffassungen von Realität. Jede Realität eines Menschen, egal ob dieser von einem Beobachter als »schizophren« oder als »normal« klassifiziert wird, jede wissenschaftliche Theorie ist so gesehen weder ontisch »wahr« noch »falsch« und spiegelt nur ein bestimmtes Segment möglicher Realitätssicht wider. Pragmatisch – aber gleichzeitig auch immer subjektiv – beurteilt ist eine bestimmte Wirklichkeitsauffassung für eine gegebene Problemstellung adäquater als eine andere, vielleicht weil sie größere »Ordnung« im weitesten Sinne stiftet. Die konstruktivistisch-ganzheitliche Weltsicht steht jedoch nicht im Widerspruch zu einer Verwendung der dualistisch-analytischen Denkmethode, sondern hält auch diese für ein notwendiges Werkzeug zur Erkenntnisgewinnung, sonst wäre sie gerade nicht ganzheitlich. Allerdings bedingt die systemisch-konstruktivistische Haltung eine stärkere Reflexion über die Möglichkeiten und Grenzen der analytischen Forschungsweise und eine Ergänzung durch alternative Ansätze. Varela (1975, S. 22) beschreibt anschaulich, daß das Herstellen von Dualitäten mit Hilfe analytisch-rationalem, aber auch reduktionalistischem Denken durchaus sinnvoll und notwendig ist, um im Chaos der Welt Vorhersagbarkeit und das Erfahren von raum/zeitlich stabilen Strukturen und somit Überleben zu gewährleisten und um die Masse unbewältigbarer Komplexität zu reduzieren. Ganzheitlich-systemisches Denken fordert aber, nicht zu vergessen, daß alle analytischen Teilungen letztlich »künstlich« vom Subjekt geschaffene Ordnungsmuster darstellen: »Ausgangspunkt ... ist das Setzen einer Unterscheidung. Mit dem Urakt der Trennung scheiden wir Erscheinungsformen voneinander, die wir dann für die Welt halten. In dem wir die Welt in ihrem bestimmten So-Sein gewahr werden, vergessen wir, was wir unternahmen, um die Welt in ihrem So-Sein zu finden.«

Die Konstruktion von subjektiver Realität ist nach der hier vertretenen Position eingebunden in einen sozialen Konstruktionsprozeß von Realität (Berger u. Luckmann 1969). Die Konstruktion der Realität eines Individuums geschieht dabei in einem Austauschprozeß zwischen Individuum und Gesellschaft. Einerseits wird ein Individuum in eine kulturelle Wirklichkeit hineingeboren, andererseits steht es mit anderen Individuen in Wechselwirkung und hat so Anteil an der Herstellung und Aufrechterhaltung dieser gesellschaftlich konstruierten Realität, die wiederum die Realitätskonstruktion des Subjektes beeinflußt. Die soziale Konstruktion der Realität erfolgt wesentlich mittels sprachlicher Kommunikation als Informationsträger, auf deren Bedeutung für die kognitive Bildung von Realität Whorf (1963) hingewiesen hat. »Menschliche Wirklichkeit wird in Prozessen menschlicher Kommunikation gesellschaftlich konstruiert« (v. Schlippe u. Schweitzer 1996, S. 78).

Erkenntnisse sind nach dieser Sichtweise immer subjektiv, entstehen aber in aktiver rekursiver Interaktion mit der sozialen Umwelt. Die Kommunikationsprozesse (sprachliche, aber auch nonverbale Kommunikation) in der sozialen Mitwelt spielen auch in der »narrativen Position« eine wesentliche Rolle. Kollektive Realitäten werden in sozialen Systemen als »Geschichten« vermittelt und weitererzählt und bauen so wieder die gemeinsame Realität auf (Hoffmann 1996). Für Gergen (1991) entsteht individuelle und soziale Realität im sozialen Dialog. Der Mensch ist so, wie er und andere ihn sich vorstellen. Auch das »Selbst« wird als soziale Konstruktion begriffen. »Die narrative Theorie postuliert, daß unsere Existenz, die sozialen Praktiken, die Institutionen und Rituale Ausdruck unserer Sprachspiele und Sprachkonventionen sind. ... Der Akademiker betritt daher die Arena mit einer wohl ausgeformten Erzählung, die ihm durch die Gemeinschaft seiner wissenschaftlichen Mitstreiter vielfach bestätigt wird« (Epstein 1996, S. 5 f.). In dem Zitat wird deutlich, daß auch Wissenschaft als spezifische Form des Geschichtenerzählens aufgefaßt wird. Die konstruktivistische Position fordert für das System Wissenschaft – aber auch für andere soziale Systeme – insbesondere Interdisziplinarität und Methodenpluralismus, um die willkürliche Beschränkung auf bestimmte Methoden oder Erzähltraditionen zu vermeiden und größere Perspektivenvielfalt zu gewinnen (Wallner 1990).

In der wissenschaftlichen Psychologie zeigt sich beispielsweise eine starke Bevorzugung empirisch-analytischer Erkenntnismethoden. Entsprechend der kritisch-rationalistischen Position wird die Aufgabe der Psychologie darin gesehen, Phänomene in ihrem Gegenstandsbereich zu beschreiben, zu erklären, zu prognostizieren und zu kontrollieren. Wie v. Rosenstiel feststellt (1992, S. 19) ist aber für Erklärung, Prognose und Kontrolle »das Aufzeigen von Wenn-Dann-Beziehungen erforderlich. Man stellt also fest . . ., daß eine bestimmte, exakt beschriebene und gemessene Variable abhängig von einer anderen ist. . . . Der klassische Weg zur Klärung derartiger Wenn-Dann-Beziehungen ist das . . . Experiment. Der Forscher manipuliert willkürlich eine und nur eine Variable (unabhängige Variable), die er innerhalb seines theoretischen Konzepts zur Ursache erklärt und beobachtet, ob eine andere Variable, an der sich nach der Theorie die Wirkung zeigen müßte (abhängige Variable), sich Theoriekonform verändert.« In der Psychologie hat sich im Laufe der Zeit eine Vielzahl von ausgeklügelten experimentellen Designs und statistischen Methoden entwickelt, um dem Anspruch zu genügen, möglichst objektiv wahre Gesetzmäßigkeiten zu beschreiben.

Aus konstruktivistischer Sicht sind aber sowohl die Theorien, die Konstruktion und Auswahl bestimmter Methoden, das Design und die Durchführung von Experimenten, als auch insbesondere die Interpretation von numerischen Ergebnissen mit einer Reihe von Fehlerquellen, subjektiven Deutungen und Vorannahmen belastet (vgl. die Artefakteforschung; J. Kriz 1981). Objektive Erkenntnis ist somit nicht möglich. Die Verwendung von empirisch-analytischen Erkenntnismethoden ist dabei zwar absolut notwendig, um Komplexität zu reduzieren und um überhaupt zu Aussagen über interessierende Phänomene zu gelangen, die Ergebnisse sollten in ihrem Erklärungswert aber bescheidener als konstruierte Realität angesehen werden. Auch Guttmann (1997, S. 11 f.) gibt zu bedenken: »Doch hat sich mit diesem Höhenflug an Techniken auch unsere Fähigkeit vergrößert, die Kernprobleme der Psychologie zu lösen? . . . Oder hat vielleicht gerade die zunehmende Perfektionierung der Methoden unseren Blick darauf verstellt, daß diese lediglich Werkzeugcharakter besitzen und nicht imstande sind, Lösungen zu liefern, wenn nicht zuvor die geeigneten Fragen formuliert wurden? Oder hat nicht schon längst die Methodik vorgeschrieben, welche Fragen überhaupt gestellt werden dürfen, als wissenschaftlich akzeptabel anzusehen sind, als ›sinnvoll‹ zugelassen sind? . . . um dem Experiment den ihm angemessenen Stellenwert zuzuerkennen, eingedenk der Tatsache, daß es nicht Antworten zu liefern vermag, sondern Interpretationsmöglichkeiten – nicht hilft beim Finden, wohl aber beim Erfinden!«

Perspektivenvielfalt und Perspektivenwechsel

Erinnern wir uns an die Geschichte von Superagent 00X, so sind seine verschiedenen Untersuchungsmöglichkeiten im Prinzip gleichwertig. Ob er versucht, die Nachricht zu entschlüsseln, indem er das braune Plastikband in einen Videorecorder einlegt, oder in dem er die geschriebenen Zeichen auf dem Band untersucht, es sind verschiedene Perspektiven, um Realität zu konstruieren und zu rekonstruieren. Nur durch interdisziplinäre Erzeugung von Perspektivenvielfalt können komplexe Systeme in ihrer Ganzheitlichkeit und Vernetzung besser rekonstruiert werden. Abbildung 31 zeigt, wie durch die künstliche Einteilung der Beschreibung der Realität durch unterschiedliche Wissenschaftsdisziplinen wesentliche Vernetzungen und natürliche Zusammenhänge durchtrennt werden. Durch Perspektivenvielfalt können Realitäten konstruiert werden, die Systemverhalten adäquater verstehbar machen.

Die Konstruktion von Realitäten ist stark kontextabhängig. Ein Physiker wird Abbildung 32 (links) vielleicht als das mikroskopische Ab-

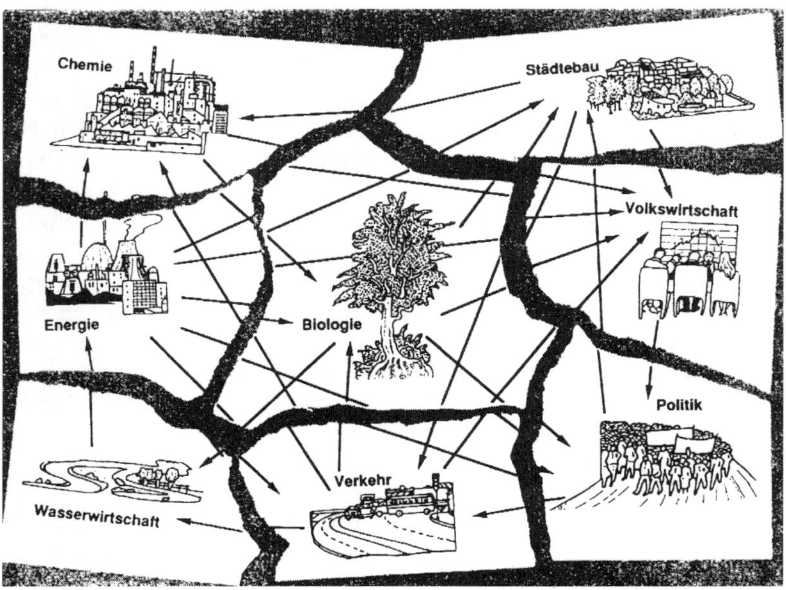

Abbildung 31: Beschreibung der Realität durch Wissenschaftsdisziplinen (aus: Vester 1983a, S. 92)

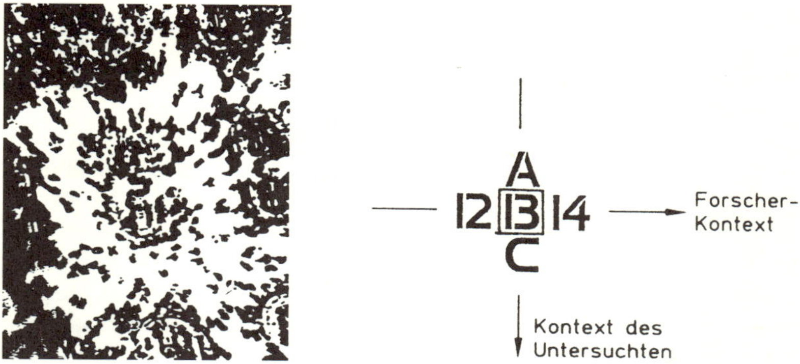

Abbildung 32: Kontextabhängigkeit von Erkenntnissen (links aus: Haken u. Haken-Krell 1994, S. 27; rechts aus: J. Kriz u. Lisch 1988, S. 23)

bild eines Ferromagneten (schwarze Punkte = Elementarmagneten) interpretieren, ein Banker würde vielleicht an ein Bild der Börse aus der Vogelperspektive (schwarze Punkte = Gruppen von Börsenmaklern) denken. Abbildung 32 (rechts) zeigt eine Veranschaulichung der Kontextabhängigkeit bei empirischen Forschungen. Das Zeichen im Kasten kann je nach Kontext als Buchstabe B oder als Zahl 13 interpretiert werden.

Metaphern, als Übertragung von Aussagen in einen anderen oft bildhaften Zusammenhang Bedeutungszusammenhang verstanden, spielen insbesondere in der narrativen konstruktivistischen Position eine zentrale Rolle. Metaphern stellen Inhalte in veränderte Kontexte, die einerseits an bestimmte alte Inhalte anknüpfen, gleichzeitig aber eine neue Perspektive eröffnen. Eine Metapher für die Illustration des konstruktivistischen Denkansatzes und der damit verbundenen Forderung nach Perspektivenwechsel ist die Landkartenmetapher. Die Landkarte dient hier als Metapher für die Abbildung der Welt, sie ist eine konstruierte Realität, die nur bestimmte Aspekte abbildet, etwa in Abhängigkeit vom Maßstab. So ist die Frage, was bei der Beschreibung einer Stadt »richtig« und der »Wirklichkeit« entsprechend abgebildet werden müßte, aus konstruktivistischer Sicht unsinnig. Je nach Erkenntnisinteresse und Kontext kann man eine detaillierte Straßenkarte, ein Schema des U-Bahnnetzes, die letzten Wahlergebnisse, die Bevölkerungsstatistik der letzten zehn Jahre, die Beschreibung einiger berühmter Persönlichkeiten der Stadtgeschichte oder das Telefonbuch heranziehen. Alles sind mögliche Perspektiven, die jeweils einen Ausschnitt an Realität repräsentieren.

Die Veränderung des geographischen Weltbildes als Metapher für Weltbilder und konstruierte Realitäten in anderen Lebensbereichen soll hier genauer dargestellt werden. Die subjektiven Weltbilder stehen in Verbindung mit gemeinsam konstruierter sozialer Realität. Weltbilder entwickeln sich durch Kommunikationsprozesse. Die soziale Komponente der Realitätskonstruktion zeigt auch die Erfahrung, daß bestimmte Institutionen die Macht besitzen, spezifische soziale Konstruktionen zu fördern und am Leben zu erhalten. Im Mittelalter besaß die katholische Kirche in Europa weitgehend die Definitionsmacht über die Konstruktionen sozialer Realität. Alternative Perspektiven durften nicht gedacht, schon gar nicht geäußert werden. Der Aufbau sozialer Organisationen und Gesellschaften ermöglichte es, daß Verhaltensalternativen mit Strafen stark eingeschränkt wurden. In modernen demokratischen Systemen ist Perspektivenvielfalt in vielen Bereichen erlaubt, Meinungsfreiheit zum Menschenrecht geworden. Heute üben die Massenmedien als zentrale Institutionen gesellschaftlicher Realitätskonstruktionen und in ihrer Funktion der Koordination von Kommunikation Macht aus, wobei auch hier soziale Prozesse an der medialen Konstruktion mitwirken.

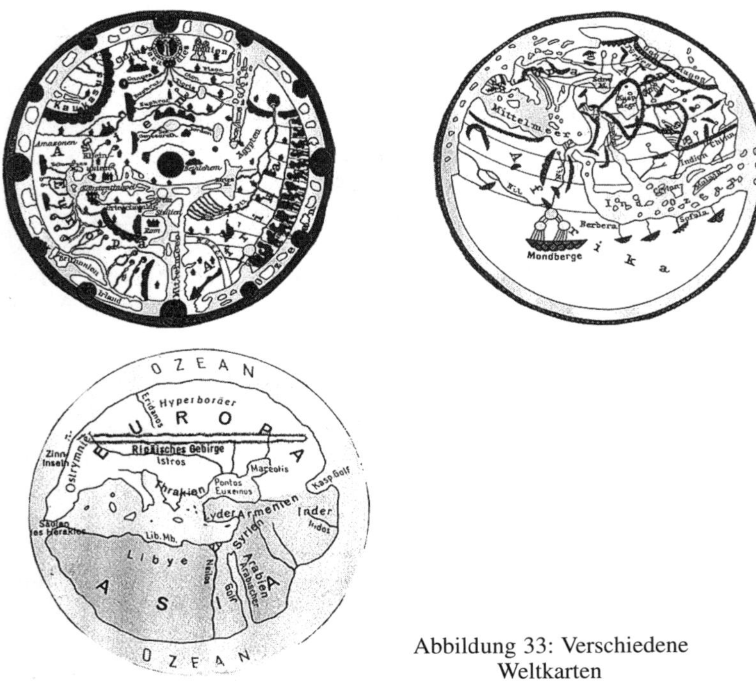

Abbildung 33: Verschiedene Weltkarten

Gerade der Wandel der geographischen Weltsicht zeigt, daß Menschen Realitäten nicht abbilden, sondern konstruieren. Die katholische Kirche verbreitete im 13. Jahrhundert ein »Weltbild« mit Jerusalem und Bethlehem im Mittelpunkt der Welt (Abb. 33, links). Der Araber Al Idrisi zeichnete als Mittelpunkt der Welt Mekka, die Geburtsstadt Mohammeds (Abb. 33, rechts). Der Grieche Hekataios wiederum schuf eine Weltkarte, die seine Heimatstadt Milet in das Zentrum stellt (Abb. 33, unten). Auch jene Weltkarte, die heute immer noch häufig in Schulen und Medien als Weltbild vermittelt wird (Mercator-Projektion, Abb. 34), ist eine konstruierte Realität. In dieser Projektion erscheint Europa größer als Südamerika (das aber flächenmäßig fast doppelt so groß ist). Auch hier existieren, zum Teil unbewußt und teilweise mit Absicht, bestimmte Verzerrungen. Eine Kugel (3 Dimensionen) kann zwar niemals »richtig« auf eine Fläche (2 Dimensionen) abgebildet werden, aber man kann überlegen, welche Relationen in der Abbildung mit welchem Interesse verändert oder beibehalten werden. Möglicherweise ist die Mercator-Projektion nur Ausdruck dessen, daß uns Europa und Nordamerika kulturell näher liegen. Vielleicht ist sie aber unbewußt auch Ausdruck eines impliziten Ethnozentrismus, der andere Kulturen (Südamerika, Afrika) generell abwertet.

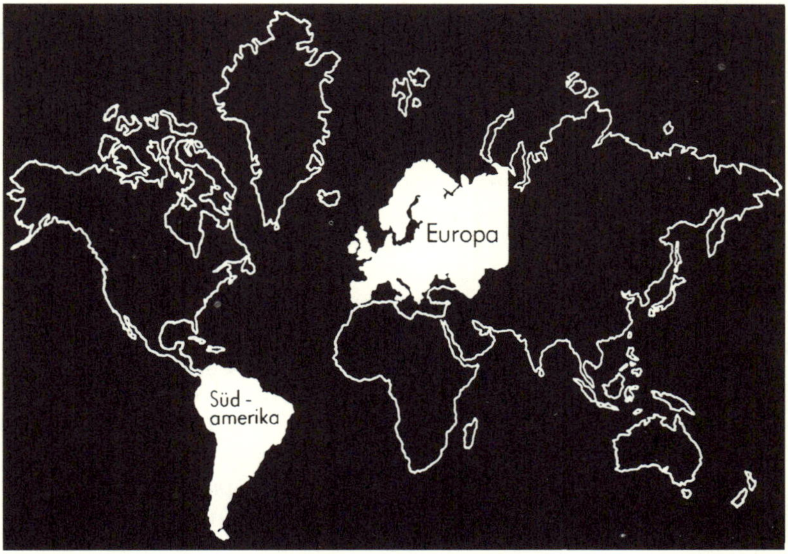

Abbildung 34: Mercator-Projektion

Abbildung 35: Peters-Projektion aus einer Broschüre der EZA (flächentreue Darstellung)

Eine alternative Weltkarte hat Peters entworfen (Abb. 35). Diese flächentreue Abbildung wird etwa von den EZA-Projektpartnern benutzt. Die EZA ist an einer anderen Weltsicht interessiert und versucht, Lebensmittel aus Dritte-Welt-Ländern zu fairen Preisen zu verkaufen. Je nach Interesse bilden Karten somit jeweils bestimmte Teilaspekte konstruierter Realität ab.

Das mit der Metapher des geographischen Weltbildes Dargestellte läßt sich auf andere Bereiche konstruierter Realitäten verallgemeinern. Ein klassisches Beispiel aus der Entwicklung der Psychologie ist die Intelligenzforschung. Hatte jahrhundertelang die Kirche, sich auf die Bibel berufend, auch die geistige Minderwertigkeit von anderen Rassen begründet, um damit etwa die Sklaverei zu rechtfertigen, so haben die aufkommenden Naturwissenschaften und die Psychologie dieses Weltbild mit naturwissenschaftlichen Methoden untermauert. Besonders in Mode waren Schädellehren (Funke u. Vaterrodt-Plünnecke 1998). Gall (19. Jhdt) entwickelte eine Lehre, derzufolge alle Charaktereigenschaften und intellektuellen Begabungen an der Schädelform erkennbar seien. Morton (Mitte 19. Jhdt.) legte als »objektive« Daten Tabellen mit Meßwerten von Hirnvolumina vor. »Ähnlich argumentierte der französische Chirurg Broca (1824–1880) ... Mittels verschiedener Schädel- und Körpermessungen und daraus konstruierter Indizes versuchte er, die angeborene Dummheit minderwertiger Rassen zu belegen: Für eine Stichprobe von 60 Weißen und 35 Schwarzen ergab sich dabei eine durchschnittliche Schädellänge ... von 90,736 zu 100,404 Millimetern (man beachte das bemerkenswerte Verhältnis von inhaltlicher Relevanz und Meß-Exaktheit ...). Daraus schloß er 1872: Es ist daher unbestreitbar, ... daß der Körperbau des Negers in dieser Hinsicht wie in vielem anderen dem des Affen angenähert ist« und »Gustave Le Bon: ›Bei den intelligentesten Rassen, wie bei den Parisern gibt es eine große Anzahl Frauen, deren Gehirn der Größe nach den Gorillas nähersteht als den höchstentwickelten männlichen Hirnen ... Alle Psychologen, die die Intelligenz von Frauen studiert haben, erkennen heute, ... daß sie eine der minderwertigsten Formen der Menschheitsentwicklung darstellen‹« (beide Zitate: Gould, 1983, zit. nach J. Kriz, 1985, S. 9). Ein weiteres kurioses[5] Beispiel ist die Klassifikation von psychischen Krankheiten des Arztes Cartwright. 1851 gelang ihm die Erklärung für die sogenannte Drapetomanie (Bezeichnung für den bei schwarzen Sklaven festgestellten »irren Wunsch« wegzulaufen). Als Ursache wurde die Dysthesie diagnostiziert: die unzulängliche Reinigung des Blutes in den Lungen von Kohlendioxyd bei gleichzeitigem Defizit von Gehirnmasse. Als Therapie wurde »schwere Arbeit im Freien und in der Sonne« vorgeschlagen.

Diese Beispiele zeigen, daß die Konstruktion von Realität durch subjektive Verzerrungen und zum Teil auch durch intersubjektive Interessen beeinflußt wird. Gergen (1990) fordert daher, Perspektivenvielfalt einem Beharren auf (scheinbar) »wahren« Standpunkten im sozialen Dialog den Vorzug zu geben. Damit sind aber zugleich eine Reihe von systemkompetenten Fähigkeiten angesprochen, da Perspektivenvielfalt erfordert, mit größerer Unsicherheit umzugehen, und Reflexionstechniken notwendig sind, die Perspektivenwechsel überhaupt erst ermöglichen.

5 Diese Anekdoten wären heute durchaus zum Lachen, wenn vergleichbare wissenschaftliche »Erkenntnisse« nicht u. a. in Deutschland des Nationalsozialismus Millionen Menschen das Leben gekostet hätten.

Lernen und Kompetenzerwerb

Im Training von Systemkompetenz werden verschiedene Fähigkeiten gefördert und Wissen wird erlernt. Wissensinhalte sind heute einer immer schnelleren Veränderung unterworfen, die Menge des Wissens nimmt exponentiell zu, aber auch die Komplexität und Vernetztheit an Wissensgebieten ist im Zunehmen begriffen. Neben der Notwendigkeit der Ermöglichung von selbstorganisiertem oder selbstgesteuertem Lernen stellen Reinmann-Rothmeier und Mandl (1998a, S. 99 f.) insbesondere fest: »Gefordert ist zudem das Herstellen von Querverbindungen zwischen verschiedenen Wissensdomänen, ein Denken in Zusammenhängen und damit Multidisziplinarität. Das Leben in einer Wissensgesellschaft verlangt nach flexibler Wissensnutzung, nach einem kompetenten Umgang mit neuen Informations- und Kommunikationstechniken sowie mit Informationen und Wissen, nach Kommunikation und Kooperation und schließlich nach demokratischem Denken und Handeln ... Was wir dringend brauchen, ist eine neue Lernkultur, die auf konstruktivistischem Gedankengut aufbaut, ... und dabei der individuellen und sozialen Wissenskonstruktion Rechnung trägt.« Aus konstruktivistischer Sicht ist Perspektivenvielfalt im Lernprozeß anzustreben. Dies bedeutet eine Abkehr von der nach wie vor üblichen fremdgesteuerten Wissensvermittlung durch Vorgabe der Inhalte und Prozesse (Frontalunterricht). Den Herausforderungen der komplexer werdenden Lebenswelten angemessener erscheinen selbstgesteuerte Formen des Lernens (z. B. »Learning Communities«), in denen Diskussion, Reflexion und (in)-Frage(n) stellen nicht die Ausnahme sind, sondern Kernstück des Unterrichts. Die Lernenden übernehmen hier selbst die Initiative und Mitverantwortung für die Gestaltung der Lernprozesse (Brown 1997).

Der Lernprozeß aus systemisch-psychologischer Sicht

Zusammenhänge zwischen dem Thema »Lernprozeß« und der systemwissenschaftlichen Perspektive ergeben sich aus zwei Richtungen. Einerseits ist es möglich, das Individuum und dessen psychische Prozesse beim Lernen zu betrachten und festzustellen, daß auch das Phänomen »Lernen« mit systemischen Prinzipien wie Vernetzung, Rückkopplung oder Selbstorganisation angemessen beschrieben werden kann. Andererseits kann der soziale Prozeß des Lernens untersucht werden, insbesondere die Frage, wie Lernen in Organisationen und Personengruppen realisiert wird oder aus systemischer Sicht sinnvoll gestaltet werden sollte.

Lernen ist ein selbstorganisierter Prozeß

In diesem Abschnitt wird schwerpunktmäßig der individuelle Lernprozeß thematisiert, doch soll klargestellt werden, daß Individuen (fast) immer in eine soziale Mitwelt eingebunden sind. Psychische Systeme sind offene Systeme[1], da sie mit der (sozialen) Umwelt Information austauschen. Aus systemisch-psychologischer Sicht geht es beim Thema Lernen um die Fragestellung der Ordnungsbildung im psychischen System. Eine weitere differenzierte Auseinandersetzung und psychologische Begründung der hier dargestellten Argumente erfolgt im übernächsten Kapitel. Aus systemischer Perspektive wird zunächst postuliert, daß für den Bereich der Wahrnehmung und Kognition Informationen im psychischen System verarbeitet und dabei konstruktiv mit einer subjektiven Bedeutung versehen werden. Die konstruktivistische Perspektive auf das Thema Lernen angewandt bedeutet, daß Lernende keine objektive Wirklichkeit erfassen können. Lernen ist eine Abbildung der Wirklichkeit, bei der die »Welt« an bereits existierende Schemata (als »Sinnattraktoren«) so weit wie möglich angepaßt wird. Durch Kommunikationsprozesse in der sozialen Mitwelt wird ebenfalls keine Objektivität erkannt, sehr wohl aber intersubjektive Realität konstruiert. Lernen bedeutet somit aktives subjektives und kollektives Konstruieren von Lebenswelten. Vorgegebenes Wissen wird nicht vollständig abgebildet, sondern selbstorganisiert gestaltet (Siebert 1994). In der

1 Nach der hier vertretenen Position werden psychische Systeme als offene Systeme konzipiert.

Wahrnehmung spielen die Gestaltgesetze der Wahrnehmung (Metzger 1986) eine wesentliche Rolle. Gestalten im Sinne der Gestaltpsychologie sind dabei äquivalent mit Ordnungsparametern[2] (Attraktoren) im Wahrnehmungsprozeß. Auch in der kognitiven und emotionalen psychischen Verarbeitung von Informationen existieren Ordnungsstrukturen – kurz »Sinnattraktoren« genannt (W. Kriz 1993). Von besonderem Interesse für ein systemisches Verständnis von »Lernen« ist daher die Musterbildung oder Mustererkennung, da psychische Ordnungsstrukturen (u. a. Schemata) einerseits in selbstorganisierter Musterbildung entstehen und andererseits im Prozeß der psychischen Musterbildung und Mustererkennung wirken.

Ein Experiment im Bereich der Wahrnehmung von Stadler und Kruse (1990) ist zur Veranschaulichung besonders geeignet. Die 8×8 Matrizen in der Abbildung 36 sind Zeile für Zeile von oben links nach unten rechts zu lesen. Die erste Versuchsperson bekam das erste Bild mit der ungeordneten zufälligen Punkteverteilung für wenige Sekunden dargeboten und mußte das Wahrgenommene sofort danach reproduzieren.

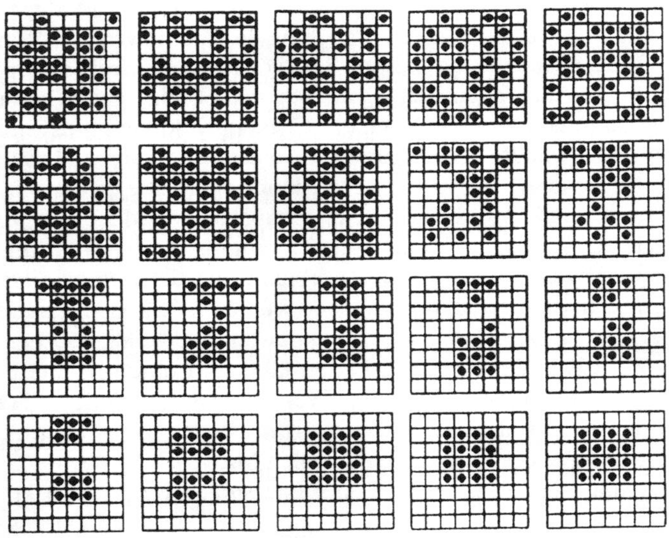

Abbildung 36: Serielle Reproduktion eines Punktmusters bei 19 aufeinanderfolgenden Versuchspersonen (aus: Stadler u. Kruse 1992, S. 157)

2 Gestalten bezeichnen genaugenommen gebildete Muster (Ergebnisse von Prozessen); die Ordnungsparameter stellen die gestaltbildenden Prozesse dar.

Die Reproduktion war dann die Vorlage für die nächste Versuchsperson. Bei diesem iterativen Design (sog. Bartlett-Szenario nach Bartlett 1932) der seriellen Reproduktion eines visuellen Musters wird der dynamische Charakter der Gestaltgesetze besonders anschaulich. Über 19 Versuchspersonen[3] hinweg konvergiert ein ungeordnetes Muster in einem selbstorganisierten dynamischen Prozeß zu einem stabilen Ordnungszustand. Natürlich entsteht aus dem »Anfangschaos« nicht immer ein Quadrat als Attraktor, es sind auch andere Punktmuster als Ordnungsparameter möglich, die sich aber immer durch eine deutlich hohe Prägnanz auszeichnen. Solche Attraktoren existieren nicht nur im Bereich der visuellen Wahrnehmung. Auf andere Bereiche übertragen bedeutet Selbstorganisation, ». . . daß von unseren Sinnesorganen aufgenommene Teilmuster die Tendenz haben, im Sinne der Attraktoren vervollständigt zu werden. Dabei wäre an eine Ausbildung der Attraktoren besonders in früher Kindheit zu denken; später werden dann solche Attraktoren als Strukturierungsprinzipien in der Wahrnehmung und Verarbeitung von Reizmannigfaltigkeiten zu (Welt-)Bildern wirksam« (J. Kriz et al. 1992, S. 5).

Eine wesentliche Erkenntnis der systemischen Sichtweise ist, daß psychische Attraktoren durch Lernprozesse oder allgemeiner Musterbildungsprozesse konstruiert werden. Sind in der psychischen Dynamik bereits Ordnungsstrukturen verfügbar, so wirken diese als Ordnungsparameter auf die Einordnung neuer, im Lernprozeß aufgenommener Teilinformationen im Sinne des Versklavungsprinzips. In psychologischer Terminologie der Schematheorie von Piaget (1975b) wird dieses Phänomen als Assimilation (Versklavung) von Teilinformationen an bereits vorhandene Schemata (kognitive Attraktoren) bezeichnet. »Bei der Musterbildung emergieren aus Teilen des Systems Muster (formal: ›Ordnungsparameter‹), die dann (in ›Konkurrenz‹ zu den weniger erfolgreichen Struktur-Alternativen, die sofort wieder verschwinden) das ganze System gemäß dieser dynamischen Struktur ›versklaven‹. Bei der Mustererkennung werden aufgrund einiger Merkmale diese Ordnungsparameter aufgerufen, die dann in der weiteren Dynamik . . . das Gesamtmuster komplettieren« (J. Kriz 1997a, S. 79). Eine Schlußfolgerung aus der synergetischen Sichtweise ist dabei von fundamentaler Bedeutung und unterstützt zugleich die in dieser Arbeit

3 Im Bereich der Wahrnehmung können verschiedene Versuchspersonen herangezogen werden, da die Gestaltgesetze (Metzger 1986) für alle Menschen allgemeine Gültigkeit aufweisen.

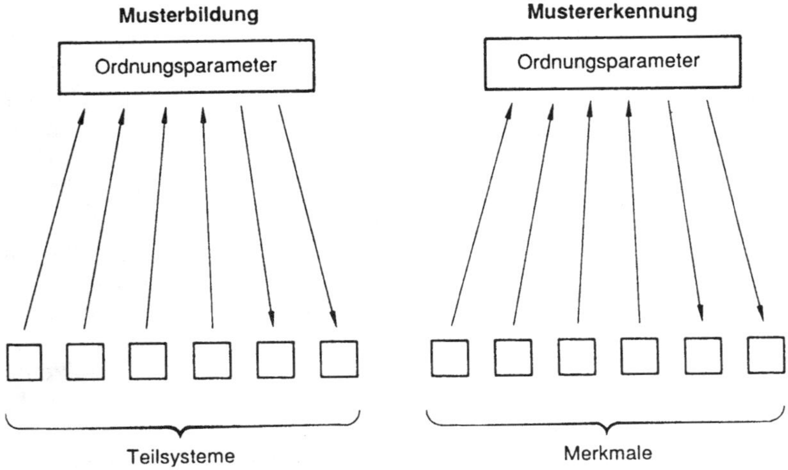

Abbildung 37: Analogie zwischen Musterbildung und Mustererkennung (aus: Haken u. Haken-Krell 1994, S. 179)

vertretene konstruktivistische Erkenntnisposition, daß »Wahr-Nehmung nichts anderes als Wahr-Bildung ist« (Haken u. Haken-Krell 1994, S. 266).

Entsprechend den mathematischen Präzisierungen der Synergetik konnten Prozesse der Bildwahrnehmung bereits mit entsprechenden Computerprogrammen simuliert werden. Im ersten Schritt der Musterbildung »lernt« das Computerprogramm die Konstruktion von Ordnungsparametern. Die Bilder werden dabei in Potentiallandschaften umgewandelt (genauer: Haken u. Haken-Krell 1994). Bei der Mustererkennung genügen dann wenige Teilinformationen (ein verwaschenes Bild, Teilausschnitte eines Bildes usw.), und in einer iterativen attrahierenden Dynamik wird in wenigen Zyklen ein geordnetes Muster (re)konstruiert, das einem der zuvor gelernten Muster entspricht.

Selbstorganisiertes Lernen und Experiential Learning

Betrachtet man Lernen aus einer möglichst umfassenden, ganzheitlichen Perspektive, so müssen Theorien aus verschiedenen Gebieten der Psychologie miteinander in Verbindung gebracht werden. »Man kann mehrere Lernbegriffe unterscheiden. Die umfassendste Auffassung von

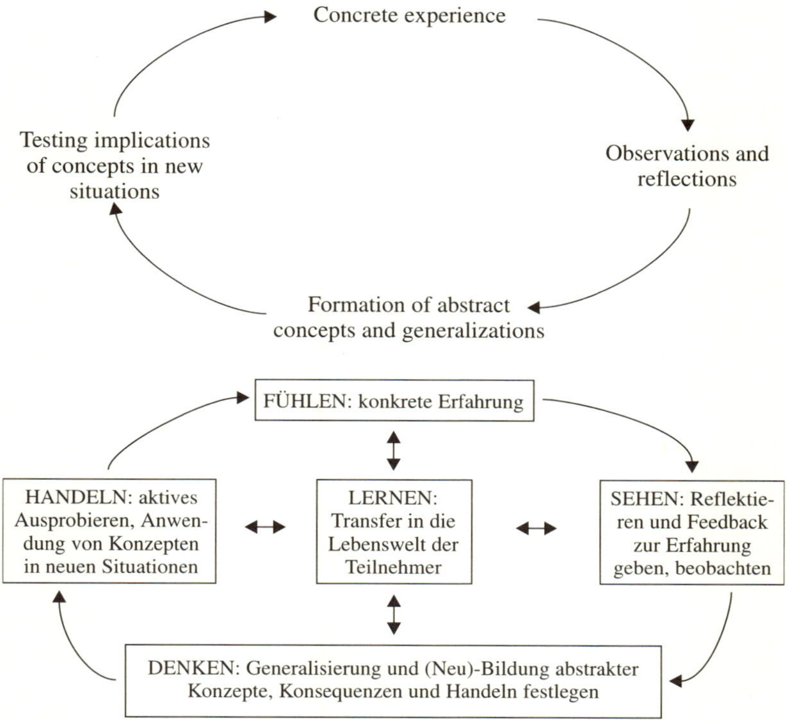

Abbildung 38: oben: Experiential Learning Cycle (aus: Kolb 1984, S. 21); unten: erweiterte deutsche Übersetzung

Lernen betont die Erfahrungsbildung als wesentliches Merkmal. Häufig wird die Bedeutung einer anwendungsbezogenen und transferfördernden Übung als wesentlicher Bestandteil von Lernprozessen übersehen ... Dies bedeutet, daß der Lerner nach Abschluß des Lernprozesses sich anders verhalten, anders denken, anders wollen, anders handeln kann« (Edelmann 1996, S. 401 und 405).

Im Training von Systemkompetenz wird der Ansatz des »Experiential Learning« praktiziert. Der Begriff Experiential Learning soll hier nicht eingedeutscht werden (am ehesten könnte man dafür »Lernen durch Erfahrung« oder »Erlebnispädagogik« einsetzen). Kolb (1984) hat ein Standardwerk über die Theorie des Experiential Learning geschrieben. Aufschlußreich ist in diesem Zusammenhang seine Definition von Lernen: »Lernen ist der Prozeß, in dem Wissen durch die Umformung von Erfahrungen geschaffen wird« (S. 38; Übersetzung W.K.). Diese Definition steht im Einklang mit systemischem Denken, weil der Prozeßcharakter von Lernen betont wird. Ein Transformationsprozeß ist gemeint, der ohne praktische Erfahrung nicht zu einem angemessen anwendbaren Wissen führt. Im Experiential Learning kommt es zu einem rückgekoppelten Prozeß, in dem konkrete Erfahrungen, Reflexion dieser Erfahrungen, Generalisation und aktives Ausprobieren von Plänen miteinander verbunden sind.

Die Erfahrung, das »Involviert-Sein« in ein möglichst intensives Erlebnis ist bei diesem Ansatz zentral. Der Mensch soll ganzheitliche Erfahrungen machen dürfen. Es erfolgt nicht nur eine kognitive Auseinandersetzung mit der Lebenswelt, sondern es wird auch die emotionale (und bei vielen Übungen in Outdoor-Trainingsprogammen sogar körperliche) Dimension des Menschen angesprochen. Als zwei zentrale Personen, deren Forschungen den Experiential-Learning-Ansatz besonders geprägt haben, werden von Kolb Lewin (1963) und Piaget (1975) genannt. So schreibt Lewin (1963, S. 115 f.): »Lernen als eine Veränderung der Erkenntnisstruktur hat mit praktisch allen Bereichen des Verhaltens zu tun. ... zunächst heißt lernen, daß die Person selber etwas tun muß, anstatt passiv durch ihr auferlegte Kräfte bewegt zu werden ... .« Zwar wird in diesem Ansatz von einem aktiven Handeln und von den dadurch bedingten Erfahrungen ausgegangen, die gründliche Reflexion des Geschehens ist dabei aber genauso von Bedeutung. Experiential Learning ist aber auch immer schon eine Basis des Gaming Simulation Ansatzes gewesen (Ulrich 1998).

Problemlösen – Münzproblem – Demonstrationsbeispiel

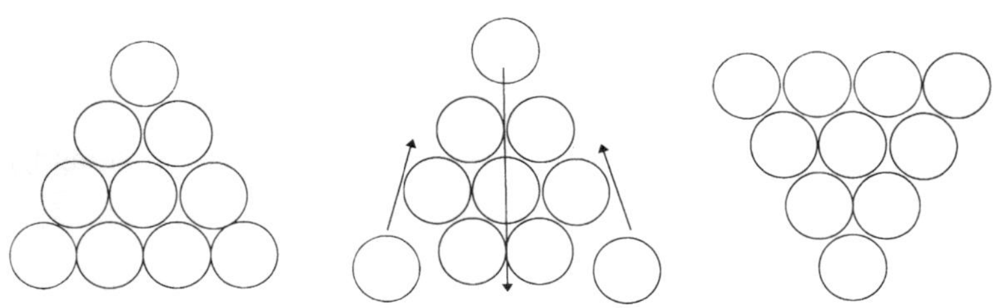

Aufgabe: (Anleitung für den Seminarleiter)

Die Münzen liegen (z. B. am Overhead-Projektor) in der Abbildungsformation (links). Aufgabe ist es, mit den wenigsten Zügen das Dreieck auf die Spitze zu stellen. (Zug = eine Münze verschieben). Lösungsvorschläge abwarten: 6, 5, 4, ... Die beste Lösung sind 3 Züge (siehe Abbildung Mitte und rechts). Falls niemand auf die beste Lösung kommt, wird diese vorgezeigt.

Erkenntnisse: (Wird in Gruppen von den Teilnehmern erarbeitet und vom Leiter ergänzt)

Problemlösen ist eine Form von aktivem Lernen. Es bedeutet u. a. Lernen durch Ausprobieren verschiedener Lösungen. Die beste Problemlösung finden oft nur wenige, es erfordert ein Umdenken, einen Perspektivenwechsel und andere Kontexte (hier: indem man das Dreieck als Kreis betrachtet, als eine mögliche – bildhafte – Zugangsweise zur Lösung dieses Problems).
Alle kennen jetzt die Lösung, d. h. alle haben nun Wissen aus 2. Hand (können dieses Beispiel reproduzieren). Die Personen aber, die die Lösung fanden, haben Wissen aus 1. Hand (können selber Wissen produzieren). Wir leben in einer Zeit, wo Wissensproduktion immer wichtiger wird. Nicht nur der Verkauf von Produkten, sondern vor allem das Wissen (Know How), das in den Produkten steckt, wird immer wichtiger. Das erfordert vom Bildungssystem die Förderung von Lernformen, die aktives, erfahrungsbezogenes Lernen (Wissen produzieren) ermöglichen, anstatt nur passives Zuhören, Bücherstudium und Abprüfen theoretischen Wissens (Wissen reproduzieren) durchzuführen. Natürlich ist auch reproduzierendes Lernen wichtig, es sollte als Ergänzung aber das Experiential-Learning stärker gefördert werden.
Der Mensch ist laut Kolb (1984) eine »lernende Spezies«. Im Unterschied zu Tieren, die »lernen«, um sich den Umgebungsbedingungen so anzupassen, daß sie in ihrem Lebensraum überleben können, kann der Mensch seine Lebensräume aktiv gestalten. Lernen bedeutet hier ein aktives Ausgestalten und Verändern unserer eigenen Lebensbedingungen. Damit tragen wir als Menschen aber auch die Verantwortung für unser Handeln.
Mit dem Erwerb von Systemkompetenz soll das angemessene, zukunftsfähige Handeln in den immer komplexer werdenden Lebensräumen gefördert werden. Mit Experiential Learning und Gaming Simulation können Teilnehmer von Trainingsprogrammen lernen, aktiv zu lernen. Sie können neue Handlungsmuster ausprobieren und dann in das reale tägliche Leben transformieren.

Kolb (1984, S. 26) nennt einige wesentliche Merkmale des Experiential-Learning-Ansatzes:
- Lernen wird an erster Stelle als Prozeß und nicht als Ergebnis betrachtet,
- Lernen ist ein kontinuierlicher Prozeß, der auf Erfahrungen beruht,
- Lernen basiert auf einer Interaktion zwischen Person und Umwelt.

Zunächst bedeutet Experiential Learning, daß Prozesse im Mittelpunkt des Interesses stehen, bestimmte Resultate sind dabei zweitrangig. »Wissen ist ein Prozeß, kein Produkt« (Bruner 1966, S. 72). Feire (1974, S. 58; Übersetzung W.K.) äußert dementsprechende Kritik am Bildungssystem, das in erster Linie an Resultaten interessiert ist und nicht an dem auch persönlichkeitsfördernden Entwicklungsprozeß des Lernens selbst: »Ausbildung und Erziehung werden so zu einem Akt des Deponierens, der Student wird zu einem Behälter ... Anstelle wechselseitiger Kommunikation werden vom Lehrer ... Dinge abgegeben, die der Student geduldig erhält, behält und wiedergibt ... Sie haben, das ist wahr, die Möglichkeit, die Dinge, die sie aufheben, zu sammeln und zu katalogisieren. Aber in letzter Konsequenz geht in diesem fehlgeleiteten System das lebendig Menschliche durch einen Mangel an Kreativität ... verloren.« Experiential Learning konzentriert sich daher auf die Verknüpfung von Reflexion und theoriegeleiteter Wissensvermittlung mit persönlichen Erfahrungen, die den Lernenden ermöglicht wird.

Bei der Person-Umwelt-Interaktion ist zu beachten, daß die Lernenden in der Lernsituation bereits gebildete psychische Attraktoren und Handlungsmuster einbringen, die auf die Einordnung der im Lernprozeß wahrgenommenen Information und auf das Lernverhalten wirken. Die Lernsituation selbst wird aktiv gestaltet und ist vom Zusammenspiel der Lebenswelten (Vorwissen, Emotionen, Handlungsfähigkeiten, räumliche und zeitliche Faktoren der Lernumgebung) der am Lernprozeß teilnehmenden Personen abhängig. Auch der mögliche Lerntransfer in die Lebenswelten der Lernenden, also etwa die Veränderung von Erkenntnisstrukturen und Handlungsmustern durch die im Lernprozeß erfahrenen und verarbeiteten Informationen, wird von den bereits gebildeten Sinnattraktoren und Handlungsmustern beeinflußt. »Genau betrachtet ist Lernen immer insofern partiell selbstorganisiert. Die Lernenden müssen den Lerninhalt individuell umstrukturieren, um ihn aufzunehmen« (Greif u. Kurtz 1996, S. 28). Das Umstrukturieren erfolgt dabei entsprechend der Anpassung an vorhandene Ordnungsstrukturen. Hier interessiert zunächst, wie aus systemisch-psychologischer Sicht Lernprozesse optimal unterstützt werden können und Lernumgebungen gestaltet werden sollten.

Der Experiential Learning-Ansatz wird gefordert, daß insbesondere Lernformen verstärkt angeboten werden, die ein freies, selbstgesteuertes und somit selbstorganisiertes Lernen ermöglichen. Eine solche Auffassung von Lernen ist immer schon Kennzeichen der Humanistischen Psychologie gewesen. »Wir können einer anderen Person nicht direkt etwas lehren, wir können nur ihr Lernen fördern« (Rogers 1974,

S. 338). Dieser humanistischen Tradition ist auch Experiential Learning verpflichtet. Rogers (1974, S. 13) gibt in seinem Buch »Lernen in Freiheit« eine Beschreibung von »signifikantem Lernen«:

- Signifikantes Lernen basiert auf persönlichem Engagement, es ist selbstgesteuert; selbst wenn Reize und Antriebe von außen das Lernen beeinflussen, ist ein Gefühl des Entdeckens und Begreifens von innen gegeben.
- Signifikantes Lernen ergreift und durchdringt den ganzen Menschen, kognitive und emotionale Dimensionen des Erlebens sind einbezogen; das Lernen führt zur Veränderung von Einstellungen, Wissen, Persönlichkeit und Handeln.
- Signifikantes Lernen wird vom Lernenden selbst evaluiert und bewertet; der Lernende weiß selbst am besten, ob eine Lernsituation seine Bedürfnisse erfüllt und ob das Lernen Sinn ergibt. Beim signifikanten Lernen werden Erfahrungen gemacht, die dem Lernenden sinnvoll erscheinen.

Eine ergänzende und teilweise überlappende Begriffsdefinition stellt Weinert (1982, S. 102 f.) mit dem Begriff »Selbstgesteuertes Lernen« vor:

- Selbstgesteuertes Lernen erfordert Lernsituationen, in denen die Lernenden Freiräume für die selbständige Definition von Lernzielen, Lernzeiten und Lernmethoden besitzen. Das bedeutet aber zugleich die Fähigkeit des Individuums, mögliche Freiräume auch wahrzunehmen, zu bewerten und selbstverantwortlich durch entsprechendes Handeln zu nützen.
- Beim selbstgesteuerten Lernen übernimmt der Lernende Verantwortung für sein eigenes Handeln durch Selbstinstruktion, Planen der eigenen Lernprozesse, Lernen lernen und Überprüfung der Effizienz des eigenen Lernens.

Personen sollen somit ihr eigenes Lernen selbst organisieren. Diese freiere und autonomere Form des Lernens und auch Handelns wird zunehmend auch in Unternehmen realisiert (z. B. durch teilautonome Arbeitsgruppen; vgl. Antoni 1994), da mit selbstbestimmtem Lernen und Arbeiten – unter bestimmten Voraussetzungen – bessere Leistungen erzielt werden können. »Aus Ergebnissen der Pädagogischen Psychologie, Entwicklungspsychologie und Motivationspsychologie gibt es eine Vielzahl an Hinweisen, daß ... die Erweiterung der Selbstbestimmung beim Lernen für die Motivation und Leistung sehr förderlich sein kann« (Greif u. Kurtz 1996, S. 28). Um dieses Lernen und Handeln zu fördern, müssen als Voraussetzung zunächst selbst wieder bestimmte Fähigkeiten (u. a. zur Teamarbeit) in selbstgesteuertem Lernen gebildet werden. Um selbstorganisiertes Lernen zu fördern, sollte nach Deitering (1996a,b) untersucht werden, in welchem Ausmaß fünf Dimensionen der Offenheit in einer Lernsituation gegeben sind. In der folgenden Übersicht sind die zentralen Ziele und Werte des selbstgesteuerten Lernens nochmals zusammengefaßt. Diesen Werten ist auch das Training von Systemkompetenz mit Planspielen verpflichtet.

Fünf Dimensionen der Offenheit (Deitering 1996a, S. 49):
- *Organisationsform:* Möglichkeit der Lernenden zu entscheiden, wann sie für wie lange mit wem was lernen können.
- *Inhalt:* Wieviel ist verpflichtend/freigestellt, wer wählt aus, wer bestimmt, was relevant ist?
- *Kognitiver Bereich*: Wie sehr ist die Vorgehensweise festgelegt? Welche kognitiven Elemente werden angesprochen? Wie eng oder wie fächerübergreifend ist das Thema?
- *Sozio-emotionaler Bereich:* Wie autoritär oder demokratisch gehen die Lernenden untereinander und mit dem Lehrenden um? Wieweit trägt der Lehrende zum Abbau von Angst, zur Befähigung zur Teamarbeit, zum Einüben demokratischer Verhaltensweisen, zum sozialen Lernen und zum Akzeptieren individueller Unterschiede bei?
- *Umwelt:* Wieweit ist die Organisation der Lernenden offen für die Umwelt?

Werte und Ziele selbstgesteuerten Lernens (Deitering 1996b, S. 156):
- mündiger Mensch,
- Selbstbestimmung,
- Selbstverantwortung,
- Autonomie im Lernen,
- Selbständigkeit im Denken und Handeln,
- Förderung der Lernkompetenz,
- Vorbereitung auf lebenslanges Lernen,
- Kritikfähigkeit und Kritikwilligkeit,
- Förderung von sozialer Kompetenz,
- Kommunikationsfähigleit,
- Konfliktfähigkeit,
- Selbstvertrauen,
- Selbstbewußtsein,
- Problemlösefähigkeit,
- Freiheit von Status- und dogmatischem Hierarchiedenken.

Die Lernsituation sollte ermöglichen und realisieren:
- verständnisvolles und akzeptierendes Verhalten,
- angstfreies, sanktionsfreies Klima,
- emotional echte Grundhaltung,
- modellhaftes Vorleben der Grundwerte selbstgesteuerten Lernens,
- Anregung von Initiative, Engagement und Partizipation,
- Förderung eigenverantwortlichen Handelns,
- methodisch-didaktische Aspekte zum Lerninhalt machen,
- kein Laissez-faire-Stil, sondern situatives Führen,
- offene Kommunikation,
- Förderung der Kreativität,
- flexiblen Zeitplan,
- flexible Raumnutzung,
- ein Minimum an Frontalunterricht,
- flexible Lerngruppenbildung,
- flexible Schwerpunktsetzung bei Lerninhalten,
- eine individuelle Planung der Vorgehensweise und
- und die Nutzung von externen Lernquellen.

Nach Edelmann (1996, S. 412) haben gerade die Universitäten bezüglich dieses »neuen Lernens« eine Nachzüglerrolle inne: »Die häufigste Form des Unterrichts läßt sich folgendermaßen beschreiben: Es handelt sich um verbal übermittelte Begriffe und Regeln ohne konkrete Erfahrung an einzelne Lerner. Diese befinden sich in einer rezeptiven Lernhaltung. Neben der personalen Kompetenz der Selbststeuerung mangelt es zahlreichen Lernern auch an sozialen Kompetenzen, z. B. zu kooperieren oder Führungsaufgaben zu übernehmen. Schule und Universität stellen kaum einen Bezug zwischen theoretischem Fachwissen und der Alltags- bzw. Arbeitswelt her. Insbesondere die Lösung komplexer Probleme wird nicht trainiert.«

Metzger (1963) hat in »Schöpferische Freiheit« sechs Kriterien für die »Arbeit am Lebendigen« beschrieben, die besonders deutlich werden, wenn den Prinzipien jeweils Kennzeichen für die Arbeit mit »totem« Material gegenübergestellt werden. Im Systemkompetenz-Training wird hierzu eine Gruppenübung durchgeführt: Alle Teilnehmer erhalten Plastilin und bekommen die Aufgabe, daraus jeweils individuell einen beliebigen Gegenstand zu formen. Anschließend erarbeiten die Teilnehmer in Kleingruppen, welche Merkmale für die Arbeit mit Plastilin charakteristisch sind. Die Ergebnisse werden in der Gesamtgruppe dargestellt. Danach sollen die Teilnehmer (zunächst wieder in Kleingruppen) diskutieren, was, im Unterschied zur Bearbeitung von

Plastilin, die Arbeit mit Menschen, etwa Lernen mit den Kollegen, die Erziehung von Kindern bedeutet. Im folgenden werden die sechs Kennzeichen der »Arbeit am Lebendigen« beschrieben (Zitate: Metzger 1963, S. 21 f.) und die Analogie zur systemischen Sichtweise hergestellt.

1) *Nicht-Beliebigkeit der Form*
Bei der Arbeit mit totem Material hat man es mit Werkstoffen zu tun. Zwar gibt es auch hier Begrenzungen, aber im Prinzip kann der Werkstoff beliebig verformt werden. Bei der Gruppenaufgabe haben die Teilnehmer meist unterschiedlichste Figuren mit dem Plastilin geformt. Bei Menschen handelt es sich nicht um Stoffe, sondern um lebendige Wesen. »Ein Wesen aber ist ein schon von sich aus, nach eigenen inneren Gesetzen, seiner Eigenart entsprechend gestaltetes, oder besser: sich gestaltendes und sich verhaltendes Ganzes.« Bei Wesen gibt es kein »Herstellen«, der Lehrer, Erzieher »kann ihm auf die Dauer nichts gegen seine Natur aufzwingen. Er kann nur zur Entfaltung bringen, was schon in dem Material selbst als Möglichkeit angelegt ist.« Das entsprechende Bild für die Arbeit mit dem Lebendigen wäre ein Gärtner, der mit Geduld den Prozeß der Schöpfung unterstützt. Aufgabe des Lehrers ist es somit, Umgebungsbedingungen zu schaffen (Kontrollparameter), um die im System (Schüler) selbst liegenden Entwicklungspotentiale (selbstorganisierte Bildung von Ordnungsparametern) zu fördern und bei deren Entfaltung zu unterstützen. Metzger spricht dabei auch von zwei verschiedenen Arten der Zielerreichung. Möchte man eine Katze von Punkt A zu Punkt B »bewegen«, so könnte man den Weg von A nach B mit Mauern verbauen, so daß nur ein schmaler Gang bleibt. Sodann könnte man einen Hund bei A aussetzen, die Katze wird dann fliehen und als einzige Möglichkeit den gebauten Gang entlanglaufen, im Idealfall bis nach B. Schon dieses Beispiel zeigt aber, daß man selbst bei so strenger Kontrolle aller Gegebenheiten das Verhalten der Katze nicht gänzlich vorhersagen und kontrollieren könnte. Die aus systemisch-psychologischer Sicht bessere Art des »Eingreifens« ist eine andere Form der Zielerreichung zu unterstützen. Man kann als Verhaltensanreiz bei B eine Futterschüssel für die Katze aufstellen. Es wird damit eine Umgebungsbedingung hergestellt, in der sich die Katze selbstgesteuert auf das Ziel zubewegt.

2) *Gestaltung aus inneren Kräften*
Bei der Formung von Plastilin kommen die Kräfte zur Verformung von außen. Die Herstellung der Form ist fremdorganisiert. Beim Le-

bendigen wird die Form (Struktur) in einem dynamischen selbstorganisierten Prozeß gebildet. »Die Kräfte und Antriebe, die die angestrebte Form verwirklichen, haben wesentlich in dem betreuten Wesen selbst ihren Ursprung ... Das eben Gesagte bedeutet zugleich: Ich kann die Formung des Lebenden nicht zu einem mir genehmen Augenblick erzwingen. Ich kann, wo die inneren Kräfte fehlen, sie nicht durch äußeres Eingreifen ersetzen, ohne zu zerstören, was ich zu bilden vermeinte.« Ein Beispiel für die Tendenz, auch Lebendiges »zu beschneiden«, zu kontrollieren oder zu determinieren sind die Baumformen in Parklandschaften barocker Schlösser. Hier wurden aus Hecken künstlich Formen geschnitten. Natürlich muß hier ständig von außen kontrolliert und eingegriffen werden, um diese unnatürliche Ordnung aufrecht zu erhalten, eine Strategie, die auch in totalitären Staaten im Umgang mit Menschen weit verbreitet ist. Nach dem ersten Prinzip kann man dem Lebendigen auf Dauer nichts gegen seine Natur aufzwingen. Auch wenn man mit der Schere alle Blätter eines Ahornbaumes so zuschneiden würde, daß sie wie Buchenblätter aussehen, so würden doch wieder Ahornblätter neu sprießen. Die Ordnungsstrukturen für die realisierten Muster des Lebendigen liegen im System selbst, und nicht etwa außerhalb. »Von Dauer sind im Bereich des Lebendigen nur Formen, die durch die Entfaltung innerer Kräfte sich bilden und ständig von ihnen getragen und wiederhergestellt werden.«

3) *Nicht-Beliebigkeit der Arbeitszeiten*
Plastilin kann man zu jeder beliebigen Zeit formen. Man kann es jahrelang liegenlassen und dann damit weiterarbeiten. »Das Lebendige Wesen kann nicht beliebig auf seine Pflege warten ... Das Lebewesen ... hat vor allem seine fruchtbaren Zeiten und Augenblicke, in denen es bestimmten Arten der Beeinflussung, der Lenkung oder Festlegung zugänglich ist; während es vorher oder nachher sich ihnen verschließt.« Die Analogie zur Selbstorganisation von System ist die Erkenntnis, daß in manchen Phasen der Entwicklung größter Kraftaufwand nicht zu einer Veränderung der stabilen Ordnungsstruktur führt, in sensiblen Phasen können kleine Ursachen große Veränderungen bewirken. »Man kann infolgedessen hier weder nach Dauer noch nach Lage bestimmte Arbeitszeiten willkürlich festlegen.«

4) *Nicht Beliebigkeit der Arbeitsgeschwindigkeit*
Alle genannten Prinzipien sind eng miteinander verknüpft. Plastilin kann man langsamer oder schneller bearbeiten, ohne daß Schaden entsteht. »Wenn die Geschwindigkeit der Ausbildung von Gestalten

ebenso innenbedingt ist wie deren besondere Art, kann auch die Arbeitsgeschwindigkeit im Umgang mit dem Lebendigen nicht willkürlich festgesetzt, vor allem nicht beliebig gesteigert werden.« Systeme haben beim Wachsen und Reifen eigene Geschwindigkeiten und Verläufe. Respekt und Toleranz im Umgang mit Menschen sind daher notwendig.

5) *Die Duldung von Umwegen*
Die Arbeit mit Plastilin kann gradlinig, nach einem gefaßten Plan erfolgen. Bei der Arbeit am Lebendigen müssen geduldig Umwege in Kauf genommen werden. In sozialen Systemen ist oft eine Tendenz zu beobachten, Ordnungsstrukturen und Entwicklungen kontrollieren zu wollen. Beim Militär wird durch besonders rigide Regeln und Zwänge eine fremdorganisierte Ordnung hergestellt. Mit Leben wird daher – in durchaus doppeldeutiger Weise – umgegangen wie mit totem Material. Um Gleichheit herzustellen, kann man mit einem Hammer auf die Plastilinfiguren schlagen und erhält dann gleich aussehende plattgedrückte Plastilinscheiben. Damit geht aber die für das Leben charakteristische Individualität verloren. Bei einer Militär-Parade ist der Weg vorgeschrieben, Umwege werden nicht geduldet, Selbstorganisation und menschliche Individualität werden durch den »Law-and-Order-Hammer« harter Strafsanktionen beseitigt. Auch in der nicht-militärischen Erziehung gibt es die Tendenz, daß etwa Eltern gutmeinend dem Kind bestimmte Erfahrungen »ersparen« wollen und durch starre Verbote oder Verhaltensvorschriften lenken. Dabei gehen beim Lebendigen zentrale Merkmale des Lebens verloren.

6) *Die Wechselseitigkeit des Geschehens*
»Man kann zwar auch mit Werkstoffen spielen. Aber sie sind nur Spielzeug, während die lebendigen Wesen Mitspieler sind.« Bei lebendigen Wesen sind Lernender und Lehrer wechselseitigen Einflüssen unterworfen. Die Arbeit am Lebendigen erfordert Rückkopplungen, es muß ein intensiver Kontakt hergestellt werden.

Entsprechend den sechs Kennzeichen der Arbeit mit dem Lebendigen beschäftigt sich Metzger (1963, S. 59) auch mit Formen des Zusammenlebens: »Man kann geradezu an dem Aufwand an Aufsicht und Überwachungseinrichtungen, an Zwangsmitteln, Verboten und Strafandrohungen ablesen, wie weit eine Gemeinschaftsordnung nur äußerlich aufgezwungene Form ist und von einer natürlich gewachsenen Ordnung abweicht.« Zwar existieren auch in einer Demokratie Regeln und Gesetze, doch gibt es in dieser Staatsform die Möglichkeit zu einer selbstorganisierten Bildung und Veränderung der eigenen Ordnungsstrukturen. Auch in Organisationen wird selbstgesteuertes Lernen und Arbeiten immer wichtiger, weil zu starke Kontrolle und äußerer Zwang von Lebenden (Menschen) zu weniger Leistungen führt. Nicht nur die Motivation und Kreativität wird durch Zwang und Kontrolle beeinträchtigt, sondern auch zusätzliche, freiwillige Mehrleistungen von Menschen werden sonst unterbunden, die aber in Organisationen (Betrieben) eine wesentliche Quelle der Wertschöpfung ausmachen. Werden Freiräume zu sehr eingeengt, so hat das System (z. B. ein Unternehmen als soziales System) kaum Potential und Flexibilität, auf Veränderungen der Umwelt zu reagieren. Somit ist nicht nur aus humanistischer Sicht, sondern gerade auch aus wirtschaftlicher Sicht die Zulassung von Eigendynamik und Selbstorganisation in Unternehmen und Organisationen notwendig für eine nachhaltige Entwicklung derselben (Neuberger 1995).

Der Lernprozeß im Trainingsmodell für Systemkompetenz wird im Sinne des Experiential Learning Cycle (Kolb 1984) gestaltet. Mit dem durch die Gaming Simulation-Anwendungen ermöglichten ganzheitlichen Erfahrungslernen sollen verschiedene Handlungskompetenzen erlernbar gemacht werden. Insbesondere soll die Fähigkeit von Individuen und Teams gesteigert werden, komplexe Probleme zu lösen. Im Trainingsprogramm wird dazu eine Lernumgebung geschaffen, in der die Teilnehmer auch zu vermehrter Kreativität angeregt werden. Kreative Prozesse stellen einen wesentlichen Faktor beim Problemlösen dar (Edelmann 1996). Osterhold (1996) nennt bezugnehmend auf Adams (1984) mehrere Kreativitätsblockaden: (a) Blockaden der Wahrnehmung und des Denkens, basierend auf rigiden kognitiven Musterbildungen (mentale Modelle), die Perspektivenvielfalt und neue Ideen nicht zulassen; (b) gefühlsmäßige Blockaden, wie die Angst davor, Ideen zu äußern, weil man abwertende Reaktionen von Mitmenschen erwartet; (c) kulturell bedingte Blockaden, die auf der Grundlage zu starrer Regeln und Normen im sozialen Prozeß entstehen und (d) umweltbedingte Blockaden, wie etwa zu wenig Sauerstoff in der Raumluft.

Planspiele erweisen sich in der Praxis als besonders geeignetes Mittel, um mehr Flexibilität und Handlungsspielräume zu schaffen und um zu starre Denk- und Handlungsmuster aufzubrechen. Damit werden Umgebungsbedingungen hergestellt, in denen Menschen ihre Kreativität zur Entfaltung bringen können. Harramach (1992, S. 154 f.) schreibt dazu: »Beim Management-Plan-Spiel wird vor allem direkt verwertbare Erfahrung gewonnen ... Sowohl das Denken, als auch das Fühlen und die Intuition sind in den Prozeß produktiv einbezogen. Hierin liegt auch die Voraussetzung für Kreativität und Innovation.«

Johnson und Johnson (1994) nennen Prinzipien des Experiential Learning, die sie aus einer Arbeit von Lewin (1963) ableiten. Diese – hier modifizierten und ergänzten – Prinzipien fassen die wesentlichen Annahmen zum Lernprozeß im Training von Systemkompetenz zusammen:

- Ziel von Experiential Learning ist es, nachhaltiges Handeln in und von Gruppen und die Persönlichkeitsentwicklung von Menschen zu fördern. Experiential Learning spricht den Menschen ganzheitlich an und dient der Beeinflussung handlungsleitender mentaler Modelle und Gefühle, von Werthaltungen und Einstellungen und von Verhaltensmustern. Veränderungen von Ordnungsmustern müssen in unterschiedlichen Bereichen gleichzeitig gefördert werden. Um effektivere Problemlösungen in Gruppen umzusetzen muß Wissen über Problemlösetechniken und Entscheidungsformen aufgebaut werden, aber auch eine adäquate positive Einstellung zu gemeinsamer Problemlösung und deren Gestaltung, und es müssen unter anderem demokratische Werte und konkrete Kommunikations- und Handlungsmuster gebildet werden, die echte Teamarbeit ermöglichen.
- Menschen profitieren und lernen mehr durch eigene Erfahrungen und durch den Aufbau von Wissen, das auf eigenen Entdeckungen beruht als durch passive Teilnahme an Wissensvermittlungen. Learning by doing fördert zusätzlich die Lernmotivation und das Erleben von sinnhaftem Lernen. Dabei muß aber klargestellt werden, daß auch traditionelle Formen des Lernens, wie Lesen, Schreiben von Arbeiten, Diskussionen und Zuhören bei Vorträgen oder die Vermittlung von Wissen durch Lehrer keineswegs negiert werden. Zusätzlich sollten aber Lernformen in Wissensvermittlung und Kompetenzerwerb verstärkt einbezogen werden, die selbstorganisiertes aktives Erfahrungslernen unterstützen.
- Die Vermittlung von Wissen reicht nicht immer aus, um Verhalten zu verändern. Logische Argumente und Informationen, die ein bestimmtes Handeln nahelegen, können von Menschen durchaus nachvollzogen und als richtig und auch für das eigene Leben als bedeutend anerkannt werden. Es müssen aber die entsprechenden Handlungs- und Kommunikationsmuster durch das Üben von Kommunikation und Handeln zusätzlich aktiv erlernt werden, um das erwünschte Verhalten auch tatsächlich umsetzen zu können. Adäquates fundiertes Wissen und Werthaltungen sind zugleich notwendig für Verhaltensänderungen, sonst werden (erlernte) Handlungsmuster langfristig nicht ausgeführt werden. Zum Erwerb des entsprechenden Wissens reicht Erfahrungslernen allein nicht aus.

- Es braucht mehr als Erfahrungen und die Gefühle ansprechende Erlebnisse, um nachhaltiges Handeln zu fördern. Aus diesem Grund sind im Experiential Learning die gemeinsame gründliche Reflexion (Debrief) des Erlebten und die darauf aufbauenden Generalisierungen und Verknüpfungen mit Theorien oder Theoriebildungen und das Ableiten von Konsequenzen von zentraler Bedeutung. Zusätzlich wird die Vermittlung von Theoriewissen auch mit anderen Lernformen unterstützt. Einmalige Erfahrungen wirken ebenfalls meist nicht stark genug, um neue Handlungsmuster langfristig zu etablieren. Wiederholungen von Erkenntnissen und Automatisierung durch kontinuierliches Üben sind Voraussetzung für nachhaltiges Handeln.
- Experiential Learning ist dann besonders effektiv, wenn angemessene Umgebungsbedingungen hergestellt werden, die selbstorganisiertes Lernen unterstützen. Dazu gehört auch die Schaffung einer vertrauensvollen und offenen Atmosphäre und die Freiwilligkeit der Teilnahme, zu der sich die Teilnehmer immer wieder neu entscheiden können. In der Praxis wird dabei häufig ein »Full Value Contract« abgeschlossen, eine mündliche und/oder schriftliche Übereinkunft, wie miteinander umgegangen werden soll, um gemeinsames Lernen optimal zu unterstützen (z. B. die Bereitschaft, Feedback zu geben und zu empfangen). Mit Umgebungsbedingungen sind aber auch die Gestaltung von physisch-räumlichen und zeitlichen Rahmenbedingungen von Lernprozessen dergestalt gemeint, daß sich Menschen grundsätzlich wohl fühlen können und alle notwendigen Hilfsmittel für die gemeinsame Zusammenarbeit vorhanden sind.
- Experiential Learning fokussiert auf Teamprozesse und den Erwerb von sozialen Kompetenzen. Individuelle Verhaltensänderungen werden eher langfristig und erfolgreich angewendet, wenn diese Änderungen durch Gruppenprozesse unterstützt werden, indem etwa neue gemeinsame Visionen oder neue gemeinsame Regel- und Rollendefinitionen festgelegt werden. Die Mitgliedschaft in einem funktionierenden Team erleichtert die Entwicklung und Übernahme neuer nachhaltigerer Denk- und Handlungsmuster.

Lernen aus Sicht der konstruktivistischen Schematheorie Piagets

Piaget (1975a,b) gilt als einer der bedeutendsten Autoren der Entwicklungspsychologie. Er war besonders an der kognitiven Entwicklung von Kindern interessiert und beschäftigte sich dabei auch ausgiebig mit erkenntnistheoretischen Fragestellungen, so auch damit, wie das Kind Wirklichkeit organisiert und konstruiert. Dabei setzte sich Piaget mit der Entwicklung der Intelligenz auseinander. »Wer seine Erfahrung organisiert, organisiert die Welt. ... Die Intelligenz organisiert die Welt, in dem sie sich selbst organisiert« (Piaget, zitiert nach v. Glasersfeld 1987, S. 144). In diesen Aussagen sind zwei wichtige Prinzipien enthalten: die Prozeßhaftigkeit von Wirklichkeitskonstruktion und die selbstorganisierte Herausbildung von kognitiven Strukturen. Die inhaltliche Nähe zur modernen Systemtheorie ist hier leicht zu erkennen. Diese Vorstellung wird in dem folgenden Zitat noch deutlicher (Piaget 1974, S. 31): »Für den genetischen Epistemologen entsteht Wissen durch ständige Konstruktion, denn an jedem Akt des Verstehens ist ein gewisses Maß an Erfindung beteiligt. In der menschlichen Entwicklung ist der Übergang von einem Stadium zum nächsten immer gekennzeichnet durch die Bildung neuer Strukturen, die vorher nicht existierten, sei es in der Außenwelt, sei es im Bewußtsein des Individuums.«

Eine der wichtigsten Grundannahmen Piagets besteht darin, Erkennen und Wissensaneignung als Konstruktionsprozeß und nicht als (statischen) Zustand anzusehen. Der Mensch nimmt dabei nicht einfach passiv Information auf und speichert diese, sondern er selektiert und interpretiert aktiv. Intelligenz ist dabei für Piaget die höchste Form der Anpassung eines Organismus an seine Umwelt. Diese Anpassung besteht in einem fließenden Gleichgewicht zwischen Angleichung des Individuums an die Umwelt und Angleichung der Umwelt an das Individuum (Oerter 1971). Um die Interaktion zwischen Individuum und Umwelt zu beschreiben sind drei Begriffe wesentlich: (a) kognitive Schemata, (b) Assimilation und (c) Akkomodation.

Schemata können ganz allgemein als kognitive Strukturen angesehen werden, die sich im Laufe der Entwicklung des Menschen verändern. Nach Piaget verfügt der Mensch schon bei der Geburt (und auch schon in der pränatalen Phase) über eine gewisse Anzahl einfacher Schemata, die genetisch als Folge der Evolution vorgegeben sind und die zur Sicherung des Überlebens des Organismus beitragen. Diese Schemata einfachster Art sind die Reflexe oder festgelegte Handlungsmuster, die etwa das Erkennen von Schlüsselreizen und überlebensrelevante Reaktionen gewährleisten. Ein solches organisiertes Verhaltensmuster – im weitesten Sinne von Verhalten – stellt der Saugreflex oder das Saugschema dar. Schemata dienen somit der Interaktion von Individuum und Umwelt. Im Laufe der Entwicklung bildet der Mensch allerdings auch höhere kognitive Schemata wie Erklärungsschemata und andere abstrakte mentale Operationen aus, in die neue Beobachtungen und Erfahrungen eingeordnet werden.

Die Begriffe von Assimilation und Akkomodation dienen dazu, den Aufbau und die Veränderung von kognitiven Schemata zu erklären. *Assimilation* meint die Eingliederung von Umweltdaten in vorgegebene kognitive Strukturen (Schemata), und es wird damit die Angleichung der Umwelt an das Individuum bezeichnet. So wird etwa der Daumen als Gegenstand der Saugtätigkeit assimiliert. Piaget (1975a) unterscheidet vier verschiedene Typen der Assimilation. Funktionale Assimilation kennzeichnet den Vorgang, durch den das Kind seine Schemata trainiert. Dies geschieht durch ständiges Wiederholen, wodurch Schemata verfestigt werden. Generalisierende Assimilation dient der Vergrößerung der Reizklasse, die an ein bestimmtes Schema assimiliert werden kann (das Kind saugt nicht nur an der Brust, sondern auch am Daumen, Flasche, Rassel). Erkennende Assimilation liegt dann vor, wenn Objekte nicht nur generalisiert, sondern auch differenziert werden können (das Kind saugt an der Brust, wenn es hungrig ist, um diesen Hunger zu stillen). Der vierte Assimilationstyp beschreibt den Vorgang einer »Metaassimilation«. Dies bedeutet, daß Schemata selbst einander assimilieren können. Dadurch wird ein höher organisiertes Schema gebildet, das koordinierte Assimilation genannt wird (das Kind kombiniert das Saugschema mit dem Greifschema, dem Greifen nach Objekten). Somit kann unter Assimilation die Anpassung der Umweltgegebenheiten an bestehende kognitive Organisationsstrukturen verstanden werden. Dabei ist diese Assimilation als aktive Konstruktion von Wirklichkeit aufzufassen, da die Umwelt nicht einfach abgebildet wird, sondern wahrgenommene Ereignisse (Reize) selektiert und interpretiert werden, um sie an bestehende Strukturen anzugleichen.

Der zweite wesentliche Prozeß bei der Bildung und Veränderung von Schemata ist die *Akkomodation*. Damit ist allgemein die Anpassung des Individuums an die Umwelt angesprochen. So werden etwa Handlungsschemata an bestimmte Bedingungen der Außenwelt angepaßt, bereits vorhandene Schemata umgeformt und eine Veränderung der kognitiven Strukturen bewirkt. Assimilation und Akkomodation sind zwei gegenläufige einander ergänzende Prozesse. Bei Intelligenzakten, wie etwa dem Problemlösen, spielen beide Prozesse ständig zusammen. Zuerst wird versucht, Information an bestehende Schemata zu assimilieren. Ist dies nicht möglich, da das Problem so nicht bewältigt werden kann, müssen diese Schemata eine Akkomodation an die Erfordernisse der Umwelt (des Problems) erfahren. So werden neue Strukturen gebildet, wobei dann ein neuer Versuch unternommen werden kann, die Information an eben diese veränderte Struktur (Schema) zu assimilieren. Dieses Verhältnis von Assimilation und Akkomodation gleicht einer Art Rückkoppelungsprozeß, wie er für systemtheoretische Konzeptionen typisch ist. Piaget (1974, S. 7): »Man kann sagen ..., daß alle Bedürfnisse zunächst darauf hinwirken, Dinge und Menschen in die Tätigkeit des Subjekts selbst einzubeziehen, d. h. die Außenwelt den Strukturen, die bereits konstruiert worden sind, zu assimilieren, und zweitens darauf hin, diese Strukturen ... neu anzuordnen, d. h. sie externen Objekten zu akkommodieren.«

Die komplexe, rückgekoppelte Vernetzung von Prozessen so wie die dynamische Entwicklung von kognitiven Strukturen (Schemata), die von Piaget ausdrücklich betont werden, stellen auch die zentralen Grundlagen der Synergetik dar. Piaget war zudem der Auffassung, daß dieser Strukturbildungsprozeß einem fließenden Gleichgewicht (kognitive Äquilibration) zustrebt. Dieser Gleichgewichtszustand wurde mit dem systemwissenschaftlichen Begriff Attraktor benannt. Der Be-

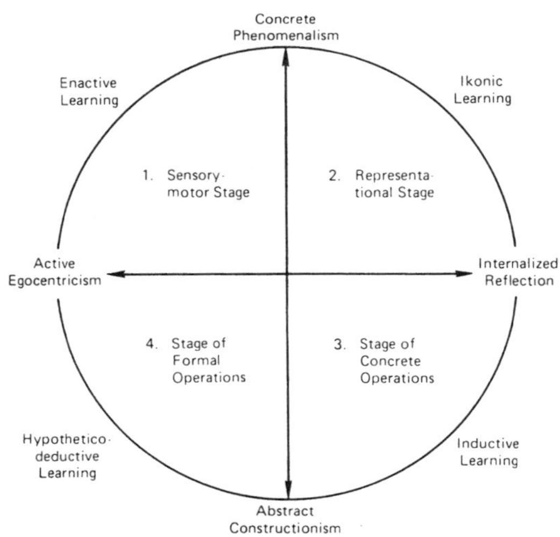

Abbildung 39: Experiential Learning Cycle mit Bezug zu den vier Phasen der Intelligenz-Entwicklung nach Piaget (aus: Kolb 1984, S. 25)

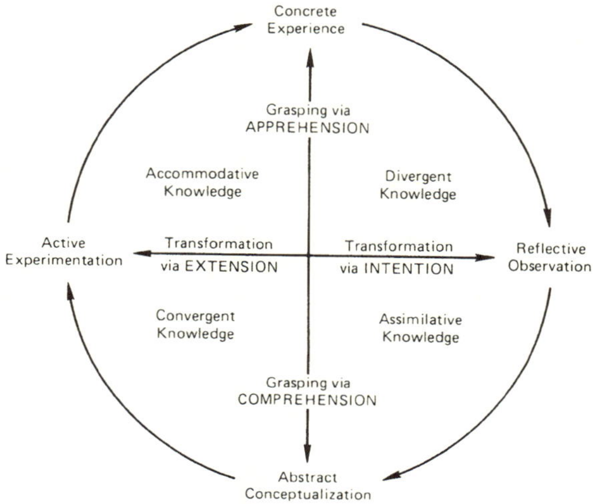

Abbildung 40: Dimensionen des LSI und die vier Lerntypen (aus: Kolb 1984, S. 42)

griff Schema entspricht somit aus systemischer Sicht dem Begriff Attraktor im weitesten Sinne. Piaget streicht auch als besondere Eigenschaft der Intelligenz die selbstorganisierte Entwicklung heraus. Auch die in der Synergetik thematisierten Strukturveränderungen (durch Phasenübergänge) vollziehen sich in selbstorganisierter Dynamik und in Interaktion des Systems mit seiner Umwelt. Durch den Prozeß der Assimilation konvergieren verschiedene Objekte, Erfahrungen zu einem Schema, was der Konvergenz zu einem Attraktor ähnlich ist. Das Versklavungsprinzip der Synergetik kann als Pendant zur generalisierten Assimilation der Piagetschen Konzeption verstanden werden. Durch Akkommodationsprozesse werden bestehende kognitive Strukturen verändert, es kommt also in einem Phasenübergang zu neuen, vor allem auch qualitativ neuen Schemata. Das kognitive System paßt sich also in möglichst optimaler Weise den Anforderungen aus der Umwelt (Kontrollparameter) an, dies allerdings in selbstorganisierter Dynamik und Strukturbildung. Diese Anpassung wird daraus folgend nicht von der Außenwelt determiniert, sondern in einem aktiven Konstruktionsprozeß vom Subjekt hergestellt. Piagets Schematheorie und die Selbstorganisationstheorien weisen demnach vielfältige Verbindungen und Kompatibilitäten auf.

Die Entwicklungsphasen der Intelligenz bezeichnet Piaget (nach Anderson 1988) als (a) sensumotorische Stufe, (b) präoperationale Stufe,

(c) konkret-operationale Stufe und (d) formal-operationale Stufe. In der sensumotorischen Stufe (die ersten beiden Lebensjahre) wird die Interaktion Mensch-Umwelt über konkretes »Be-greifen« realisiert, durch aktives Handeln und konkrete Erfahrungen. Erst in der präoperationalen Stufe (3.–7. Lebensjahr) ist das Kind zu internalem Denken fähig, mentale Prozesse sind aber noch intuitiv ohne logische Systematik. Ab der dritten Stufe (8.–11. Lebensjahr) ist das Kind zu mentalen Operationen in der Lage und kann sich in systematischer Weise mit der Welt auseinandersetzen (z. B. Fähigkeit der Klassifikation von Objekten). Etwa ab dem 12. Lebensjahr kann dann auch abstraktes Denken mit Hypothesen umgesetzt werden, das Denken ist nicht mehr an konkrete Probleme gebunden (vgl. Piaget u. Inhelder 1986).

Kolb (1984) bezieht sich in seiner Theorie des Experiential Learning auf diese vier Stufen. Er meint, daß eine direkte Beziehung zwischen den vier Aspekten des Experiential Learning Cycle und den Phasen der kognitiven Entwicklung besteht. Nach seiner Auffassung sollten bei Lernprozessen im Sinne einer ganzheitlichen Erfahrung und Entwicklung alle vier Stadien angesprochen und gleichsam »durchlebt« werden. Kolb spricht auch davon, daß Erwachsene, obwohl zu allen vier Interaktionsformen in der Auseinandersetzung mit der Umwelt befähigt, bei der Konstruktion von Realität (und Lernen) bestimmte Vorlieben zeigen, woraus vier Lerntypen abgeleitet werden können.

Teilnehmer von Experiential Learning-Aktivitäten machen verschiedene Erfahrungen, die sich zwischen zwei spezifischen Dimensionen des Lernens bewegen. Die erste Dimension drückt die Distanz zwischen konkreter Erfahrung und abstrakter Konzeptualisierung aus (vgl. vertikale Achse in Abbildung 40). Die zweite Dimension spiegelt die Extreme »aktives Experimentieren« und »reflexives Beobachten« wider (vgl. horizontale Achse in Abbildung 40). Kolb (1984) hat auf dem Experiential Learning Cycle aufbauend einen Selbstbeschreibungs-Fragebogen entwickelt – den Learning Style Inventory (LSI) –, der die vier Lerntypen oder Lernstile unterscheidet. Diese vier Typen verfolgen jeweils eigene charakteristische Problemlösungsansätze und zeigen in Lern- und Handlungsprozessen unterschiedliche Verhaltensvorlieben.

Die Präferenz für konkrete Erfahrungen und reflexives Beobachten wird als Bevorzugung von »divergent knowledge« bezeichnet und der zugeordnete Lerntyp »Diverger« genannt. Solche Personen haben ein ausgeprägtes Vorstellungsvermögen, können in einer Situation gut beobachten und reflektieren und sehen viele Perspektiven derselben Sache. »Assimilator« (assimilative knowledge) hingegen sind Personen, die ihre Stärken und Vorlieben in der Reflexion und darauf aufbauender abstrakter Konzeptbildung haben. Sie sind Experten in der Formulierung abstrakter Theorien und Modelle. Die herausragenden Fähigkeiten der »Converger« (convergent knowledge) liegen in der Verwendung abstrakter Konzepte im aktiven Experimentieren. Sie testen die Brauchbarkeit von Theorien in der Praxis und können Entscheidungen treffen. Die »Accomodator« (accomodative knowledge) schließlich zeichnen sich durch eine Ausrichtung auf aktives Experimentieren und konkrete Erfahrung aus. Sie haben die Fähigkeit, Handlungen durchzuziehen, sich dabei unterschiedlichen Situationen flexibel anzupassen und testen Handlungsalternativen in konkreten Erfahrungen. Converger und Accomodator sind eher extravertiert, Diverger und Assimilator sind eher introvertiert in ihrer Persönlichkeitsstruktur. Eine vergleichbare Unterscheidung von vier Lerntypen postulieren auch Honey und Mumford (1982): Reflectors (= Divergers), Theorists (= Assimilators), Pragmatists (= Converger), Activists (= Accomodator).

Experiential Learning versucht, die kreative Spannung, die sich zwischen diesen Dimensionen und ihren Vertretern aufbaut, für die Erweiterung von Handlungsspielräumen zu nutzen. Einerseits können auf Basis der Unterschiedlichkeit von Lerntypen Konflikte in Teamprozessen entstehen. Werden die Stärken und Schwächen der Lernstile und deren Vertreter gemeinsam reflektiert und diskutiert und können Konflikte bewältigt werden, so sind die Unterschiede andererseits eine Quelle für Perspektivenvielfalt und Kreativität. Personen können so adäquate Rollen in der Teamarbeit übernehmen, um die Stärken aller Individuen optimal miteinander zu kombinieren. Im Rahmen von Trainingsprogrammen können Personen auch versuchen, vernachlässigte Bereiche und damit ihre eigene Persönlichkeit weiterzuentwickeln, in dem sie bewußt Aufgaben übernehmen und erproben, die nicht zu ihren üblichen Stärken passen.

Gaming Simulation

Gaming Simulation – als eine Möglichkeit, den Umgang mit komplexen dynamischen Systemen zu fördern – kommt ein zentraler Stellenwert im Trainingsmodell für Systemkompetenz zu. Es wurde postuliert, daß die Entwicklung individueller und gemeinsamer Systemkompetenz notwendig ist, um die Fähigkeit für Einzelpersonen und Arbeitsteams zu bilden oder zu erhöhen, in komplexe dynamische Systeme in adäquater, nachhaltiger Weise einzugreifen. Gaming Simulation stellt in diesem Zusammenhang eine sinnvolle Methode dar, um komplexe Lebensprozesse zu simulieren und den Teilnehmer/-innen einer Simulation das direkte Erleben von dynamischen Systemen und den Folgen eigener Handlungen in komplexen Lebenswelten zu ermöglichen, da in Simulationen auch sehr langfristige Dynamiken in kurzer Zeit (im Zeitraffer) dargestellt werden können. Das unmittelbare Rückmelden der Konsequenzen eigener Handlungen wird in der psychologischen Forschung (Fietkau u. Kessel 1984) immer wieder als einer der bedeutendsten Faktoren für Lernprozesse und damit für die Veränderung affektiver und kognitiver Schemata und von Verhaltensmustern genannt. In der Tatsache, daß die Folgen der Eingriffe in komplexe Systeme in der Realität oft erst in weiter Zukunft erkennbar werden, liegt eine der Ursachen für die Probleme, die im Zusammenhang mit der Einschätzung und der Planung von Handlungen und in der aktiven Gestaltung der immer komplexer und unüberschaubarer werdenden Lebenswelten entstehen.

Der bekannte Satz »Planung ersetzt den Zufall durch den Irrtum« drückt anschaulich einen besonderen Vorteil der Verwendung von Gaming Simulation beim Training von Systemkompetenz aus. Betrachtet man die zukunftsbedrohenden Entwicklungen in unseren realen Lebensräumen (ökologische und soziale Krisen), so wird deutlich, daß unsere derzeitige Lebenssituation nicht mehr unbeschränkt viele Irrtümer und Fehlentscheidungen im Umgang mit komplexen dynamischen

Systemen der natürlichen und sozialen Mitwelt erlaubt. Mit simulierten Lebenswelten können jedoch beliebige Handlungsalternativen ausprobiert werden und so auch nützliche Einsichten für das Handeln in der realen Welt gewonnen werden. Die Verwendung von Gaming Simulation stellt somit auch eine Methode dar, Zukunftsentwicklungen abzuschätzen (abhängig vom Realitätsgehalt der Simulation), da wir uns ja nicht mit einer bestimmten Zukunft auseinanderzusetzen haben, sondern in unserem Planen und Treffen von Entscheidungen mit einem sich in ständiger Veränderung befindlichen breiten Spektrum aus möglichen Zukunftsalternativen. Gaming Simulation ermöglicht eine Lernumgebung, in der Planer experimentieren und hypothetische Zukunftsszenarien ausprobieren können (Taylor 1971).

Die Gaming Simulation-Methode wird im hier vorgestellten Trainingsansatz als ideale und notwendige Ergänzung zu traditionellen Formen des Lernens und der Wissensvermittlung aufgefaßt. Gaming Simulation ermöglicht Erfahrungslernen, und der Einsatz dieser Methode ist somit dann besonders angebracht, wenn praxisrelevante Kompetenzen erworben werden sollen. Zudem wird meistens die Lernmotivation auf seiten der Lernenden erheblich gesteigert. »Dieses learning by doing gilt selbstverständlich auch für die Vermittlung der von der Wirtschaft geforderten sozialen, methodischen und persönlichen Kompetenzen, wie sie im Berufsalltag immer stärker benötigt werden ... Denn Methodenkompetenz kann man nur erwerben, wenn man methodisch selbständig arbeitet und experimentiert. Und Sozialkompetenz kann nur derjenige kultivieren, der in puncto Teamarbeit, Kommunikation und Kooperation gefordert und gefördert wird« (Klippert 1996, S. 15). Klippert spricht zentrale Lernziele des Trainings von Systemkompetenz an: die Entwicklung von Methodenkompetenzen und sozialen Kompetenzen durch aktives Experimentieren und Erleben. Gerade im Bereich der Entwicklung von Problemlösefähigkeiten in der Gruppe ist es notwendig, daß auch Fehler gemacht werden dürfen. »In der Übertragung dieser Idee etwa auf die Umweltgestaltung ergibt sich, daß die Möglichkeit, Handlungsfehler zu begehen, nicht durch gestalterische Maßnahmen verhindert werden darf. Es sollte lediglich garantiert werden, daß die Folgen der an sich wünschenswerten Fehler harmlos bleiben« (Wehner u. Stadler 1996). Planspiele stellen »fehlerfreundliche Umwelten« (von Weizsäcker u. von Weizsäcker 1985) dar und erlauben große Handlungsspielräume.

Systemwissenschaften und Gaming Simulation

Gaming Simulation ist selbst als prozeßhaftes Geschehen aufzufassen, das eine Art multidisziplinäre Sprache zum besseren Verständnis komplexer Dynamiken anbietet. Eine solche gemeinsame Sprache ist dabei wesentliche Voraussetzung für die Schaffung gemeinsam geteilter Realität und somit eine kooperative Strategie beim Umgang mit komplexen Systemen. Gaming Simulation integriert Ideen und Ansätze verschiedenster Wissenschaftsdisziplinen und versucht, komplexe Lebenszusammenhänge auf vielen Ebenen – Dynamik natürlicher, technischer, wirtschaftlicher, sozialer Systeme und deren Wechselwirkungen – zu vermitteln. Klabbers (1989, S.3 f.; Übersetzung W.K.) vertritt diesen Standpunkt, wenn er feststellt: »Wir leben in einer Welt, die immer schneller an Komplexität zunimmt. Daher sind wir in der Situation, mit Problemen fertig werden zu müssen, die unsere Fähigkeiten übersteigen ... Wie können wir unsere individuelle und kollektive Kompetenz für die Entwicklung ... unserer Gesellschaften, Organisationen und Institutionen verbessern? Spiele und Simulationen haben sich als machtvolle Kombination von Methoden und Ideen für den Umgang mit Komplexität und für den Umgang mit Konflikten zwischen verschiedenen Parteien ... bewährt. Gaming Simulation stellt ... eine gemeinsame Sprache zur Kommunikation zwischen den Naturwissenschaften und den Sozialwissenschaften zur Verfügung.«

Gaming Simulation kann demnach, wie auch die Prinzipien und Methoden der Systemwissenschaften, als gemeinsame Kommunikationsbasis für ein Verständnis komplexer dynamischer Zusammenhänge fungieren und eignet sich auch gerade deshalb ausgezeichnet zur Schulung von Systemkompetenz (W. Kriz 1998a). Gerade weil die Unterscheidung zwischen System(en) und Umwelt(en) beobachterabhängig ist, wird für das Management von komplexen dynamischen Systemen eine interdisziplinäre Zusammenarbeit notwendig, die verschiedene Perspektiven integriert. Zudem besteht auch eine Verbindung zwischen Systemtheorie und Gaming Simulation, insofern die Erkenntnisse und Grundlagen der Theorie dynamischer Systeme in Konstruktion, Modellbildung und Design von Simulationen miteinfließen. Schließlich geht es bei Gaming Simulation um die Abbildung einer (dynamischen) Realität[1] in ein dynamisches) Modell. Mit Gaming Simulation sollen die wesentlichen Prozesse und deren Ordnungsstrukturen bestimmter

1 Diese »Realität« ist aus konstruktivistischer Position bereits selbst ein Modell.

realer Dynamiken simuliert und damit besser verstanden werden. Die systemische Sichtweise als Basis für Gaming Simulation spricht Klabbers (1989, S. 4) an: »Gaming Simulation bezieht sich auf Systeme, auf Strukturen, Muster, ... auf Zustände und Prozesse, auf Ordnung und Chaos.« Gaming Simulation-Anwendungen sind einerseits selbst soziale Systeme und andererseits gleichzeitig Modelle oder Simulationen real existierender sozialer Systeme. »Spiele ... beinhalten Akteure (Spieler), Regeln und Ressourcen ... Im Spiel versuchen die Spieler ihr Wissen und ihre Fertigkeiten anzuwenden, um Schwierigkeiten zu überwinden, die durch die Interaktion mit anderen Spielern entstehen« (Klabbers 1999, S. 22; Übersetzung W.K.).

Einige wesentliche Vorteile des Einsatzes von Gaming Simulation:
- Die Anwendung von Gaming Simulation in einer Organisation ist eine Methode, um ein besseres Verständnis der Organisationsstrukturen und Organisationsprozesse zu gewinnen. Um ein Planspiel zu entwickeln, müssen die zentralen Systeme und Elemente definiert sein. Wesentliche reale Prozesse können dann simuliert werden.
- Die Entwicklung von Planspielen für die Abbildung eines realen Systems kann genutzt werden, um ein ganzheitliches Systemverständnis zu erzeugen. Zusätzlich können Teilnehmer von Gaming Simulation-Anwendungen in der Reflexionsphase die gesammelten Erfahrungen diskutieren und Vergleiche zwischen simulierter Realität und Planspiel diskutieren. Die Erfahrungen aus den Gaming Simulation-Anwendungen können genutzt werden, um Systemanalysen vorzunehmen und um die Analysefähigkeiten und Techniken für Analysen selbst zu trainieren.
- Gaming Simulation bietet den Vorteil, daß eine Reihe verschiedener Szenarien durchgespielt werden können. Die Teilnehmer an Planspielen können sich selbst in verschiedenen Rollen einbringen und verschiedene Problemlösealternativen ausprobieren, dadurch wird Perspektivenvielfalt möglich. Aus der Spielsituation können Ziele für die Veränderung realer Systemstrukturen abgeleitet werden. Die zielorientierte Entwicklung von Handlungen wird damit unterstützt.
- Durch Erfahrungen von unterschiedlichen Rollen, Situationen und Konsequenzen des eigenen Handelns im Planspiel können in der Gruppe die Beziehungen zueinander reflektiert werden. In der Reflexionsphase werden die Kommunikationsmuster, die mentalen Modelle, Werte und Ziele, Verhaltensregeln der Beteiligten analysiert und verstehbar. Diese Erkenntnisse können für die Festlegung gemeinsamer neuer Handlungsmuster dienen.

- Gaming Simulation, systemisches Denken und soziale Kompetenzen für die Teamarbeit ergänzen sich wechselseitig. Durch die Teilnahme an Planspielen und in der Konstruktion von Anwendungen werden systemisches Denken und Teamfähigkeiten gebraucht und weiterentwickelt.

Gaming Simulation-Anwendungen fordern in der Regel viel Zeit und Einsatz. Dieser erhöhte Aufwand lohnt sich nur dann, wenn die Gaming Simulation-Methoden nicht isoliert verwendet werden, sondern in Verbindung mit anderen Formen der Wissensvermittlung eingesetzt und mit einem gründlichen Debrief verbunden werden (Stadlmayr 1995; Heidack 1995). Im Training von Systemkompetenz werden insbesondere Planspiele mit Bezug zu Umweltthemen und Umweltdynamiken durchgeführt. Dies geschieht auch deshalb, weil damit die Auseinandersetzung mit dem Systembereich »Natur« angeregt wird. Dieser Systembereich spielt im Rahmen des »Systemisch Ökopsychologischen Handlungsmodells« (SÖHM) eine wesentliche Rolle. Gleichzeitig vermitteln solche Planspiele und Simulationen in der Regel auch eine Vielzahl von sozialen Fähigkeiten, wie Ulrich (1998) in einer Metaanalyse der 31 bekanntesten Umwelt-Planspiele nachweisen konnte. Planspiele stellen damit ein geeignetes Instrument zur Förderung nachhaltiger Handlungsmuster und Werte dar (Caha 1997).

Zusätzlich zu Umweltplanspielen und zu Simulationen im Bereich der Wirtschaft werden im Training von Systemkompetenz speziell Anwendungen eingesetzt, die auf soziale Kompetenzen fokussieren und zum Überdenken der eigenen mentalen Modelle anregen können. Es werden zwar auch Computersimulationen vorgestellt, sie bilden jedoch lediglich einen untergeordneten Bestandteil des Trainingsprogramms. Nach Schätzungen sind derzeit etwa 80 % der im Einsatz befindlichen Gaming Simulation-Anwendungen EDV-Simulationen.[2] Sie dienen meist dem Erwerb von beispielsweise betriebswirtschaftlichen Kompetenzen und dem Training von Entscheidungen in komplexen Systemen (Harramach 1992; Strauß u. Kleinmann 1995). Im Zusammenhang mit der Erforschung des Problemlösens oder von Fehlern im Umgang mit komplexen Prozessen werden auch in der psychologischen Forschung Computersimulationen eingesetzt. Computersimulationen können dabei durchaus eine inhaltlich sinnvolle und motivierende Form des Lernens darstellen, wie auch der Einsatz von Umweltsimulationen

2 Übersicht der Deutschen-Planspiel-Zentrale.

im Biologieunterricht an Schulen zeigt (Pfliegersdorffer u. Seibt 1997). Auch im Unternehmen werden solche Computersimulationen in der Personalentwicklung, aber auch im Rahmen der Personalauslese als Teil von Assessment-Centern erfolgreich angewandt (Schöning 1995; Schreiber 1995; Obermann 1995). Computersimulationen haben aber den entscheidenden Nachteil, daß soziale Kompetenzen kaum entwickelt werden können. Den Schwerpunkt bei Gaming Simulation-Anwendungen im Training von Systemkompetenz bilden daher Planspiele, in denen sowohl Wissensaspekte als auch teamorientierte Handlungskompetenzen miteinander verknüpft sind. Gerade im letzten Jahrzehnt gewinnen computerunterstützte Planspiele, in denen die Teilnehmer aber nicht selbst mit dem Computer interagieren, Rollenspiele und Experiential Learning-Teamübungen (häufig in sog. Outdoor-Programmen) zum Erwerb von Kommunikationsfähigkeiten, kooperativem Entscheiden und Problemlösen sowie Führungsqualitäten immer mehr an Bedeutung (Klabbers u. Gust 1995; Crookall u. Arai 1991; Geurts et al. 1998; W. Kriz u. Rizzi 1998).[3]

Konstruktion von Realität mit Gaming Simulation

»Ein Modell ist das Ergebnis eines Abbildungsprozesses eines Systems mit dem Ziel, dessen Verhalten zu simulieren oder zu analysieren« definiert Geilhardt (1995, S. 47), wobei schon deutlich wurde, daß Modelle selbst Konstruktionen von Realität darstellen. Man kann verschiedene Arten von Modellen unterscheiden: physikalische, symbolische (mathematische, graphische Modelle) und mentale Modelle. Eine Simulation wird von Neelamkavil (1987, S. 6; Übersetzung W.K.) verstanden als »Prozeß der Nachahmung wichtiger Aspekte des Verhaltens

3 Die Vielfalt an verschiedenen Anwendungsgebieten kann hier nicht dargestellt werden. Sie reicht u. a. von Gaming Simulation für eine Reihe von Managementkompetenzen, zum Erwerb von Wissen in Schulunterrichtsfächern (Mathematik, Sprachen), zur Unterstützung von Organisationsentwicklungen, von der Förderung von Toleranz und friedlicher Konfliktlösung bis hin zur interkulturellen Kommunikation. Die jährlichen Konferenzen und Berichte der ISAGA (International Simulation and Gaming Association) geben über die neuesten Entwicklungen in Theorie und Praxis Auskunft. Die ISAGA ist eine weltweite Vereinigung von Wissenschaftlern und Praktikern (u. a. Unternehmensberatern), die sich mit dem Gaming Simulation-Ansatz beschäftigen und die Planspiele anwenden.

eines Systems ... durch die Konstruktion und das Experimentieren mit dem Modell des Systems.« Simulationen sind dynamische Modelle von Realität (subjektiv und intersubjektiv konstruierte Wirklichkeit) über verschiedenste Bereiche unserer Lebenswelten (z. B. Simulation technischer, wirtschaftlicher, sozialer Prozesse). Obwohl keine endgültige Übereinstimmung darüber gibt, wie »Gaming Simulation« definiert werden kann oder wie Planspiele sinnvoll klassifiziert werden und der Diskurs hier nicht tiefgreifend genug geführt werden kann, sollen doch einige zentrale Punkte diskutiert werden, um den Begriff und die Durchführung von Gaming Simulation besser verstehbar zu machen (vgl. Klabbers 1989; Rizzi 1994). Geilhardt (1995, S. 49) definiert den Begriff Planspiel als »eine konstruierte Situation, in der sich eine/mehrere Person(en) in/an einem diskreten Modell nach vorgeschriebenen Regeln verhalten ... Ein Planspiel beinhaltet damit immer eine Simulation, ist aber nicht mit dieser gleichzusetzen.«

Ein Problem liegt in den oft unklar verwendeten Begriffsteilen »Game« und »Simulation« selbst. Der Begriff »Game« (Spiel) wird gebraucht, da es sich in Abgrenzungen zu anderen Formen der Simulation um den Einsatz von Methoden handelt, in denen Spielteilnehmer selbst aktiver Teil des Geschehens sind, da die Simulationen auf Basis von Entscheidungen der Spieler durchgeführt werden. Die Spieler haben Rollen zu übernehmen und Ziele zu verfolgen. Planspiele stellen aber auch einen Bezug zu einem realen dynamischen System her. Es existieren viele reine Simulationen, die keine Spiele sind, wie zum Beispiel die Simulation des Verhaltens eines Flugzeugs im Windkanal. Andererseits gibt es auch eine Reihe von reinen Spielen, die keine Simulationen sind, so viele Kartenspiele, die nicht geschaffen wurden, um ein reales System abzubilden.

Beim Einsatz von Gaming Simulation im Bildungsbereich entstehen Probleme mit der Terminologie aus noch anderen Gründen. Mit jedem Begriff sind gewisse individuelle – oft nicht gerade der Sache förderliche – Vorstellungen verbunden. So berichtet Greenblat (1988, S. 15; Übersetzung W.K.) über die Schwierigkeiten beim Gebrauch der Begriffe: »Für manche Personen klingt der Begriff Simulation zu komplex, zu mechanisch, zu mathematisch. Daher bevorzugen sie die Bezeichnung Spiel, die weniger abschreckend für mögliche Anwender zu sein scheint ... Für andere Personen ist ein Spiel zu stark mit der Vorstellung von Spaß und Leichtfertigkeit verbunden und somit untauglich für eine wirksame Trainingsmaßnahme.« Speziell in unserer Kultur, in der Lernen sehr oft mit den Konzepten Anstrengung, Überwindung, Arbeit verbunden ist, bringt der Begriff »Spiel« ein Gefühl der Ablehnung für den Einsatz in der Ausbildung hervor. Spielen sei etwas für Kinder – wobei übersehen wird, daß viele unglaublich komplexe Fähigkeiten von Kindern im Spiel, wenn gleich nicht ohne Anstrengung, erlernt werden. Gerade weil im Spiel auch Freude und andere Emotionen möglich sind, eignet es sich aber besonders für das Training von Systemkompetenz.

Einen hilfreichen Beitrag zur Begriffsklärung von »Gaming Simulation« liefert Ceccini (1988, S. 224). Er versteht die Simulation als Manipulation eines Modells über die Realität in eine dynamische Situation. Die *reine* Simulation sollte einen maximalen Bezug zur realen Welt aufweisen, unabhängig von den Personen, die die Simulation verwenden, das heißt: sie soll eine positivistische und deterministische Position, die exakte Kontrollierbarkeit und Vorhersage von Prozessen ermöglichen. Gaming Simulation hingegen beinhaltet neben dem Bezug zu realen Systemen immer konkrete Mitspieler, die bestimmte Rollen übernehmen. Das Spiel wird als System von Regeln zur Strukturierung von Prozessen angesehen. Im *reinen* Spiel sind möglichst wenig Regeln vorhanden, und die spielenden Personen sind in ihren Handlungen kaum durch vorgegebene Rollen determiniert. Das Gegenteil eines reinen Spiels wäre auf dieser Dimension eine Theateraufführung, in der die Schauspieler durch Rolle und Text relativ stark festgelegt sind. Die Rolle wird als Funktion definiert, die Personen in dynamischen Situationen – und den Regeln unterworfen – übernehmen. Diese Rollen implizieren aber gewisse Freiräume in der tatsächlichen Gestaltung und Interpretation der Regeln, da Menschen im Spiel ihre eigenen subjektiven und unvorhersehbaren Handlungsmuster und individuelle psychische Faktoren miteinbringen. Eine *reine* Rolle würde in der Klassifikation von Ceccini möglichst stark von definierten Regeln geprägt sein. Verschiedene Simulationsspiele können demnach in einem dreidimensionalen System eingeteilt werden, gebildet durch die Achsen »Simulation«, »Role« (Rolle) und »Game« (Spiel), wie in Abbildung 41 veranschaulicht.

Im Bereich der Simulation sozialer und psychischer Dynamiken oder bei Simulationen, die in diesen Bereichen einen bildenden Wert haben sollen, durch eine angestrebte Veränderung von Einstellungs- und Handlungsmustern, gilt es zu beachten, daß es prinzipiell nicht möglich ist, vollkommen exakte, der Realität nahekommende Simulationen zu entwickeln (Rizzi 1994). In diesem Bereich ist über viele Variablen und deren Wirkungszusammenhänge und die dynamische Entwicklung von Systemen in der Zeit wenig oder nichts bekannt (oder diese können nicht quantitativ gemessen werden). Dies stellt ein allgemeines Problem in den Sozial- und Humanwissenschaften dar. Gaming Simulation

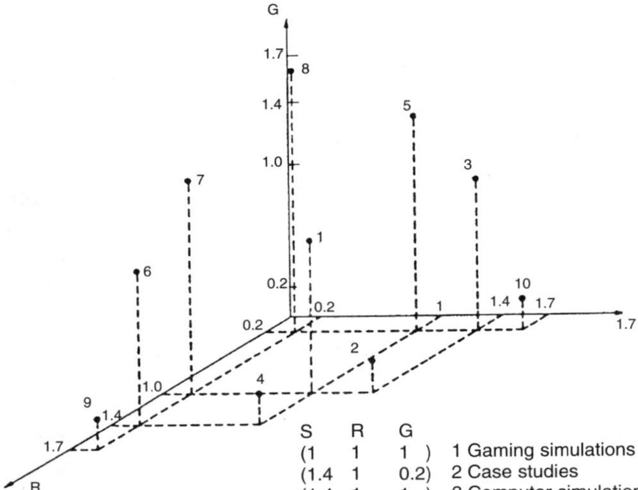

S	R	G	
(1	1	1)	1 Gaming simulations
(1.4	1	0.2)	2 Case studies
(1.4	1	1)	3 Computer simulations
(1	1.4	0.2)	4 Role-plays
(1	0.2	1.4)	5 Strategic games via computer
(0.2	1.4	1)	6 Fantasy games via computer
(0.2	1	1.4)	7 Scenario games
(0.2	0.2	1.7)	8 "Animazioni" (Free role-plays)
(0.2	0.2	1.7)	9 Strategic games
(1.7	0.2	0.2)	10 Crude simulations

Abbildung 41: Klassifikation verschiedener Simulationsanwendungen (aus: Ceccini 1988)

dient aber im Rahmen des Trainings von Systemkompetenz im besonderen Ausmaß der Simulation sozialer Dynamiken, um gerade in diesem Bereich des menschlichen Handelns und Planens einen Beitrag zu leisten. Planspiele sind in ihrer Anwendung interessant, wo eine Vielzahl von komplexen Prozessen und Variablen zusammenwirken und wo in diese dynamischen Systeme mehrere Personen (Entscheidungsträger) interagierend eingreifen (W. Kriz 1998a). Sowohl der Prozeß der Teilnahme an Simulation Games (Planspielen), als auch die Konstruktion von Planspielen stellt eine Form sozialer Realitätskonstruktion dar. In beiden Anwendungsbereichen (Spielen und Entwickeln von Planspielen) werden die teilnehmenden Personen angeregt, ihre eigene soziale Realität teilweise in Frage zu stellen und zu überlegen, wie die soziale Realität außerhalb der Spiel- oder Entwicklungssituation adäquat abgebildet und verändert werden kann (Watson u. Sharrock 1990). Aus diesem Grund werden auch soziale Kompetenzen mit Gaming Simulation besonders gut gefördert.

Gaming Simulation und Experiential Learning

Durchführung und Debriefing von Planspielen

Vielfach sind Auszubildende – in traditionellen Formen des Erlernens von Fähigkeiten – lediglich passive Rezipienten von Information, ohne selbst aktiv Ideen und Handeln einzubringen. Entsprechend dem chinesischen Sprichwort »Ich höre und vergesse. Ich sehe und erinnere. Ich handle und weiß« und der Philosophie des Experiential Learning bietet die Teilnahme an Gaming Simulation die Möglichkeit, aktiv zu handeln und Erfahrungen zu machen. Es müssen Entscheidungen getroffen, Probleme gemeinsam gelöst und mit Konsequenzen von Entscheidungen umgegangen werden. In üblichen Trainingsprogrammen wird das zu Erlernende vom Lehrenden in sequentieller analytischer Weise Schritt für Schritt dargestellt, und es wird ein bestimmtes, a priori festgelegtes Ziel verfolgt. Durch diesen linearen Ansatz ist es schwer, die interessierenden Phänomene in ihrer Ganzheitlichkeit zu begreifen. Zusätzlich ist diese Vorgehensweise nicht gut geeignet, das Verständnis nichtlinearer komplexer (sozialer) Prozesse zu fördern. Gaming Simulation bietet hingegen eine freiere, autonomere, selbstverantwortlichere Form des Lernens, in der simultan in einem Prozeß Erfahrungen gesammelt werden können. Ziele können von den Teilnehmern aktiv verändert werden und sind nicht fest vorgegeben. Durch die Teilnahme an einer selbstorganisierten Dynamik werden entsprechende Fähigkeiten des Umgangs mit diesen Prozessen anschaulich vermittelt. Zudem werden in Gaming Simulation-Aktivitäten die beteiligten Personen ganzheitlich mit ihren Handlungsmustern, Emotionen, Denkschematas, Bedürfnissen angesprochen.

Im Bestreben, bestimmte Fähigkeiten unter Verwendung von Planspielen auszubilden, ist eine Reflexionsphase notwendig, in der das im Spiel Erlebte bewertet werden kann. In der Aufarbeitung der Erfahrungen durch Reflexion, Evaluation und offenes Feedback werden genau diese – für kooperatives Handeln wichtigen – sozialen Fähigkeiten praxisnah geübt (vgl. Read 1993). Die Reflexionsphase nach dem Spiel ist auch deshalb wichtig, weil hier ein Vergleich der simulierten Spielerfahrung mit der als real erlebten Lebenswelt stattfindet. Dadurch wird die Übertragung der durch das Planspiel gewonnenen Erkenntnisse in die Lebenswelt ermöglicht, oder es kann die Umsetzung neu erworbener Fähigkeiten in die alltägliche Praxis diskutiert werden.

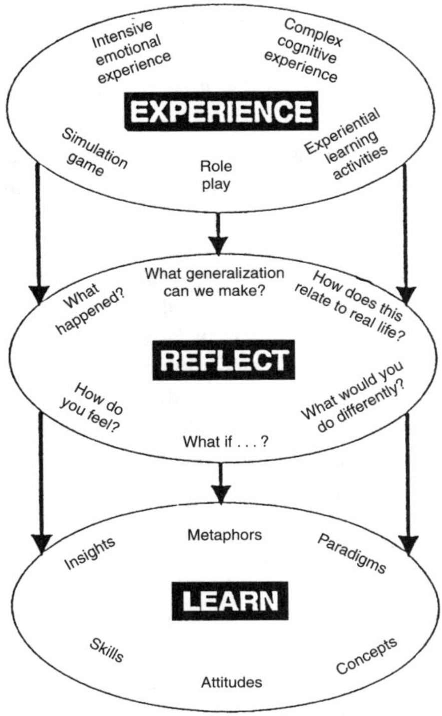

Abbildung 42: Phasen von Erfahrung, Reflexion und Lernen (aus: Thiagarajan 1993)

Mit dem Begriff »Debrief« ist eben diese gemeinsame Aufarbeitung des Erlebten in Hinblick auf eine Bewertung der im Spiel aufgetretenen psychischen und sozialen Prozesse gemeint, mit dem Ziel, daraus Konsequenzen für reale Situationen abzuleiten. Das Debrief bietet eine Aufarbeitung des Erlebten und damit die Möglichkeit, wichtige Erkenntnisse zu gewinnen, die nicht nur theoretischen Wert, sondern den höchst praktischen Transfer der Lernerfahrung in reale Lebenssituationen unterstützen. Somit kann eine bewußte und erzieherisch sinnvolle Verbindung von Planspiel und realer Lebenssituation (in Beruf und Familie) auch erst nach dem Spiel erfolgen. Eine Verwendung von nicht unmittelbar realitätsnahen Simulationsspielen muß kein Nachteil sein, wenn die durch das Spiel intendierten Erfahrungen und die Bildung von Fähigkeiten (kooperatives Zusammenarbeiten bei einer abstrakten Problemstellung) gegeben sind.

Im Debrief können aber nicht nur Gemeinsamkeiten, sondern auch zentrale Unterschiede zwischen Gaming Simulation und Realität herausgearbeitet werden. Damit sollte die Gefahr vermindert werden, Realität und Simulation zu vermischen. Insbesondere bei der Verwendung von Computersimulationen ist darauf zu achten, daß die Spielteilnehmer den Bezug des Spiels zur Realität nicht überschätzen. Ein guter Bürgermeister in einer Simulation zu sein, bedeutet für die reale Lebenswelt relativ wenig, wenngleich in einer komplexen Stadtsimulation, bei der der Spieler als fiktiver Bürgermeister komplexe Entscheidungen zu treffen hat, relevante Fähigkeiten geübt werden können. Als weiteres Beispiel sei die Simulation von Kriegsszenarios genannt, in denen eine starke Auseinandersetzung notwendig ist, um auch bewußt zu machen, daß das »Treffen von Zielen« in der Simulation (das vielleicht sogar Freude macht) in der Realität ein leidbringendes Töten von Menschen bedeutet. Eine zentrale Komponente des Trainingsprogramms für Systemkompetenz ist dabei die bereits thematisierte Verbindung von Gaming Simulation, Wissen und Techniken. Dies bedeutet konkret, daß Fragetechniken und das Reflecting Team in Planspielaktivitäten, in die Konstruktion von Planspielen und in den Debriefphasen konsequent und explizit miteinbezogen werden.

Entwicklung von Planspielen

Beim Design von Gaming Simulation sind viele verschiedene Faktoren und Fragen zu berücksichtigen. Ein Grundproblem für Anwendungen ergibt sich in der Grenzziehung zwischen einer Spiel-Konstruktion, die mehr in Richtung Realitäts-Simulation ausgerichtet ist, und andererseits einer Umsetzung, die mehr den Charakter eines echten Spiels besitzt. Bereits einfache Simulationsspiele sind in der Lage, gleichzeitig ablaufende Prozesse und somit auch die Wirkungen verschiedener ineinandergreifender Faktoren erfahrbar zu machen. Eine Gefahr besteht darin, immer mehr Faktoren, Wechselwirkungen, Zielsetzungen und Daten miteinbeziehen zu wollen, um das Spiel realistischer und umfassender zu machen, und in diesem Bestreben auf immer kompliziertere und umfangreichere Modelle zurückzugreifen. Damit wird das Spiel aber immer schwerer spielbar, da es zu viel Zeit, Personen und andere Ressourcen in Anspruch nehmen würde. Spielt man dann nur einen kleinen Teil einer solchen Simulation, so geht der Großteil des Bildungspotentials verloren und die Simulation wird unnütz (Rizzi 1995).

Gerade im Bildungsbereich gilt oft: weniger ist mehr, da insbesondere dem Debrief eine zentrale Rolle zukommt.

Da die Konstruktion einer Anwendung das Konstruieren von Realität bedeutet, ist Gaming Simulation jedenfalls als Methode geeignet, Interpretationen und Perspektiven verschiedener am Entwicklungsprozeß beteiligter Individuen sichtbar und bewußt zu machen. Durch die Konstruktion einer Simulation werden bereits zum Teil für alle Beteiligten neue Informationen über die soziale, aber sonst großteils unbewußt ablaufende Konstruktion von Realität in einem sozialen System gewonnen (W. Kriz u. Rizzi 1998). Bei der Konstruktion und Anwendung von Gaming Simulation können mehrere Phasen unterschieden werden (Duke 1974).

Zunächst muß sorgfältig überlegt werden, welche Lernziele mit dem Einsatz eines Planspiels verfolgt werden, also welche Kundenbedürfnisse gegeben sind. Es wird dann eine Simulation ausgewählt oder modifiziert oder neu konstruiert, die den Benützern hilft, Probleme der Praxis zu lösen, oder die für die Lösung von Problemen notwendigen Kompetenzen zu erwerben. Die Entwicklung von Planspielen kann dabei auch gemeinsam mit den betroffenen Anwendern durchgeführt werden. Am Beginn der Konstruktion steht die Entwicklung eines Modells. Die konstruierte soziale Realität der Lebenswelt wird in einer simulierten Realität abgebildet. Unter anderem wird festgelegt, welche Realitätsbereiche abgebildet werden sollen, welche Lernziele Priorität haben, wie lange die Simulation dauern soll, welche Form der Simulation gewählt werden soll (z. B. Computersimulation oder Teamübung), und es werden »Schematics« konstruiert (z. B. Darstellung der ausgewählten Variablen und deren Zusammenwirken in Form von Feedback-Loops, Diagrammen). Daran anschließend wird ein Prototyp des Spiels hergestellt, der in zumindest zehn Stufen ausprobiert und jeweils verbessert wird (»Rule of 10«). Das fertige Planspiel – meist mit einigen Spielzyklen – kann dann eingesetzt werden. Für die wichtige Phase der Reflexion und des Transfers der Spielerfahrung in die reale Welt sollten ebenfalls ergänzende Materialien und Hinweise in Benutzerhandbüchern entwickelt werden und Bestandteil der Anwendung sein. Eine genauere Darstellung, auf welche Faktoren beim Design von Gaming Simulation zu achten ist, geben Greenblat und Duke (1975), Horn und Cleaves (1980) sowie Feldt und Rycus (1988). In allen genannten Phasen kann der Bezug zum Experiential Learning Cycle hergestellt werden (vgl. Tabelle 1).

Entsprechend dem Trainingsmodell für Systemkompetenz wird in Trainingsprogrammen – je nach zeitlicher Dauer, Teilnehmergruppe

	Phasen des Experiential Learning Cycle nach Kolb			
Gaming Simulation	Erfahrung	Reflexion	Generalisation	Anwendung
Spielentwicklung »Schematics«	Die Schematics stellen die Systemzusammenhänge dar, die im Spiel simuliert werden sollen. Die Schematics werden verschiedenen Experten vorgestellt und erklärt.	Die Spieldesigner evaluieren und diskutieren die Schematics und holen Feedback von Experten ein. Sie versuchen die Schematics aus verschiedenen Perspektiven zu betrachten.	Die Spieldesigner integrieren das Feedback und die Reflexionsergebnisse, sie bilden neue Modelle bzw. neue »bessere« Repräsentation der Systemzusammenhänge.	Neukonstruktion und Darstellung der Schematics. Danach beginnt ein neuer Zyklus, in dem neue Schematics wieder in Expertenrunden vorgestellt werden.
Spielentwicklung Testphase »Rule of 10«	Ein Spielprototyp wird mit ausgewählten Personen getestet.	Die Spielerfahrungen werden analysiert und gemeinsam diskutiert.	Stärken und Schwächen des Spiels werden festgehalten und ein Konzept für Verbesserungen des Spiels erstellt.	Ein neuer Prototyp wird hergestellt.
Spieldurchführung	Die Teilnehmer an einer Simulation erfahren die Konsequenzen ihrer im Spiel getroffenen Entscheidungen und Handlungen durch das Verhalten anderer Teilnehmer und durch die Entwicklung der simulierten Systeme.	Die Teilnehmer führen ein kurzes Zwischen-oder Abschlußdebrief I durch. Sie diskutieren die Entwicklungen im Spielverlauf und ihre Spielstrategien. Sie beschreiben ihre Erfahrungen und Gefühle.	Debrief II: Die Teilnehmer analysieren das Spiel umfassend. Sie identifizieren typische Verhaltensmuster, sie stellen Bezug zu Theorien und realen Lebenssituationen her. Konsequenzen werden festgelegt.	Die Teilnehmer handeln in einer neuen Simulation oder in einer realen Lebenssituation und versuchen die Erkenntnisse und Konsequenzen in die Tat umzusetzen.

Tabelle 1: Gaming Simulation und Experiential Learning
(modifiziert aus: Ulrich 1997, S. 4)

und inhaltlichem Schwerpunkt – Gaming Simulation mit dem Erlernen von Techniken und klassischen Formen der Wissensvermittlung (z. B. Vortrag) kombiniert (W. Kriz 1998b). Auch Schiepek sieht im Einsatz von Planspielen, die er »Systemspiele« nennt, eine Möglichkeit zum Kompetenzerwerb und zur Kleingruppenforschung in der Psychologie (Manteufel u. Schiepek 1998). In der klinischen Ausbildung werden von Schiepek beispielsweise mehrtägige komplexe Rollenspiele verwendet, die typische psychosoziale Systemdynamiken simulieren. Verschiedene Formen von Planspielen können und werden natürlich auch sinnvoll beispielsweise in organisationspsychologischen Anwendungsgebieten durchgeführt. Ziel ist es, im Planspielprozeß die Wirkung sozialer Ordnungsbildungen auf das Verhalten des einzelnen sowie die kollektive Entstehung und Veränderung von sozialen Prozessen erfahrbar und nachvollziehbar zu machen. Die Spielerfahrung kann dazu beitragen, eine Dynamik des Phasenübergangs in Gang zu setzen, in der bestehende dysfunktionale Sinnattraktoren und Kommunikationsmuster verändert werden. »Das Spiel simuliert nicht nur realitätsnah soziale Systeme, es ist selbst ein dynamisches System, das spontan eigene soziale Muster entwickelt ... Damit ist das Spiel das prädestinierte Lernfeld für die Ausbildung sozialer Kompetenzen im Umgang mit komplexen Systemen (Systemkompetenz)« (Manteufel u. Schiepek 1998, S. 82).

Prozesse menschlichen Erlebens und Verhaltens – das SÖHM

Das Systemisch-Ökopsychologische Handlungsmodell (kurz: SÖHM) beschäftigt sich mit der zentralen Thematik wie Menschen ihre Lebenswelt strukturieren. Menschen greifen mit ihren Handlungen laufend in ihre natürliche und soziale Umwelt (oder in unsere »Mitwelt«) ein und gestalten in dieser Weise aktiv ihre Lebensprozesse. Systemisch formuliert geht es dabei um die Frage, wie selbstorganisierte psychologische Prozesse (z. B. Gedanken, Gefühle, Handlungen) und ihre Musterbildungen (z. B. stabile Werthaltungen, Kommunikationsmuster) zu verstehen sind. Es wird daher die Selbstorganisation menschlichen Handelns in der komplexen Vernetzung verschiedener Systemprozesse auf biologischer, mentaler und sozialer Ebene thematisiert. Für alle diese Systemdynamiken können – je nach Fokus der Betrachtung – relevante Umgebungsbedingungen und innersystemische Prozesse und Strukturen unterschieden werden. Das SÖHM dient daher zur Beschreibung der dynamischen Interaktion verschiedener handlungsrelevanter Systeme und ihrer Systemelemente.

Die fünf Systembereiche sind die Natur, der menschliche Körper, die Psyche, die soziale Mitwelt (Kommunikations- und Handlungsprozesse) und die Technik (manifestierte Kultur, Gegenstände und Symbole). Innerhalb und zwischen den fünf Bereichen existieren Verknüpfungen und Wechselwirkungen. In allen fünf Bereichen können bestimmte systemkompetente Verhaltensweisen trainiert werden.

Modelle repräsentieren aus konstruktivistischer Perspektive niemals objektive Wirklichkeiten, sondern subjektiv und intersubjektiv konstruierte Realitäten. Das SÖHM und die dargestellten systemischen Modelle sind Versuche, die Komplexität der Welt zu reduzieren und sinnvoll zu (re)konstruieren. Auch synergetische Modelle stellen lediglich konstruierte Beschreibungen von Realität dar. Kritisch betrachtet könnte man den Versuch dieses Textes, die Vorzüge *der* systemisch-kon-

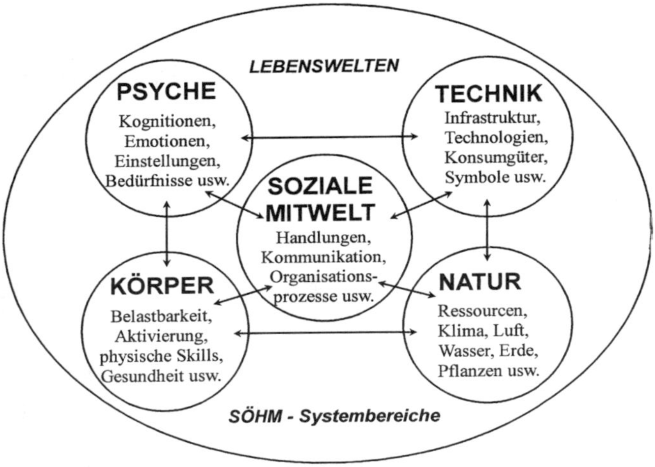

Abbildung 43: Die fünf Systemebenen des SÖHM

struktivistischen Sichtweise darzustellen[1], auch als »Versklavung« und »Trivialisierung« einer Reihe von Theorien an das Paradigma der Synergetik ansehen. Weiter könnte man sogar den Vorwurf erheben, daß damit gerade wieder die geforderte Perspektivenvielfalt reduziert wird. Diese Einwände sind sicher teilweise berechtigt und zutreffend. Es geschieht auch hier prinzipiell nichts anderes, als Realität zu konstruieren und dabei natürlich Komplexität zu reduzieren. Es besteht dabei die Hoffnung, daß die Art und Weise dieser Konstruktion mehr Sinn erzeugt, ob und in welchem Ausmaß, zeigt langfristig der wissenschaftliche Diskurs als soziales Konstruieren von Realität.

Das SÖHM ist somit als Modell selbst eine Konstruktion. Fünf Phänomenbereiche werden voneinander getrennt, Prozesse und Musterbildungen innerhalb dieser Systembereiche thematisiert und Vernetzungen zu den anderen Systembereichen reflektiert.[2] Das Modell soll ein

1 Wenn von *der* systemisch-konstruktivistischen Sichtweise gesprochen wird, so ist damit genauer gesagt »eine«, ganz exakt »meine« (W. K.) systemisch-konstruktivistische Sichtweise gemeint, was aber nicht immer extra erwähnt werden soll.

2 Die Zergliederung und Kategorisierung einer Ganzheit aller Lebensprozesse in verschiedene Aspektbereiche, wie dies im SÖHM geschieht, dient der leichteren kognitiven Erfaßbarkeit für den Menschen, sie kann aber nie vollständig und »wahr« gelingen. Aus der eingenommenen analytischen Perspektive scheint es dann sinnvoll, bestimmte Verknüpfungen und Wechselwirkungen innerhalb und zwischen den Bereichen zu beschreiben.

systemisch-konstruktivistisches Verständnis der Gestaltung von Lebenswelten erleichtern helfen. Die getroffene Auswahl an Systembereichen erscheint ausreichend, ist aber selektiv – so könnte man beispielsweise einen eigenen neuronalen Bereich einführen. Möglicherweise ist hier eine stärkere Ausdifferenzierung zu einem späteren Zeitpunkt sinnvoll, zunächst sollen diese fünf Bereiche beibehalten und genauer beschrieben werden.

Entsprechend dem Grundmodell der Synergetik werden im SÖHM die Prozesse innerhalb jeweils eines Systembereichs in Systemelemente und Ordnungsparameter aufgespalten. Prozesse innerhalb der jeweils anderen vier Systembereiche des SÖHM fungieren dann als Kontrollparameter für die Selbstorganisationsprozesse des einzelnen Systembereichs. Eine Verbindung von bestehendem psychologischem Wissen und systemischen Ansätzen ist dabei fruchtbar, wie etwa die Einbeziehung des Prinzips »Selbstorganisation« in die neueren Handlungstheorien zeigt: »Handlungen ... können als selbstorganisierte Reaktionsmuster auf äußere und innere Aufgaben sowie als komplexe Vernetzung von Aufgaben, Regeln ... unter Einschluß von Empfindungen, Gefühlen, Gedanken und körperlich-motorischen Reaktionstendenzen untersucht werden« (Greif 1994, S. 111).

Im SÖHM wird von offenen selbstorganisierten psychischen und sozialen Systemen ausgegangen. Natürlich sind Kognitionen und Kommunikationen etwas Unterschiedliches, sie gehören auch im SÖHM verschiedenen Systembereichen an und sind jeweils füreinander Kontrollparameter der Systemdynamik. Dennoch kann sinnvoll von Infor-

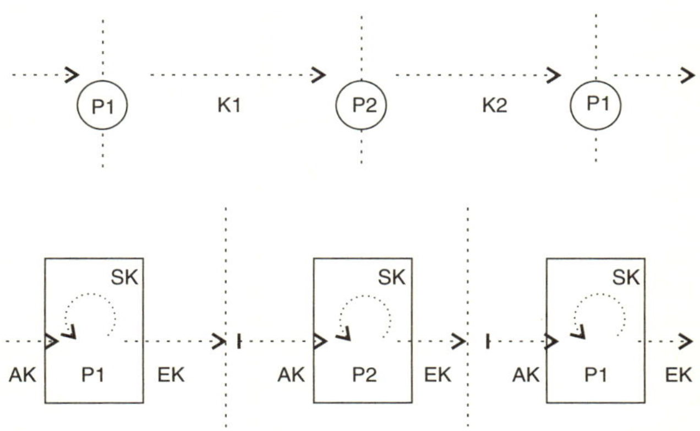

Abbildung 44: Personzentrierte Interpunktion der Kommunikationen K_1, K_2 (aus: J. Kriz 1997a, S. 152)

mationsaustausch gesprochen werden. Das SÖHM steht hier in der Tradition der personzentrierten Systemtheorie von J. Kriz (1985, 1993a, 1994a). In diesem Ansatz werden Kommunikationen und Handlungen sehr weit gefaßt (alle – auch nonverbale – Ausdrucksformen) als »efferente Kommunikationen« bezeichnet. Als »afferente Kommunikationen« werden alle Eindrücke einer Person (z. B. durch aktiv gestaltete Wahrnehmung) bezeichnet. Wesentlich ist die – konstruktivistische – Zentrierung auf die Person selbst, durch die Einbeziehung der »selbstreferenten« Kommunikationen (Gedanken, Gefühle). Die Abfolge von zwei Kommunikationen K_1 und K_2 zwischen den Personen P_1 und P_2 wird in der personzentrierten Systemtheorie so interpunktiert, daß die Personen in das Zentrum der Betrachtung gestellt werden. »Die Person-Zentrierung wird somit der Tatsache gerecht, daß der Mensch als kommunikatives Wesen einerseits seine Identität immer schon und immer nur in sozialen Prozessen gewinnen und aufrecht erhalten kann ... andererseits sieht er sich stets als Mittelpunkt seiner Narrationen« (J. Kriz,1997a, S. 152).

Das Systemisch-Ökopsychologische Handlungsmodell und die Ökopsychologie

Die Ökopsychologie und viele andere psychologische Richtungen (u. a. Klinische Psychologie, Organisations- und Sozialpsychologie) versuchen zu klären, wie Interaktionsprozesse zwischen Mensch und Umwelt realisiert werden. Damit rücken Handlungsprozesse und Interaktionsmuster in den Mittelpunkt des Interesses. Mit der »Kognitiven Wende« setzte auch in der Psychologie eine immer stärker werdende Einbeziehung systemischer Perspektiven ein. Miller et al. (1960) gelten als Pioniere dieser Entwicklung. In ihren Theorien finden kybernetische und systemtheoretische Begriffe Eingang, wie etwa Regelkreise und das Prinzip der Rückkopplung. Das TOTE-Modell (Test-Operate-Test-Exit) weist über einfache linear-kausale Wirkungszusammenhänge hinaus. Vergleichbar ist damit auch die VVR-Einheit (Vergleichs – Veränderungs – Rückkopplungseinheit) bei Hacker (1986). Kybernetische Modelle wurden bald in verstärktem Ausmaß in psychologische Theoriekonzepte integriert. Als weiteres Beispiel soll hier Powers (1976) angeführt werden, der ein kybernetisches Informationsverarbeitungsmodell favorisiert. Nach dieser Theorie steuert der Mensch seine Wahrnehmung durch

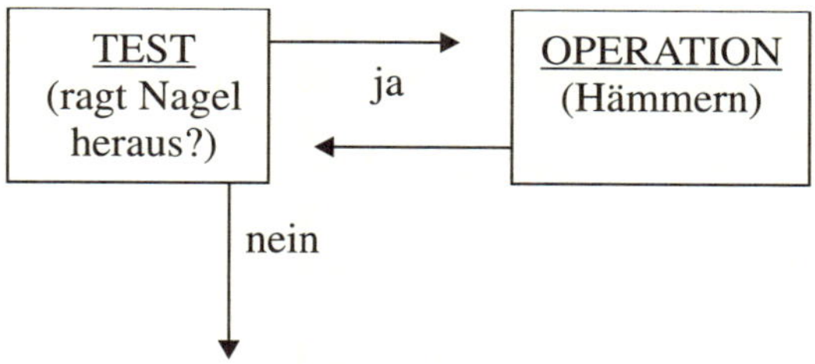

Abbildung 45: Das TOTE-Schema (aus: J. Kriz 1989, S. 44)

sein Verhalten. Das Verhalten wird geändert, um das zu modifizieren, was wahrgenommen wird. Auf diese Weise versucht der Mensch seine erfahrene Realität konstant zu halten. Dieses Modell konzentriert sich auf den Aspekt, wie sich ein System im homöostatischen Gleichgewicht hält. Im Sinne der Synergetik wird im SÖHM aber neben der Erklärung von Gleichgewichtszuständen auch der Veränderung von Ordnungsstrukturen große Bedeutung beigemessen.

Aus systemisch-psychologischer Sicht ist es sinnvoll, sowohl den Menschen als auch seine Umwelt und die verbindenden Kommunikations- und Handlungsprozesse als komplex vernetzte, offene und dynamische Systeme zu begreifen. In der umweltpsychologischen Forschung zeigt sich die Brauchbarkeit der Synergetik für das Verständnis von umweltgerechtem Handeln (vgl. Mosler 1993). Einige der dargestellten systemtheoretischen Konzepte fanden bereits früh Eingang in die ökopsychologische Forschung (Engemann 1990; Wapner 1987). So meinte bereits Stapf (1978, S. 264 f.), »daß der Ökosystem-Begriff der Ökologie systemwissenschaftlich imprägniert ist. Dies wird noch deutlicher in der allgemeinen Beschreibung des Ökosystems, als dynamisches, offenes, in gewissen zeitlichen Grenzen stabiles System . . . Ökosysteme befinden sich . . . in einem dynamischen biologischen Gleichgewicht oder Fließgleichgewicht.«

In der Ökopsychologie spielen neben natürlichen biologischen Ökosystemen auch die von Menschen durch Handeln geschaffenen, künstlichen oder urban-industriellen Ökosysteme eine wesentliche Rolle (Lensch 1992). Zentral sind dabei aber nicht nur die stofflichen und energetischen Prozesse von Systemen, sondern auch informationale Austauschprozesse des Menschen mit seiner Umwelt. Der Mensch greift mit seinem Verhalten nicht nur in die natürliche Umwelt ein, indem er materielle und energetische Prozesse in Gang bringt (z. B. durch Verbrennung fossiler Brennstoffe, Kernenergie, Autoverkehr, Besiedelung). Es kennzeichnet den Menschen zusätzlich, daß er in der

Lage ist – durch Symbolgebrauch, über die Benützung der differenzierten menschlichen Sprache, durch Speicherung und Repräsentation von Umwelt-Realitäten und andere psychosoziale Prozesse –, auch eine spezifische kulturelle Umwelt zu erzeugen.

Dabei kommt den Wechselwirkungen zwischen innerpsychischen Faktoren von Menschen und Umgebungsbedingungen der künstlichen und natürlichen Umwelt besondere Bedeutung zu (Schahn u. Giesinger 1993; Pawlik u. Stapf 1992). So wirken etwa bei der Entstehung umweltrelevanten Verhaltens (Mülltrennung) äußere Faktoren wie Verhaltensangebote (Aufstellen von verschiedenen Mülltonnen zum Sortieren des Mülls) und Handlungsanreize (Belohnung oder Bestrafung eines bestimmten Verhaltens). Diese wirken mit inneren Faktoren wie umweltrelevantes Wissen, Einstellungen und Emotionen zusammen. Wesentlich sind in diesem Prozeß zusätzlich die wahrgenommenen Konsequenzen von Handlungen, die wieder Einfluß auf die Handlungsmotivation besitzen (vgl. Fietkau u. Kessel 1984).

Der Begriff Ökologie wurde 1866 von Haeckel in die Biologie eingeführt. Er verstand darunter »die gesamte Wissenschaft von den Beziehungen des Organismus zur umgebenden Außenwelt, wohin wir im weitesten Sinne alle Existenzbedingungen rechnen können« (S. 286). J.v.Uexküll verwendete schon sehr früh (um 1920) den Begriff des Lebensraums. Für sein Konzept des Funktionskreises ist von Bedeutung, daß Lebewesen nur einen spezifischen Ausschnitt ihrer Umgebung wahrnehmen, mit Hilfe ihrer Sinnesorgane »merken« und darauf mittels ihrer Körperorgane »wirken«. J.v. Uexküll unterschied die »Merkwelt« von der »Wirkwelt«, die zusammen den Lebensraum des Lebewesens bilden. Auch heute ist diese Sichtweise von Bedeutung, wenn man als Merkwelt – auf den Menschen bezogen – die Ebene der Wahrnehmung und der mentalen Verarbeitung von Information versteht und sich als Wirkwelt die Ebene des Handelns vorstellt (Brauner 1994).

Bereits einer der »Väter« der Ökopsychologie, Hellpach, forderte in seinem 1928 erschienenen Beitrag »Psychologie der Umwelt« die Untersuchung der Psyche in Abhängigkeit von ihrer Umwelt. Er unterschied dabei drei Formen menschlicher Umwelt: (a) die natürliche Umwelt: Boden, Wetter, Klima, Landschaft, (b) die mitmenschliche Umwelt und (c) die kulturelle Umwelt. Auch Stern (1923), einer der ersten bedeutenden Persönlichkeitspsychologen, beschäftigte sich mit der Beziehung zwischen Persönlichkeit und Umwelt. Er schlägt ebenfalls eine Dreiteilung der Umwelt vor, in (a) außermenschliche Natur: Luft, Wasser, Boden, (b) Nebenmenschen und (c) vom Menschen erzeugte Kultur: Recht, Kunst, Wissenschaft.

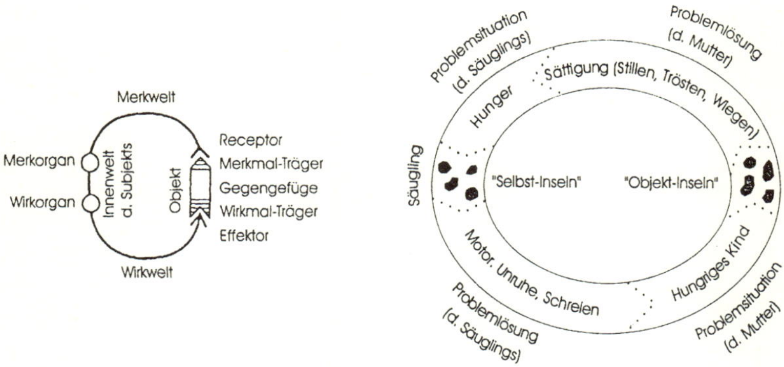

Abbildung 46: Links: Schema des Funktionskreises nach J. v. Uexküll. Rechts: Symbiotischer Funktionskreis nach Th. v. Uexküll (aus: Brauner 1994, S. 51 und 55)

Im Prinzip ist diese Sichtweise im SÖHM aufgegriffen worden. Beim Menschen wurde die Einheit von Leib und Seele getrennt. Die Umwelt wird in drei Bereiche geteilt. Die natürliche Umwelt wird ähnlich wie bei Stern und Hellpach definiert. Die Nebenmenschen oder die mitmenschliche Umwelt und die erzeugte Kultur wird allerdings unterschiedlich konzeptualisiert. Aus Sicht des SÖHM bestehen soziale Systeme nicht aus Menschen, sondern aus Kommunikationen. Die soziale Mitwelt als System besteht daher nicht aus »Nebenmenschen«, sondern aus Kommunikations- und Handlungsprozessen. Selbstverständlich existieren aus Sicht des SÖHM Mitmenschen, denn diese bringen Handlungen und Kommunikationen hervor. Mitmenschen sind aber selbst wieder Einheiten psychischer und körperlicher Systeme. Die Psyche anderer Menschen ist nicht direkt erschließbar oder erfahrbar, sondern stets nur durch Handlungen und kommunikative Akte der Mitmenschen interpretierbar. Kultur wird, so sie sich auf ablaufende Handlungsprozesse bezieht (z. B. Handlungsmuster beim Gottesdienst), als soziale Mitwelt verstanden. Kultur im Sinne manifestierter und von Menschen erzeugter Gegenstände (ein Buch, z. B. eine Bibel, und darin gedruckte alphanumerische Zeichen) wird im Systembereich »Technik« angesiedelt.

Die fünf Systembereiche des Systemisch-Ökopsychologischen Handlungsmodells

Systembereich Natur

In diesem Bereich werden im SÖHM all jene chemischen, physikalischen, biologischen Prozesse der natürlichen Umwelt zusammengefaßt, die nicht vom Menschen künstlich geschaffen sind. Dieser Systembereich bildet die Basis für alle Prozesse des Lebendigen. Bereits einfache biologische Systeme weisen dabei vielzählige Rückkopplungen und Selbstorganisation auf.

Ein Beispiel für Selbstorganisation im Bereich der Natur ist der Lebenszyklus des Schleimpilzes. Eine Population isolierter amöbenartiger Zellen mit individueller Fortbewegung schließt sich unter bestimmten Umgebungsbedingungen (Nährstoffmangel) kooperativ zu einem Zellaggregat zusammen, das aus Tausenden von Einzelzellen besteht. Dabei bewegen sich die Einzelzellen in spiralförmigen Wellen zu einem gemeinsamen Zentrum. Das Aggregat kann sich dann gemeinsam in eine nährstoffreiche Gegend fortbewegen, dort kommt es zu einer Ausdifferenzierung. Dies ist ein Beispiel für eine Form biologischer Gestaltbildung. Ein Drittel der Zellen bildet einen Stiel, der Rest bildet einen Kopf, der Sporen enthält, die sich verstreuen und neue Zellen bilden. Damit beginnt der Zyklus von neuem.

Der Mensch nimmt mit seinem Handeln Einfluß auf die natürliche Lebenswelt, so daß im eigentlichen Sinne auf der Erde kaum noch reine

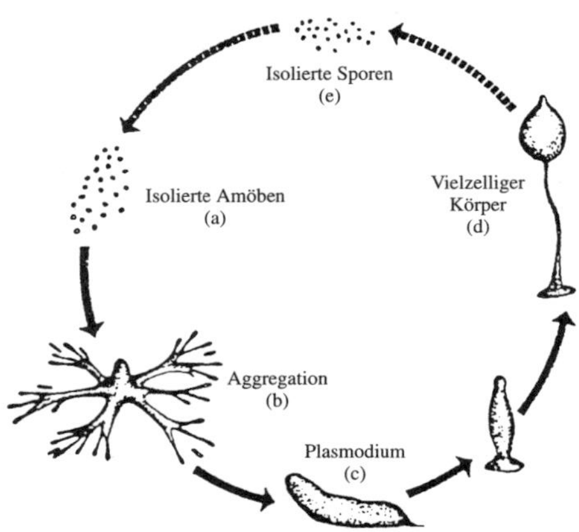

Abbildung 47: Schleimpilz (aus: J. Kriz 1997a, S. 59)

Natur existiert, sondern vom Menschen mehr oder weniger stark veränderte Natur. Die zunehmenden Möglichkeiten der Gentechnik zeigen, daß die Grenzen zwischen natürlicher Umwelt und Technik (oder menschlicher Veränderung und Nutzbarmachung der Natur) verschwimmen. Die Existenz dieses Systembereiches im SÖHM soll deutlich machen, wie wichtig es ist, sich bei Handlungen zu überlegen, welche Auswirkungen das Handeln auf natürliche Prozesse zeigen könnte (z. B. bei der Ausrottung vieler Tier- und Pflanzenarten bei der Gewinnung von Weideflächen im brasilianischen Regenwald). Das Einbeziehen dieses Systembereichs in das Handeln und die Handlungsplanung meint aber neben der Kalkulation von Langzeitfolgen für die Natur umgekehrt auch die Beachtung der Einflüsse natürlicher Faktoren auf das menschliche Handeln. So können etwa günstige klimatische

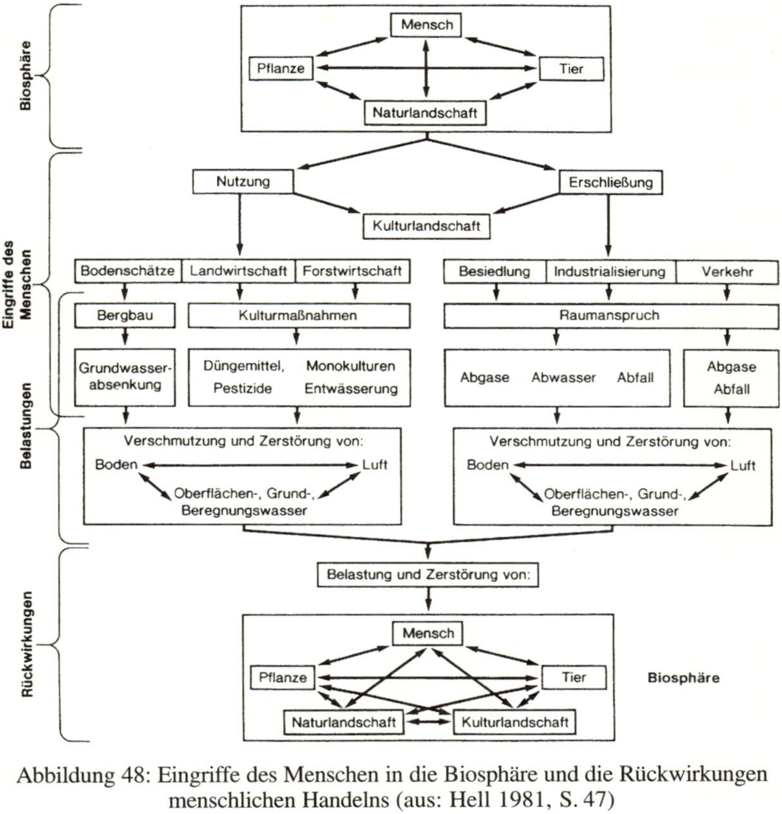

Abbildung 48: Eingriffe des Menschen in die Biosphäre und die Rückwirkungen menschlichen Handelns (aus: Hell 1981, S. 47)

Bedingungen, wie das Vorhandensein von Wasser, Kontrollparameter für das Entstehen sozialer Systeme sein. Ein Beispiel ist die Bildung sogenannter Hochkulturen mit einer komplexen sozialen Organisation wie in Ägypten zur Zeit der Pharaonendynastien.

Eine Veränderung menschlichen Handelns in Richtung eines nachhaltigen und umwelterhaltenden Umgangs mit den natürlichen Lebensgrundlagen wird aber insbesondere dadurch erschwert, daß die Menschen die Kontrolle und das Verständnis einer Vielzahl der von ihnen initiierten komplexen Prozesse und Einwirkungen in die Natur bereits verloren haben, und die nichtlinearen Auswirkungen zusätzlich in vielen Fällen erst zeitverzögert und somit zunächst kaum erkennbar, später aber dafür um so dramatischer in ihrer Wirkung eintreten. So mahnt v. Weizsäcker (1989, S. 98) mit Recht: »Wir sind heute in der Gefahr, die Existenzbasis der Pflanzen, Tiere und Menschen im Ablauf einiger Jahrzehnte zu zerstören.« Aus diesem Grund ist Systemkompetenz im Bereich der natürlichen Umwelt Grundlage für unser eigenes Überleben und bedeutet auch umweltbewußtes Verhalten wie beispielsweise die verstärkte Nutzung öffentlicher Verkehrsmittel.

Systembereich Körper

Im Bereich des Systems »Körper« können die vielen chemischen und biologischen Prozesse als selbstorganisierte Dynamiken beschrieben werden. Haken et al. (1985) konnten beispielsweise biologische Bewegungsmuster mit synergetischen Modellen genau rekonstruieren.

Als Beispiel soll hier die parallele Fingerbewegung dienen. Versuchspersonen wurden gebeten, ihre Finger in einem durch ein Metronom vorgegebenen Takt parallel zu bewegen. Als Kontrollparameter fungiert hier die Taktfrequenz des Metronoms, die kontinuierlich erhöht wurde. Ab einer bestimmten Frequenz kommt es zu einem Phasenübergang zu einem anderen Bewegungsmuster, es wird ohne den Willen der Person eine symmetrische Fingerbewegung realisiert. Vor dem Phasenübergang sind auch charakteristische Fluktuationen zu beobachten, in denen das System gerade noch fähig ist, den Attraktor der parallelen Bewegung zu halten, aber schon mit kurzen Auslenkungen in Richtung des neuen Attraktors der symmetrischen Bewegung. Durch genaue Messung der Dynamik konnte der Prozeß in der Veranschaulichung der Potentiallandschaft detailliert rekonstruiert werden. Die parallele Bewegung entspricht der Lage der Kugel im höheren Tal. Bei Erhöhung der Taktfrequenz verformt sich die Potentiallandschaft. In einem Phasenübergang bewegt sich die Kugel dann

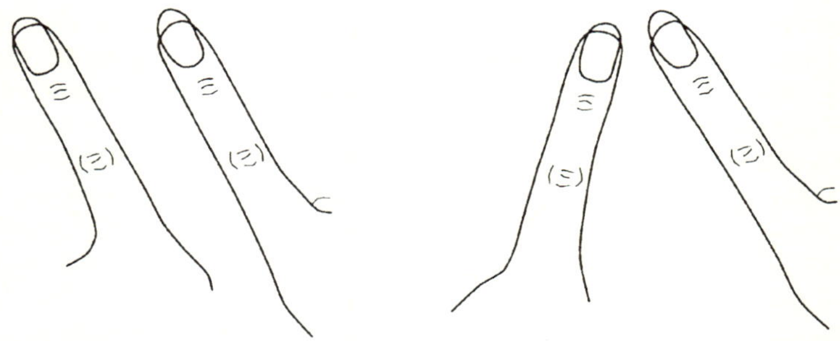

Abbildung 49: links: parallele Bewegung; rechts: symmetrische Bewegung (aus: Haken 1981, S. 119)

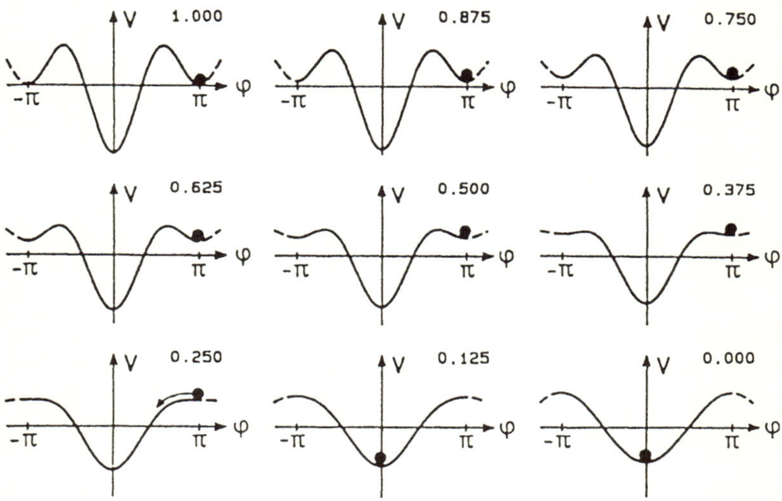

Abbildung: 50: Potentiallandschaft für die Fingerbewegung (aus: Haken 1981, S. 122)

in das tiefere Tal (in diesem Beispiel die symmetrische Bewegung als stabiles Bewegungsmuster).

Wesentliche Strukturen und Prozesse im Bereich Körper sind Morphologie, Skelett, Muskulatur, Zellverbände und Organe, Funktionssysteme wie Kreislauf und Stoffwechsel, aber auch hormonale und neuronale Prozesse. Neurophysiologische Prozesse werden ebenfalls als selbstorganisierte Dynamik begriffen (Roth 1992). Gerade das menschliche Gehirn stellt mit seinen ca. 100 Milliarden Neuronen und jeweils ca. 1000 Vernetzungen pro Neuron mit jeweils anderen Neuronen ein unglaublich komplexes vernetztes und rückgekoppeltes System dar (Guttmann 1982). Dabei führt die Frage nach der Verbindung von neuronalen Gehirnprozessen und mentalen Phänomenen (z. B. Gedanken) zur Gehirn-Geist-Problematik und zu der bisher unlösbaren Problemstellung, wie die Emergenz von Sinn, Ich-Bewußtsein, Zeit- und Raumerleben, Gedanken aus einem physiochemischen System (des Körpers) heraus erklärt werden kann. Auch von seiten der Erkenntnistheorie wurde diese Frage erörtert, eine Darstellung würde jedoch den Rahmen dieses Buches sprengen (vgl. Popper u. Eccels 1982; Guttmann 1992). Obwohl stabile Wahrnehmungen, Kognitionen und jede Form von Realitätskonstruktion und Sinnentstehung (mit »Sinn« ist hier die semantische Dimension von Informationsprozessen gemeint) nicht aus der Elementardynamik des Gehirns ableitbar und erklärbar sind, bieten systemtheoretische Ansätze durchaus die Möglichkeit, das Zusammenwirken von neuronalen und psychischen Prozessen zu verstehen (Stadler u. Kruse 1992). Insbesondere Forschungsarbeiten zur »Synergetik der Kognition« (Haken u. Stadler 1990) beziehen sich auf das selbstorganisierte Zusammenwirken von Elementen einer Mikroebene (z. B. neurophysiologische Dynamik) und die Entstehung neuer Ordnungszustände, die auch in qualitativer Hinsicht neue Makrophänomene (z. B. Gedanken) darstellen.

Die Prozesse des Systembereichs Natur wirken unmittelbar auf die körperliche Gesundheit. Eine vom Menschen durch Treibgase und andere Ursachen verursachte Ausdünnung der Ozonschicht beeinflußt auch wieder den Menschen und seine körperlichen Lebensprozesse. Nachhaltige Handlungen werden aber durch das Ausmaß an Komplexität von Wechselwirkungen in den Lebenswelten, durch menschliche Defizite in der kognitiven und emotionalen Verarbeitung von Informationen beeinflußt. Von Interesse sind im SÖHM insbesondere auch diese Vernetzungen von körperlichen mit psychischen und sozialen Systemen. Körperhaltungen etwa stehen im Dienst der nonverbalen Kommunikation und zugleich mit psychosomatischen Prozessen in Verbindung. Körperhaltungen können bestimmte psychosomatische Phänomene unterstützen. Körperliche Prozesse wirken bewußt oder unbewußt in die psychische Dynamik und somit auch in das Verhalten hinein. Diese Handlungen und Kommunikationen wirken über die Wahrnehmung und Interpretation der Reaktionen anderer Menschen auf das kognitive System zurück.

Aber auch die materiellen Veränderungen des Menschen in seiner natürlichen Umwelt (Luftverschmutzung) beeinflussen rückgekoppelt die biologisch-körperlichen Lebensprozesse (Atmung). Gleichfalls wird die Atmung auch von psychosozialen Faktoren mitgestaltet (z. B. beim Phänomen Asthma, vgl. J. Kriz 1994b). Beim Asthma können chronisch unterdrückte Gefühle zu Verspannungen von Muskelpartien führen, die für die Atmung eine wesentliche Funktion erfüllen. Es können sich Körperhaltungen manifestieren, die eine tiefe regelmäßige Atmung kontinuierlich verhindern. Die genannte Unterdrückung von Gefühlen – als ein Kontrollparameter für die Entstehung von Asthma – hängt dabei auch mit Kommunikationsprozessen der sozialen Mitwelt zusammen. Diese Beispiele verdeutlichen die Vernetzung der verschiedenen Lebenswelten. Systemkompetenz im Bereich Körper beinhaltet auch das Wissen und Handeln wie man sich gesund ernährt und, etwa durch die Anwendung von Entspannungstechniken, Streß reduziert.

Systembereich Psyche

Im Rahmen der Psyche werden im SÖHM alle ablaufenden Prozesse prinzipiell als Teile einer Informationsverarbeitungsdynamik aufgefaßt. Diese Sichtweise ist in der Psychologie weit verbreitet (vgl. Anderson 1988) und eignet sich sowohl für ein Verständnis der innerpsychischen Prozesse des Individuums (Edelmann 1996) als auch als Grundlage für die Analyse von Gruppenprozessen (Hinsz et al. 1997). Über die Rezeptoren und Wahrnehmungsprozesse gelangt Information in das psychische System und wird dort selbstorganisiert verarbeitet. Dabei sind die »Gedächtnisspeicher«, Prozesse, die Information aus dem Hier-und-Jetzt für eine zeitlich spätere Verarbeitung zur Verfügung stellen können, von Bedeutung. Bei Denkprozessen werden bereits gespeicherte, erlernte Inhalte, Strukturen und Prozeßpläne einbezogen. Psychische Inhalte werden dann über Effektoren in Handeln und Kommunikation umgesetzt.

Um die komplexe Vernetzung verschiedenster Prozesse innerhalb der Person zu verstehen, wählt J. Kriz im Rahmen der personzentrierten Systemtheorie (1985) den menschlichen Informationsverarbeitungsprozeß (ZIP) als Ausgangspunkt seiner Überlegungen. Zentrale Aufgabe des ZIP ist die Verarbeitung oder Transformation von eingehenden Wahrnehmungen (AK: Afferente Kommunikation) in ausgehende Handlungen (EK: Efferente Kommunikation). Die einzelnen psychischen Inhalte (Gedanken, Gefühle, Vorstellungsbilder; SK: Selbstreferente Kommunikation; vgl. Abbildung 44) werden im ZIP in einem

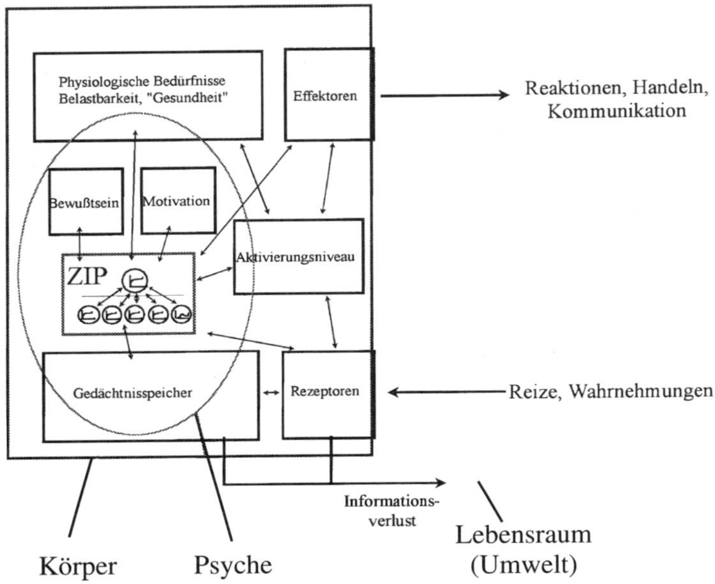

Abbildung 51: Informationsverarbeitungsprozeß des Menschen

ständig fortwährenden Prozeß erzeugt. Die einzelnen Bewußtseinspartikel stehen dabei dem Bewußtseinsstrom nur für eine kurze Zeitdauer zur Verfügung und müssen ständig neu memoriert werden, um im Bewußtsein gehalten zu werden. Die subjektiv erlebte Konstanz des Bewußtseins beruht auf den (relativ) stabilen Erzeugungsstrukturen der Bewußtseinspartikel. Dieses Verhältnis zwischen kurzlebigen Elementen und stabilen Strukturen wird in den Systemwissenschaften immer wieder thematisiert. Auch Wahrnehmung und Verhalten entstehen aus dieser systemischen Sicht in einem aktiven Prozeß, in dem fortwährend Elemente nach bestimmten Regeln dynamischen Ordnungsstrukturen erzeugt und transformiert werden. Aber auch die Strukturen sind – wenn auch viel langsamer – veränderlich. ZIP und Bewußtsein dürfen dabei nicht verwechselt werden. Der ZIP findet ständig im Hier-und-Jetzt, also in der objektiven Zeit statt, wobei der ZIP grundlegende Kategorien wie Zeit und Raum und andere Aspekte unserer subjektiven Realität konstruiert. Das subjektive Erleben des Menschen ist dabei sehr oft nicht auf das Hier-und-Jetzt gerichtet, sondern von Raum-Zeit-Projektionen ausgefüllt, so ist etwa Angsterleben auf die Zukunft, Trauer auf die Vergangenheit gerichtet.

Viele Informationen, die von den Sinnen aufgenommen und im ZIP verarbeitet werden, gelangen nicht in das Bewußtsein. Dabei muß aber beachtet werden, daß Empfindungen und Inhalte (z. B. Hunger), die aus bestimmten Gründen nicht ins Bewußtsein gelangen, trotzdem auf den Verarbeitungs- und Transformationsprozeß einen großen Einfluß ausüben können. Somit hat auch nicht-bewußte AK Anteil an der ausgehenden EK. In diesem komplexen Prozeßgeschehen spielen auch die verschiedenen, in der traditionellen Gedächtnisforschung postulierten Speicher (Ultrakurzzeitgedächtnis: VSTM, Kurzzeitgedächtnis: STM und Langzeitgedächtnis: LTM) eine entscheidende Rolle, wobei der Begriff »Speicher«, der eher etwas Statisches suggeriert, ebenfalls als dynamisches Geschehen aufzufassen ist. Im VSTM (auch Reizspeicher genannt) werden innere und äußere Reize als transformierte sensorische Muster für ca. 0,25 Sekunden für den ZIP verfügbar gehalten. Das STM (ca. 10–20 Sek.) ist jene Zeitspanne, in der die bewußte Aufmerksamkeit des Menschen Inhalte präsent halten kann, ohne daß diese erneut wahrgenommen oder erinnert werden müssen. Im LTM sind jene Inhalte gespeichert, die aktiv erinnert und so über den ZIP in das Bewußtsein geholt werden können. Neben dem allgemein bekannten Gedächtnis-LTM, in dem nicht nur sprachliche Informationen, sondern auch Erinnerungen an Gefühle niedergelegt sind, nimmt J. Kriz (1985) noch zwei weitere Langzeitspeicher an. Im Körperspeicher sind Informationen über Körperparameter wie etwa Muskelverspannungen oder Blutwerte niedergelegt, auf die besonders Körpertherapeuten (z. B. Reich 1933) hingewiesen haben. So können Körperhaltungen auf den ZIP und das psychische Erleben rückwirken. Als dritten Langzeitspeicher definiert J. Kriz (1985) externe Speicher (»Kulturspeicher«), die Information in Form von materiellen, sozialen und symbolischen Manifestationen beinhalten (z. B. dieses Buch). Diese Kulturspeicher sind im SÖHM der sozialen Mitwelt oder dem Systembereich Technik zugeordnet.

Das Kind verfügt bei der Geburt bereits über angeborene Fähigkeiten und Strukturierungsprinzipien, die später durch Lernen weiter differenziert werden, das heißt, in Auseinandersetzung mit der Umwelt werden neue Ordnungsmuster gebildet. Angeborene Ordnungsprinzipien sind beispielsweise Figur-Grund-Differenzierungen, die in der Gestaltpsychologie thematisiert werden, oder Jungs (1950) »kollektives Unbewußtes«. Es entwickeln sich in einem selbstorganisierten dynamischen Ablauf typische Muster personaler Realitätskonstruktion. Da die Person mit ihren Kommunikationen aber zusätzlich eine Rolle in sozialen Systemen spielt, werden in sozialen Systemen auch interpersonale Realitätsstrukturen in Ko-Evolution gebildet. Der ZIP konstruiert somit bestimmte Sinnstrukturen oder Sinnattraktoren, die als dynamische Ordnungsmuster weitere Realitätskonstruktionen und Kommunikationsprozesse ordnen und ankommende AK entsprechend wirksamer Ordnungsparameter in ausgehende EK transformieren. »Sofern man die Verarbeitung von ›Information‹ als dynamischen Prozeß begreift, sind die grundlegenden Regeln bzw. ›Muster‹ dieser Verarbeitung ... als Attraktoren solcher Dynamiken zu verstehen« (J. Kriz 1992, S. 703). Den Aspekt »Sinn« betonen viele Therapierichtungen als zentrale Kategorie menschlichen Erlebens. Eine gestörte oder pathologische Sinnstrukturierung, aber auch einfach das Scheitern der Sinnkonstruktion im ZIP aufgrund widersprüchlicher Information führt häufig zu psychotischen Symptomen und liegt auch der double bind-Theorie (Bateson 1969) zugrunde. Gerade der Begriff »Sinn« macht deutlich, daß es sich nicht allein um kognitive Ordnungsstrukturen handelt, sondern vielmehr auch emotionale Anteile eine wesentliche Rolle spielen.

Gestaltpsychologie und Attraktoren der Wahrnehmung

Die Gestalttheorie und Gestaltpsychologie weist eine Vielzahl von ähnlichen Annahmen und Konzepten zur Synergetik auf. »Bekanntlich wurden Gebilde, die ihre Ordnung ausschließlich oder vorwiegend dem Wechselspiel innerer Kräfte verdanken, seinerzeit im Anschluß an einen v. Ehrenfels eingeführten Sprachgebrauch ›Gestalten‹ und die Theorie ihrer Ordnung ›Gestalttheorie‹ genannt. Für die in ihnen wirksame Tendenz zu größerer Ordnung hat sich in der Lehre von der Wahrnehmung und vom Gedächtnis der Ausdruck ›Prägnanztendenz‹ eingebürgert« (Metzger 1986, S. 200).

Der Begriff Gestalt wurde von v. Ehrenfels (1890) in die Psychologie eingeführt. Er verstand darunter eine komplexe »seelische Ganzheit«, die bestimmte Eigenschaften besitzt. Ein Beispiel ist die Melodie, die sich sowohl durch Übersummativität (die Melodie läßt sich nicht aus der Summe der einzelnen Töne erklären) als auch Transponierbarkeit auszeichnet (die Melodie bleibt selbst dann erhalten, wenn alle Einzeltöne durch einen Tonhöhenwechsel verändert wurden). Hansch (1997, S. 83) schreibt dazu: »Man erkennt eine Melodie wieder, wenn sie auf einem leicht verstimmten Instrument gespielt wird, wenn einige Töne falsch gesetzt sind, wenn man sie schneller oder langsamer spielt, ... Die Ganzheit der Melodiekontur ist im Langzeitgedächtnis wesentlich stabiler als die ›Teile‹, und das Nachsingen ganzer Motivstrukturen fällt oft leichter als das Treffen bestimmter Töne oder Intervalle.«

Die Gestaltpsychologen betonten, daß beim Zerlegen eines Ganzen in Teile wesentliche Gestaltqualitäten verloren gehen können. Das Zitat des Systemwissenschaftlers Cramer (1988, S. 28): »Durch Zerlegen kann man immer nur Totes anschauen, denn Leben ist eine Systemeigenschaft, und das System wird durch Zerlegen zerstört. Lebendige Netzwerke sind wegen ihrer zahlreichen Abhängigkeiten der einzelnen Teile nicht zerlegbar, wenn man auf die Haupteigenschaft des Netzwerkes abhebt, nämlich auf Leben« ist äquivalent mit einem Gedanken des Gestaltpsychologen Wertheimer (1925, S. 3): »Es gibt Zusammenhänge, bei denen nicht, was im Ganzen geschieht, sich daraus ableitet, wie die einzelnen Stücke sind und sich zusammensetzen, sondern umgekehrt, wo sich das, was an einem Teil des Ganzen geschieht, bestimmt von inneren Strukturgesetzen dieses seines Ganzen.« Innere Strukturgesetze und nicht äußerer Zwang bestimmen nach Wertheimers Aussage, was an Teilen des Ganzen und im Ganzen selbst passiert. Genau diese Idee liegt dem Prinzip der Selbstorganisation zugrunde, wo die emergierten makroskopischen Strukturen durch ein selbstorganisiertes Zusammenwirken und Kooperieren von Systemelementen hervorgehen. Dabei ist in der Synergetik das Versklavungsprinzip von Bedeutung, in dem der/die Ordner das »Verhalten« der Teilelemente (in Wechselwirkung) bestimmen. Auch Köhler (zit. nach Metzger 1986, S. 143) formulierte den selben Gedanken, »daß organisches Geschehen, natürliches Geschehen überhaupt, wenn es in dynamischer Wechselwirkung abläuft, auch ohne äußere Zwangsvorrichtungen geordnet ablaufen, ja ... von Zuständen geringerer Ordnung in solche höherer Ordnung übergehen kann.«

Die Gestaltpsychologie untersucht unter anderem die Ordnungsbildung in der Wahrnehmung. In dem Zitat von Köhler wird vor allem das Interesse am Prozeßcharakter von Wahrnehmungsvorgängen thematisiert. Diese Prozeßhaftigkeit und die ebenfalls von Köhler genannte »dynamische Wechselwirkung« von Systemen und Systembereichen ist eine weitere Übereinstimmung zur Synergetik. Metzger (1986, S. 131) beschreibt diesen Sachverhalt in anderen Worten und macht zugleich auf eine weitere entscheidende Parallele zur Synergetik und Chaostheorie aufmerksam: »Wir nennen also allgemein Gestalten solche Gebilde, die, wie Piaget richtig bemerkt hat, ihre Form dem Gleichgewicht von Kräften verdanken ... die Teile und Stellen einer Gestalt befinden sich in ... enger dynamischer Kommunikation und Interaktion: jede wirkt auf jede andere und empfängt zugleich selbst Einwirkungen von jeder anderen; und sofern dabei etwas Geordnetes zustande kommt, trägt und hält dabei jede Stelle jede andere und wird zugleich von der Gesamtheit der anderen getragen ... der Schwerpunkt ihrer Überlegungen (von Köhler und Wertheimer; W.K.) verlagerte sich im Laufe der Jahre ... auf das Problem der Erreichung ausgezeichneter Endzustände von beliebigen Anfangszuständen her ....« Was Metzger im letzten Teil dieses Zitates anspricht, wurde bereits mit dem Begriff »Attraktor« gekennzeichnet. Ein Attraktor ist ein zeitlich relativ stabiler »ausgezeichneter End-Zustand«, auf den sich ein System in der Dynamik hinentwickelt und der – in gewissen Bereichen dieser Dynamik – von beliebigen Ausgangsbedingungen her erreicht wird. Metzger stellt auch fest, daß »Reizverteilungen nur als Randbedingungen wirken, aufgrund deren ein ... freies Kräftespiel in Gang kommt« (Metzger 1986, S. 160). Genau dieser Sachverhalt wird in der Synergetik postuliert, wo Kontrollparameter zwar als Randbedingungen gegeben sein müssen, die gebildeten Strukturen und Ordnungen aber aus einem »freien Kräftespiel« (Selbstorganisation) gebildet werden. Die Erkenntnis der Synergetik, daß Fluktuationen oder Störungen des Systems in gewissen Grenzen in der Dynamik wieder kompensiert und ausgeglichen werden, indem der stabile Ordnungszustand (Attraktor) wieder aufgesucht wird, wurde ebenfalls in der Gestalttheorie vorweggenommen. Metzger (1986, S. 200) betont dabei besonders: »frei aufrecht erhaltene und bei Störungen wiederhergestellte Ordnung gibt es nur im ... System.«

Ein zentrales Konzept der Gestaltpsychologie stellt die sogenannte Prägnanztendenz (oder »Tendenz zur guten Gestalt«) dar, die mit einer Tendenz zu größerer Ordnungsbildung vergleichbar ist. Entsprechend den von Haken (1992b) ausgehenden Überlegungen zur Musterbildung und Mustererkennung kann Wahrnehmung so aufgefaßt werden, daß wahrgenommene Teilinformationen entsprechend den Ordnungsparametern zu geordneten Ganzheiten (oder Gestalten) vervollständigt werden. Die Ordner könnten dabei teilweise genetisch veranlagt sein (dabei aber phylogenetisch auch durch Selbstorganisation entstanden) und teilweise durch Lernvorgänge ausgebildet worden sein. Der Prägnanztendenz sind wiederum viele verschiedene Gestalttendenzen oder Organisationstendenzen untergeordnet, die dem Menschen eine brauchbare Orientierung in der Umwelt ermöglichen, aber auch zu Täuschungen führen können. Diese Gestalttendenzen sollen hier nicht im Detail besprochen werden (Rausch 1952); eine ordnungsbildende »Gesetzmäßigkeit« soll exemplarisch vorgestellt werden. In Abbildung 52 ist das sogenannte Gesetz der Nähe dargestellt. Nicht ein Haufen, sondern sechs dichte Haufen und dazwischen weite Abstände sind zu sehen. Andere Gestaltgesetze sind etwa das Gesetz der Geschlossenheit, das Gesetz der Gleichheit oder das Gesetz der Symmetrie. Besonders ein-

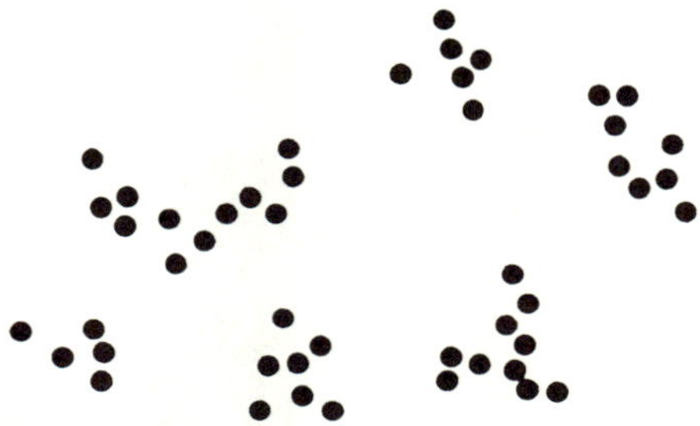

Abbildung 52: Gesetz der Nähe

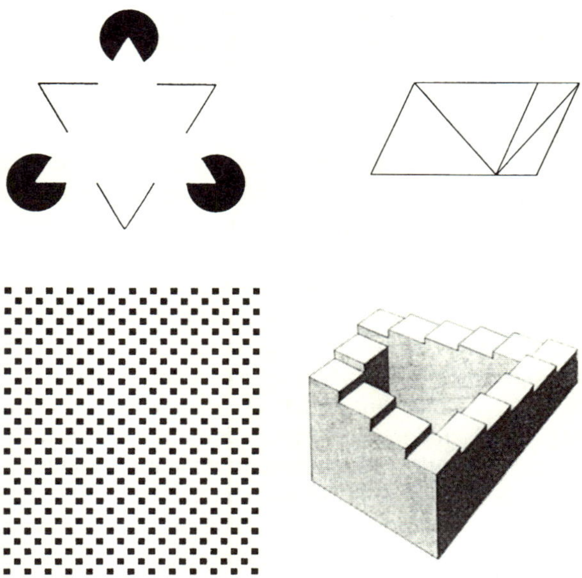

Abbildung 53: oben links: »Kaniza-Figur« (aus: Haken u. Haken Krell 1994, S. 59). Es werden virtuelle Konturen und ein Dreieck »wahrgenommen«, das als besonders »hell« und im Vordergrund zu sein scheint; oben rechts: die Diagonalen sind bei beiden Parallelogrammen gleich lang; unten links: es scheinen schwache graue diagonale Linien zu existieren; unten rechts: »Penrose-Treppe« (alle aus: Kruse u. Stadler 1992, S. 16 ff.)

drucksvolle Manifestationen organisierender Dynamiken in der Wahrnehmung sind optische Täuschungen, die zugleich die konstruktivistische Position stützen, daß Realität im psychischen Prozeß konstruiert wird und keine Abbildung einer Wirklichkeit darstellt.

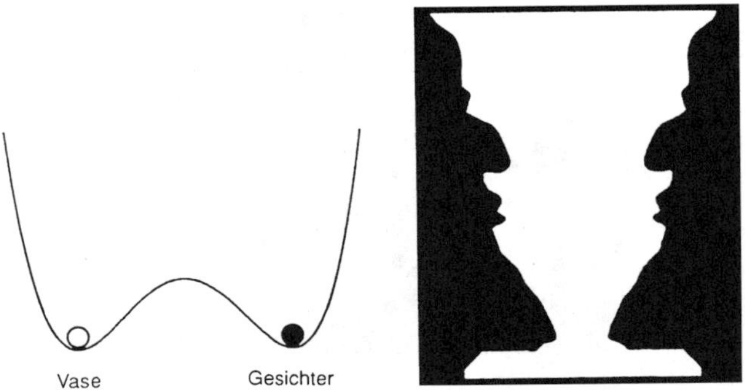

Abbildung 54: Selbstorganisation bei der Wahrnehmung; links: Analogie zur Potentiallandschaft; rechts: Bistabilität Vase-Gesicht (aus: Haken u. Haken Krell 1994, S. 177)

Ein weiteres wesentliches Organisationsprinzip ist die Figur-Grund-Beziehung. Das Gesetz besagt, daß Wahrnehmung dergestalt geordnet wird, daß bestimmte Teile des Wahrnehmungsfeldes in den Vordergrund treten und sich als Figuren vom Hintergrund abheben (die schwarzen Buchstaben bilden beim Lesen die Figur/en, das weiße Papier den Grund). Interessante Phänomene ergeben sich, wenn bei der Strukturierung der Wahrnehmung verschiedene Gestalttendenzen gegeneinander wirken. Dabei kommt es zu Umstrukturierungserlebnissen, die an sogenannten Kippfiguren beobachtbar sind. In Abbildung 54 können entweder eine Vase oder zwei Gesichter als Figur gesehen werden, das jeweils andere Bild tritt als Hintergrund zurück.

Beide Gestalten stellen gleichberechtigte stabile Wahrnehmungsattraktoren dar, die abwechselnd Figur oder Grund bilden. Die Mustererkennung schwankt ständig zwischen diesen beiden alternativen Gestalten hin und her. In der Synergetik entspricht dieses Phänomen einem Grenzzyklus der Periode 2. Die Organisation der Wahrnehmungselemente zu stabilen Gestalten stellt dabei eine selbstorganisierte attrahierende Dynamik dar. Bei dem Phänomen Multistabilität gibt es nicht nur zwei Wahrnehmungs-Attraktoren (wie bei der Bistabilität), sondern es werden die Elemente der graphischen Reizvorlage entsprechend den dynamischen Gestaltgesetzen, die als Ordnungsprinzipien wirken, zu immer neuen Rosetten-Mustern organisiert. Die Bistabilität oder auch Multistabilität der Gestaltwahrnehmung verdeutlicht somit die kontinuierliche Strukturbildungsdynamik des kognitiven Systems.

Der Begriff »Hysterese« bezeichnet den (momentanen) Stabilitätsüberhang eines Attraktors. Das Erkennen (oder die Interpretation) eines

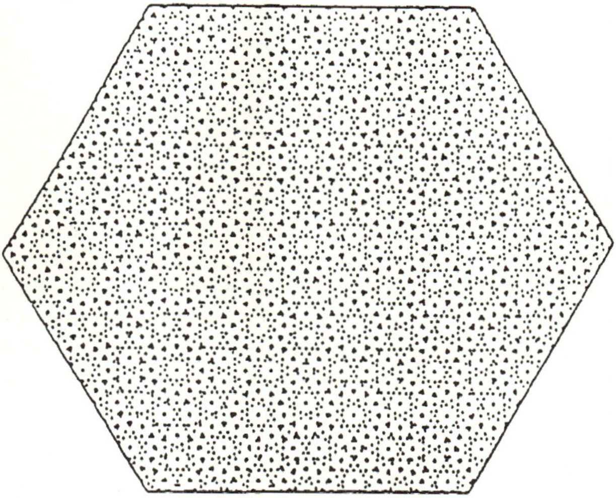

Abbildung: 55: Multistabilität

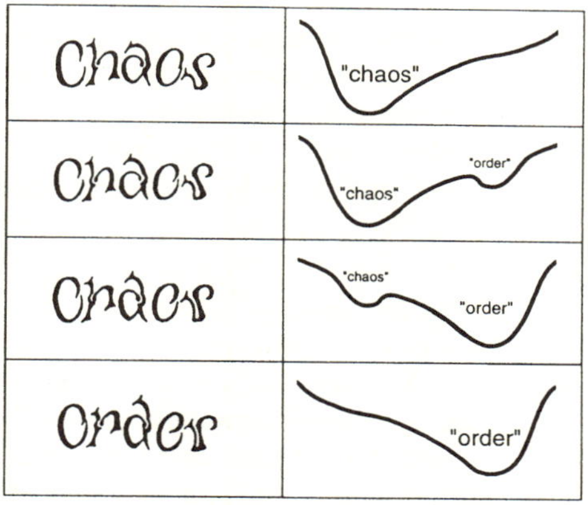

Abbildung 56: links: Hystereseeffekt (aus: Haken 1995b, S. 200); rechts: Potentiallandschaft (aus: Tschacher 1997, S. 64)

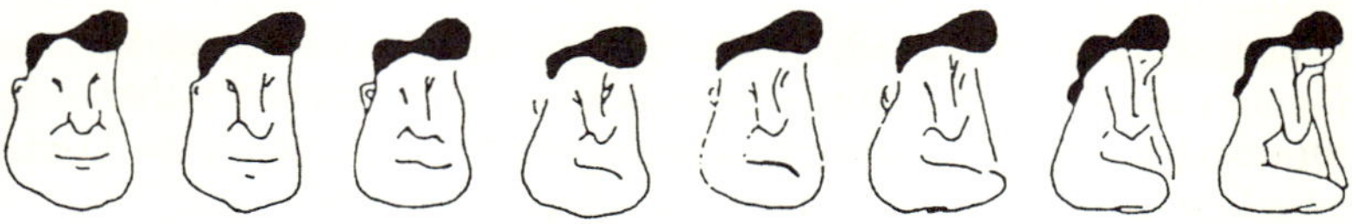

Abbildung 57: Hysterese – Männergesicht und kniende Frau (aus: J. Kriz 1997a, S. 76)

Bildes ist beispielsweise von der Interpretation eines vorangegangenen Bildes abhängig.

Folgt man der Veränderung der Gestalt in Abbildung 57 von links nach rechts, so wird man zunächst (üblicherweise) einen Männerkopf sehen und gegen Ende eine kniende Frau. Fängt man danach umgekehrt von rechts an und betrachtet die Bilder nach und nach in die Gegenrichtung (nach links), dann sieht man zuerst die kniende Frau und am Ende den Männerkopf. Der Wechsel von Frau zu Mann findet aber nicht immer beim gleichen Bild statt, wie vorher von Mann zu Frau, sondern die Interpretation Mann (die man zuerst gesehen hat) wirkt häufig stärker. Daher findet das Umkippen zur Wahrnehmung der anderen Gestalt (Mann) früher statt. Männerkopf und Frau sind zwei Gestalten, die als stabile Ordnungsstrukturen (Ordnungsparameter oder Attraktoren) der Dynamik wirken.

Ein Experiment von Kruse (1995) untersuchte Multistabilität bei Bewegungsmustern. Dabei leuchteten von vier im Rechteck angeordneten Lampen jeweils im Wechsel zwei in einer der Diagonalen liegende Lampen gleichzeitig auf. Für die Betrachter ergeben sich zwei verschiedene Interpretationen.[3] Es kann entweder eine horizontale oder eine vertikale Bewegung von Lichtpunkten gesehen werden. Dieser »Bewegungsattraktor« bleibt einige Zeit stabil, es kommt aber – wie bei den Kippfiguren – immer wieder plötzlich zum Umspringen zur Wahrnehmung des anderen Bewegungsmusters. Die Gesamtzeit, die ein Bewegungsmuster gesehen wird, kann als Maß für die Stärke des jeweiligen Attraktors herangezogen werden. Von besonderem Interesse ist nun, daß in dem Experiment auch die Wirkung einer Suggestion auf die Dynamik untersucht wurde. Den Versuchspersonen wurden Kassetten vorgespielt, die unterhalb der Wahrnehmungsschwelle (die bewußte akustische Wahrnehmung wurde verhindert) immer wieder den Satz: »Auf und ab wie Tennisbälle« abspielten. Die Residenzzeit des vertikalen Bewegungsmusters hat in der Gruppe mit Suggestion im Vergleich zu einer Kontrollgruppe ohne Suggestion signifikant zugenommen. Die signifikante Stabilitätszunahme des einen Attraktors zeigt, daß auch unbewußte Wahrnehmungen in die psychische Dynamik einfließen und daß Wahrnehmungsprozesse mit einer ganzen Reihe weiterer kognitiver informationsverarbeitender Prozesse zusammenspielen.

Die Anwendungen der Gestalttheorie beschränken nicht nur auf den Bereich der Wahrnehmung. So spielen die vorher genannten Umstrukturierungserlebnisse beim Prozeß der Einsichtgewinnung (Aha-Erleb-

3 Es können genauer sogar vier Bewegungsformen wahrgenommen werden, nämlich auch eine Drehung im oder gegen den Uhrzeigersinn.

nisse) eine wesentliche Rolle. Diese Einsichten sind charakterisiert durch ein plötzliches Auftreten. Die Realisation von qualitativ neuen Systemzuständen erfolgt oft in diskontinuierlichen Phasenübergängen.

Sinnattraktoren – Musterbildungen der Kognition

Die Schematheorie von Bartlett

Die Untersuchungen von Attraktoren in der kognitiven Dynamik thematisieren auch Konzepte wie kognitive Schemata (Bartlett 1951; Piaget 1975a) oder die Theorie der »persönlichen Konstrukte« (Kelly 1986), womit stabile Einstellungen, Werthaltungen, Wissensstrukturen gemeint sind. Bartlett (1951, S. 129) schreibt: »Selten werden alle die angeblich wahrgenommenen Einzelheiten auch gleichzeitig von den Sinnen erfaßt. Wir greifen aus dem Vorliegenden kleine Stücke heraus und füllen deren Lücken auf, meist ohne daß wir wissen, daß sie da sind ... Das Ausfüllen von Lücken ist überhaupt das Wichtigste, was der Mensch beim Denken leistet.« Bei der mentalen Konstruktion von Realität werden jeweils nur wenige Teilinformationen benutzt, um dann die Lücken in einer ordnungsbildenden Dynamik aufzufüllen. Bartlett etablierte als einer der ersten das Konzept des Schemas in der Psychologie, an das sich auch Piaget anlehnte. Schemata können allgemein als Wissensstrukturen verstanden werden. Durch Prozesse des Verstehens und Erkennens werden einerseits Schemata konstruiert, andererseits wirken diese Schemata wieder auf Informationsverarbeitungsprozesse zurück. Schemata können somit als Attraktoren aufgefaßt werden, die einerseits durch kognitive Prozesse und Elemente (z. B. Gedanken) selbstorganisiert aufgebaut werden, um dann gleichzeitig die weiteren kognitiven Prozesse zu versklaven. Durch das kognitive System werden wahrgenommene Informationen verändert, um sie an existierende Schemata anzupassen, oder während Vorgängen der Erinnerung werden Schemata genutzt, um neue Informationen herzustellen. Das Ergebnis von Reizen hängt nach diesen Vorstellungen nicht ausschließlich von diesen Reizen ab, sondern zu großen Anteilen von interner Realitätskonstruktion. In seinen Experimenten verwendete Bartlett eine bestimmte Methode, die er »Methode der seriellen Reproduktion« nannte. In der Literatur (u. a. Stadler u. Kruse 1990) wird oft der Ausdruck »Bartlett-Szenario« verwendet.

Ein Beispiel für diese Methode ist, daß Geschichten in einer Kette von Person zu Person reproduziert und weitererzählt werden (wie das

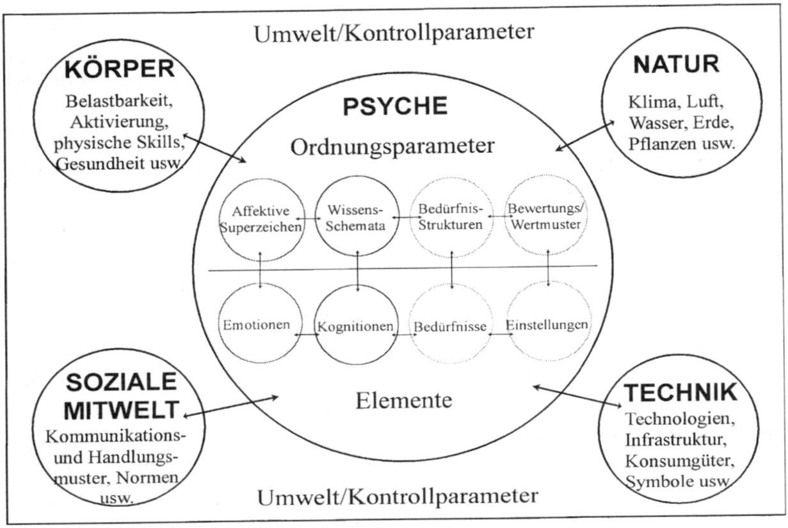

Abbildung 58: Die menschliche Psyche als System. Innerhalb des Systems wirken Ordnungsparameter und Systemelemente selbstorganisiert zusammen. Die anderen vier Modellbereiche bilden aus dieser Sicht die Kontrollparameter der Systemumwelt

beliebte Kinderspiel »Stille Post«), wobei diese Geschichten aufgezeichnet und die Veränderungen analysiert werden. So werden viele Details vergessen (»leveling«). Bartlett erklärt diesen Vorgang damit, daß das Material nicht an existierende Schemata assimiliert werden konnte. Mit »sharpening« dagegen wird ein Vorgang bezeichnet, in dem bestimmte Details wahrgenommen, gemerkt und an Schemata angepaßt werden, so daß diese Teile dann bei der Reproduktion übertrieben dargestellt werden. Organisierende Prozesse wirken sich aber auch durch »rationalization« aus, wobei die Geschichte den subjektiven Erwartungen entsprechend nacherzählt wird. Die vorgestellte Methode der seriellen Reproduktion gilt auch heute noch als elegantes Design, um ordnungsbildende Prozesse in ihrem zeitlichen Verlauf zu erforschen. Stadler und Wildgen (1987) untersuchten mit dieser Methode Ordnungsbildungen beim Verstehen und bei der Reproduktion von Texten. Die Veränderungen faßten sie unter vier Gesichtspunkten zusammen: in ordnungsbildende Prozesse der Vereinfachung, der Veralltäglichung, der Pointierung und Nivellierung (vor allem von gefühlsmäßigen Aussagen der Texte) und der Konsistenzbildung (logische Widersprüche im Textmaterial werden eliminiert).

Die Theorie der persönlichen Konstrukte von Kelly

Schemata spielen insbesondere bei der Konstruktion von psychischer Invarianz eine entscheidende Rolle. Wie inzwischen deutlich geworden sein sollte, sind Schemata nicht Abbilder einer objektiven Wirklichkeit, sondern Ordnungsstrukturen, die eine subjektive Realität repräsentieren. Kelly (1986, S. 22) formuliert bei der Darstellung seiner Theorie der »persönlichen Konstrukte«: »Der Mensch blickt auf seine Welt durch transparente Muster oder Schablonen, welche er entwirft und dann den realen Gegebenheiten, aus denen die Welt besteht, anzupassen sucht... Wir wollen diesen Mustern, deren Größen ausprobiert werden, den Namen ›Konstrukte‹ geben. Es sind Mittel, die Welt zu konstruieren.«

Für Kelly haben Konstrukte vor allem die wichtige Funktion, aus dem undifferenzierten, chaotischen, Ganzen der Welt Strukturen zu konstruieren, die Sinn machen, die also dem Menschen helfen sollen, sich in der Umwelt adäquat angepaßt zu bewegen. Konstrukte haben für den Menschen die Aufgabe, Invarianzen zu konstruieren. Mit dem Begriff Invarianz ist auch die sogenannte Objektpermanenz gemeint, also die Tatsache, daß der Mensch, trotz einer sich in ständiger Veränderung befindlichen Welt und einem kontinuierlichen Strom an Wahrnehmungen und Erfahrungen, die Fähigkeit besitzt, zeitlich/räumlich stabile Begriffe von Objekten zu konstruieren. Dazu zählen aber auch die Entwicklung eines stabilen Selbst-Bildes, einer Ich-Identität sowie von Werthaltungen, somit allgemein der Aufbau von Ordnungsstrukturen (zyklische reversible Systemprozesse) in einem hochkomplexen irreversiblen Weltgeschehen. Durch diesen Vorgang der Realitätskonstruktion findet eine gewaltige Reduzierung von Komplexität statt, denn aus der unüberschaubaren Menge gleichzeitig ablaufender Prozesse werden Regelmäßigkeiten und Strukturen abstrahiert, die die Grundlage für Berechenbarkeit, Kontrollierbarkeit und Vorhersagbarkeit von Ereignissen darstellen. Dadurch wird auch das Abschätzen der Wirkungen des eigenen Handelns in der sozialen Mitwelt ermöglicht.

Die Entdeckung von Regelmäßigkeiten und die Suche nach geordneten Strukturen ist für das Überleben des Menschen so entscheidend, daß sogar dort Muster wahrgenommen werden, wo diese objektiv gar nicht vorhanden sind. So werden etwa in einer Matrix von 10x10 Lampen, von denen mehrere rein zufällig aufleuchten, bewegte Gestalten gesehen (Scheffler 1959). Ein weiteres Beispiel ist die Tendenz des Menschen, kausale Zusammenhänge zu konstruieren, »mit anderen Worten, die Beziehung von Ursache und Wirkung ist eine Erfindung des Menschen.... Wir neigen dazu Kausalität, Regelhaftigkeit und sogar Intentionalität auch dann wahrzunehmen, wenn nicht die Rede davon sein kann« (Forgas 1995, S. 83). Einen empirischen Beleg für diese Aussage lieferten bereits Heider und Simmel (1944). Sie zeigten Versuchspersonen einen Zeichentrickfilm in dem sich geometrische Figuren zufällig im Raum bewegten. Die Probanden interpretierten die Bewegungen jedoch als kausale Handlungsbeschreibungen: sie sahen die Figuren (vergleichbar Lebewesen) einander verfolgen, bekämpfen und voreinander die Flucht ergreifen. Konstrukte oder Schemata sollen nach Kelly eine möglichst große Vorhersagekraft entwickeln, um das Überleben des Organismus zu sichern.

Schemata, Skripts, Prototypen, mentale Modelle und Stereotype

Haben sich einmal bestimmte Schemata als Attraktoren in der psychischen Dynamik herausgebildet, so wirken diese nach dem Slaving-Prinzip auf die Einordnung neuer Wahrnehmungen. So werden die im Wahrnehmungsprozeß aufgenommenen Informationen an die bestehenden Muster angepaßt und im Sinne der Ordnungsparameter vervollständigt. Zugleich wird Information ausgeblendet, die nicht zu diesen Strukturen paßt, wie eine Reihe von sozialpsychologischen Forschungen ergeben haben (vgl. Herkner 1986). Schemata ermöglichen die Einordnung und Interpretation von Erfahrungen, »d. h. wir legen unser Kategoriensystem wie eine Interpretationsfolie über die Welt, wodurch sich die Möglichkeit eröffnet, unsere Erfahrungen zu ordnen« (Kronberger 1997, S. 62). Die Repräsentation von Informationen im psychischen System oder die Kategorisierung der (subjektiven) Realität kann unterschiedlich erklärt werden (Mandl u. Spada 1988). »Schemata beinhalten einerseits abstraktes Wissen. Sie sind eine Verknüpfung von Propositionen. ... Schemata treten andererseits als konkrete Prototypen auf« (Edelmann 1996, S. 230).

Manche Forscher gehen davon aus (vgl. Anderson 1988), daß Wissensstrukturen als semantische oder sogenannte propositionale Netzwerke verstanden werden können. Eine Proposition ist dabei definiert als kleinste Bedeutungseinheit, die als selbständige Behauptung stehen kann und als (scheinbar) »wahr« oder »falsch« beurteilt werden kann. Bei den propositionalen Erklärungsansätzen wird ein Konstrukt letztlich durch eine Menge von Eigenschaften charakterisiert. Ein anderer, ganzheitlicherer Ansatz, die sogenannte Prototypentheorie (Rosch 1977), geht hingegen davon aus, daß Menschen typische Beispiele oder »Mitglieder« einer Kategorie konstruieren (z. B. der typische Vogel als

Prototyp). Verschiedene Objekte zeichnen sich dann durch eine Ähnlichkeit mit entsprechenden Prototypen aus. Bei Untersuchungen stellte Rosch (1977) fest, daß ein Rotkehlchen als sehr typischer Vogel (durchschnittliche Einschätzung 1.1 auf einer siebenstufigen Skala; 1 = sehr typisch, 7 = sehr untypisch) beurteilt wurde. Das Huhn lag als weniger typischer Vogel bei 3.8.

Aus der hier vertretenen systemisch-konstruktivistischen Position stellen Prototypen als konstruierte Realitäten zeitlich relativ stabile Sinnattraktoren dar, die auf die Einordnung von wahrgenommenen Informationen wirken. Informationen werden in einem dynamischen Konstruktionsprozeß an typische (bereits existierende) Muster angepaßt und kategorisiert. Dadurch werden aus Unterschieden scheinbare Gleichheiten und aus fortwährend Veränderlichem scheinbare Regelhaftigkeiten abstrahiert. Die Prototypentheorie wird auch von Hansch (1997) als jener Ansatz bezeichnet, der sich mit der Synergetik besonders gut zusammenfügen läßt.

Reize aus der Wirklichkeit werden in der sensorischen Dynamik von den Sinnesorganen wahrgenommen. Diese zum Teil bewußte Wahrnehmung (z. B. Bild einer Tasse) ist jedoch bereits eine konstruierte Realität. Die unbewußt ablaufende Kategorisierung und Generierung von Bedeutung der wahrgenommenen Informationen läßt sich entsprechend der Synergetik als Potentiallandschaft darstellen. Die Schemata oder Prototypen bilden als Attraktoren der Dynamik die Mulden der Landschaft und repräsentieren stabile Ordnungsstrukturen. Wesentlich ist aus systemischer Perspektive eine Sichtweise von mentaler Organisation, die insbesondere den Aspekt der Dynamik angemessen berücksichtigt, wie etwa das Konzept der »mental spaces« (Fauconnier u. Turner 1995). Schemata werden hier als dynamische Ganzheiten (»dynamic unit«) gesehen, die in selbstorganisierter Dynamik emergieren (Mandelblit u. Zachar 1998). Schemata im Sinne einer gebildeten Struktur sind selbst einer ständigen Neugenerierung oder Transformation in der Dynamik der kognitiven Prozesse unterworfen. Durch die kognitive Selbstorganisationsdynamik werden neue Schemata gebildet und miteinander kombiniert.

Eine andere Variante von Schemata sind sogenannte Skripts. Skripts repräsentieren Handlungsabläufe und können veranschaulicht als Drehbücher mit vorgegebenen Rollen verstanden werden. In Skripts werden stereotype Generalisierungen von Ereignissen oder Ereignisfolgen (z. B. typischer Restaurantbesuch) kodiert: es werden prototypische Handlungsmuster in Handlungsschemata gespeichert. In konkreten Situationen kann den Skripts als Kontrollparameter für die soziale

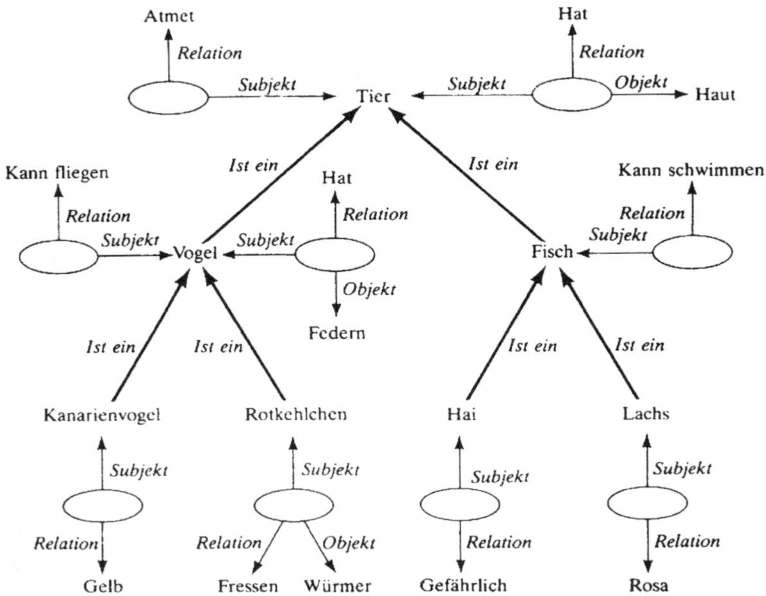

Abbildung 59: oben: Netzwerk (aus: Anderson 1988, S. 119);
unten: verschiedene Mitglieder der Kategorie Stuhl (aus: Edelmann 1996, S. 224)

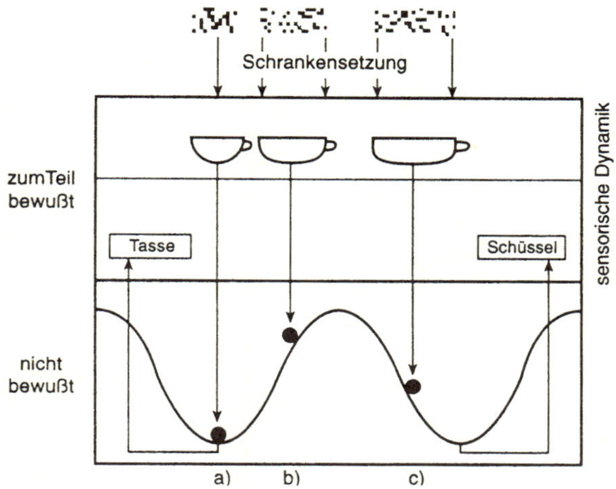

Abbildung 60: Prototypen und Potentiallandschaft (aus: Hansch 1997, S. 165)

Dynamik handlungsleitende Funktion zukommen. Als weiterer übergeordneter Begriff für die Repräsentation der Realität hat sich die Bezeichnung »mentale Modelle« durchgesetzt. Mentale Modelle sind dabei nicht scharf definiert. Edelmann (1996) versteht unter mentalen Modellen umfassende subjektive Repräsentationen, die sprachliches, bildhaftes und handlungsbezogenes Wissen integrieren. Mentale Modelle erlauben die interne Simulation von Handlungsabläufen (Skifahrer simulieren mit mentalen Modellen vor dem Start die kommende Fahrt). In der Theorie »lernender Organisationen« (Senge 1994) kommt der Auseinandersetzung mit den mentalen Modellen der Mitarbeiter einer Organisation zentrale Bedeutung zu, um gemeinsames Lernen und Tätigkeitsabläufe zur Erfüllung der Aufgaben der Organisation zu optimieren.

Beispiel zur Veranschaulichung mentaler Modelle

1) Man bittet einen Freiwilligen aus dem Publikum für die Gruppe zwei Bilder ausschließlich verbal zu beschreiben. Die anderen Personen sollen individuell versuchen, anhand der Angaben die verbal beschriebenen Bilder aufzuzeichnen.
2) Man bietet der beschreibenden Person auf einem Blatt Papier das erste Bild (es ist darauf zu achten, daß die Gruppe das Bild nicht sehen kann). Üblicherweise hat die Person mit der Beschreibung keine großen Probleme und benutzt geläufige Begriffe wie »Quadrat«, »Kreis«.

Bild Nr. 1

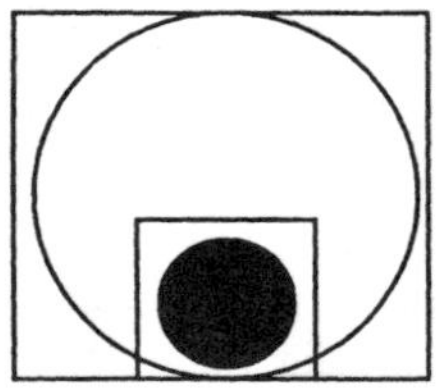

Bild Nr. 2

3) Danach bietet man der beschreibenden Person Bild Nr. 2. Hier haben die meisten große Probleme, brauchen mehr Zeit für die Beschreibung und versuchen, da ihnen adäquate Begriffe fehlen, mit Hilfe von Analogien das Bild zu beschreiben.
4) Man projiziert die Bilder mit einem Tageslichtprojektor und läßt die Gruppe prüfen, inwieweit sie die Bilder erfolgreich reproduzieren konnten. Üblicherweise konnten fast alle das Bild Nr. 1 gut nachzeichnen und die Zeichnungen ähneln sich sehr stark. Bild Nr. 2 kann aufgrund der Angaben meist nicht »richtig« reproduziert werden, und die Zeichnungen der Gruppenmitglieder sind recht unterschiedlich. Auch hier zeigt sich die Wirkung mentaler Modelle. Sind gemeinsame (sozial durch Lernprozesse konstruierte) Kategorien der Realitätskonstruktion vorhanden, gibt es eine gemeinsame Sprache (Begriffe wie »Kreis«), die die Konstruktion ähnlicher mentaler Modelle ermöglicht, ist Beschreibung und übereinstimmende Reproduktion möglich. Bei Bild Nr. 2 (keine gemeinsam geteilte Realität; keine gemeinsamen Begriffe) zeigt sich sowohl in der Beschreibung als auch in der Reproduktion die Wirksamkeit individueller mentaler Modelle. Die Übung eignet sich auch gut als Metapher um die Wichtigkeit der Bildung einer gemeinsamen »Sprache« und von Techniken zu veranschaulichen, die es Personen in Arbeitsteams ermöglichen, zu gemeinsamen Realitätskonstruktionen (gemeinsamen Zieldefinitionen) zu gelangen.

Mentale Modelle werden hier als relativ stabile und beständige Sinnattraktoren verstanden, die im Sinne von Hackers »handlungsleitenden psychischen Abbildern« (Hacker 1996) alle Phasen einer (zielgerichteten) Handlung überdauernde Schemata darstellen und somit auch als Kontrollparameter für reales Handeln entsprechenden Einfluß erlangen. Es ist von Bedeutung, daß mentale Modelle als Ordnungsparameter auch selbst wieder Elemente von umfassenderen Ordnungsmustern sein können, die als mentale Modelle höherer hierarchischer Ordnung verstanden werden können. Mentale Modelle sind häufig Ausdruck individueller Realitätskonstruktion. Anschaulich werden mentale Modelle auch bei der Repräsentation von Entfernungen zwischen Orten. Abbildung 61 zeigt eine schematische Darstellung von Großbritannien (links), in der alle Entfernungen und Lagen der Städte korrekt angegeben sind und eine Darstellung (rechts), die auf mentalen Modellen (Entfernungs- und Lageschätzung von Hausfrauen aus Glasgow) beruht.

Unter Personenwahrnehmung versteht man kognitive Prozesse, die zur Bildung von Einstellungen, Meinungen und Bewertungen in bezug auf andere Menschen führen. Der Bereich der Personenwahrnehmung ist im Rahmen der personzentrierten Systemtheorie von besonderem Interesse, da es sich hier um eine Schnittstelle von kognitiv-emotionalen Prozessen des Individuums und sozialen Prozessen handelt. Bewertungen von anderen Personen oder auch die Selbstdefinition der eigenen Persönlichkeit durch wahrgenommene Wirkungen der eigenen Handlungen in der sozialen Mitwelt sind Basis der Fähigkeit zur Perspektivenübernahme (Geulen 1982) und somit wichtiger Faktor für gemeinsames kooperatives Handeln. Bei der Personenwahrnehmung zeigen sich ebenfalls häufig die Wirklichkeit verzerrende Phänomene wie Selektion und

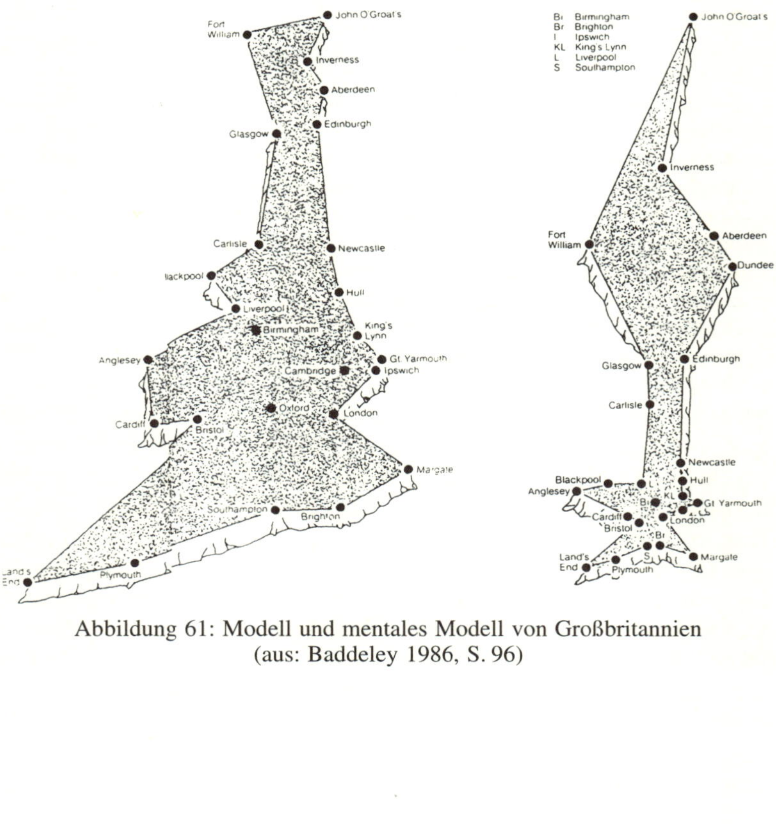

Abbildung 61: Modell und mentales Modell von Großbritannien
(aus: Baddeley 1986, S. 96)

Inferenz (Herkner 1986). Einerseits werden nur Teilinformationen vom kognitiven System selektiv verarbeitet und andererseits werden unbewußt über die wahrgenommene Information hinausgehende Schlüsse auf nicht beobachtete Eigenschaften der Wahrnehmungsobjekte gezogen. »Soziale Stereotypen« wirken hier als Attraktoren. Soziale Stereotype sind hierbei als interindividuelle soziale Repräsentationen von Realität anzusehen, die Mitglieder von Gruppen gemeinsam teilen (z. B. der »typische Surfer«). Im Individuum werden entsprechende mentale Modelle als Attraktoren generiert, die die wahrgenommene Welt interpretieren (der Persönlichkeit des Surfers werden bestimmte Eigenschaften übergestülpt). Gleichzeitig existieren natürlich auch individuelle wahrnehmungsverzerrende und typisierende mentale Modelle.

In einem Versuch (J. Kriz et al. 1992) bekamen Versuchspersonen (Vpn) 10 Aussagen vorgelegt, die eine fiktive Person über sich selbst sagt, entsprechend den 10 Dimensionen des »Freiburger Persönlichkeitsinventars« (FPI-R) (Fahrenberg et al.1984). Danach bekamen die Vpn 200 (20 Zyklen) weitere Aussagesätze aus dem FPI-R zur Bewertung dargeboten. Bei jeder Aussage sollten die Vpn raten, ob die fiktive Person dieser Aussage über sich zustimmen oder diese ablehnen würde. Zusätzlich sollte angegeben werden, wie sicher sich die Vpn in ihrem Urteil waren. Für die 10 Dimensionen wurde in der statistischen Analyse geprüft, ob die Vpn ein klares konsistentes »Bild« über die fiktive Person bilden. Solche Attrahierungsprozesse konnten für die 13 psychopathologisch »unauffälligen« Vpn nachgewiesen werden, bei den fünf »schizophrenen« Vpn (außerhalb einer akuten Phase) hingegen ergaben sich keine Strukturbildungsprozesse. Dabei attrahierten die »normalen« Vpn in der Regel auch nicht auf allen zehn Dimensionen. Es ergaben sich zusätzlich individuelle Unterschiede zwischen den Vpn, auf welchen Dimensionen »Sinnattraktoren« gebildet wurden.
In einem weiteren Experiment (W. Kriz 1993) wurden Versuchspersonen gebeten, eine fiktive Person in einem Polaritätsprofil (Hofstätter 1957) mit 72 Eigenschaftspaaren (z. B. freundlich – unfreundlich, aktiv – passiv usw.) und 8 Bewertungskategorien zu beschreiben. Grundlage für diese geforderte Beurteilung war eine zuvor dargebotene verbale Beschreibung der fiktiven Person. Die verbale Beschreibung bestand dabei aus einfachen Aussagen in der Art: XY ist sehr freundlich. In diesen Sätzen wurden die selben Eigenschaftsbegriffe und Bewertungskategorien (»sehr«, »etwas« usw.) verwendet, die auch im Polaritätsprofil zur Einschätzung der fiktiven Person vorgegeben wurden. Zwischen jeder Beurteilung mußten die Vpn 5 Minuten lang Kopfrechenaufgaben lösen. Grund dafür war des Bestreben, den Einfluß der Merkfähigkeit zu vermindern. Zudem wurde in dieser Zeit die Information aus den Polaritätsprofilbewertungen mittels eines Computerprogramms ausgewertet und in einen neuen Vorgabetext umgewandelt. Das Reproduktionsergebnis (Bewertung der fiktiven Person im Profil) wurde entsprechend dem Bartlett-Design

als neues Vorgabematerial (Text) verwendet. Der Text diente dann wieder als Grundlage für die nächste Bewertung. Insgesamt wurden 10 solcher Rückkopplungszyklen durchgeführt. Die Vpn wußten dabei natürlich nicht, daß der jeweils vorgegebene Text auf Basis ihrer eigenen Bewertungen entstanden war, was Befragungen nach dem Experiment sicherstellten (zudem war das Versuchsdesign so gestaltet, daß die Vpn nichts erahnen konnten).
Es zeigte sich, daß am Anfang relativ große Abweichungen zum Ausgangstext zu finden sind. Die Antwortmuster werden dann zunehmend stabiler (die Abweichungen liegen schon nach 8–10 Zyklen nahe 0), es findet demnach ein attrahierender Prozeß in Richtung einer stabilen Personenwahrnehmung und/oder dessen Beschreibung statt. Bei 5 Vpn konnte dieses Phänomen allerdings nicht nachgewiesen werden, es kam also im Verlauf der Bewertungszyklen zu keinem stabilen »Bild« über die fiktive Person. Bei den 25 Vpn, die eine attrahierende Dynamik zeigten, belegen die Ergebnisse darüber hinaus die Konstruktivität der Personenbeschreibung. Die Bewertungsmuster werden im Zeitverlauf sehr stabil und weichen aber gleichzeitig stark von der »objektiv« vorgegebenen Wirklichkeit der Anfangsinformation ab. Ein durchgeführter Merkfähigkeitstest korrelierte darüber hinaus nicht mit der Schnelligkeit, mit der die Bewertungen stabil wurden. »Lernleistung« oder »Merkfähigkeit« im üblichen Sinne spielten demnach keine bedeutsame Rolle. Eine genauere Analyse der Endbewertungen (vom 10. Zyklus) zeigte große Unterschiede zwischen den Versuchspersonen. Der attrahierende Prozeß war demnach nicht durch die Wirkung sozialer Stereotype gekennzeichnet, sondern durch eine jeweils individuelle Konstruktionsdynamik der Vpn. Die Tatsache, daß die endgültigen mentalen Modelle der Versuchspersonen über die fiktive Person stark variierten, belegt auch, daß nicht das Anfangsmaterial selbst die Endstruktur bestimmte. Dies kann als weiterer Hinweis auf den konstruktiven Aufbau menschlicher Lebenswelten gewertet werden.

Neuere Untersuchungen bestätigen die hier exemplarisch vorgestellten Ergebnisse bezüglich attrahierender kognitiver Prozesse. So konnte etwa Pohl (1998) Hysterese-Effekte als Phasenübergänge zwischen Attraktoren bei der Entscheidungsfindung sichtbar machen.

Emotionale, motivationale und volitionale Attraktoren

Bei der Handlungsregulation und bei Problemlöseprozessen spielen neben kognitiven Attraktoren auch die Handlungsmotivation und die Ziele der Person sowie eine Vielzahl von emotionalen und volitionalen Dynamiken eine Rolle (van der Meer 1996; Schmalt 1996). Bei der Entstehung von Personenwahrnehmungen und stabilen Bewertungen sowie bei allen mentalen Modellen wirken verschiedene emotionale und kognitive Prozessen zusammen, die zu einer Reduktion von Unbestimmtheit und Komplexität der wahrgenommenen Situation führen. »Selektion und Gewichtung von Information sowie deren Transformation in ein intern repräsentiertes ›Modell‹ des jeweiligen Realitätsausschnittes setzen eine Bewertung von Information voraus. ... Wir gehen davon aus, daß mit zunehmender subjektiver Unbestimmtheit einer aktuellen Problemlage ... individuelle Werte und Werthaltungen zu wesentlichen Komponenten von Prozessen der Unbestimmtheits-Reduktion werden« (Lantermann et al. 1992; S. 132). Solche individuellen Werthaltungen sind dabei natürlich von sozial geteilten Realitäten über die in einer Gesellschaft akzeptierten Werthaltungen und moralischen Regeln beeinflußt und haben emotionale Anteile. Wie Forgas et al. (1984) zeigen konnten, haben emotionale Stimmungen etwa einen großen Einfluß auf die Personenbeurteilung (bei guter »Laune« werden mehr positive Handlungen und Eigenschaften anderer Personen wahrgenommen als bei schlechter Stimmung).

Bereits Neisser (1974) betont, daß kognitive Informationsverarbeitung immer mit Emotionen verbunden ist und verschiedenen Motiven dient. Nach Westermann und Heise (1996) sind Kognition und Emotion getrennte Subsysteme eines allgemeinen Handlungssystems, die aber bei der Handlungsregulation zusammenwirken. Motive und Ziele spielen bei der Generierung eines bestimmten Verhaltens eine Rolle. »Allgemein kann Motivation aus dieser systemtheoretischen Sicht als eine Eigenschaft des Kontrollsystems betrachtet werden. Sie umfaßt die Registrierung von Abweichungen des Systemzustandes von einem Sollwert oder bevorzugten Zielzustand und die Auswahl von Reaktionen zur Reduzierung dieser Diskrepanzen« (Westermann u. Heise 1996, S. 281). Unter »systemtheoretisch« wird hier eine kybernetische Sichtweise der Vernetzung von Regelkreisen verstanden. Auch Dörner (1996, S. 330) geht bei seiner »Systemtheorie der Motivation« davon aus, »daß motiviertes Handeln auf die Beseitigung oder Vermeidung von Ist-Sollwertdifferenzen gerichtet ist« und entwickelt eine komplexe Theorie auf Basis von Regelkreisen. Motive entstehen dabei sowohl als Reaktion auf physiologische und kognitive Mangelzustände, aber auch durch Verfolgung von antizipierten Zielen, Erwartungen und Attributionen (Austin u. Vancouver 1996). Unter Attributionen als kognitiver Prozeß sind Ursachenzuschreibungen zu verstehen, die aber motivationalen oder emotionalen Einflüssen unterliegen. Menschen versuchen allgemein, Ereignisse auf Ursachen zurückzuführen. »Die Attributionstheorie beschreibt solch ordnungsstiftende Annahmegefüge über Ursachenzuschreibungen und ihr Zustandekommen« (Schmalt 1996, S. 245). Heider (1958) beschrieb als erster zwei Dimensionen der

	intern	extern
stabil	Fähigkeiten, Können	Schwierigkeitsgrad eines Problems
variabel	Anstrengung, Wollen	Glück, Zufall

Abbildung 62: Attributionen (aus: Herkner 1986, S. 54)

Ursachenzuschreibung, nämlich die Lokalisation (internal vs. external) und die Zeitstabilität (stabil vs. variabel). Später wurden andere Dimensionen hinzugefügt (vgl. Herkner 1986). Attributionen fließen in die Motivationsdynamik entscheidend ein.

Nach Kuhl (1983) haben der Wille oder volitionale Prozesse einen erheblichen Anteil an der Selbststeuerung des Individuums. Willensprozesse übernehmen nach diesem Ansatz die Funktion der Koordination informationsverarbeitender Prozesse und spielen auch bei der Emotionsregulation eine wesentliche Rolle. »Lageorientierung« bezeichnet eine reduzierte volitionale Handlungssteuerung. Die Kognitionen kreisen um eine eingetretene Lage und die Personen zeigen eine Art Handlungslähmung. Alle nicht lageorientierten Zustände des psychischen Systems werden als »handlungsorientiert« bezeichnet; hier können Ziele erfolgreich verfolgt werden, und Handlungskompetenzen können auch in belastenden Situationen genauso gut (oft sogar besser) ausgeschöpft werden als unter entspannten Bedingungen. »Die Begriffe Volition und Wille bezeichnen eine Kategorie kooperierender psychischer Funktionen, welche ... die zeitliche, räumliche, inhaltliche und stilistische Koordination einer großen Zahl einzelner Teilfunktionen innerhalb und zwischen Subsystemen und -funktionen wie Wahrnehmung, Aufmerksamkeit, Kognition, Emotion, Aktivierung (Temperament) und Bewegungssteuerung (Motorik) aufgrund eines einheitlichen Steuerungsprinzips vermittelt, das wir als Absicht oder Ziel bezeichnen« (Kuhl 1996, S. 678). Ziele können selbst wieder als mentale Modelle angesehen werden, die in der Handlungsregulation als Ordnungsparameter höherer Ordnung kognitiv-emotionale Prozesse versklaven. Mißstimmungen erschweren es dem Willen seine Funktionen auszuüben, Ziele zu verfolgen. Kuhl erklärt damit die Handlungslähmung depressiver Personen. Motive oder Ziele wirken hier als Attraktoren der volitionalen psychischen Dynamik, die wiederum Kognitionen (inhaltliche Verarbeitung von Information) und Emotionen

(Bewertung innerer und äußerer Reizereignisse) koordinieren. Zugleich tragen Kognitionen und Emotionen an der selbstorganisierten Bildung von individuellen Motiven (z. B. mein Hungergefühl beseitigen) und Handlungszielen (ein Restaurant aufsuchen) bei.

Die Affektlogik

Ciompi (1982), der um eine Integration von psychoanalytischer Affektlehre, den Theorien Piagets und Konzepten moderner Systemtheorie bemüht ist, postuliert, »daß es in unserem Erleben in Wirklichkeit keine scharfe Trennung gibt zwischen Affekt und Intellekt ... Und insofern als der affektive und der kognitive Bereich, als die zwei wichtigsten Erscheinungsformen des Psychischen, zusammen als etwas recht Umfassendes angesehen werden dürfen, postuliert die Affektlogik auch eine strukturelle Einheit oder Einheitlichkeit des Psychischen überhaupt« (S. 47). Nach diesem Ansatz existieren keine Kognitionen, die nicht auch affektive Faktoren enthalten, und umgekehrt kann es auch keine affektiven Zustände geben, die nicht mit kognitiven Schemata verzahnt sind (Ciompi 1993). Ciompis Modell beruht auf dem Konzept eines qualifizierenden Fühlsystems, welches in komplexer Wechselwirkung mit einem quantifizierend-abstrahierenden Denksystem steht. Um dieser engen Vernetztheit Ausdruck zu verleihen, spricht er von »Affektlogik« oder »affektlogischen Schemata«. Das affektive System operiert dabei mit relativ wenigen Gefühls-Grundzuständen (Lust-Unlust, Angst usw.), wohingegen das kognitive System stark verfeinert ist und somit aus vielen Zuständen gebildet wird. In der Lebensdynamik des Menschen treten in der Regel bestimmte Kognitionen und Emotionen immer wieder gemeinsam miteinander auf, was zu einer festen Verbindung beider Teile führt. Eine zentrale Annahme von Ciompi ist dabei, daß den Affekten grundlegende organisatorische und integrative Funktion zukommt. Emotionen verbinden zusammengehörige kognitive Inhalte zu kontextabhängigen Schemata gleicher gefühlsmäßiger Färbung. Affekte spielen bei der funktionsgerechten Speicherung und Abrufung von Gedächtnisinhalten eine wichtige Rolle und sind von entscheidender Bedeutung für die Emergenz kognitiver Strukturen auf höheren Abstraktionsebenen. Die Affekte (z. B. eine bestimmte Stimmungslage) sind meistens langsamer veränderbar als die kognitiven Elemente (z. B. spezifische Gedanken) und wirken – im Sinne der Synergetik – somit als Ordner der Dynamik.

Affektive Superzeichen

Von Interesse ist die Wechselwirkung von den sehr differenzierten und schnell veränderlichen kognitiven Prozessen und den im Vergleich dazu eher undifferenzierten und langsamer veränderlichen emotionalen Stimmungsmustern des Menschen auch in dem Konzept der »affektiven Superzeichen« (Lantermann et al. 1992). Solange sich die einströmenden Informationen zu entsprechenden Ordnungen fügen (lassen), verlaufen die attrahierenden psychischen Prozesse weitgehend automatisch und unbewußt. Unvorhergesehenes kann jedoch einen Phasenübergang in der Dynamik ermöglichen, so daß neue Strukturen gebildet werden, was als Lernprozeß zu verstehen ist. Sind zu einer Problemstellung keine geeigneten kognitiven Strategien verfügbar, kommt den emotionalen Prozessen eine große Bedeutung zu, und Handlungen werden dann im Zusammenhang mit bestimmten affektiven Mustern vollzogen. Wichtige Strategien zur psychischen Stabilisierung thematisieren dabei auch sogenannte Coping-Mechanismen (Kagan 1989) oder die psychoanalytischen Abwehrmechanismen (A. Freud 1936). Im ungünstigen Fall kann darin aber eine der Ursachen für unangepaßte spontane Reaktionen liegen (z. B. Panikreaktionen bei Angst- und Streßzuständen, bei denen die rational-kognitive Dynamik völlig versagt). »Gefühle liefern der Person im holistischen Format Informationen und Bewertungen. ... Sie fungieren als affektive Superzeichen, in denen eine unter Umständen hohe Anzahl von Informationen und Bewertungen komprimiert ist. Sie stellen verdichtete, schematisch repräsentierte Informationskomplexe dar« (Lantermann et al. 1992, S. 134). Affektive Superzeichen können eine rasche Globalbewertung einer Situation ermöglichen und zu raschen Reaktionen bei der Handlungsregulation beitragen. Noch schnelleres Verhalten wird auf Basis von Instinkten realisiert. Auftretende Handlungsfehler in Situationen können daher auch auf Grundlage bestehender Gefühlsäquivalenz in Situationen erklärt werden (Wehner u. Stadler 1996). Versprecher – wie etwa die Verwechslung des Namens des derzeitigen Lebenspartners mit einem früheren Lebenspartner in einer intimen Situation – sind »Fehler«, die Gefühlsäquivalenz ausdrücken. Diese Äquivalenz entsteht auf Basis der Generierung weitgehend gleicher affektlogischer Schemata in ähnlichen Situationen.

Affektive Superzeichen als Gefühlsmuster tragen zu der Reduktion von Unbestimmtheit bei, schränken aber zugleich als Ordner (Versklavungsprinzip) die Freiheitsgrade möglicher kognitiver Prozesse ein. Bei intensiven Gefühlslagen und belastenden Situationen vollziehen sich Prozesse, die einer Logik der Gefühle folgen. Dies kann zwar in Extremsituationen das Überleben des Menschen sichern, die weitgehende Ausschaltung kognitiver Prozesse führt in vielen Situationen aber zu einer geringen Problemlösungsgüte, so erschweren aggressive Gefühlsmuster und Konkurrenzverhalten sachliche und erfolgreiche Problemlösungen in Arbeitsteams.

Probleme des Menschen mit der Umsetzung von Nachhaltigkeit

Bei Problemlösungen und im verantwortungsvollen Umgang des Menschen mit seiner Umwelt zeigen sich immer wieder Zusammenhänge zwischen psychischen und sozialen Musterbildungen, die Komplexität reduzieren, zugleich aber nur eine geringe Qualität und Angemessenheit des Handelns und der einfließenden mentalen Modelle offenbaren. Untersuchungen des menschlichen Problemlöseverhaltens kommen zu dem Schluß, daß sich die Probanden über die Folgen von Eingriffen in komplexe dynamische Systeme nicht im klaren sind. Dörner (1989) hat im Rahmen seiner Handlungstheorie mit interessanten Experimenten wesentliche Fehlstrategien des Umgangs mit komplexen Systemen aufgezeigt. Preuss (1991) diskutiert jene psychischen und sozialen Faktoren, die den vom Menschen verursachten und derzeit stattfindenden ökologischen Suizid beeinflussen. Ihr Ansatz beschreibt vier »psychologische Barrieren«, die dazu beitragen, daß Menschen Probleme in der adäquaten Verarbeitung von Information und nachhaltigem Handeln haben.

Die Wahrnehmungs-Barriere verhindert, daß Sachverhalte adäquat erfaßt werden. Das kann manchmal darauf zurückgeführt werden, daß keine Sinnesmodalitäten vorhanden sind. Im Bereich der Umweltverschmutzung sind beispielsweise Schwermetalle nicht direkt sinnlich erfahrbar.[4] Wahrnehmungs-Barrieren zeigen sich aber auch in Kapazitätsgrenzen der Wahrnehmung. Im persönlichen Bereich empfiehlt Preuss daher Wahrnehmungstrainings und eine allgemeine Sensibilisierung. Aus verschiedenen Formen der Nicht-Erfahrbarkeit resultiert in weiterer Folge eine Nicht-Bewertbarkeit, eine Unfähigkeit zur Einschätzung und Gewichtung der Folgen von menschlichen Handlungen. Diese beruht, so Preuss, auch auf unseren mentalen Barrieren mit etablierten Denkgewohnheiten, Einstellungen und Attributionsmustern,

4 Daher können hier als Fördermaßnahmen künstliche Wahrnehmungshilfen installiert werden, z. B. »Umweltampeln«, die den Bürgern Hinweise auf Schadstoffkonzentrationen geben.

Unschärfen im Umweltwissen und Schwachstellen im Umweltbewußtsein sowie auf unseren bisherigen (un-)ökologischen Wertorientierungen. Aus der Nicht-Bewertbarkeit ergibt sich wieder eine emotionale Nicht-Betroffenheit, da Inhalte und Informationen, die bei uns hochgradig unangenehme Gefühle auslösen, wie Unsicherheit, Angst, Hilflosigkeit, Empörung und Verzweiflung, abgewehrt werden. Emotionale Barrieren können dabei einerseits durch Realangst und durch die Angst des Gewissens (Schuldgefühle, moralische Ängste) entstehen sowie durch verschiedenste psychologische Abwehrmechanismen (Leugnung, Zynismus, Intellektualisierung, Regression, Aktionismus usw.).

Die verschiedenen Stationen der Verarbeitung umweltrelevanter Inhalte münden schließlich in bestimmte Handlungen des Individuums. An die bisher besprochenen psychischen Barrieren anschließend meint Preuss: »Da die Fehler in Wahrnehmung und Bewertung umweltrelevanter Inhalte stets in Richtung einer Unterschätzung der Problematik konvergieren, ergibt sich als Resultat eine hohe Wahrscheinlichkeit für inadäquate, unvorsichtige, riskante und umweltschädigende Handlungsweisen« (1991, S. 98).

Dies bedeutet zusammenfassend, daß bei der aktiven Konstruktion unserer Umwelten die Selektivität der Informationsaufnahme und die psychische Organisation der aufgenommenen Information entsprechend einer weitgehenden Assimilation an bestehende Sinnattraktoren eine (manchmal inadäquate) Akzentuierung und Fixierung des Handelns bedingt. Wesentlich dabei ist auch, daß selbst bei adäquaten Wahrnehmungen, Bewertungen, Motivation und Wissen Handlungsfähigkeiten fehlen können oder den adäquaten mentalen Modellen inkongruente, eingefahrene Handlungsmuster entgegenstehen. Zusätzlich muß auch angemerkt werden, daß bei vielen Handlungen die Folgen in der Tat kaum abgeschätzt werden können. Zu Eingriffen in die soziale und natürliche Umwelt existieren keine wahren optimalen Strategien, so daß die Adäquatheit von Wissen und Handeln a priori kaum vollständig beurteilt werden kann.

Systemkompetenz im Bereich der Psyche umfaßt die Aneignung von Sachwissen, kontinuierliche Selbstreflexion über die Angemessenheit der eigenen handlungsleitenden Wertvorstellungen und mentalen Modelle, selbstkritische Analyse der eigenen Potentiale, Erlernen von Techniken zur Förderung von Kreativität, bewußtere Wahrnehmung der eigenen Gefühle, Lernen, wie man selbst besser lernen und sich selbst motivieren kann, Bildung von Fähigkeiten, Systeme und Prozesse besser zu strukturieren und abzubilden, Erlernen von Möglichkeiten, Aufgaben und Handlungen in adäquate Teilschritte und Teilziele zu unterteilen.

Systembereich Soziale Mitwelt

Handeln und soziales Handeln

»Die immer raschere Entstehung und Veränderung einer immer komplexeren Wirklichkeit, die zunehmende Brüchigkeit übernommener normativer Handlungsmuster, die Ausweitung formal-rechtlicher und politischer, vor allem aber technischer Handlungsmöglichkeiten, die aufdämmernde Erfahrung tatsächlicher Ohnmacht gegenüber der Eigendynamik des Ganzen ... hat einen Punkt erreicht, an dem Handeln als solches zum Problem werden muß« (Geulen 1982, S. 25). Im Rahmen der Theorie der Perspektivenübernahme versteht Geulen – in Übereinstimmung mit anderen Definitionen des Handlungsbegriffs (vgl. Werbik 1987) – Handeln als zielgerichtete Tätigkeit. Handeln als intensionale und tätige Verwirklichung von Zielen wird von Edelmann (1996) als weitgehend vom Individuum selbstgesteuert aufgefaßt, in Abgrenzung dazu bedeutet der Begriff »Verhalten« eine weitgehende Fremdbestimmtheit menschlichen Tuns. Weiters schließt Handeln Prozesse bewußter Handlungsplanung mit ein (Hacker 1986). Handlungstheorien beschreiben jene psychologischen Prozesse, die vor, bei und nach einer Handlung wirksam werden. Sie sind Modellvorstellungen der intrapersonellen Dynamik, deren beobachtbare Manifestation eine konkrete Handlung ist. Betrachtet man Handeln in diesem Sinn als Prozeß, so werden folgende Stadien unterschieden: Motivation, Intentionsbildung, Volition (Handlungsinitiierung und intentionsrealisierende Handlungssteuerung), Realisation und Evaluation des Handlungsergebnisses (Heckhausen 1989). Nach dem sogenannten Rubikonmodell der Handlungsregulation (Gollwitzer 1991) werden vier Phasen der Handlungsregulation angenommen.

Die prädezisionale Motivationsphase ist die vor der Entscheidung. Hier werden verschiedene Wünsche und Bedürfnisse abgewägt. Unter verschiedenen Motiven muß eine Auswahl getroffen werden, die sich nach dem Wert und Nutzen der Motivbefriedigung und der Erwartung der Realisierbarkeit der Ziele richtet. In der zweiten Phase des Wollens vor der Handlung (präaktionale Volitionsphase) wird eine zielgerichtete Intention gebildet und in einem Handlungskonzept geplant, wie das Handeln ausgeführt werden soll. Dies wird als Überschreiten des Rubikons[5] bezeichnet. In der dritten, der aktionalen Volitionsphase, wer-

5 Caesar marschierte 49 v. Chr. mit seinem Heer in Richtung Rom. Am Fluß Rubicon hielt er inne und überlegte, ob er den Fluß überschreiten soll. Mit dem Ausspruch

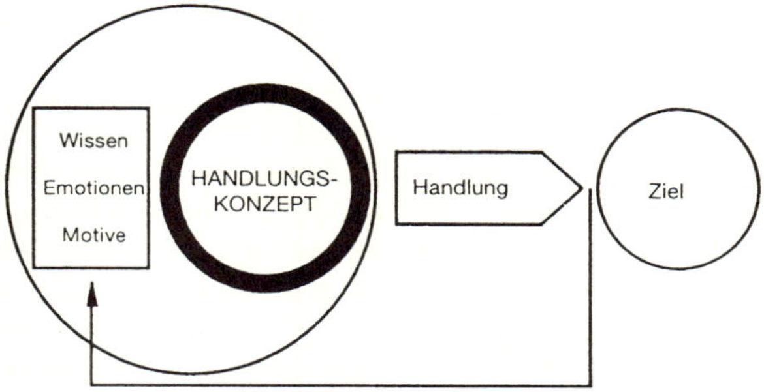

Abbildung 63: Schematische Darstellung einer Handlung (aus: Edelmann 1996, S. 298)

den die eigentlichen Handlungen ausgeführt. Die abschließende vierte, postaktionale Motivationsphase der Evaluation umfaßt eine Bewertung der Handlungsergebnisse, aus denen Konsequenzen gezogen werden und die die Motivation für weitere Handlungen beeinflußt.

Im SÖHM werden Handlungen und Kommunikationen als Elemente sozialer Systeme konzipiert und verstanden. Handlungen und Kommunikationen der sozialen Mitwelt bewirken in der Systemebene »Technik« neue Manifestationen oder Verdinglichungen oder Symbolisierungen. Handlungen sind dabei immer mit individuellen und kollektiven Bewertungen verbunden. Handlungen werden von anderen Menschen bewertet, und diese Bewertung wird vom Handelnden selbst wieder vorweggenommen, wahrgenommen und in das Handeln miteinbezogen. Das Handeln des Individuums muß sozusagen im Rahmen der bestehenden sozialen Ordnungsstrukturen legitimiert und an diese angepaßt werden. Aus dieser Sicht gibt es keine Kommunikation und Handlung, die nicht gleichzeitig eine Be-Deutung im Sinne einer sozialen Botschaft an andere Menschen hat. Rein zweckrationales Handeln existiert in dieser Sichtweise nicht, da auch emotionale psychische Prozesse in das Handeln einfließen und mögliche Interessen und Erwartungen anderer Personen und Konsequenzen des Handelns innerhalb sozialer Beziehungen in das Handeln einbezogen werden. Es werden somit mögliche kollektive Bewertungen des Subjektes und seines Handelns vom Subjekt ständig mitreflektiert (wie denken die anderen darüber). Dies darf aber nicht als fortwährend bewußte Reflexion ver-

---

»Die Würfel sind gefallen« war die Entscheidung getroffen. Der Rubicon wurde überschritten und Rom im folgenden Bürgerkrieg erobert.

standen werden, sondern ist als ein zum Großteil unbewußt ablaufender Prozeß anzusehen. Es muß auch bedacht werden, daß die Erwartungen anderer nicht objektiv wahrnehmbar und die Reaktionen von anderen auf das eigene Handeln nicht objektiv deutbar sind, sondern selbst wieder Konstruktionen darstellen (ich denke, daß du denkst, daß ...).

Neuberger (1998) argumentiert, daß übliche Handlungstheorien eine Handlungslogik nahelegen, die bereits zuviel Komplexität ausblendet. Häufig wird vereinfachend davon ausgegangen, daß sich eine Person aufgrund einer wahrgenommenen Situation (Umwelt) und deren Einschätzung für eine Handlung entscheidet. Die Ausführung einer Handlung bedingt dann eine Veränderung der Umwelt, eine neue Situation wird in dieser Weise hergestellt. Diese vereinfachte Sicht blendet (gewollte oder ungewollte) Nebenwirkungen und Spätfolgen von Handlungen ebenso aus, wie die verschiedenen Vorgeschichten einer Handlung. Es existieren aber in der Praxis reale Nebenwirkungen von Handlungen. Die Entscheidung für ein bestimmtes Handeln bedeutet, daß andere Handlungsalternativen nicht gewählt werden. Unterlassene Handlungen können – gerade im sozialen Kontext – dabei manchmal folgenreicher sein als ausgeführte Handlungen. Handlungen können zusätzlich von unbeachteten Situationsaspekten und vorausgegangenen Nicht-Handlungen beeinflußt sein. Zwar gibt es in Analogie zu dem Kommunikationsaxiom von Watzlawick et al. (1969; man kann nicht nicht kommunizieren) kein wirkliches Nicht-Handeln, man kann aber nie alles tun, was in Frage käme. Von anderen am sozialen Prozeß beteiligten Personen wird zum Teil auch wahrgenommen oder interpretiert, was von jemandem nicht getan wurde und abgeschätzt, was das Tun oder Nicht-Tun bedeutet. Dies führt in der Folge zu neuen Situationen. Zwar kann die enorme Komplexität (unendliche Ketten von Vor-Situationen und Folgewirkungen des Handelns) nie vollständig erfaßt werden, die denkentlastenden Strategien der Komplexitätsreduktion und der Rückgriff auf bewährte Schemata und Handlungsroutinen sollte aber kontinuierlich reflektiert werden. Im Training von Systemkompetenz wird deshalb versucht, die Prozesse der Komplexitätsreduktion in konkreten Situationen sichtbar zu machen, gewohnte Handlungs- und Denkmuster zu identifizieren und Freiheitsgrade im Handeln bewußt zu nützen und zu erweitern.

Nach Geulen (1982) gehört zum sozialen Handeln – verstanden als aufeinander bezogenes Handeln mehrerer Individuen – die gemeinsame Definition der Situation. Dazu wird Kommunikation im Sinne sprachlicher Vermittlung von Sachverhalten und Relationen benötigt. Auf dieser Grundlage werden Interaktionen im engeren Sinne ermöglicht, das bedeutet Handeln in einem konkret-materiellen Sinn (z. B. gemeinsames Tragen eines schweren Kastens). Hierbei kann es zu einer kooperativen oder konflikthaften Zusammenarbeit kommen, wobei die Kooperation und die Fähigkeit zu angemessener Konfliktlösung Voraussetzung für die Durchführung komplexer Handlungsabläufe ist. Durch soziales kooperatives Handeln werden die Handlungsmöglichkeiten und Ergebnisse des Handelns vergrößert.

Zielorientiertes Handeln in der Feldtheorie Lewins

Ein Konzept, dem auch in der Ökologischen Psychologie ein besonders großer Stellenwert beigemessen wird, ist das Lebensraumkonzept von Lewin (1963). Lewin interessierte sich unter anderem für die Organisation zielorientierter Handlungen. Das Handeln wird demnach von den Kräfteverteilungen eines psychischen Feldes (»Lebensraum« genannt) bestimmt, dessen Prozesse bestimmte Verhaltensweisen unterstützen und modifizieren und andere mögliche Handlungsalternativen unterdrücken. »Ziele wirken in diesem Modell wie Attraktoren oder Täler einer Potentiallandschaft, die das konkrete Systemverhalten autonom in Richtung auf eine momentane Stabilität organisieren« (Stadler u. Kruse 1992, S. 147). Die physische Umwelt spielt bei Lewin nur insofern eine Rolle, als diese psychisch repräsentiert wird (Bildung mentaler Modelle). Soziales Handeln wird in diesem Ansatz in erster Linie dadurch bestimmt, wie Menschen ihren »Lebensraum« zu einem gegebenen Zeitpunkt subjektiv wahrnehmen und interpretieren. Lewin (1963, S. 99) unterscheidet drei Bereiche: »1. Der Lebensraum, das heißt die Person und die psychologische Umwelt, wie diese für jene existiert ... 2. Eine Vielzahl von Vorgängen in der physischen oder sozialen Welt, welche zur gegebenen Zeit den Lebensraum des Individuums nicht beeinflussen. 3. Eine Grenzzone des Lebensraums ... Beispielsweise ist der Vorgang der Wahrnehmung eng mit dieser Grenzzone verbunden, weil das Wahrgenommene zum Teil durch die physischen Reize bestimmt ist ... Ein anderer in dieser Grenzzone zu lokalisierender Vorgang ist die Ausführung einer Handlung.«

Lewin faßte die Elemente des Lebensraums topologisch als geschlossenen Linienzug mit genau abgegrenzten Regionen auf (vgl. Abb. 64). Innerhalb dieses Linienzugs erscheint die Person als Massepunkt, die sich von Region zu Region bewegt. Diese Positionsveränderung bezeichnete Lewin als Lokomotion. Aufgrund von Werthaltungen und/oder Bedürfnissen haben nun bestimmte Zielregionen unterschied-

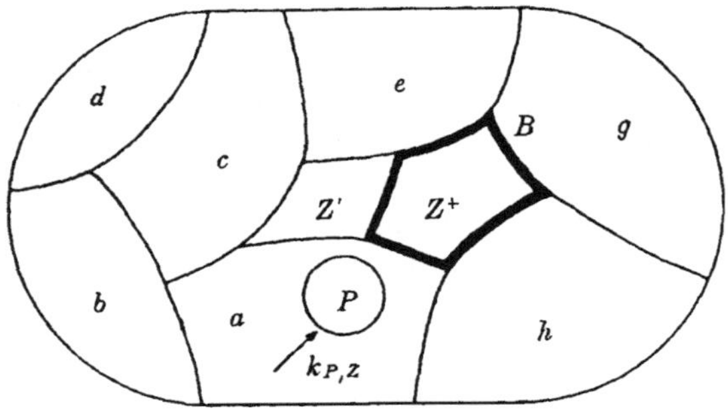

Abbildung 64: Lebensraum; P = Person; a, b, c – h = Regionen des Lebensraumes; Z+ = ursprüngliches Ziel; Z' = Ersatzziel; B = Hindernis zwischen Z+ und P; $k_{p,z}$ = Kraft in Richtung Ziel (aus: Lewin 1963, S. 130)

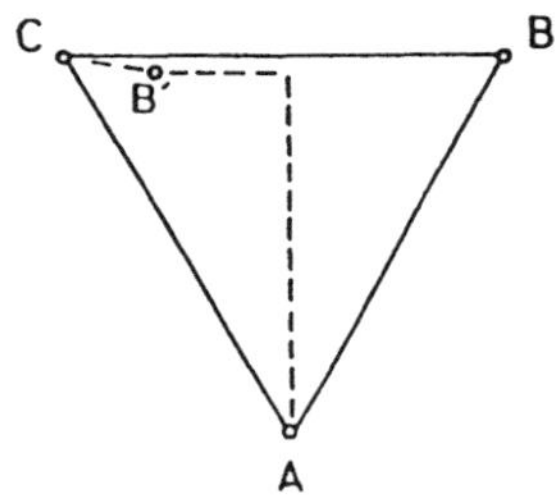

Abbildung 65: Topologische Darstellung eines Handlungsfeldes (aus: Wehner u. Stadler 1996, S. 807)

lichen Aufforderungscharakter (Valenz) und werden von einer Person angestrebt oder vermieden. »Andere Personen und Gegenstände in diesem psychologischen Feld gewinnen in der Anschauung der Person positive oder negative Aufforderungscharaktere, d. h. sie bilden Attraktoren für das Handeln« (Wehner u. Stadler 1996, S. 805).

Handlungsfehler lassen sich gestaltpsychologisch – in Anlehnung an die Synergetik – als Folge von Feldkräften und Stabilitätstendenzen erklären. »Das Auftreten von Handlungsfehlern in solchen Kraftfeldern liegt ... in der Nähe der Attraktoren« (Wehner u. Stadler 1996, S. 806). Als ein Beispiel kann das folgende Szenario dienen: Eine Person fährt mit dem Auto regelmäßig von A (Wohnung) nach C (Supermarkt), um dort den Wocheneinkauf zu tätigen. Dazu fährt die Person aber zuerst nach B (Entsorgungsstelle), um dort Flaschen und Altpapier abzuladen.

Nach einiger Zeit werden die Container von B nach B' verlegt. Von diesem Zeitpunkt an vergißt die Person, den Abfall vor dem Einkauf zu entladen, fährt direkt zu C und bemerkt den Fehler erst, als sie nach dem Einkauf den mit Abfall vollen Kofferraum öffnet. In der ersten Dreiecksstruktur bildete B ein eigenes Unterziel (Attraktor der Handlung; Potentialmulde) der Handlungsfolge A-B-C-A. In der neuen Struktur gerät des Ziel B' jedoch in den Sog von C (als Hauptziel; tiefere Potentialmulde) und ist nicht mehr als ausreichend stabiles und eigenständiges Unterziel wirksam.

Die soziale Konstruktion von Realität

Die im Systembereich »Psyche« diskutierten individuellen innerpsychischen Muster und Strukturen, die die Realität der Lebenswelt konstruieren (durch Prozesse des Fühlens, Denkens, Wahrnehmens), beeinflussen einerseits die persönlichen Handlungen und sind andererseits auch mit interpersonellen Kommunikations- und Interaktionsmustern verbunden. Menschliche Handlungsmuster und Verhaltensweisen werden in »Ko-Evolution« in der sozialen Dynamik gemeinsamer gesellschaftlicher Realitätskonstruktion gebildet. Menschen neigen dazu, sich jene anderen Menschen als Freunde zu suchen, die ähnliche Einstellungen und Verhaltenstendenzen zeigen. Wir suchen bevorzugt soziale Situationen, die uns helfen, unsere konsistente Weltsicht aufrechtzuerhalten und bewerten insbesondere die Meinungen jener, die unsere Sicht der Welt bestätigen.[6] Über die verbale und nonverbale Kommunikation und Handeln baut eine Gemeinschaft von Menschen eine spezifische soziale und materielle Kultur auf. Handlungen und deren Wirkungen werden im sozialen Prozeß mit anderen Menschen rückgekoppelt und besitzen stabilisierenden oder verändernden Einfluß auf mentale Modelle des Individuums, da sie eine der wichtigsten Umgebungsbedingungen (Kontrollparameter) für die psychische Dynamik darstellen. Die psychischen Prozesse sind dabei vice versa Kontrollparameter für die Entwicklung der Kommunikations- und Handlungsmuster in der sozialen Kultur.

Informationsaustausch und Semiotik

Zeichen und Symbole spielen in der Mensch-Umwelt-Interaktion eine zentrale Rolle. Zeichen sind nach J. Kriz (1989) künstlich geschaffene Reize (z. B. gesprochene und geschriebene Zeichen), deren Sinnbedeu-

6 Eine Erklärung dafür liefert z. B. die Theorie der kognitiven Balance (Newcomb 1961).

Abbildung 66: Kommunikation und mentale Modelle

tungen innerhalb einer sozialen Gemeinschaft in der Sozialisation erlernt werden müssen. Zeichen verweisen auf ein bezeichnetes Objekt und werden von Subjekten benutzt. Nach Peirce (1983) existiert eine Triade von Interpretant, Objekt und Repräsentamen (Zeichen). Morris (1977) definiert auf dieser Basis drei Teilaspekte der Semiotik, nämlich die Syntaktik als Beziehung zwischen Zeichenträgern (Symbole, Icons) und anderen Zeichenträgern, die Semantik als Beziehung zwischen Zeichen und Bezeichnetem und die Pragmatik als Beziehung zwischen Zeichen und den Benutzern der Zeichen. »Zeichen sind also vereinbart und werden nicht einsam verwendet, sondern in einem interaktiven Prozeß .... Zeichen werden nicht nur ... zur Beschreibung von ›Welt‹ verwendet, sondern als Beziehungsstifter zwischen Subjekten in Auseinandersetzung mit der Welt und zur Konstitution einer gemeinsamen Wirklichkeit« (J. Kriz 1989, S. 49).

Zeichen werden von Menschen durch Kommunikation und Handeln geschaffen, um Informationen auszutauschen und Sinn zu übermitteln. Die Benutzung und Herstellung von Zeichen ist ein sozialer Konstruktionsprozeß. Von Menschen werden Zeichen in einem sozialen Prozeß, der selbst wieder Zeichen zur Verständigung benutzt, eine gemeinsam geteilte Bedeutung beigegeben. Zeichen dienen somit dem Informationsaustausch zwischen psychischen und sozialen Systemen. Eine vollkommen gemeinsam geteilte Realität und somit Zeichenbedeutungszuweisung und gleichermaßen vollkommenes gegenseitiges Verstehen kann es aus konstruktivistischer Perspektive allerdings nicht geben, da wahrgenommene Zeichen immer noch von Menschen subjektiv interpretiert werden, wie es Abbildung 66 humoristisch auf den Punkt bringt. Selbst bei dem Anschein einer gelungenen Kommunikation ohne Mißverständnisse entstehen mentale Modelle subjektiver Färbung.

Abbildung 67: Nürnberger Trichter (aus: Edelmann 1996, S. 249)

Kommunikation und gemeinsames Handeln mißlingt nicht nur, weil Zeichenfolgen in unserem Sprachsystem mehrdeutig sein können (Probleme bei der Phonem-Morphem Beziehung; z. B. Bank als Sitzgegenstand und Bank als Geldinstitut), sondern weil auch bei maximaler Eindeutigkeit Informationen im psychischen System generell rekonstruiert und somit aus Sicht anderer Menschen mißverstanden werden können. Sinn und Bedeutungen können demnach nicht einfach ausgetauscht werden oder Wissen kann nicht, wie im Modell des »Nürnberger Trichters«, einfach weitergegeben werden.

Das auf dem informationstheoretischen Modell von Shannon und Weaver (1976) aufbauende Modell von Herrmann (1985) ist aus konstruktivistischer Sicht ebenfalls ungeeignet, den Informationsaustausch zwischen Mensch und Umwelt zu beschreiben. Es kann bezweifelt werden, daß Personen über gleiche mentale Repräsentationen, die gleiche Art und Anzahl an Zeichen und gleiche Zeichen-Bedeutungs-Zuordnungen verfügen. Dies wäre streng genommen Voraussetzung für die Gültigkeit des Modells. Im SÖHM wird Informationsaustausch so verstanden, wie es Merten (1990) in einer Grafik veranschaulicht hat (vgl. Abb. 6.27). Wahrgenommene Handlungen und Kommunikationen (als Reize) sind lediglich als eine Art Informations-Angebot zu verstehen, die Konstruktion von Bedeutung und daran anschließende neue Kommunikationen und Handlungen (als Reaktionen) werden vom Subjekt selbstorganisiert hervorgebracht. Das Individuum selektiert aus dem Informationsangebot und kombiniert diese Information im psychischen Prozeß mit internen Wissensbeständen oder Sinnattraktoren.

Gerade die Sichtweise von Kommunikation als Informationsangebot an den anderen wird in den systemisch-konstruktivistischen Techniken (z. B. die Art des Sprechens im Reflecting Team) konsequent umgesetzt. Gezielt wird versucht, durch Kommunikation neue Deutung und Bedeutung zu konstruieren. Im »Reframing« werden neue Kontexte kreiert. Bedeutung wird in einem kollektiven Kommunikationsprozeß mit hergestellt und daher sind Kommunikationen und Handlungen oft auch nur vor dem Hintergrund eines spezifischen sozialen Kontextes zu verstehen. Der folgende Witz spielt mit Bedeutungen. Je nach sozialem Kontext (Alltags-Frame gegenüber juristischem Frame) erhält die Äußerung unterschiedlichen Sinn: Es treffen sich zwei Rechtsanwälte. Fragt der eine: »Wie gehts?«, sagt der andere: »Schlecht, ich kann nicht klagen« (v. Schlippe u. Schweitzer 1996, S. 177).

Die Interaktion der Bereiche »Psyche« und »Soziale Mitwelt« kann vereinfacht so dargestellt werden, wie dies Neisser (1979) in seinem Wahrnehmungszyklus postuliert (s. Abb. 70).

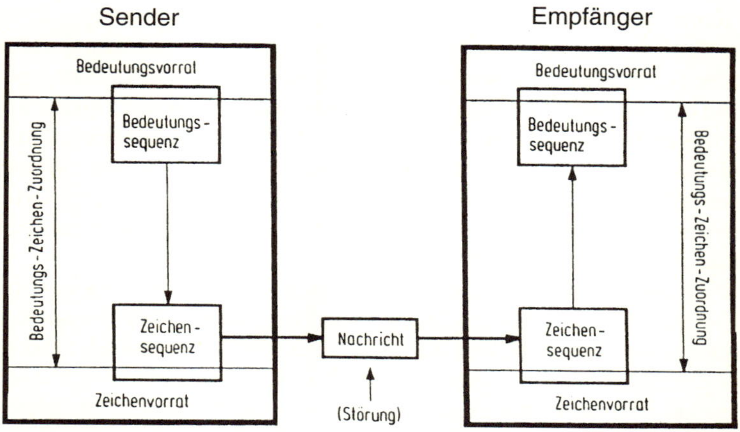

Abbildung 68: Zeichentauschmodell von Herrmann (aus: Grabowski et al. 1990, S. 60)

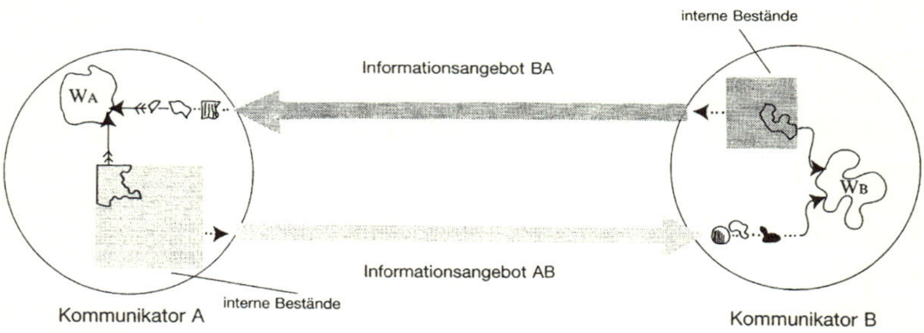

Abbildung 69: Konstruktivistische Sicht von Informationsaustausch (aus: Merten 1990, S. 83)

Die Bedeutung des Wissens (oder der Schemata) bei der Realitätskonstruktion veranschaulicht Abbildung 71. Mentale Modelle leiten die Interpretationen des Wahrgenommenen und erzeugen Bedeutung. Neue Informationen können aber auch die subjektiven Interpretationen verändern, wie eventuell die an dieser Stelle gegebene zusätzliche Information über die Lösung für Abbildung 71: (a) Uhr, (b) Flugzeug, (c) Schreibmaschine, (d) Bus und (e) Elefant. Informationen oder deren Bedeutungsgehalt sind zum Teil sozial vermittelt und konstruiert. Ohne daß man jemals in seinem Leben einen Elefanten oder ein Bild von einem Elefanten gesehen hat, ist es unmöglich Bild (e) als Elefant zu deuten. Die Tatsache, daß man ein bestimmtes Objekt als Elefant be-

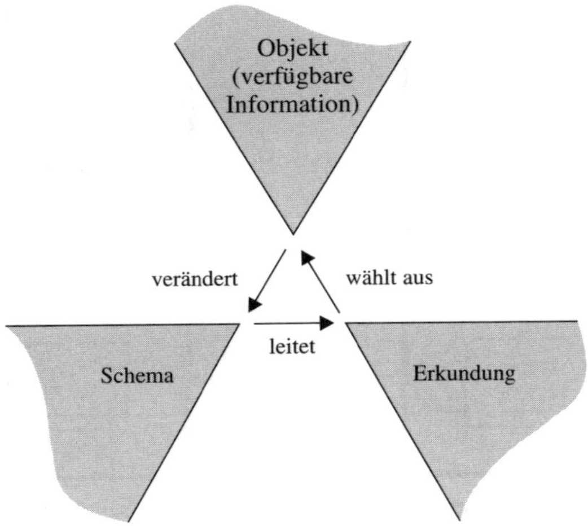

Abbildung 70: Wahrnehmungszyklus (Neisser 1979, S. 27)

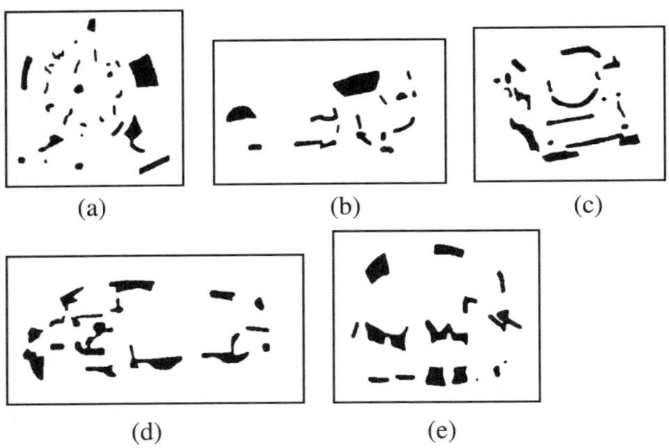

Abbildung 71: Unvollständige Objekte (aus: Wilkening 1988, S. 205)

zeichnet, wird im sozialen Prozeß von Menschen gemeinsam festgelegt oder im sozialen Prozeß erlernt. Zugleich besitzt jeder Mensch ein persönliches Schema »Elefant«, das verschiedene Wissensaspekte und Emotionen einbezieht. Ein gutes Beispiel für die soziale Konstruktion von Realität stellt die Ordnungsbildung bei der Betrachtung des Sternenhimmels dar. Verschiedene Sterne werden dabei zu Sternbildern zusammengefaßt. Diese Ordnungsbildung ist teilweise von Gestaltbildungsgesetzen der Wahrnehmung (Gesetz der Nähe) und mentalen Modellen abhängig (z. B. Bilder bekannter Tiere, die zur Interpretation herangezogen werden). Verschiedene Kulturen haben aber – und hier zeigt sich der soziale Prozeß – die Sterne verschieden gruppiert.

Soziale Repräsentationen

Gemeinsam geteilte mentale Modelle einer Gruppe von Menschen werden im sozialen Prozeß durch Kommunikation erzeugt und wirken in diesen zurück. In Anlehnung an Moscovici (1984) und die »Theorie sozialer Repräsentationen« unterstreicht Clegg (1994) die Bedeutung der Herstellung gemeinsam geteilter Realität für die Handlungsfähigkeit von Organisationen. Nach Wagner (1994) erklären soziale Repräsentationen im strengen Sinne kein individuelles Handeln, sondern sie beziehen sich auf kollektives koordiniertes Handeln von Gruppen. Eine soziale Repräsentation ist eine Variante eines mentalen Modells, das dem Individuum potentiell bewußt ist und mit anderen Mitgliedern einer Gruppe geteilt wird. In einem fortwährenden kommunikativen Prozeß einer Gruppe werden von Menschen Wissenssysteme erworben, die die symbolische Deutung der Realität, aber auch Handlungsvorschriften beinhalten, um kooperative soziale Prozesse sicherzustellen. »Durch ihre aktive oder passive Teilnahme am öffentlichen Prozeß der sozialen Repräsentation erwerben sie diese Wissenssysteme mehr oder weniger vollständig. Dann spricht man von distributiven Repräsentationen, die das Denken, Fühlen und Handeln der Individuen in gesellschaftlicher Hinsicht lenken« (Wagner 1994, S. 286). Soziale Repräsentationen tragen wesentlich zur sozialen Identität und Gruppenzugehörigkeit bei, die wiederum für die Teilnahme an dem sozialen Prozeß einer Gruppe Bedingung ist (Smith u. Henry 1996).

Soziale Repräsentationen als gemeinsame Realitäten von Gruppen können sich durchaus von kollektiven Realitäten anderer Gruppen abheben. Kulturpsychologische Forschungen zeigen, daß sich westliche individualistische und östliche kollektivistische Gesellschaften in einer Reihe von sozialen, aber auch kognitiven und emotionalen Prozessen der in den Kulturen lebenden Personen unterscheiden (Triandis u. Brislin 1980). Unter anderem existieren auch beträchtliche Differenzen in der Konstruktion des Selbst oder Ich (z. B. gibt es in Japan verschiedene Begriffe und Nuancen für »ich«). Eine Reihe empirischer Befunde sprechen laut Markus und Kitayama (1991) dafür, daß die Selbstverwirklichung des Menschen als einzigartiges und unabhängiges Individuum (mit relativ stabilen Eigenschaften) in westlichen Kulturen angestrebt wird. Es wird hier die Auffassung geteilt, daß Individuen im Prinzip voneinander getrennte Entitäten darstellen. Im Gegensatz dazu existieren Kulturen, in denen sich »verschiedene« (wir können es sprachlich gar nicht anders ausdrücken!) Personen als untrennbare Einheit einer gemeinsamen Beziehung begreifen.

Es zeichnet den Menschen – auch den »westlichen«, trotz allem Streben nach Individualität – aus, durch Kooperation und Arbeitsteilung Organisationen zu schaffen, in denen planmäßig durch gemeinsamen Kräfteeinsatz komplexe Ziele angestrebt und verwirklicht werden, die dem einzelnen die Teilnahme an sozialen Prozessen und den Gebrauch materieller Gegenstände erlaubt, die er allein nicht herstellen könnte (Schuler 1995). Geplant oder ungeplant entstehen in Gruppen soziale Prozesse mit spezifischen Ordnungsstrukturen.

Attraktoren in der Sozialen Mitwelt – Kommunikations- und Handlungsmuster

Als Elemente sozialer Systeme wurden im SÖHM Kommunikationen definiert. Der Begriff »Kommunikation« ist hier sehr weit gefaßt und schließt auch nonverbale Kommunikation und Handeln mit ein. Die psychischen Prozesse wirken ebenso wie die technischen, natürlichen und körperlichen Prozesse als Kontrollparameter auf die soziale Dynamik ein. Als Ordnungsparameter sind daher in der Sozialen Mitwelt nicht mentale Modelle, sondern soziale Musterbildungen anzusehen. Als wesentliche Ordnungsparameter sind in dem Systembereich der Sozialen Mitwelt Regeln und Normen, Traditionen, der Zeitgeist und Muster typischen Rollenverhaltens von Bedeutung, die die Dynamik der einzelnen Handlungen und Kommunikationen selbstorganisiert beeinflussen (Langthaler u. Schiepek 1995).

Durch Handeln in der Sozialen Mitwelt werden die Umgebungsbedingungen für psychische Prozesse aktiv verändert. Es ist dargestellt worden, daß vom psychischen System wahrgenommene Informationen an mentale Modelle adaptiert werden und daher für die Selbstorganisation der psychischen Prozesse aus den sozialen Umgebungsbedingungen selektiert wird. Neben dieser innerpsychischen Aufrechterhaltung von Stabilität durch die Wirkung von Sinnattraktoren, dient unter Umständen auch Handeln dazu, eine Umwelt stabil zu halten, damit wiederum die mentalen Modelle stabil gehalten werden können. Gleichzeitig können innerpsychische Umstrukturierungen (neue Ziele

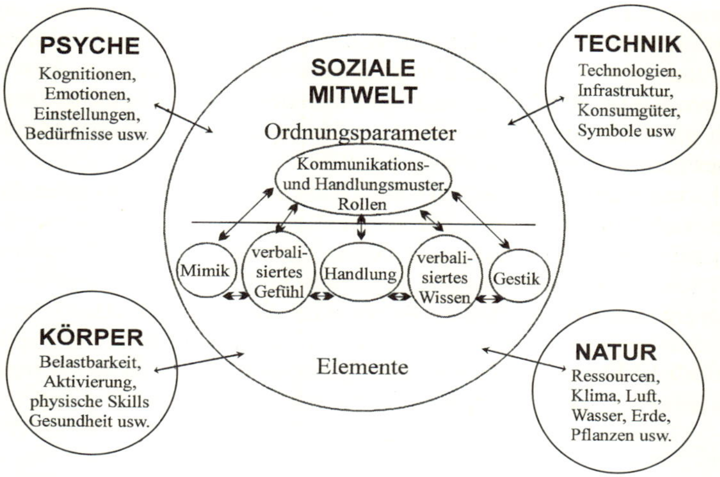

Abbildung 72: SÖHM – Muster des menschlichen Verhaltens wirken als Ordnungsparameter in der sozialen Dynamik

verbunden mit neuen Sinnattraktoren) im Handeln Niederschlag finden und zu einer Veränderung der Sozialen Mitwelt beitragen. Menschen versuchen demnach ihre Umwelt – entsprechend ihrer Sinnattraktoren – zu beeinflussen. Im SÖHM wird gerade dieser zusätzlichen Zirkularität – neben der Zirkularität zwischen Ordnern und Systemelementen – Rechnung getragen. Ordnungsparameter und Elemente eines Systembereichs werden hier als Kontrollparameter eines anderen Systembereiches und vice versa verstanden.

Gestaltpsychologische Untersuchungen zeigen, daß gebildete Handlungsmuster (Ordnungsparameter) häufig auch dann noch beibehalten werden (stabil bleiben), wenn sie unter den gegebenen Bedingungen (Kontrollparameter) eigentlich durch adäquatere (z. B. ökonomischere) Handlungen ersetzt werden könnten. Dies ist eine weitere Erklärung für Handlungsfehler: gewohnte Muster werden rigide beibehalten. Ein gutes Beispiel von Stabilitätstendenzen bei Handlungsroutinen hat Luchins (1965) mit Umfüllaufgaben demonstriert. Hier wurde den Vpn die Aufgabe gegeben, mittels dreier Gefäße die (A) 21, (B) 127 und (C) 3 Liter Flüssigkeit fassen, eine Menge von 100 Litern abzumessen. Die Lösung lautet: Man füllt das 127-Liter-Gefäß und gießt aus diesem einmal das 21-Liter-Gefäß und zweimal das 3-Liter-Gefäß voll. Das Lösungsschema ist demnach B-A-2C. Es wurden den Vpn im Versuch zuerst eine Reihe von Aufgaben gegeben, die alle nach diesem Lösungsschema lösbar waren. Danach wurden Aufgaben vorgelegt, die zwar auch nach diesem Schema lösbar waren, die aber auch einfacher, nämlich A–C, durchgeführt werden konnten. Etwa 70 % der Vpn behielten das ursprüngliche Lösungsschema bei. Die veränderten Umgebungsbedingungen (zusätzliche, einfachere Lösungsmöglichkeiten) wurden nicht genutzt, da sowohl stabile Handlungsmuster als auch stabile Sinnattraktoren gebildet werden, die die (neuen) Umweltinformationen an bestehende Muster anpassen (versklaven).

Normen und Rollen – Symbolischer Interaktionismus

Auf die Bedeutung sozialer Handlungs- und Kommunikationsprozesse hat bereits Mead (1968) hingewiesen. Die auf Mead zurückgehende soziologische Handlungstheorie des »Symbolischen Interaktionismus« sieht die Muster sozialen Handelns festgelegt durch Normen, die den Beteiligten in ihren Lebenssituationen vorgeben, wie sie sich verhalten sollen, welche Rolle sie in der Interaktion mit anderen Menschen spielen sollen. Sinnattraktoren formen sich insbesondere in der Interaktion des Individuums mit anderen Menschen in der Auseinandersetzung mit sozial vermittelter Bedeutung und Realität. Die psychischen Inhalte wie Wertvorstellungen, Motive, Einstellungen, die die Grundlage sozialen Handelns bilden, und die Handlungsmuster selbst sind teilweise Ergebnis des Sozialisationsprozesses. Aufgabe der Sozialisation ist dabei die Reduzierung von Freiheitsgraden möglicher Realitätskonstruktion des Individuums, was in der Konzeption v. Foersters (1988) mit dem Begriff »Trivialisierung« bezeichnet wird. Besonders der Spracherwerb steht als zentrale Grundlage menschlicher Kommunikationsprozesse im Dienst einer gewaltigen Trivialisierung. Durch das Erlernen der Muttersprache kann das Kind aus dem anfänglichen Chaos vieler Alternativen und Möglichkeiten bestimmte Kommunikationsstrukturen herausbilden, mit dem Nutzen, sich gegenüber anderen Personen verständlich machen zu können. Die kognitive Bildung von Realität im Systembereich »Psyche« ist somit von der Sprache als Ausdruck einer übergeordneten sozial-kulturellen Realität beeinflußt. Ein Beispiel hierfür ist die Sprache der Hopi-Indianer, die weitgehend ohne Zeitbegriffe auskommt, in der Substantive keine Klassen von Objekten bezeichnen, sondern einmalige Gegenstände, was auch eine andere subjektive Realität im Erleben der Indianer bedingt als etwa in unserer indogermanischen Sprachkultur (vgl. Whorf 1963). Die sprachliche Interaktion (und deren spezifische Struktur) wirkt als wichtige Umgebungsbedingung auf die psychische Realitätskonstruktion im Leben der Menschen entscheidend ein. Demnach kann sich ein stabiles Selbstbild in dem Ansatz des Symbolischen Interaktionismus auch nur durch die Beziehung zu anderen Menschen entwickeln. »Der Prozeß, aus dem heraus sich die Identität entwickelt, ist ein gesellschaftlicher Prozeß, der die gegenseitige Beeinflussung der Mitglieder der Gruppe ... voraussetzt. Er setzt auch gewisse kooperative Tätigkeiten voraus, in die die einzelnen Mitglieder der Gruppe eingeschaltet sind. Außerdem muß sich aus diesem Prozeß später wieder eine kompliziertere Organisation entwickeln können« (Mead 1968, S. 207).

Für die Koordination und Differenzierung von Handlungen werden unterschiedliche Rollen benötigt, die von Menschen übernommen werden. Es kennzeichnet den Menschen somit, »daß er sein soziales Sein bewußt organisieren kann und im Rahmen dieser Organisation Rechte und Pflichten mit bestimmten Positionen der sozialen Struktur verknüpft. Hieraus ergeben sich dann überindividuell vorliegende Erwartungen an den Inhaber der jeweiligen Position, die in der Regel als Rolle bezeichnet werden« (Elbing 1998, S. 1). Nach Mead werden Normen und entsprechende Rollen im sozialen Prozeß definiert und interpretiert. Die Normen ermöglichen stabile Beziehungen und sind aus synergetischer Sicht wichtige Attraktoren der Kommunikationsdynamik in der sozialen Mitwelt. Die internalisierten Normen und Rollen als soziale Repräsentationen beeinflussen die Handlungsregulation. Die Normen »wirken auf das Individuum im allgemeinen auf zwei Arten ein, als Verpflichtungen ... und als Erwartungen« (Goffman 1959, S. 56). Rollen sind sowohl Bestandteile gemeinsam konstruierter sozialer Realität als auch Teil der individuellen Realität. Dies bedeutet zugleich, daß eine Reihe verschiedener Rollen vom Individuum übernommen und bei dieser Übernahme auch verändert werden. Daraus resultieren Freiräume in der situativen Ausgestaltung der Rollen.

Mead geht davon aus, daß die menschliche Kommunikation auf dem Austausch von Symbolen beruht, deren Bedeutung von den Teilnehmern am Kommunikationsprozeß weitgehend gemeinsam geteilt werden. Der Sprecher einer Kommunikation hört zugleich selbst, was er sagt, und kann sich – bis zu einem gewissen Grad – in die Rolle des anderen, an den die Kommunikation gerichtet ist, einfühlen. Menschen nehmen so die Perspektive des anderen ein. In sozialen Prozessen versuchen sie die Sichtweise und die Erwartungen von anderen in das eigene Handeln miteinzubeziehen. Aber auch nonverbale Gesten und Gegenstände haben eine symbolische Bedeutung. Wichtig ist die Annahme von Mead, daß Menschen nicht nur in der Lage sind, die Perspektive konkreter anderer Menschen einzunehmen, sondern auch die Perspektive von ganzen Gruppen oder Kulturen internalisieren können, in denen Menschen leben. Diese Perspektive wird als »generalisierter Anderer« bezeichnet. »In der Form des verallgemeinerten Anderen beeinflußt der gesellschaftliche Prozeß das Verhalten der ihn abwickelnden Individuen, das heißt, die Gemeinschaft übt die Kontrolle über das Verhalten ihrer einzelnen Mitglieder aus, denn in dieser Form tritt der gesellschaftliche Prozeß oder die Gemeinschaft als bestimmender Faktor in das Denken des einzelnen ein« (Mead 1968, S. 198).

Je nach Situation vollziehen sich in dem sozialen Prozeß bestimmte Rollen- und Perspektivenübernahmen von Menschen. Natürlich sind diese Perspektivenübernahmen und auch der »generalisierte Andere« aus konstruktivistischer Sicht wieder nur als subjektive Realitäten zu verstehen (ich denke, daß du denkst/erwartest). Da sich die individuelle Realitätskonstruktion aber in einen sozialen Prozeß eingebunden vollzieht, kann davon ausgegangen werden, daß in einer Gruppe von Menschen eine gemeinsame Konstruktion sozialer und psychischer Realität stattfindet. Es werden so zum Teil wenigstens auch soziale Repräsentationen entwickelt, die die Personen eines Kollektivs miteinander teilen. Auch soziale Stereotype entstehen in diesem Prozeß und tragen zur Abgrenzung gegenüber anderen Gruppen und gleichzeitig zur Stärkung der eigenen sozialen Identität bei (Spears et al. 1997). Auch die Veränderung sozialer Stereotype muß wieder als Akt sozialer Neu- oder Umkonstruktion von Realität aufgefaßt werden (Wittenbrink u. Henly 1996). Soziale Stereotype als Teil einer sozial konstruierten Realität und die Normen einer Gruppe oder der Gesellschaft engen die Handlungsfreiheit des einzelnen ein, bieten aber gleichzeitig Sicherheit, Verläßlichkeit und stabile Handlungsmuster (so kommen Millionen Schulkinder täglich weitgehend pünktlich in den Unterricht). Das Fehlen oder die Übertretung von Regeln führt zu einem Verlust an Orientierung und Verhaltensunsicherheit, wie Garfinkel (1967) mit Experimenten nachgewiesen hat. Instruierte Personen wurden gebeten, Regeln zu übertreten (z. B. als Gast in einem Restaurant andere Gäste kontinuierlich so zu behandeln, als wären diese Kellner). Ein solches Verhalten löste Konfusion und Verwirrung bei den Interaktionspartnern aus. Normen und Rollen dienen somit als Handlungsanweisungen und stellen Handlungsmuster sicher.

In der sozialen Mitwelt bildet sich durch Zusammenarbeit im Sinne weitgehend stabiler Handlungsmuster Kulturgut (Wissenschaft, Rechtswesen, Wirtschaftssysteme, Religion usw.). Wichtige soziale Orte, in denen sich spezifische Handlungsmuster manifestieren und verändern, sind die Familie und berufliche Umwelten und deren Machtstrukturen. In der Organisation menschlichen Handelns haben manche Individuen und Gruppen mehr Macht ihre Ziele durchzusetzen als andere, da sie über größere soziale und materielle Ressourcen verfügen. Bei der Analyse menschlicher Beziehungen und sozialer Prozesse ist deshalb die politische Dimension von Bedeutung. Es ist relevant zu untersuchen, in wessen Händen die Definitionsmacht über soziale Realitätsbildungen liegt. Es existieren Rollen, die von konkreten Menschen übernommen werden und die die Funktion ausüben, Regeln (und damit wieder Normen und Rollen) als soziale Prozesse zu definieren. Diese Macht üben aber nicht nur einzelne Personen aus, Machtanteile der Individuen selbst werden wieder im sozialen Prozeß ausgehandelt und definiert. Der größere Zugang zu Handlungs- und Kommunikationsmöglichkeiten bedeutet meist auch die Zunahme an Möglichkeiten, an der Gestaltung von Regeln teilzunehmen und somit auch mehr Macht zu erlangen. Machtkonflikte in Organisationen können nach Greif (1996a) daher auch als Konflikte über die Definition und Interpretation von Regeln betrachtet werden. Regeln bestimmen, wie etwas gemacht werden soll. Als Ordnungsparameter sozialer Prozesse beziehen sich Regeln auf die Dynamik des Handelns und versklaven die Kommunikationen und Handlungen der am Prozeß teilnehmenden Individuen. Eine zu große Abweichung des individuellen Verhaltens von den Normen wird daher in sozialen Prozessen bestraft und sanktioniert, beispielsweise durch Ausschluß von Kommunikations- und Handlungsmöglichkeiten mittels Wegsperren in Gefängnisse oder psychiatrische Anstalten; regelkonformes Verhalten wird belohnt. Normen werden aber auch in der Sozialisation internalisiert. Führungsrollen haben auch die Aufgabe, die Einhaltung und Interpretation von Regeln zu überwachen. Unter dem Blickwinkel, daß Normen Stabilität garantieren (oder zu garantieren scheinen), ist auch das Bedürfnis nach Normen und Führung, und in dem Zusammenhang erschreckende Beispiele von Gehorsam, und vorauseilendem Gehorsam zwar nicht ethisch akzeptierbar, aber doch psychologisch verstehbar. Die berühmten Milgram-Experimente (Milgram 1974) zeigten, daß ca. 60 % der Versuchspersonen bereit waren, anderen Personen lebensgefährliche Elektroschocks zu verabreichen, wenn sie von einer Autorität dazu aufgefordert wurden.[7]

7 Die Vpn wußten nicht, daß die Schocks nicht wirklich verabreicht wurden, hörten aber die fingierten Schmerzensschreie der »gefolterten« Personen, denen sie per Knopfdruck Stromstöße verabreichten.

Sherif (1935) nutzte eine Wahrnehmungsillusion (sog. autokinetischer Effekt) zur Untersuchung von Gruppennormen. In einem völlig abgedunkelten Raum schien sich eine feststehende Lichtquelle zu bewegen (das subjektive Empfinden lag zwischen wenigen Zentimetern bis zu einem halben Meter). Sherif bat mehrere gleichzeitig im Raum befindliche Versuchspersonen um eine Schätzung des Bewegungsradius. Natürlich fielen die Urteile der einzelnen Personen anfangs sehr verschieden aus. Nach mehrmaligem Nachfragen mit der Bitte nochmals zu schätzen, näherten sich die einzelnen Urteile immer mehr an, bis eine einzige gemeinsame und fortwährend stabile Gruppennorm erreicht war. Jacobs und Campbell (1961) erzeugten in Experimenten ähnlicher Art künstliche Gruppennormen, indem sie in die Versuchspersonengruppe Komplizen einschleusten, die einen ungewöhnlich großen Bewegungsradius angaben. Mit der Zeit wurde als Gruppennorm ein deutlich abnormaler Bewegungsradius angenommen. Nun wurden nach und nach einzelne Mitglieder der Gruppe ersetzt, bis alle ursprünglichen Gruppenmitglieder ausgetauscht waren. Die künstliche Gruppennorm blieb dabei sogar bis zu sechs Generationen neuer Gruppenmitglieder bestehen.

Die Entwicklung von Gruppennormen ist aber gleichzeitig als Basis für Konformität und Kooperation die Voraussetzung für gemeinsame komplexe Handlungsprozesse und kann zur Durchsetzung von erwünschten Verhaltensweisen dienen (Terry u. Hogg 1996). So können etwa veränderte Umweltgesetze (z. B. Abgasnormen) als Manifestationen sozialer Normen zu umweltverantwortlichem Handeln beitragen und neue Identität stiften (Schahn u. Giesinger 1993).

Sader (1996) macht darauf aufmerksam, daß nur wenige Normen, nach denen wir unser Verhalten ausrichten, etwa in Gesetzestexten fixiert sind. Der größte Teil an Ge- und Verboten oder Verhaltensregeln bleibt unscheinbar und unthematisch (z. B. ob ein Blumenstrauß mit oder ohne Verpackung überreicht wird, ist von Land zu Land anders). Viele Normen besitzen daher Gültigkeit nur innerhalb spezifischer sozialer Systeme. Watzlawick (1981) gibt ein Beispiel vom Ende des Zweiten Weltkrieges, wo es zu »sexuellen« Konfusionen zwischen amerikanischen Soldaten (die in England stationiert waren) und englischen Mädchen kam. Während in Amerika Küssen schon in einem frühen Stadium einer Beziehung erlaubt war, wurde es in England erst in einem fortgeschrittenen Stadium für angemessen gehalten und galt bereits als eine Art Heiratsversprechen. Kasper (1991, S. 27) meint, daß gerade Normen, die tiefgehend mit der Identität in einer Kultur (auch Unternehmenskultur) verbunden sind, gar nicht bewußt reflektiert werden wollen: »Als kulturelle Verhaltens- und Interpretationsmuster lassen sich ... jene Verfahrensweisen bezeichnen, die sich gegen ein

Reflexiv-Werden sträuben. Als Kulturmuster auf der Ebene konkreter Abläufe ... sind daher Mythen, Ritualisierungen, alltägliche Selbstverständlichkeiten anzusehen.« Gerade dieses Bewußtmachen von versteckten Normen kann aber Organisationsstrukturen aufbrechen und Veränderungspotentiale entstehen lassen. Geheime Regeln eines Unternehmens können nämlich Veränderungsprozesse (Einführung von Teamarbeit) in starkem Maße behindern. Ein Problem dabei ist häufig, daß gerade die inoffiziellen Regeln den offiziellen, schriftlich fixierten diametral entgegengesetzt sind. Ein Beispiel führen König und Volmer (1997, S. 185) an: Offizielle Leitsätze, wie: »Wir suchen keinen Schuldigen, wir lösen Probleme«, werden in der Unternehmensrealität häufig nach der Regel gehandhabt: »Wenn du ein Problem hast, suche zuerst einen Schuldigen.« Im Training von Systemkompetenz spielt es eine große Rolle, die eigenen Gruppennormen zu prüfen und transparent zu machen und die Entwicklung von Toleranz und Einfühlungsvermögen gegenüber fremden Realitätskonstruktionen zu fördern.

Muster zirkulärer Kommunikation

Mit den zum Teil dysfunktionalen Kommunikationsmustern, die als Grundlage von sozialen Konflikten, psychischen Problemen und psychosomatischen Erkrankungen wirken, beschäftigen sich insbesondere die systemischen Ansätze in der Familientherapie und in der klinischen Psychologie (vgl. Willi 1975; Minuchin 1977; v. Schlippe 1984; J. Kriz 1996; Schiepek u. Tschacher 1992). J. Kriz (1989, S. 4) beschreibt die systemische Sichtweise so: »Psychische Krankheiten ..., die in anderen Ansätzen als vorwiegend individuelle Angelegenheit betrachtet werden..., werden nun primär im Hinblick auf ihren Stellenwert und ihre Funktion in sozialen Interaktionsprozessen analysiert. Dabei spielt das soziale System der Familie eine ganz zentrale Rolle, denn es gewährleistet frühkindliche Entwicklung und primäre Sozialisation, in deren Rahmen grundlegende Muster der Organisation persönlicher und sozialer ›Wirklichkeit‹ erworben werden; gleichzeitig ist Familie Ort für hohe Intimität, zentrale Bedürfnisbefriedigung und Wirklichkeitsbestätigung.« Analog müssen meist auch Fehler bei Handlungsprozessen und dysfunktionale Kommunikationsmuster in Organisationen als Defizit des sozialen Gesamtsystems betrachtet werden und nicht allein als Mangel eines einzelnen (Sündenbock).

In der selbstorganisierten Dynamik sozialer Systeme werden Kommunikationsstrukturen gebildet, die als Attraktoren dieser prozeßhaften

Kommunikationserzeugung fungieren. Die Kommunikationsstruktur selbst ist einer ständigen Veränderung unterworfen. So ist das soziale System beispielsweise eingebunden in umfassendere gesellschaftliche Entwicklungen, aber auch von den innerpsychischen Prozessen der einzelnen Personen beeinflußt. Soziale Prozesse streben einem stabilen homöostatischen Zustand zu (es sind in diesem Sinne attrahierende Prozesse), wobei es aber in Phasenübergängen (in diskontinuierlicher Dynamik) zu Umstrukturierungen und neuen Ordnungsmustern kommt. Dabei werden in der Evolution des Systems ständig neue Kommunikationsthemen bedeutsam (im System Familie: Paarbildung, Geburt eines Kindes, Pubertät), die eine flexible Anpassung an diese neuen Situationen (den Kontrollparametern der Synergetik vergleichbar) notwendig machen. Eine pathologische Kommunikationsstruktur ist dadurch gekennzeichnet, daß eine Struktur existiert, in der auch Symptome (z. B. schizophrene Verhaltensweisen in der Familie, hohe Krankenstände und Konflikte im Unternehmen) als kommunikatives Verhalten auftreten. Die selbstorganisierte Entwicklung einer pathologischen Kommunikationsstruktur ist dabei ebenfalls eine Adaptionsleistung an interne und externe Prozesse, die aber – wegen der Symptome – als dysfunktional bezeichnet wird. Ein Mangel an Flexibilität hält das System in diesem stabilen dysfunktionalen Gleichgewicht. Dies bedeutet in die Sprache der Synergetik übersetzt, daß das System selbst zu wenig Eigenfluktuation erzeugen kann und/oder Störungen von außen, wegen der extrem rigiden und somit auch extrem stabilen Struktur nicht stark genug sind, um einen Phasenübergang zu einer anderen Ordnungsstruktur zu ermöglichen. Systemische Therapie und Beratung hat die Aufgabe, Fluktuationen auszulösen, damit das System durch eine Bifurkation oder durch eine Phase der Instabilität zu einer neuen Kommunikationsstruktur findet, die (hoffentlich) ohne die Symptome auskommt. Es werden dabei natürlich zugleich auch – im Sinne der Bildung neuer sozialer Repräsentationen – die mentalen Modelle der beteiligten Personen verändert.[8]

Aus der ganzheitlich-vernetzten Betrachtungsweise der systemischen Therapie- und Beratungsansätze (v. Schlippe u. Schweitzer 1996) folgt eine Sichtweise, die sich auf die zirkuläre Vernetztheit von Kom-

---

8 Dies ist auch eine wesentliche Kritik an der Brauchbarkeit der Autopoiesetheorie von Luhmann (1984) im psychologischen Kontext. Da die Theorie auf den Aspekt der operationalen Geschlossenheit von sozialen Systemen fokussiert, können Veränderungen von Systemen damit nur bedingt rekonstruiert und erklärt werden. Genau die Veränderung von Systemen aber stellt das zentrale Interesse angewandter Psychologie dar.

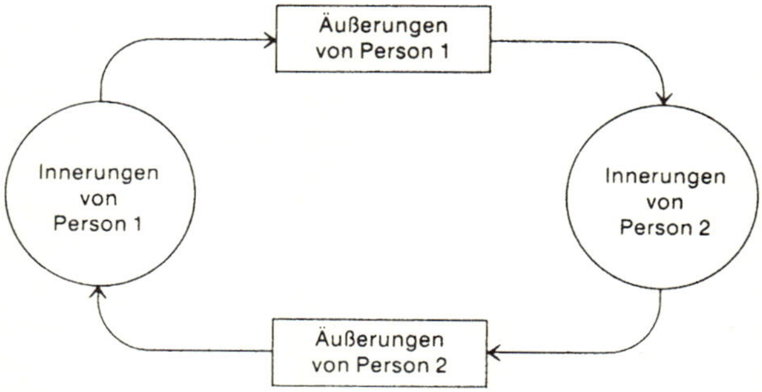

Abbildung 73: Allgemeine Struktur eines zwischenmenschlichen Kreislaufs (aus: Schulz v. Thun 1989, S. 30)

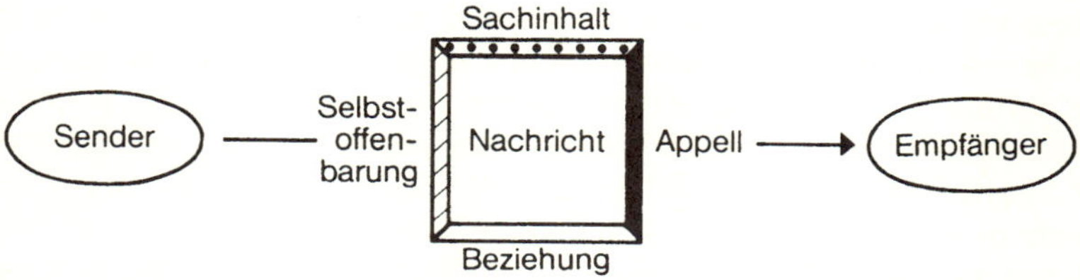

Abbildung 74: Allgemeine Struktur eines zwischenmenschlichen Kreislaufs (aus: Schulz v. Thun 1989, S. 30)

munikationen und Handlungen konzentriert. Zirkuläre Kommunikationsprozesse, die als Grunddynamiken komplexer Handlungs- und Kommunikationsmuster anzusehen sind, vollziehen sich dabei in allen sozialen Systemen. Nach Schulz v. Thun (1989) führt eine »Innerung« (mentales Modell) zu einer Äußerung (Kommunikation), die als Grundlage für eine »Innerung« des Gesprächspartners dient.

Bei der Äußerung einer Information an einen Mitmenschen (Nachricht) können zumindest vier Aspekte unterschieden werden: (a) Sachaspekt, (b) Beziehungsaspekt, (c) Appellaspekt und (d) Selbstoffenbarungsaspekt. Der Sachaspekt meint einfach die Sachinformation, die in einer Aussage steckt. Häufig enthält eine Nachricht auch einen Beziehungsaspekt, es ist sogar geradezu ein typisches Merkmal von Kommunikationsproblemen, wenn Themen und Konflikte der Beziehungsebene auf einer scheinbaren Sachebene diskutiert und ausgetragen werden. Der Beziehungsaspekt, oft in körpersprachlichen Gesten und dem Tonfall erkennbar, drückt etwas über die Beziehung des Senders zum Empfänger der Nachricht aus. Der Selbstoffenbarungsaspekt thematisiert die Erfahrung, daß der Sender in einer Äußerung auch einiges über

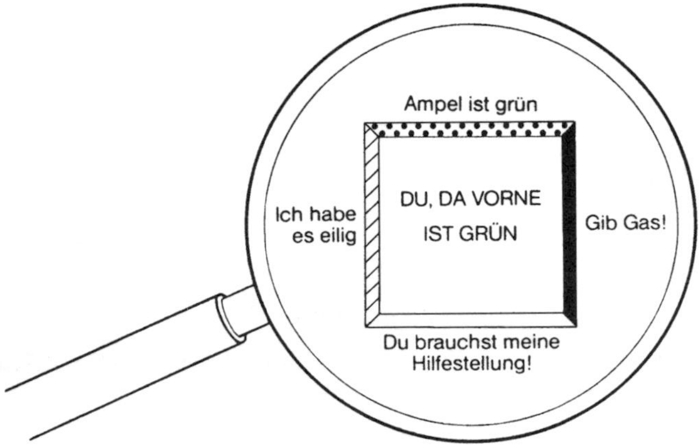

Abbildung 75: Beispiel für die vier Aspekte einer Nachricht (aus: Schulz v. Thun 1981, S. 31)

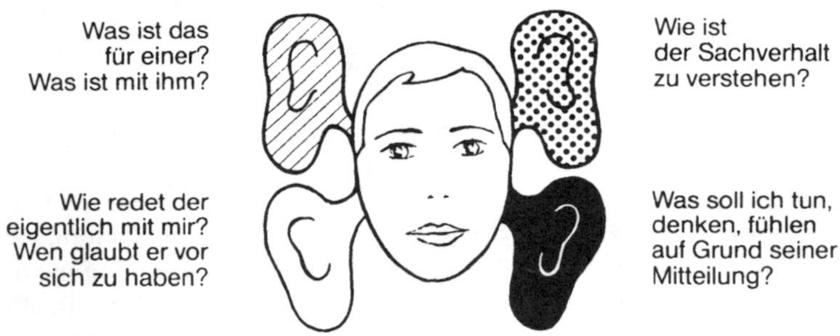

Abbildung 76: Der vierohrige Empfänger (aus: v. Thun 1981, S. 45)

sich selbst (z. B. seine momentane Gefühlslage) vermittelt. Der Appellaspekt schließlich gibt Auskunft darüber, zu welchen Handlungen der Sender den Empfänger der Nachricht veranlassen möchte.

Abbildung 75 illustriert ein Beispiel. Natürlich können mehrere Aspekte in einer Kommunikation verpackt sein, dennoch ist es förderlich, möglichst eindeutig zu kommunizieren, also den Hauptaspekt, dem die jeweilige Kommunikation dient, klar und direkt auszudrücken.

Unabhängig wie eine Äußerung wirklich gemeint war, also welchen Aspekt der Sender betonen wollte, kann der Empfänger aufgrund der Informationsverarbeitungsdynamik des eigenen psychischen Systems diese Information mit zumindest »vier Ohren« empfangen und unterschiedliche Aspekte der Nachricht interpretieren.

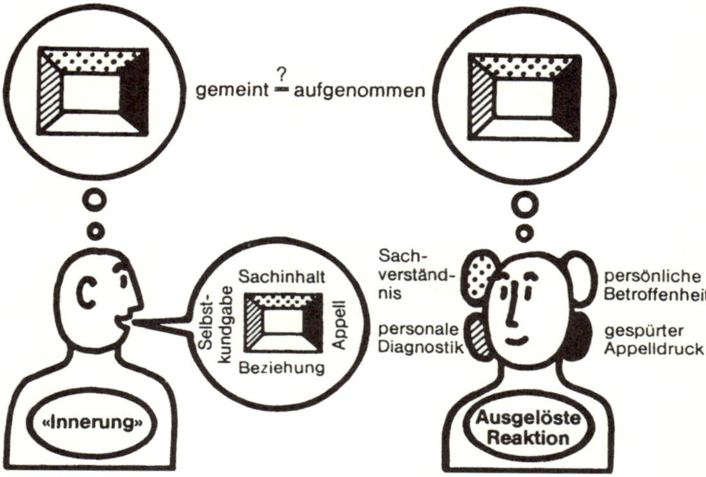

Abbildung 77: Schema eines Kommunikationsprozesses (aus: Schulz v. Thun 1989, S. 22)

Konflikte entstehen häufig aus einer nicht übereinstimmenden Auffassung darüber, auf welcher Ebene die Kommunikation gemeint war. Dies bedeutet, daß im Training von Systemkompetenz geübt wird, kongruente und klare Botschaften zu kommunizieren. Metakommunikation (z. B. das Nachfragen bei Unklarheit und Mißverständnissen) und das gemeinsame Reflektieren über die Art und Weise der Kommunikation wird hier verstärkt eingesetzt. Die Abbildungen 77 und 78 illustrieren die allgemeine Struktur der Kommunikation entsprechend den vier Aspekten einer Nachricht und den vier Ohren sowie ein konkretes Kommunikationsbeispiel.

Aus verschiedenen Interpretationen des Kommunikationsprozesses durch die Akteure ergeben sich Konflikte, die eine ebenfalls zirkuläre Struktur aufweisen (»Teufelskreis«). Zentral ist bei diesen Teufelskreisen die unterschiedliche Interpunktion des Kommunikationsprozesses. Jede Person sieht das eigene Verhalten nur als Reaktion auf ein ursächliches Verhalten des anderen (Schuld ist immer der andere), und nicht den zirkulären Wirkmechanismus. Umgekehrt könnte sich auch jede der zwei Personen als »Täter« und nicht als »Opfer« verstehen und entsprechend interpunktieren.

Aus solchen einfachen Rückkopplungsschleifen entstehen in selbstorganisierter sozialer Dynamik typische Verhaltensmuster. Bei der Zusammenarbeit in Organisationen, aber auch in Paarbeziehungen können

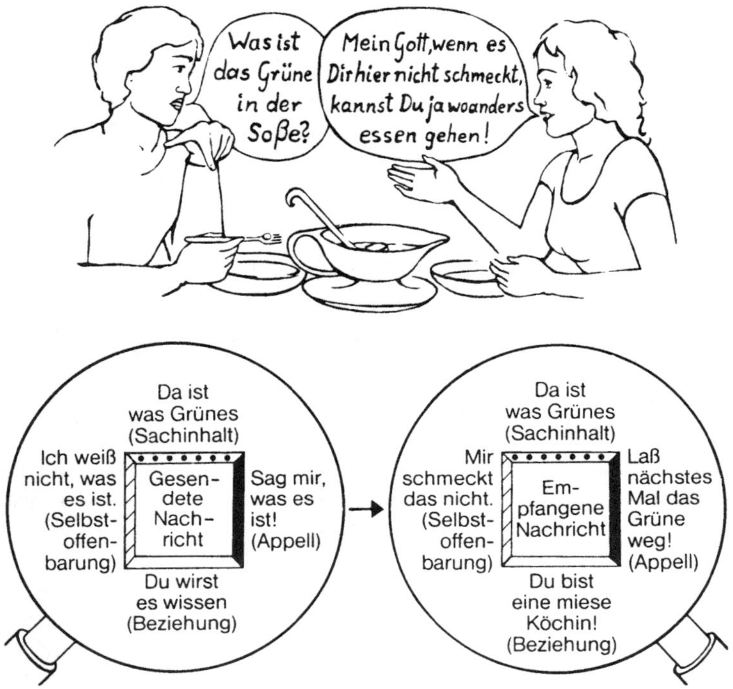

Abbildung 78: Beispiel für einen Kommunikationsprozeß
(aus: Schulz v. Thun 1981, S. 62 f.)

konflikthafte Kommunikationsmuster die Lebensqualität der Individuen erheblich einschränken und zur Zerstörung der Beziehung beitragen. Vor allem ein Mangel an (rechtzeitiger) Kommunikation über gemeinsame Erwartungen, Rollen, Aufgaben und Ziele trägt dazu bei, stabile und zugleich dysfunktionale Kommunikationsmuster aufzubauen. Man handelt dann wie unter Zwang, nach Gewohnheit und hat auch ein mentales Modell über den anderen aufgebaut, das kaum noch reale Veränderungen des anderen und/oder deren Wahrnehmung erlaubt. Auch Sich-selbst-erfüllende-Prophezeiungen (Watzlawick 1983) sind auf solche Teufelskreise zurückzuführen. Dabei trägt die eigene Erwartungshaltung unbewußt wesentlichen Anteil zu einem entsprechenden Handeln bei, so daß dann auch tatsächlich (oder auch nur wieder interpretiert) die Erwartung bestätigt wird (z. B.: Ich bin technisch unbegabt).

Ein solches zirkuläres Geschehen ist auch für das »Kollusions-Konzept« in der Paartherapie von Willi (1975) von zentraler Bedeutung.

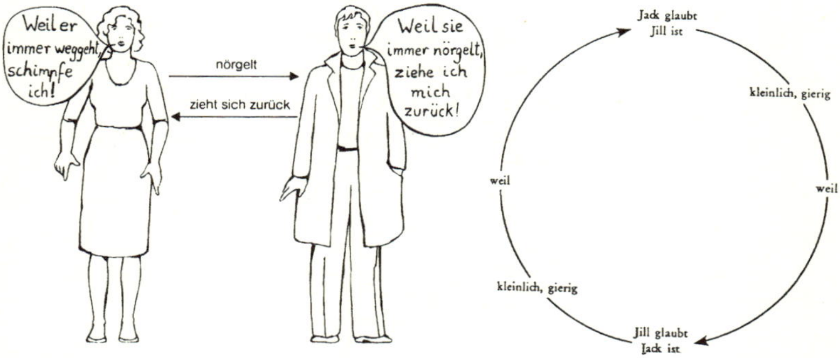

Abbildung 79: Mann und Frau interpretieren und interpunktieren ihre Interaktion verschieden (links aus: Schulz von Thun 1981, S. 86 f.; rechts aus: Laing 1989, S. 57 f.)

Kollusion bezeichnet ganz allgemein ein Zusammenspiel zweier Partner, die den gleichen unbewältigten Grundkonflikt miteinander austragen. Jeder der beiden Partner spielt dabei eine andere Rolle, die jeweils eine polarisierte Variante dieses Konflikts darstellt. Aufgrund der unterschiedlichen Manifestation des Konfliktes scheinen sich die Partner zunächst ideal zu ergänzen, was das Zustandekommen der Paarbeziehung erleichtert. Ohne auf Details einzugehen, kann beobachtet werden, daß dabei ein zirkulärer Prozeß in Gang kommt, in dem die Bewältigung des Grundkonflikts letztlich scheitert.

Auch die Körpersprache ist wesentlicher Bestandteil von Kommunikationsdynamiken. Nonverbale Ausdrucksformen sind den meisten Menschen selten wirklich bewußt, trotzdem gehen gerade sie zu einem nicht unerheblichen Teil in die Realitätskonstruktion mit ein, wie es auch das geflügelte Wort »ein Blick sagt mehr als tausend Worte« auf den Punkt bringt. Insbesondere das sogenannte mimetische Handeln spielt bei sozialen Prozessen eine zentrale Rolle. »Mimesis« kann allgemein als menschliche Fähigkeit verstanden werden, Verhalten und Ereignisse sinnlich nachzuvollziehen, symbolisch zu wiederholen und körperlich darzustellen (Gebauer u. Wulf 1998). Der Gebrauch des Körpers, insbesondere der Hand, hat einen entscheidenden Anteil an der Kommunikation und Konstruktion von Bedeutung im sozialen Prozeß, was sich schon an Begriffen wie *hand*-eln, be-*deuten*, be-*greifen* ablesen läßt. Mimetisches Handeln wird dabei selbst wieder, wie auch die verbale Sprache, im Sozialisationsprozeß erlernt. Nonverbale Signale wirken schon bei kleinsten Veränderungen in der Haltung einzelner Körperteile bis hin zu Sitzordnungen bei Besprechungen. Kommu-

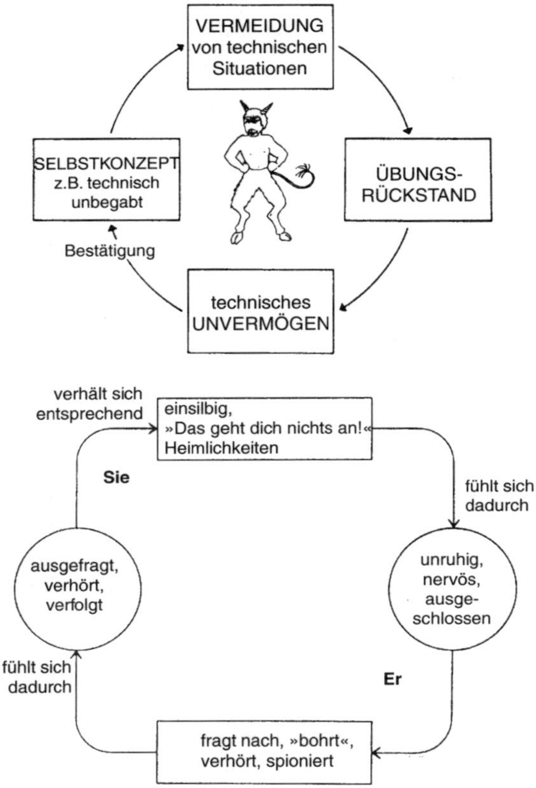

Abbildung 80: oben: Selbstkonzept »Technisch unbegabt«-Teufelskreis (aus: Schulz v. Thun 1981, S. 194); unten: Beispiel für einen dysfunktionalen Kommunikationsprozeß (aus: Schulz v. Thun 1989, S. 30)

nikationsformen, die mit entsprechenden Persönlichkeitsstilen gekoppelt auch nonverbale Anteile haben, werden insbesondere in der humanistisch orientierten Familientherapie von Satir (1975) betont.

Probleme des Menschen im Umgang mit komplexen dynamischen Systemen

Ausgehend von den Erkenntnissen, die mit Hilfe der Analyse von Handlungen bei Computersimulationen gewonnen wurden, konnte Dörner verschiedene Phasen der Handlungsregulation beschreiben

(Dörner u. Pfeiffer 1992; Badke-Schaub u. Tisdale 1995). In der ersten Phase der Handlungsregulation (der Zielausarbeitung) erfolgt die Erstellung von Richtlinien und Kriterien für die weitere Planung. Dabei müssen besonders zwei zentrale Anforderungen bewältigt werden: die Konkretisierung von Zielen und die Teilzielbildung sowie die Balancierung einander widersprechender Ziele. Bei Fehlern in der Zielausarbeitung kann vorhandener Handlungs- und Zeitdruck dazu führen, daß Teilziele nur mangelhaft definiert werden, oder es erfolgt eine Schwerpunktbildung nach dem auffallendsten Kriterium, den offensichtlichen Mängeln oder nach der Verfügbarkeit von Methoden. Dörner nennt das daraus resultierende Handlungsschema »Reparaturdienstverhalten«. Dabei werden nur jene Probleme gelöst, die gerade unmittelbar anstehen. Das Nichterkennen von kontradiktorischen Teilzielen, hervorgerufen durch die Überbewertung einzelner Motive, führt häufig zur Vernachlässigung unerwünschter Neben- und Fernwirkungen von Handlungen. Um mit den oft unerfreulichen und belastenden Resultaten von Handlungen und Kommunikationen umgehen zu kön-

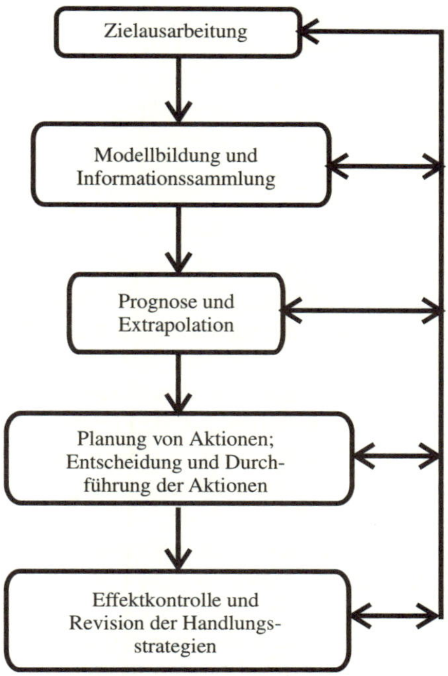

Abbildung 81: Phasen der Handlungsregulation (aus: Dörner 1989, S. 67)

nen, greifen Menschen dann weiterhin zu Selbstschutzmechanismen. Dazu gehört die Zielinversion, wo das Unerwünschte zum eigentlichen Wunschziel deklariert wird, und die Aufstellung von Verschwörungstheorien.

Die nächste Phase umfaßt die Bildung eines mentalen Modells der Situation als Voraussetzung zur weiteren Informationssammlung und -integration. Wenn eine Person dabei den Systemcharakter einer Situation nicht adäquat erfaßt, sondern nur voneinander unabhängige Teilsysteme sieht, folgt daraus eine isolierte und unvollständige Modellerstellung, die Kabas (1997) mit der Computersimulation »Ökolopoly« von Vester nachweisen konnte. Ein zumeist uneingestandenes Gefühl der Hilflosigkeit oder Angst, die Überwertigkeit eines aktuellen Motivs, Informationsüberlastung oder auch die Wahl eines falschen Auflösungsgrades führt zu geringer oder überzogener Informationssammlung. Zuwenig Information kann aus einer (übereilten) reduktiven Modellbildung resultieren, in der die vorliegende Situation nur auf eine Zentralvariable zurückgeführt wird, wobei das bis zum völligen Dogmatismus reichen kann. Beispiele dafür sind Welterklärungen aus einem Guß, wie etwa unsere Zivilisation ausschließlich als »Freizeitgesellschaft« zu bezeichnen. »Die Wahrscheinlichkeit, daß eine solche psychische Konstellation tatsächlich entsteht, ist ausgerechnet dann hoch, wenn es eigentlich darauf ankommt, genau hinzusehen, nachzudenken und vorsichtig zu handeln, nämlich in Situationen hoher Unbestimmtheit und Komplexität. Denn dann ›hat man etwas‹ von einer solchen Reduktion samt ›dogmatischer Verschanzung‹, nämlich Entlastung: Entlastung von Unbestimmtheit, Entlastung von dem Gefühl, den Dingen machtlos ausgeliefert zu sein, Entlastung von Angst!« (Dörner 1990, S. 268).

Im anderen Extrem ist auch eine extensive, akribische und detaillierte Informationssammlung, vielfach gekoppelt mit einer gewissen Handlungsscheu, Ursache von Handlungsfehlern. Als weitere Formen fehlerhaften Umgangs mit Information beschreibt Dörner (1989) auch die Irrationaldrift, wo nur noch nach dem Gefühl gehandelt wird, die Horizontalflucht in ein kleines, überschaubares Gebiet oder die Vertikalflucht in ein geistiges Bild ohne Bezug zur Realität. Für eine erfolgreiche Bewältigung dieser Phase hingegen kommt es darauf an, das Wirkungsgefüge eines Systems zu erkennen und sich eine gute Informationsbasis zu verschaffen. Wie dieses Optimum erreicht werden kann, läßt sich aber nie exakt vorhersehen.

In der Phase der Prognose wird versucht, künftige und geplante Ereignisse vorherzusagen. Die dabei benötigte Fähigkeit, Zeitabläufe abzuschätzen, ist jedoch bei den meisten Menschen nur gering ausgeprägt.

Als Instrument zur Prognose werden daher verschiedenste Methoden angewandt, um die Unsicherheit zukünftiger Entwicklungen zu mindern. So wird in der Momentanextrapolation der bestehende Trend monoton und linear in die Zukunft projiziert, obwohl die verschiedensten Variablen oftmals nichtlineare Dynamiken aufweisen. Generell wird von Menschen die Geschwindigkeit von Wachstumsprozessen stark unterschätzt. Auch in Räuber-Beute-Computersimulationen (Dörner u. Preußler 1992) zeigte sich, daß die meisten Versuchspersonen keine Stabilisierung der Räuber-Beute-Populationen erzielen konnten, da sie die Wechselwirkungen und Zeitverläufe des Systems nicht erkannten. Als Folge kam es zu massiven, aggressiven oder hilflosen Gegensteuerungsstrategien, effektlosen Routineeingriffen, ad-hoc gebildeten Maßnahmen, Verschwörungstheorien oder auch Panikreaktionen. Die Strategien eines erfolgreichen Umgangs mit den Zeitstrukturen eines Systems werden durch die Erfassung der Ablaufcharakteristika eines Prozesses und Techniken, sich zeitliche Abläufe zu »verräumlichen« (z. B. in Form von Diagrammen, Terminkalendern, Zeitplänen) gefördert.

In der Planungsphase, wie auch bei deren Entscheidung und Durchführung, erfolgt die Herstellung mentaler Modelle, die hypothetische Handlungsweisen im Geiste ermöglichen. Dabei kann es ebenfalls zu verschiedensten Fehlentwicklungen kommen, wie zur Ablehnung jeglicher Planung und Verwendung von Patentrezepten, als Ausdruck stabiler Denk- und Handlungsmuster. Die letzte Phase im Modell der Handlungsregulation von Dörner umfaßt die Bereiche Handeln, Effektkontrolle und Selbstreflexion. Dadurch ergeben sich Möglichkeiten zur Korrektur eigener falscher Handlungsmuster, was aber im sozialen Prozeß durch die diskutierten Stereotypisierungen des Denkens und Handelns erschwert wird.

Mit Computersimulationen lassen sich Handlungsfehler aber nicht nur empirisch untersuchen, sondern sie können auch sinnvoll für die Verbesserung der Handlungsfähigkeit und Wissensbildung eingesetzt werden (Eulefeld 1990; Pfliegersdorffer 1994). Gerade der Ansatz des Gaming Simulation, wie er im Trainingsmodell zur Systemkompetenz umgesetzt wird, kann den Umgang mit komplexen dynamischen Systemen verbessern und dem Aufbau von effizienteren Denk- und Handlungsmustern fördern (W. Kriz u. Rizzi 1998). Systemkompetenz im Bereich »Soziale Mitwelt« bedeutet das Beachten von Regeln zum aufrichtigen Geben und Nehmen von Feedback in einer Gruppe, Erlernen von Kommunikationsfähigkeiten und Teamarbeit, aber auch die Einhaltung ethischer Normen, wie die Nicht-Schädigung anderer Personen in psychischer und in physischer Hinsicht.

Systembereich Technik

Materiell verfestigte Ergebnisse menschlichen Handelns, wie etwa Infrastruktur, Konsumgüter, Architektur, gehören dem letzten im Systemisch-Ökopsychologischen Handlungsmodell definierten Systembereich »Technik« an. Auch in Systemen dieses Bereiches existieren Selbstorganisationsprozesse. Die Gegenstände wirken wieder auf alle anderen Systeme zurück. Zum einen verändern sie die Natur, die zunehmend eingeengt und vernichtet wird. Andererseits sind die Gegenstände untrennbar mit einer psychischen Bewertung und einem überindividuellen, sozialen Symbolgehalt verbunden. Dieser Symbolcharakter wirkt in den sozialen Prozeß ein, in dem die Medien als Schnittstelle zwischen sozialer Kultur (Vermittlung und Kommunikation von zentralen Informationen, Werten) und manifestierter Kultur (Schriftzeichen, externe Speicherung von Information in Büchern, Tonträgern) dienen.

Die materiellen Möglichkeiten der externen Speicherung und Verbreitung von Information (neben den kognitiven Gedächtnisspeichern) wirken als bedeutender Faktor auf den sozialen Konstruktionsprozeß von Realität ein (Merten 1990). Medien haben in unserer Zeit eine solche Bedeutung im Prozeß sozialer Realitätskonstruktion erlangt, daß materiell verfestigter oder durch Medien transportierter Information manchmal mehr Wahrheitsgehalt zugeschrieben wird als der direkten Kommunikation zwischen Menschen. Neue technische Innovationen in den Massenkommunikationsmitteln hatten dabei immer schon einen wesentlichen Anteil an der Veränderung sozialer Formen des menschlichen Zusammenlebens. Das Prinzip der »Schweigespirale« (Noelle-Neumann 1989) ist dabei ein klassisches Beispiel für einen attrahierenden Prozeß, in dem – unter Mitwirkung der Medien als Verbreiter der öffentlichen Meinung – eine gesellschaftliche Konstruktion von Werthaltungen und Meinungen realisiert wird. Im Zeitalter von Cyberkultur und virtueller Realität wird zunehmend deutlich, daß durch Medien selbst »Lebensräume« geschaffen werden (z. B. Internet), die räumlich-zeitliche Grenzen von traditionell in der Umweltpsychologie thematisierten »realen Räumen« überwinden. Gerade die Möglichkeiten der Informationstechnologien haben entscheidenden und vermehrten Einfluß auf die Organisation menschlicher Handlungsabläufe und dienen auch als Hilfsmittel für das Zeit- und Ressourcenmanagement bei der Verfolgung von komplexen Unternehmenszielen (Bullinger u. Warnecke 1996). Komplexe »soziotechnische Systeme« sind Kennzeichen unserer Informationsgesellschaft geworden und unterstützen »lernende Organisationen« in vielfältiger Weise (Comfort 1997).

verbale	interaktionale	artifizielle (objektivierte)
Geschichten	Riten, Zeremonien, Traditionen	Statussymbole
Mythen	Feiern, Festessen, Jubiläen	Abzeichen, Embleme Geschenke, Fahnen
Anekdoten	Conventions	Logos
Parabeln	Konferenzen, Tagungen	Preise, Urkunden, Incentive-Reisen
Legenden, Sagen, Märchen	Vorstandsbesuche Revisorbesuche	Idole, Totems, Fetische
Slogans, Mottos, Maximen, Grundsätze	Organisationsentwicklung	Kleidung, äußere Erscheinung
Sprachregelungen	Auswahl und Einführung neuer Mitarbeiter; Beförderung	Architektur Arbeitsbedingungen
Jargon, Argot, Tabus	Degradierung, Entlassung, freiwillige Kündigung, Pensionierung, Tod	Plakate, Broschüren, Werkszeitung
Lieder, Hymnen	Beschwerden	schriftlich fixierte Systeme (der Lohnfindung, Einstufung, Beförderung)
	Magische Handlungen (Mitarbeiterauswahl, Strategische Planung usw.)	
	Tabus	

Abbildung: 82: Medien der symbolischen Interaktion (aus: v. Rosenstiel 1992, S. 359)

Es ist ein zentraler Vorzug umweltpsychologischer Sichtweise, die Rolle von Prozessen in der sozialen, natürlichen und künstlichen Umwelt für eine Erforschung und Erklärung menschlichen Erlebens und Verhaltens miteinzubeziehen. So ist bei der menschengerechten Gestaltung von technischen Systemen auf körperliche, psychische und soziale Prozesse Rücksicht zu nehmen, die auch bei der Hard- und Softwareentwicklung für die Benutzerfreundlichkeit der Computertechnologie einbezogen werden (Caroll 1997; Clegg 1994). Ergonomische Faktoren werden auch in der Arbeitspsychologie (vgl. Ulich 1995; Frieling 1995) thematisiert und dienen der Sicherheit bei Arbeitsabläufen. In der Umweltpsychologie wurden bereits eine Reihe von Faktoren der Interaktion zwischen Mensch und gebauter Umwelt untersucht (z. B. Dichte und Enge, Licht und Farbe in der Architekturpsychologie; vgl. Kruse et al. 1990). Studien beweisen beispielsweise, daß Personen in einem vollständig dunklen Raum sehr viel schneller ein hohes Intimitätsniveau erreichen und mit den unsichtbaren Partnern über ernsthafte und persönliche Themen sprechen als in beleuchteten Räumen, in denen die Kommunikationspartner gesehen werden können (Forgas 1995).

Systemkompetenz in Zusammenhang mit dem Bereich »Technik« bedeutet neben dem Erlernen von Fähigkeiten, Technologien zu nutzen, auch die sichere und in ergonomischer Hinsicht benutzergerechte Gestaltung von Technik. Der Einsatz von Technologie und gebauter Umwelt kann aber auch zur Verbesserung der Lebensqualität und zur Unterstützung des Aufbaus systemkompetenter mentaler Modelle (z. B. künstliche Wahrnehmungshilfen, wie öffentliche Schadstoffanzeiger) und menschengerechter sozialer Prozesse sinnvoll genützt werden.

Ein anschauliches Beispiel für die Verknüpfung der diskutierten Systembereiche läßt sich am Beispiel »Ehering« erklären (J. Kriz 1985): »Mein Ehering am Finger gehört zunächst als materielle Manifestation zum externen Prozeß; sein Symbolgehalt als ›Ehering‹ und damit der Hinweis auf die soziale Beziehung zu meiner Frau, meine Mitgliedschaft in der sozialen Institution Ehe und meine Rolle als Ehemann ist damit ebenfalls wahrnehmbar für andere .... Dies setzt gleichzeitig voraus, daß im Gedächtnis die Begriffe ›Ring‹, ›Ehe‹, ›Frau‹ und deren Bedeutungen und Beziehungen zueinander verfügbar sind .... Ebenso muß als Wissen verfügbar sein, daß auch andere in meiner Kultur dieses Wissen haben .... Daneben kann ein durch innere und/oder äußere Konflikte hervorgerufener Hautausschlag am rechten Ringfinger im Zusammenhang mit dem Ring und seinem Symbolgehalt stehen – eine Manifestation im System Körper.«

Zusammenfassend kann gesagt werden, daß sich Menschen in komplexen, dynamischen realen und virtuellen Lebensräumen bewegen, die sich aus vernetzten Teilen natürlicher Umwelt, Technik und Sozialer Mitwelt zusammensetzen. Die aktive Gestaltung der Lebenswelt vollzieht sich dabei in Interaktion mit den psychischen und körperlichen Prozessen. Die umweltpsychologische Perspektive betont die Bedeutung der natürlichen und künstlich hergestellten Umwelt für das menschliche Erleben und Verhalten, da Faktoren aus diesen Bereichen den Handlungsspielräumen Grenzen setzen und spezifische psychische und soziale Prozesse unterstützen oder unterbinden. In allen Lebensbereichen spielen attrahierende Prozesse bei der Herstellung stabiler Strukturen und Phasenübergänge eine wichtige Rolle. Im Systembereich »Psyche« sind mentale Modelle als Sinnattraktoren der Realitätskonstruktion wirksam, wobei in das psychische System eingehende Informationen von existierenden psychischen Ordnungsparametern versklavt werden. In der Sozialen Mitwelt werden durch zirkuläre Kreisprozesse Kommunikations- und Handlungsmuster aufgebaut, die in spezifischen Gruppennormen und im Rollenverhalten sichtbar werden. Musterbildungen garantieren zwar notwendige Stabilität und Sicherheit, können aber die Weiterentwicklung von Systemen hemmen und dysfunktionale Prozesse in Gang halten. Im Training von Systemkompetenz soll deshalb eine systemische Grundhaltung vermittelt werden, die die Interdependenzen verschiedener Bereiche angemessen reflektiert und in die Gestaltung der Lebenswelten einbezieht. Das Training als Lernprozeß zielt dabei auf die Erhöhung von Freiheitsgraden durch Perspektivenvielfalt und verstärkte Reflexion und Bewußtmachen von mentalen Modellen und Verhaltensmustern. Durch das Angebot von möglichst optimalen Umgebungsbedingungen sollen selbstorganisiert dysfunktionale psychische und soziale Ordnungsstrukturen in Phasenübergängen verlassen werden und damit neue nachhaltige Veränderungen angeregt werden.

Gestaltung von Prozessen aus systemisch-psychologischer Sicht

Es stellt sich die Frage, wie Veränderungsprozesse in sozialen Systemen adäquat gestaltet und organisiert werden können. An dieser Stelle sollen allgemeine Vorschläge und Erkenntnisse aus systemisch-psychologischer Sicht dargestellt werden, die bei der Organisation und Planung von Handlungsprozessen einzubeziehen sind (vgl. auch Ulrich u. Probst 1993; Malik 1989):

- Es wird eine Definition der für die (Neu-) Gestaltung von Organisations- und Handlungsprozessen (z. B. am Arbeitsplatz) zentralen Systeme, Systemelemente, Systemumwelten, Ordnungsparameter und Kontrollparameter und deren Wechselwirkungen vorgenommen. Eine Analyse des IST-Zustandes (bzw. der »IST-Prozesse«) wird durchgeführt. Die Analyse konzentriert sich auf zirkuläre Wechselwirkungen. Komplexe Systeme bestehen aus vielen miteinander rückgekoppelten Prozessen. Linear-kausale Ursache-Wirkungs-Ketten bilden somit kein brauchbares Modell zum Verständnis dynamischer Systeme.
- Es wird versucht, eine möglichst ganzheitliche Beschreibung und Untersuchung der Systeme und Prozesse zu gewährleisten. Einerseits werden übergeordnete Systemstrukturen in kleinere Teilkomponenten zergliedert, es werden Grenzziehungen zwischen System und Umwelt durchgeführt, und es wird in verschiedene Systemebenen und Teilprozesse differenziert (analytische Schritte). Andererseits wird die ganzheitliche Vernetzung nicht vernachlässigt, indem zu erklärende Objekte immer als Teile eines größeren Ganzen betrachtet werden, und in dem versucht wird, die Funktion der Teilsysteme für ein umfassenderes Gesamtsystem aufzuzeigen (synthetische Schritte).

- Als Hilfe für die Systemanalyse und die Planung von Interventionen kann die Zuordnung der wichtigsten Prozesse und Strukturen zu den fünf Bereichen des Systemisch-Ökopsychologischen Handlungsmodells, ergänzt durch eine Analyse der zentralen Feedback-Loops in und zwischen den einzelnen Systembereichen, angewandt werden. Eine Verräumlichung zeitlicher Dynamik durch Diagramme, Zeitreihendarstellungen und Abbildungen von Wirkmechanismen erleichtert das Verständnis in grundlegende Systemabläufe.
- Die Grenzen von Systemen gegenüber ihren Umwelten sind nicht etwas objektiv Gegebenes, sondern sie werden gedanklich konstruiert. Durch bewußtes Wechseln der Betrachtungsebene können Systeme in ihrer Komplexität besser erfaßt werden. Eine interdisziplinäre Zusammenarbeit, die das Wissen und die Erfahrungen möglichst vieler Perspektiven integriert, ist für die Gestaltung von Prozessen daher nützlich.
- Die notwendige Perspektivenvielfalt wird dadurch hergestellt, daß die Systemanalyse gemeinsam mit den betroffenen Menschen des Systems durchgeführt wird. Für den Erfolg der später realisierten Systementwicklungsmaßnahmen ist es von zentraler Bedeutung, eine gemeinsam geteilte Zukunftsvision mit den im System handelnden Menschen zu erarbeiten. So werden überindividuelle Ziele und deren Prioritäten festgelegt, die dann im weiteren Prozeß als Ordnungsparameter gemeinsam konstruierter Realität anzusehen sind. Dadurch wird ein zielorientierter (attrahierender) Entwicklungsprozeß in Gang gebracht.
- Es erfolgt die Integration der beteiligten Personen für eine möglichst adäquate Beschreibung des Systems, um neue Erkenntnisse und Alternativstrategien für die Gestaltung von Arbeits- und Organisationsprozessen zu gewinnen. Die Durchführung einer Gruppendiskussion über das System ermöglicht auch eine verstärkte Reflexion bestehender Probleme sowie die Erfahrung der eigenen individuellen Vorstellungen und Gefühle im Umgang mit dem System und mit anderen Personen (Umgang mit Nähe und Distanzwünschen der Personen zueinander usw.). Unterschiedliche Beziehungsdefinitionen, Machtverhältnisse und Organisationsmythen werden deutlich. Dieses gemeinsame Bewußtmachen von Stärken und Schwächen, Erwartungen, Gedanken und Gefühlen, Rollen und Aufgaben im System und Feedbackprozesse in der Gruppe helfen sowohl bei der Problemdefinition als auch bei der Bewertung von durchgeführten Maßnahmen zur Erreichung von Zielen.
- Im Gruppenprozeß gilt es – neben dem Erlernen des Gebens und

Nehmens von Feedback –, auch spezielle systemische Fragetechniken wie zirkuläres Fragen einzusetzen. Damit können die Kommunikations- und Handlungsstrukturen der Sozialen Mitwelt und die verschiedenen individuellen Realitätskonstruktionen aufgedeckt werden, was eine Voraussetzung für die Schaffung gemeinsamer Werte, Ziele und Regeln in der Gruppe darstellt. Notwendig ist es, insgesamt mehr Kommunikations- und Reflexionsprozesse in Gang zu bringen. Personen in Organisationen müssen mehr miteinander über beobachtete Probleme und Veränderungsmöglichkeiten sprechen. Diese Kommunikation muß auch in konkrete Festlegungen neuer Aufgaben, Regeln, Handlungsabläufe münden, deren Effizienz dann wieder erprobt und bewertet werden kann. Durch das Ernstnehmen der persönlichen Wünsche und Erfahrungen wird die Motivation gefördert, an der Systemveränderung aktiv teilzunehmen.

- Es werden gemeinsam Interventionsstrategien festgelegt, um die gewünschten Veränderungen zu erzielen, wobei auf die zentralen Aspekte fokussiert wird (was zentral ist, wird im gemeinsamen Diskurs definiert). Eine Zeitperspektive für die Systementwicklung wird erarbeitet, das Management der verfügbaren materiellen und personellen Ressourcen wird durchgeführt und die Auswirkungen der Maßnahmen (Nebenwirkungen) werden abgeschätzt. Teilziele werden genau spezifiziert und Kriterien für die Messung der Erreichung der Ziele für die Erfolgskontrolle werden festgelegt.
- Die Veränderung komplexer Systeme erfolgt durch die Beeinflussung der relevanten Kontrollparameter (z. B. Kontakthäufigkeit der Mitglieder einer Personengruppe am Arbeitsplatz, die als Kontrollparameter wirken und Erhöhung dieser Kontakthäufigkeit durch Personalentwicklungsmaßnahmen; vgl. Beisel 1996). Durch die Schaffung möglichst optimaler Umgebungsbedingungen (Lernumgebungen; vgl. Greif u. Kurtz 1996) kann sich das Systemverhalten dann selbstorganisiert verändern (Entwicklung von teamorientierten Kommunikationsmustern). Für die Lenkung menschlicher Handlungsmuster können auch entsprechende Handlungsanreize geschaffen werden (Förderungen von Verhaltensweisen durch gesetzliche Rahmenbedingungen, Information durch Medien usw.).
- Die Eigendynamik von Systemen wird zur Veränderung von Systemstrukturen genutzt. Die Organisation von Systemverhalten (menschliches Handeln) darf nicht als Aufzwingen fremder Strukturen verstanden werden, sondern als Bereitstellung von Bedingungen zur Verwirklichung systeminhärenter Strukturierungsmöglichkeiten. Die Gestalter von Systemprozessen sind selbst Teil der Lebenswelt,

die sie verändern wollen. Planungsprozesse und die Organisation von Handlungsmustern beziehen sich auf Menschen als lebende Organismen mit ihrer eigenen Entwicklungsgeschichte (und spezifischen Werthaltungen, Überzeugungen, Fähigkeiten usw.) und nicht auf determinierbare Maschinen. Die zu verändernden Systeme und deren Strukturen müssen deshalb mit Respekt und Toleranz behandelt werden.

- Es erfolgt die Durchführung kleiner Eingriffe im System und eine ständige Rückkopplung der Auswirkungen dieser Eingriffe sowie eine begleitende wissenschaftliche Evaluation der durchgeführten Maßnahmen, um die Interventionen flexibel der Entwicklungsdynamik anzupassen. Systemprozesse können in ihrer Dynamik nicht vollständig kontrolliert und vorausberechnet werden, es existieren daher auch keine endgültigen Lösungen für das Handeln in Systemen.
- Eine Supervision der Personen im Systemprozeß wird begleitend durchgeführt, um die entstehenden Konflikte, die bei einer Veränderung von Strukturen (Phasenübergängen) in der Regel entstehen, zu bearbeiten und aufzulösen. Die psychologische Begleitung hat auch die Funktion, bei den Personen eine erhöhte Selbstreflexion über ihr Empfinden und Handeln und produktives Gruppenfeedback weiter anzuregen.
- Die Entwicklung neuer Systemstrukturen wird durch möglichst sensibles Erfassen, Fördern, Koordinieren und Begleiten von Prozessen unterstützt. Druckausübung, starre Regeln, Anweisungen und starke Kontrolle sind für die Organisation von Prozessen nicht förderlich. Die möglichst viele Freiheiten zulassende Unterstützung von bereits vorhandenen Entwicklungstendenzen durch kleine Impulssetzungen und ein Gehen-mit-der-Entwicklung stellen eine wesentlich effizientere Vorgangsweise dar.
- In vielen Fällen kann das Aufbrechen streng hierarchischer sozialer Organisationsformen durch Bildung von kleinen, flexiblen, dezentralen, selbstverantwortlichen und autonomen Einheiten angeregt werden. Das Zulassen von größerer Freiheit, Dialogfähigkeit, Motivation und Kreativität dient dem Ziel, die im gruppendynamischen System selbst liegenden Lösungs- und Veränderungspotentiale besser auszuschöpfen. Dies erfordert eine hohe Bereitschaft, Widersprüche und Konflikte zu ertragen, zuzulassen und auszubalancieren (z. B. durch Supervision und Mediation), anstatt Widersprüche und Konflikte einfach zu unterbinden.
- Das Aufbrechen von Hierarchieebenen bedeutet dabei keine Eliminierung von Führungsrollen. Die Bildung von wesentlichen Füh-

rungsqualitäten für einen möglichst großen Teil der in einem System befindlichen Menschen ist notwendig. Führungs- und Moderationsfunktionen können dann in einem Team je nach Sachlage der Probleme von jeweils verschiedenen Personen flexibler übernommen werden. Aus systemischer Sicht braucht ein soziales System daher nicht einen Lenkenden, sehr wohl aber Koordinationsprozesse, die für bestimmte Zeitperioden im Verantwortungsbereich einer oder mehrerer Personen liegen.

- Es wird die Fähigkeit der Führungskräfte gefördert, Aufgaben und Verantwortungsbereiche delegieren und loslassen zu können. Die jeweiligen Führungspersonen müssen die Balance zwischen Zulassen von Freiräumen und Reduktion von Selbstverantwortung der Mitarbeiter herstellen.

Diese in allen Lebensbereichen wichtigen Konsequenzen für die Gestaltung und Organisation von Systemprozessen schließen insbesondere auch die Förderung von Teamfähigkeit und Kommunikationsfähigkeiten zum adäquaten Handeln in komplexen sozialen Systemen mit ein (Voß 1995; Wagner et al. 1995; Foster et al. 1995). Die genannten Forderungen und Vorschläge für eine zukunftsfähige Gestaltung von Prozessen können nur durch entsprechende Förderungen der Systemkompetenz der im System befindlichen Personen realisiert werden. Die genannten Idealvorstellungen werden aber in der beschriebenen Form in kaum einem System vollständig in die Praxis umgesetzt werden können. So ist das Aufbrechen von Hierarchieebenen hin zur Bildung von flexiblen selbstgesteuerten Teams zwar häufig auch zum Lippenbekenntnis vieler Führungskräfte geworden, es ist aber ebenso häufig nicht das, was »Machthaber« wirklich wollen. Frank und Matuschek (1997, S. 400) geben ein Beispiel für typische Probleme, die sich bei Organisationsentwicklungsmaßnahmen einer deutschen Bank zeigten: »Auf der Managementebene war teilweise die Furcht vor Verlust von Privilegien, Statussymbolen und vor allem Macht der Beweggrund für Widerstand. Da die Besetzung der neuen Positionen auf Basis der erkannten Qualifikationen erfolgte, kann die Ablehnung des SOLL-IST-Vergleiches durch einige Führungskräfte ... durch Verlustängste auf diesem Gebiet erklärt werden.« Wie bereits ausführlich thematisiert, kommt es zwischen den fünf Bereichen des Systemisch-Ökopsychologischen Handlungsmodells (Körper, Psyche, Technik, Natur und Soziale Mitwelt) zu vielfältig vernetzten Interdependenzen, die je nach Selbstorganisation und Umgebungsbedingungen zu Veränderung und/oder Stabilisierung von Systemprozessen in den genannten Berei-

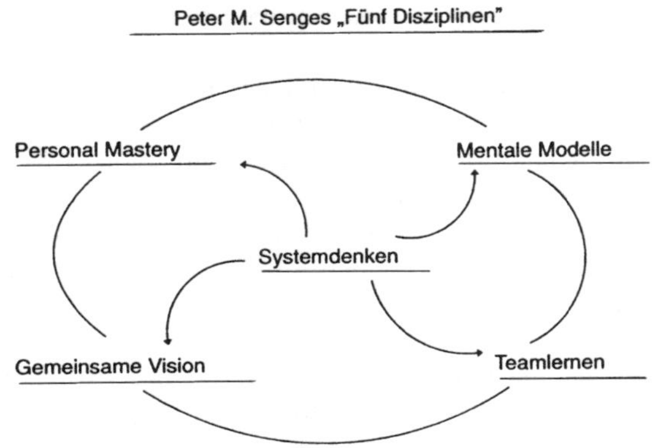

Abbildung 83: Fünf Disziplinen der lernenden Organisation
(aus: Fassbender 1997, S. 57)

chen führen. Sollen nun bestimmte Veränderungsprozesse initiiert werden, so treffen diese Vorstellungen auf ein bereits gebildetes komplexes Geflecht von verschiedenen, oft sehr rigiden Strukturen. In allen Bereichen existieren häufig starke Tendenzen und Kräfte, an altbewährten System-Attraktoren festzuhalten, auch wenn diese Strukturen von außen betrachtet noch so dysfunktional sein mögen. Trotzdem ist es für eine nachhaltige Gestaltung unserer Lebenswelten notwendig zu versuchen, Veränderungen in Gang zu setzen, die die persönlichen Entwicklungspotentiale der beteiligten Personen sowie die Fähigkeiten der sozialen Organisation (in der sich die Personen befinden) erweitern.

Gemeinsame Visionen, der Austausch von individuellen mentalen Modellen in der Gruppe, kooperatives Handeln im Team, persönliche Professionalisierung und systemisches Denken sind jene fünf Faktoren, die Senge (1990, 1994) als zentrale Prinzipien sogenannte lernender Organisationen beschrieben hat. Lernende Organisationen können sich den laufenden Veränderungen der Umgebungsbedingungen schneller und besser selbstorganisiert anpassen und haben daher als soziales System höhere Überlebenschancen. Um dieses Idealbild in die Praxis umsetzen zu können, bedarf es jedoch geeigneter Trainingsmaßnahmen und Lernmethoden.

Persönliche Professionalisierung (Personal Mastery) bedeutet für das Individuum, an der Ausweitung seiner Fähigkeiten und an seiner Persönlichkeitsentwicklung zu arbeiten. Bei der Verwirklichung lernender Organisationen und beim Erwerb von Systemkompetenz geht es um eine kontinuierliche Entwicklung und Veränderung von Menschen, gekoppelt mit dem Grundbestreben, lebenslanges Lernen tatsächlich umsetzen zu wollen. Ein zentrales Merkmal lernender Organisationen stellt der Teamgedanke dar. Gemeinsame Visionen und Ziele sollen entwickelt werden, die das Handeln eines sozialen Systems leiten. Die Menschen in einer lernenden Organisation sollen als Team zusammenarbeiten, miteinander und voneinander lernen und ihre mentalen Modelle austauschen. Auch die persönliche Professionalisierung und das systemische Denken stehen im Dienste der Herstellung möglichst optimaler Kommunikations- und Handlungsprozesse.

Teamfähigkeiten und Selbstorganisationskompetenzen spielen im Training von Systemkompetenz eine herausragende Rolle. Teamarbeit vollzieht sich sinnvoller Weise auf der Basis von entsprechenden Rahmenbedingungen, die eine vermehrte Flexibilität, Selbststeuerung, Autonomie und Eigenverantwortung erlauben (Furnham 1997). Das Team hat die Planung, Durchführung von Entscheidungen und Handlungen, Verantwortung und Kontrolle weitgehend in eigener Hand und ist somit in der Lage, selbstorganisiert Handlungsmuster für die Erfüllung der spezifischen Gruppenaufgaben zu entwickeln und zu verändern. Mit der Einführung von Teamarbeit in Organisationen verändert sich daher die gesamte Organisationsstruktur, Führungshierarchien werden flacher.

Mit dem Trainingsmodell für Systemkompetenz und dem im Training angewandten Ansatz des Gaming Simulation können die genannten Kriterien für erfolgreiche Teamarbeit und der Umgang mit Führungsaufgaben im Sinne eines demokratisch-partizipativen Führungsstils in der Praxis erfahren und geübt werden. Die vielen genannten und gutgemeinten Ratschläge, die aus psychologischer Sicht die Teamarbeit effektiv machen, müssen nicht nur theoretisch erlernt, sondern deren Anwendbarkeit und die Schwierigkeiten bei der Umsetzung der dargestellten Richtlinien müssen auch konkret erfahren werden.

Das Trainingsmodell für Systemkompetenz

Im Training werden neben den Formen klassischer Wissensvermittlung, die die bisher dargestellten Themenbereiche umfaßt, auch praxisrelevante Techniken erlernt und geübt. Das Trainingsmodell für Systemkompetenz dient (a) der Vermittlung von praxisrelevantem *Wissen*, (b) dem Erlernen von konkreten *Methoden und Techniken*, die bei der Gestaltung von Interaktionsprozessen hilfreich sein können, und (c) dem *Gaming Simulation*. Durch Gaming Simulation werden Wissen und Techniken in ihrer Anwendung geübt und entsprechende *Handlungskompetenzen* erworben. Durch den gesamten Lernprozeß wird auch die Förderung einer systemisch-konstruktivistischen *Grundhaltung* angestrebt.

Die Vermittlung der Theorieinhalte erfolgt mittels Referaten (einschließlich Videofilmen, Computersimulationen, Overheadfolien), Diskussionen, Literaturstudium und Übungsaufgaben. Die Theorieinhalte beziehen sich auf die Wissenschaftsbereiche (a) Systemwissenschaften, (b) Konstruktivismus, (c) Psychologie und (d) Gaming Simulation.

Neben dem theoretischen Wissen, als unverzichtbarer Basis für den Erwerb eines tieferen Verständnisses von Dynamiken in verschiedenen Lebenswelten, werden auch konkrete Techniken vermittelt. Das Spektrum dieser Methoden reicht von Techniken für Systemanalysen (Bildung von Modellen, z. B. mit Hilfe von »System-Archetypes«), über soziale Kompetenzen (Feedback geben, zirkuläres Fragen, Verhandlungstechniken) bis hin zu Brainstorming-Techniken und Entspannungsübungen. Unterschiedlichste Techniken sollen dabei den Umgang mit Komplexität auf verschiedenen Ebenen erleichtern helfen und die Belastbarkeit von Menschen steigern. Die Techniken werden zusammen mit theoretischen Erläuterungen durch praktische Übungen erlernt.

In einem dritten Baustein des Trainingsmodells werden bestimmte Theorieinhalte und praktische Techniken durch Erlebnismöglichkeiten von Problemlöseprozessen in Gruppen vertieft. Der Lernprozeß des

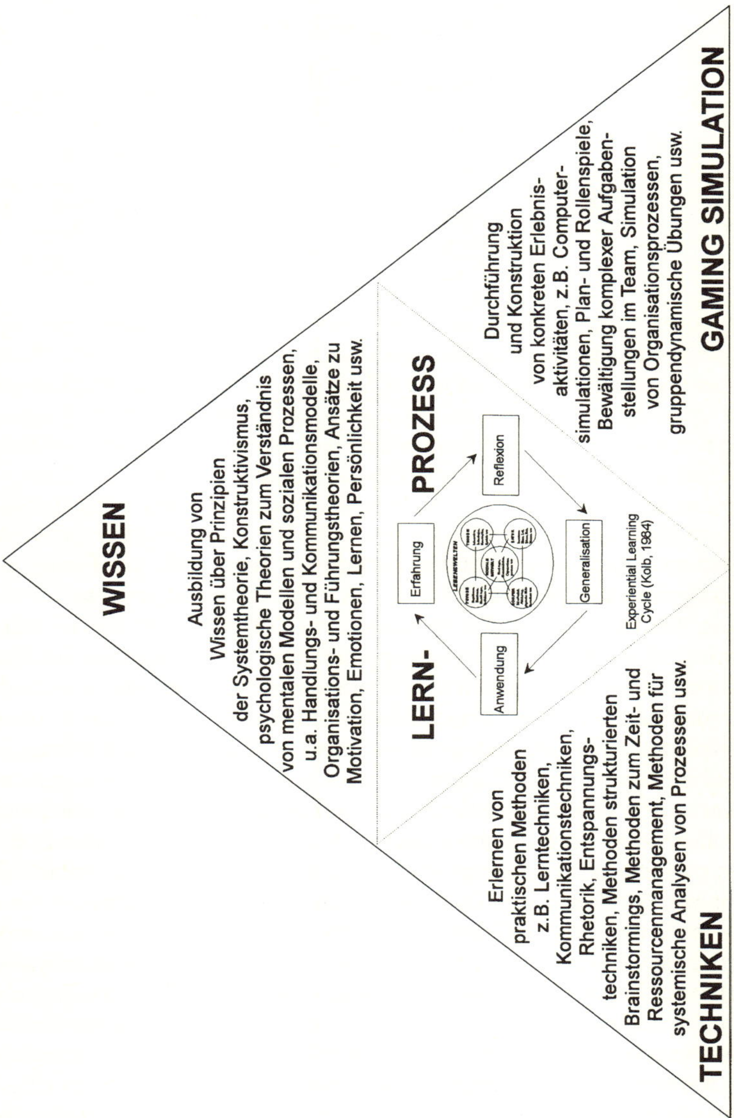

Abbildung 84: Trainingsmodell für Systemkompetenz

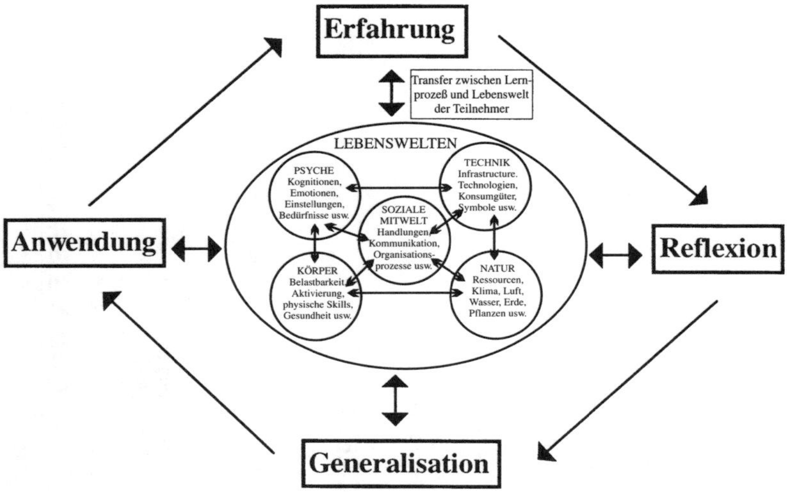

Abbildung 85: Experiential Learning-Prozeß

Experiential Learning wird dabei durch Anwendung von Gaming Simulation in der Praxis realisiert. In konkreten Situationen sollen die Teilnehmer Wissen und Techniken bei der Lösung von Problemen anwenden. Alle drei Bereiche – Wissen, Techniken und Gaming Simulation – werden im Training von Systemkompetenz miteinander vernetzt und prozeßhaft aufeinander aufbauend realisiert.

Aus Abbildung 85 wird deutlich, daß der Kreisprozeß des Experiential Learning nicht im luftleeren Raum stattfindet. Das heißt, daß an diesem Entwicklungsprozeß Menschen teilnehmen, die Ziele verfolgen und die ihre eigene Lebensgeschichte einbringen. Es existieren vielzählige Einflüsse aus den Lebenswelten der Teilnehmer in den Lernprozeß, und umgekehrt sollen die Erkenntnisse und erlernten Verfahrensweisen dann auch wieder in die reale Lebenswelt übertragen und eingesetzt werden. Damit werden wiederum Lebenswelten aktiv verändert. Stabile Handlungsgewohnheiten (z. B. aggressives Konkurrenzverhalten) wirken als starke Ordnungsstrukturen in verschiedenen Situationen des Lebens, auch wenn Wille und Einsicht zu einem anderen Verhalten (kooperative Teamarbeit) vorhanden sind. Deswegen ist theoretisches Lernen nicht ausreichend, um andere Handlungsmuster zu erzeugen. Das Lernen neuer sozialer Handlungsmuster kann nur durch Handeln selbst, also Erfahrungslernen langfristigen Erfolg haben. »Den meisten Menschen ist theoretisch klar, daß bei einem Konflikt zwischen ›Lippe‹ und ›Hand‹-lung immer die Handlung siegt. Praktisch ist ihnen jedoch in der Regel nicht bewußt, inwieweit sie Kinder, Mitarbeiter oder Kunden regelmäßig verunsichern, wenn das, was sie ›predigen‹, leider mit ihrem Verhalten nicht übereinstimmt« (Birkenbihl 1997, S. 80). Der Lernprozeß des Trainings von Systemkompetenz zielt daher insbesondere auf die Entwicklung nachhaltiger und übereinstimmender Denk- und Handlungsmuster.

Ein universitäres Trainingsprogramm

Inhalte und Struktur des Trainingsprogramms

Im ersten Seminar lernen die Teilnehmer die Gaming Simulation-Methode kennen, nehmen an Planspielen teil, leiten die Anwendungen aber nicht selbst. In dem zweiten, aufbauenden Seminar liegt die Vorbereitung und Leitung von Anwendungen bereits in der Hand von Studententeams (unter Supervision). In dem dritten, aufbauenden Seminar wird dann in Teams die Konstruktion von Anwendungen vorgenommen und es werden Prototypen ausprobiert.[1] Die Inhalte der drei Seminare (ca. 200 Stunden) sind entsprechend dem Trainingsmodell für Systemkompetenz konzipiert (vgl. Abb. 84) und teilen sich in drei große Bereiche: Vermittlung von Wissen, Erlernen von Techniken und Gaming Simulation (Plan- und Rollenspiele, Teamübungen). Der Ablauf paßt sich flexibel den Situationsbedingungen und Bedürfnissen der Teilnehmer an, die Basisthemen und einige Planspiele sind jedoch festgelegt. Teile der Übungen von Seminar 2 und Seminar 3 werden auf Video aufgenommen, und diese Aufnahmen fließen in die Analyse des Ver-

1 Dieses Programm wird derzeit an der Ludwig-Maximilians-Universität München im Studienlehrgang Psychologie mit schulpsychologischem Schwerpunkt angeboten. Als optionales Zusatzangebot existiert ein viertes, aufbauendes Seminar an der Venice International University zum Thema »Gaming Simulation for Intercultural Communication«. Teile des Programms (das erste Seminar und ein modifiziertes, aufbauendes Seminar) wurden an der Johannes-Kepler-Universität Linz entwickelt und werden auch dort angeboten. Die Programme werden laufend verbessert, und es werden auch Erkenntnisse aus Anwendungen von Teilmodulen in einmaligen Workshops an anderen Universitäten und aus Veranstaltungen im außeruniversitären Trainingsbereich einbezogen.

haltens der Teilnehmer oder Teams im Debrief mit ein. Im Debrief und in den Planspielaktivitäten werden im Training von Systemkompetenz – im Unterschied zur sonst üblichen Vorgehensweise bei Planspielen – verschiedene Reflexionstechniken (z. B. zirkuläres Fragen, Reflecting Team) miteinbezogen. In allen drei Seminaren werden inhaltliche Seminararbeiten geschrieben, und es wird von jedem Teilnehmer ein Lerntagebuch geführt. Diese Informationen werden dann allen Teilnehmern zugänglich gemacht.

Im ersten Seminar werden die Inhalte und der Ablauf des Programms noch relativ stark vorgegeben, um eine gemeinsame Basis für die aufbauenden Veranstaltungen zu schaffen. Im zweiten Seminar werden die Prinzipien selbstorganisierten Lernens stärker umgesetzt, da die Studenten unter Supervision die Lehrveranstaltung selbst vorbereiten. Für die Vorbereitung stehen jeweils einige Monate vor dem (zweiten und dritten) Seminar zur Verfügung, in denen die Studenten den Leiter der Lehrveranstaltung als Supervisor und Experten in ihre Aktivitäten einbeziehen können. Dabei werden nicht nur Gaming Simulation-Anwendungen, sondern auch Techniken und Wissensinhalte selbständig konzipiert und im Seminar vorgestellt. So werden etwa die Planspiele »Stratagem« und »Hex« vorbereitet, aber auch Wissen und Techniken zu Systemanalysen (z. B. Feedback-Loops-Methode), zum Problemlösen in Gruppen und zum Reflecting Team von den Studenten in kleinen Arbeitsgruppen erarbeitet und dann jeweils den anderen Teilnehmern im Seminar vorgestellt. Diese gemeinsam vertieften Kenntnisse und Methoden sollen dann im Planspiel (das ebenfalls – wie auch die Reflexion – von Studenten selbst geleitet wird) sofort konkret angewandt werden. Im zweiten Seminar sind die Planspiele, Wissensinhalte und Techniken noch weitgehend vorgegeben, oder es steht entsprechendes Material zur Verfügung. Die konkrete Ausgestaltung liegt aber in den Händen der Studenten, und es besteht die Möglichkeit, eigene Ideen einzubringen und Schwerpunkte festzulegen. Das dritte Seminar wird dann noch stärker selbstgesteuert, unter Supervision geplant und durchgeführt. Dafür werden eigene Planspielanwendungen konstruiert oder modifiziert und das Spielmaterial wird selbst hergestellt.

Lernziele des Trainingsprogramms

Im folgenden sind die wesentlichen Lernziele des Trainings für Systemkompetenz mit Planspielen zusammengefaßt:

(1) Systemisch-Konstruktivistische Grundhaltung:

- Wissen über Grundprinzipien in den Systemwissenschaften (u. a. Selbstorganisation, Rückkopplung, Nichtlinearität) zum Verständnis systemischen Denkens und Handelns;
- Wissen über wissenschafts- und erkenntnistheoretische Grundlagen (z. B. Konstruktivismus) für das Verständnis von Wissenschaft und menschlicher Erkenntnisgewinnung;
- Wissen über die Verbindung psychologischer, systemwissenschaftlicher und erkenntnistheoretischer Konzepte für ein Grundverständnis menschlichen Erlebens und Verhaltens und für das Verständnis der Probleme des Menschen mit und in komplexen dynamischen Systemen;
- Anwendung einer systemischen Perspektive bei der Analyse von Problemstellungen.

(2) Systemkompetenter Umgang mit körperlichen Prozessen:

- Wissen um grundlegende biologische und physiologische Prozesse und Strukturen im Körper (u. a. zum Verständnis von Wahrnehmungsprozessen);
- Wissen über die Entstehung, Auswirkungen und Interventionsmöglichkeiten bei Streß;
- verstärkte Selbstwahrnehmung und verbesserter Umgang in bezug auf die eigenen Energieressourcen, Vermeiden von Erschöpfung;
- Entspannungstechniken, um mit Belastungssituationen besser umgehen zu können und um Lernprozesse zu optimieren.

(3) Systemkompetenter Umgang mit Natur und Technik:

- Wissen über die Bedeutung von Nachhaltigkeit und Bewußtwerden der Notwendigkeit umweltverantwortlichen Handelns;
- Wissen über umweltpsychologische Grundbegriffe zum Verständnis von Mensch-Umwelt-Interaktionen;
- Erkennen von technischen Belastungsfaktoren (z. B. ergonomische Faktoren, Beleuchtung) und Gestaltungsmöglichkeiten für die Unterstützung von Lern- und Arbeitsprozessen;
- Erleben von Verhaltensweisen in simulierten Ökonomie-Ökologie-Dilemmata und Aufbau alternativer Verhaltensweisen.

(4) Systemkompetenter Umgang mit psychischen Prozessen:

- Reflexion über und Erkennen der eigenen Wahrnehmungsmuster, der kognitiven Schemata, emotionalen Stimmungen, Motivationslage und Bedürfnisse und deren Wirkung und Angemessenheit in verschiedenen Lebenssituationen;
- Reflexion der eigenen mentalen Modelle und Denkprozesse (u. a. Wissensschemata, Attributionen, Werte, Erwartungen und Persönlichkeitseigenschaften);
- Fähigkeit verschiedene Perspektiven zu entwickeln und zu bewerten, Fähigkeit relevante Informationen einzuholen und zu bewerten, Reflexion über persönliche Ziele und Analyse, welches Fachwissen zur Erreichung der Ziele erworben werden muß;
- Umgang mit eigenen emotionalen Belastungen (z. B. Angst) und Motivationsproblemen, Burn-out, Erregungs- und Impulsivitätskontrolle, Erkennen von eigenen Abhängigkeiten und Süchten und Strategien für den Umgang mit dysfunktionalen Denk- und Verhaltensmustern;
- Umgang mit der Dimension Zeit, effizientes Zeitmanagement, Geduld entwickeln;
- Förderung von eigenen Lernprozessen und Konzentration, Wissen um förderliche Gestaltung von Bedingungen für die Optimierung des eigenen Lernverhaltens;
- Auseinandersetzung mit dem eigenen Selbstbild, Umgang mit Inkompetenzgefühlen und Selbstsicherheit.

(5) Systemkompetenter Umgang mit sozialen Prozessen:

- Aufmerksamkeit für andere Menschen, Steigerung der eigenen Aufnahmebereitschaft;
- verbale Umgangsformen (Ausdruck von Freundlichkeit, usw.) und nonverbale Kommunikationskompetenzen, verständliche Sprache;
- Grundhaltungen wie Offenheit, Akzeptanz für den Anderen, Wertschätzung, Echtheit, einfühlendes Verstehen entwickeln;
- aktiv zuhören können, verschiedene Aspekte einer Botschaft (sachliche Aussage, Beziehungsaspekt) verstehen können, Kommunikationsmuster erkennen;
- Begleiten von Gruppenprozessen, Fähigkeiten für Supervision und Coaching erwerben;
- adäquate Fragen stellen können, Fragetechniken beherrschen (z. B. zirkuläres Fragen kennen);
- Wissen um soziale Interaktion, Regeln und Normen, Gruppenstrukturen und Kommunikation;
- Regeln für das angemessene Geben und Nehmen von kritischem Feedback und von Anerkennung;

- Kritikfähigkeit, Kritikwilligkeit;
- Erkennen, unter welchen Bedingungen und für welche Aufgabenstellung Gruppenarbeit überhaupt sinnvoll ist;
- Kriterien für die erfolgreiche Zusammenarbeit in einer Gruppe kennen und entsprechend handeln;
- Umgang mit Unsicherheit (u. a. durch das Zusammentreffen verschiedener Sichtweisen in der Gruppe) verschiedene Perspektiven verstehen und einnehmen können;
- Erfahren von typischen Phasen in der Gruppenbildung, deren Funktion kennen und positive Bewältigung typischer Probleme in diesen Phasen;
- Sensibilisierung für die Art und Weise des Handels Anderer, Erweiterung von Verständnis und Toleranz füreinander;
- Klären und Festlegen von Kompetenzen, Rollen, Regeln, Aufgaben, Erwartungen, individuellen Bedürfnissen und mentalen Modellen im Team;
- Gemeinsame Entwicklung von Zielen und Visionen, von gemeinsam geteilter Wirklichkeit und Vertrauen in der Teamarbeit;
- Wissen über und Erleben von verschiedenen Möglichkeiten, Entscheidungen in der Gruppe zu vollziehen (mit und ohne Diskussion, demokratisches Abstimmen, Konsens, Entscheidung durch Experten) und deren Vor- und Nachteile, Kompetenzen zum demokratischen Zusammenleben entwickeln;
- Verständnis der Funktion von Kooperation und Konflikt in Gruppen, Strategien für den Umgang mit Konflikten, Streitkultur entwickeln;
- Zulassen können von Widersprüchen und Unsicherheiten, verschiedene Ursachen für Unsicherheit erkennen und gezielte Bewältigungsstrategien zur Reduktion von Unsicherheit anwenden können;
- Wissen über und Erleben von Entscheidungsanomalien (z. B. Ursachen, Symptome von Groupthink) und Strategien zur Verbesserung der Entscheidungsqualität;
- Wissen über verschiedene Führungstheorien, Wissen über Vor- und Nachteile verschiedener Führungsstile;
- Wissen über und Erleben von Führungsrollen und Aufgaben, Umgang mit Verantwortung und Flexibilität, delegieren können;
- Erwerb von Moderationsfähigkeiten zum effizienten Arbeiten in Gruppen und Mediation (Schlichtung von Streitfällen);
- Regeln und Strategien für erfolgreiches Argumentieren bei Verhandlungen und Diskussionen kennen;
- Verhandeln und Teamwork mit multikulturellen und interdisziplinären Partnern und Gruppen, spezielle Probleme und Lösungen für den Umgang mit fremden Regeln, Umgangsformen;
- Fähigkeiten für die Analyse von Anforderungen und Ist-Zuständen, Zielentwicklung (Soll-Zustände) und Prioritäten von Zielen und Methoden zur Zielerreichung entwickeln können;
- Wahrnehmen und Berücksichtigen von verschiedenen Organisationsstruk-

turen und Hierarchien, Machtkoalitionen, Entwicklungspotentialen von Personen;
- Erlernen von Techniken zur kreativen Erzeugung von Problemlösungen (z. B. Brainstorming);
- Entwicklung von Fähigkeiten zur Bewertung von Problemlösungen und Planung von Interventionen;
- Entwicklung von Reflexions- und Evaluationsfähigkeiten, Kriterien für die Erfolgskontrolle von Interventionen, Meßinstrumente kennen;
- Systemische Analysefähigkeiten und Erlernen von speziellen Techniken für die Definition von relevanten Teilsystemen und deren Funktionen, um Vernetzungen von Wirkfaktoren im System anschaulich machen zu können, um nichtlineare Prozesse und die Langzeit- und Nebenwirkungen von Interventionen abschätzen zu können.

(6) Trainer-Kompetenzen:

- Fähigkeiten für Leitung von Seminaren, Workshops, Konferenzen und Trainingsprogrammen entwickeln;
- Wissen und Techniken zum Gaming Simulation-Ansatz erwerben;
- Theoretisches Wissen über Lernprozesse, Gestaltung von Lernprozessen, Didaktik und Lernen lernen;
- Eigene Trainerqualitäten erproben und erweitern (z. B. Leitung eines Planspiels mit nachfolgender Reflexion und Diskussion des Erlebten), mögliche Fragen zur Leitung einer strukturierten Reflexionsphase kennen, um Lernprozesse und Transfer von Erlerntem in die normale Lebenswelt zu optimieren;
- Konstruktion von Lernmaterial und Lernmethoden (z. B. einer bestimmten Teamübung, eines Fallbeispiels) für spezielle Kundenbedürfnisse durchführen und erproben;
- integriertes Anwenden von verschiedenen Kompetenzen in Projekten und Organisationen, Projektmanagement.

Techniken im Trainingsprogramm für Systemkompetenz

Im folgenden geht es um eine kleine Auswahl von Techniken, die im Training für Systemkompetenz von Bedeutung sind. Eine umfassende Auseinandersetzung mit psychologischen Techniken (insbesondere gruppendynamische Techniken für verbesserte Moderation, Kommunikation usw.) würde den Rahmen des Buches sprengen. Auch im Training von Systemkompetenz werden nur einige Techniken und Teilaspekte geübt. Es wird davon ausgegangen, daß es nicht ein Training von Systemkompetenz gibt, das alle Bedürfnisse und Kompetenzen abdecken kann. Je nach Situation müssen verschiedenen Module eingesetzt, modifiziert, entwickelt und neu hinzugenommen werden. Im Training für Systemkompetenz spielt auch das Erlernen von verschiedenen Entspannungstechniken (z. B. Autogenes Training; vgl. Dogs 1978) eine Rolle, um mit dem Systembereich Körper angemessen umgehen zu können. Dieser und andere Bereiche werden hier jedoch nicht näher erörtert.

Techniken für Systemanalysen

Wirkungsgefüge, Feedback-Loops und Systemarchetypen

Das theoretische Wissen soll entsprechend dem Trainingsmodell für Systemkompetenz in Problemlösesituationen praktisch anwendbar sein. Dazu können verschiedene Techniken erlernt werden, die zur System- und Prozeßanalyse dienen. Die Anwendung der Techniken in Planspielsituationen oder realen Problemlösesituationen des Lebens soll dabei zu einem adäquateren Verständnis und Handeln in komplexen Systemen beitragen und vertieft zugleich das theoretische Wissen.

In komplexen Problemlösesituationen sind eine Vielzahl von Teilkomponenten und Systemen miteinander vernetzt. Eine Reihe von positiven und negativen Rückkopplungen sind miteinander verschachtelt. Eine Möglichkeit, die Komplexität eines Systems zu veranschaulichen und damit besser zu verstehen, ist es, Zusammenhänge von Einflußfaktoren graphisch darzustellen. Abbildung 86 zeigt eine solche Darstellungsform mit einem humorvollem Inhalt. Problematisch ist es bei diesem Beispiel, wenn man in der Schleife »Kannst Du es jemandem anderen anhängen« – »Nein« – »Du armes Schwein« hängen bleibt. Aber diese humoristische Veranschaulichung zeigt grundsätzlich, wie Probleme gelöst werden können, nämlich in dem versucht wird, die Realität in einem Modell abzubilden. Eine Möglichkeit sind sogenannte Folgerungsnetze (Abbildung 86), die auf logischer Deduktion beruhen.

Bei der Methode der Feedback-Loops (Meadows 1972, 1992) wird die Beschreibung komplexer zirkulärer Zusammenhänge dadurch erreicht, daß Einflußfaktoren in positiven und negativen Rückkopplungsschleifen miteinander verbunden werden. Diese Modelle sind Voraussetzung für die Simulation von Systemverhalten. Die Vernetzungen in

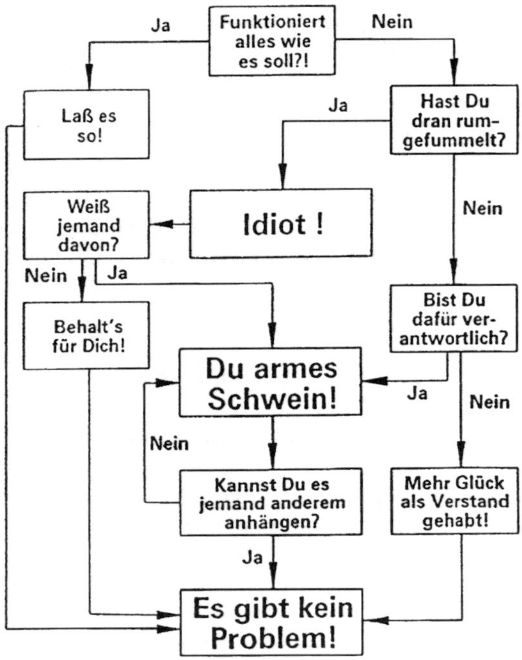

Abbildung 86: Wie löse ich ein Problem

einem realen System sollen dabei möglichst strukturgetreu abgebildet werden.

Senge (1990, 1994) benutzt die Feedback-Loop-Methode zur Darstellung von typischen Systemzusammenhängen. Er entwickelte einige einfache Bausteine, bestehend aus einer Kombination von wenigen positiven und negativen Feedback-Loops, die er »System-Archetypes« nennt. Diese Archetypen sind Verknüpfungen von Rückkopplungen, die die Realität in ganz unterschiedlichen Wirklichkeitsbereichen (z. B. Psychologie, Wirtschaft, Biologie usw.) angemessen beschreiben sollen.

Eine Kenntnis dieser Archetypen erleichtert den Umgang mit komplexen Zusammenhängen und hilft bei der Entwicklung von nachhaltigen Interventionsstrategien in Systemen. So kann beispielsweise die Dynamik von Angebot, Nachfrage und Preis als das Zusammenwirken von zwei negativen Feedbackschleifen verstanden werden. Wichtig ist es hier zu verstehen, daß es auch Wirkungen mit Zeitverzögerung gibt. Abbildung 89 zeigt die Kombination einer negativen (–) und einer positiven

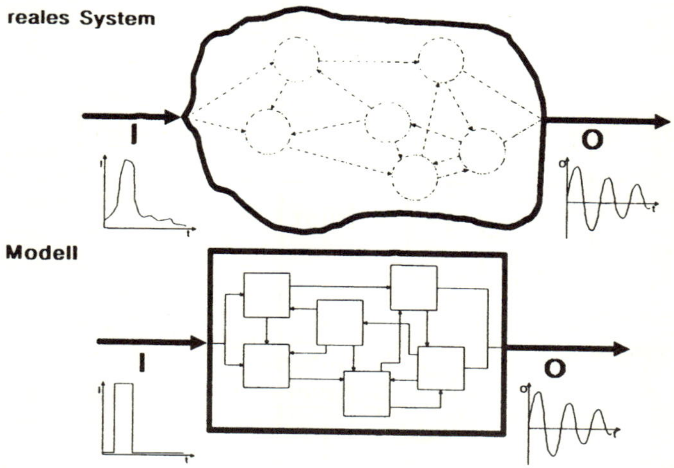

Abbildung 87: Wirkungsgefüge zur Erfassung der verhaltensbestimmenden Struktur des Systems (aus: Bossel 1992, S. 17)

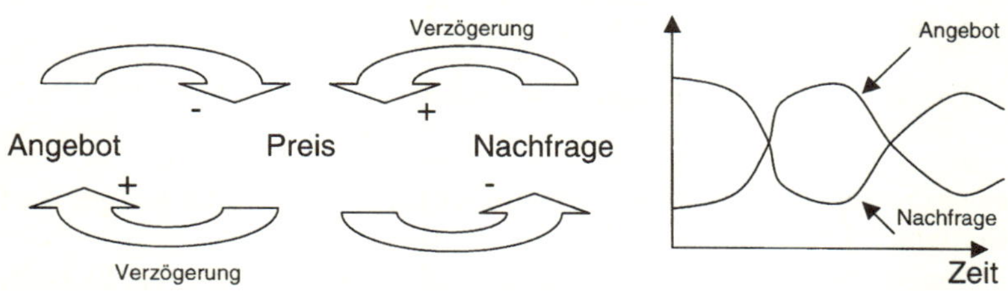

Abbildung 88: Zwei negative Rückkopplungen mit Zeitverzögerung

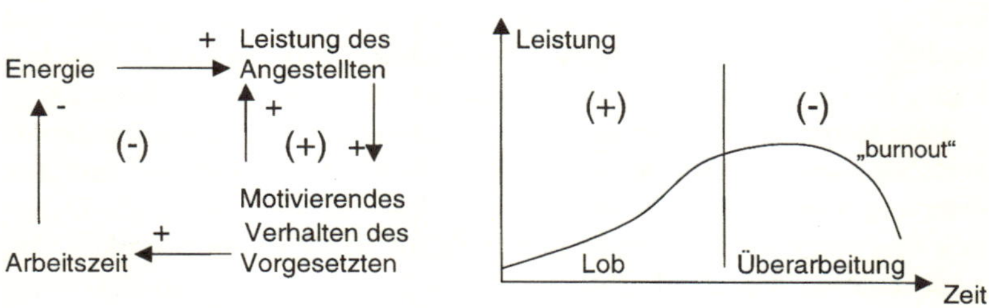

Abbildung 89: Kombination aus positiver und negativer Rückkopplung (übersetzt aus: Kim 1995, S. 15)

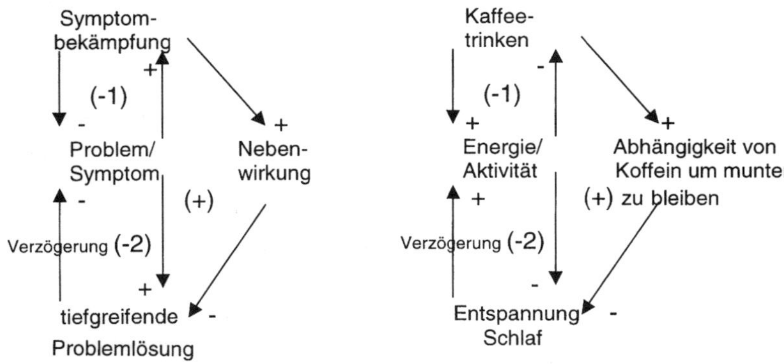

Abbildung 90: links: Shifting the Burden-Archetype, Grundstruktur (übersetzt aus: Kim 1992, S. 6); rechts: Beispiel Koffeinabhängigkeit (aus: Kim 1992, S. 7)

Rückkopplung (+). Als Beispiel wird wieder die Arbeitsleistung eines Angestellten vernetzt mit dem Verhalten des Vorgesetzten gewählt.

Als Veranschaulichung soll nun der System-Archetyp »Shifting the Burden« genauer besprochen werden (Kim 1992). »Shifting the Burden« (Abb. 90) besteht grundsätzlich aus zwei negativen Rückkopplungsschleifen (–) und einem positiven Loop (+).

Bei Shifting the Burden wird ein Problem dadurch »gelöst«, daß das Symptom bekämpft wird (–1). Die eigentliche Problemlösung (–2) dauert zeitlich gesehen länger (Verzögerung). Die Symptombekämpfung hat aber nur kurzzeitige Problemlöseeffekte, da sie Nebenwirkungen hat. Ein klassisches Beispiel hierfür ist eine Abhängigkeit von Koffein. Das Problem in diesem Beispiel ist der Energielevel. Je niedriger der Energiepegel (Müdigkeit), desto höher der Gebrauch von Koffein durch Kaffeetrinken (gegengerichtete Wirkung). Je mehr Kaffee, desto mehr Energie (gleichgerichtete Wirkung), insgesamt also eine Herstellung des Energiegleichgewichts (negative Rückkopplung –1). Balancierend würde auch eine »echte« Problemlösung durch energiesteigernde Maßnahmen wie Schlaf oder Entspannungsübungen wirken, aber mehr Zeit benötigen und langsamer zum Tragen kommen (–2). Der ständige Gebrauch von Kaffee hat eine Nebenwirkung, nämlich die Abhängigkeit von Koffein, um munter zu werden oder zu bleiben. Je mehr Koffein, desto größer die Abhängigkeit und je mehr Abhängigkeit, desto weniger werden die »echten« Problemlösungen angewendet (+). Je weniger die echten Problemlösungen angewendet werden (führt zu einem Schlafdefizit), desto geringer (auch hier mit Zeitverzögerung) der Energiepegel.

Dies bedeutet aber, wieder verallgemeinert, daß der Aufwand, um das Problemsymptom schnell zu beseitigen, immer größer wird (immer

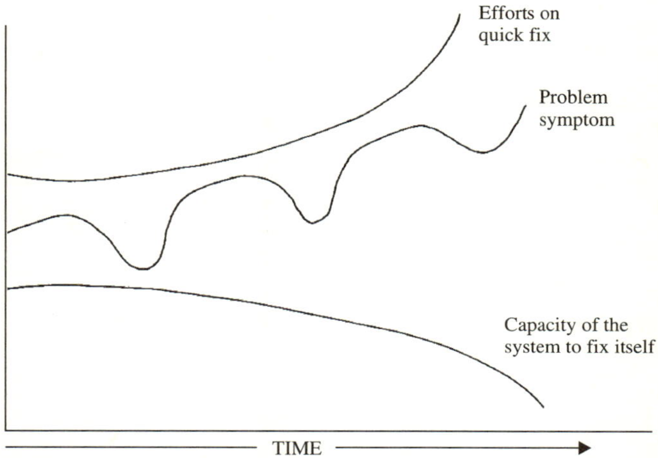

Abbildung 91: Zeitreihe für »Shifting the Burden« (aus: Senge 1994, S. 137)

mehr Kaffee, Tabletten sind notwendig). Dies ist in Abbildung 91 als »Efforts on quick fix« bezeichnet. Das Problemsymptom zeigt eine schwankende Dynamik. Problematisch ist, daß als Nebeneffekt die Fähigkeit des Systems, das eigentliche Problem zu lösen (capacity of the system to fix itself), durch entsprechende Nebenwirkungen nachläßt. Ab einem gewissen Zeitpunkt ist das Problem dann gar nicht mehr zu lösen, und ein Zusammenbruch des Systems ist eine mögliche Folge.

Für eine genaue Beschreibung von acht wichtigen Archetypen sei auf Kim (1992) verwiesen. Die Verwendung der Darstellung von Wirkungszusammenhängen und Zeitreihen ist sicher sinnvoll. Die System-Archetypen sind als »Sprache« geeignet, Systemzusammenhänge zu verstehen und nachhaltige Eingriffe in Systeme vorzunehmen.

Das Systemisch-Ökopsychologische Handlungsmodell als Werkzeug

Das Systemisch-Ökopsychologische Handlungsmodell kann neben seinem theoretischen Erklärungswert auch als praktisches Werkzeug benutzt werden. Es eignet sich als analytisches Hilfsmittel, ein strukturiertes Brainstorming durchzuführen. Möchte man einen ersten Zugang zu einem Problem gewinnen oder will man Einflußfaktoren, die bei der Entwicklung von Systemverhalten zusammenspielen, eruieren, kann man einfach versuchen, den fünf Systembereichen bestimmte Phäno-

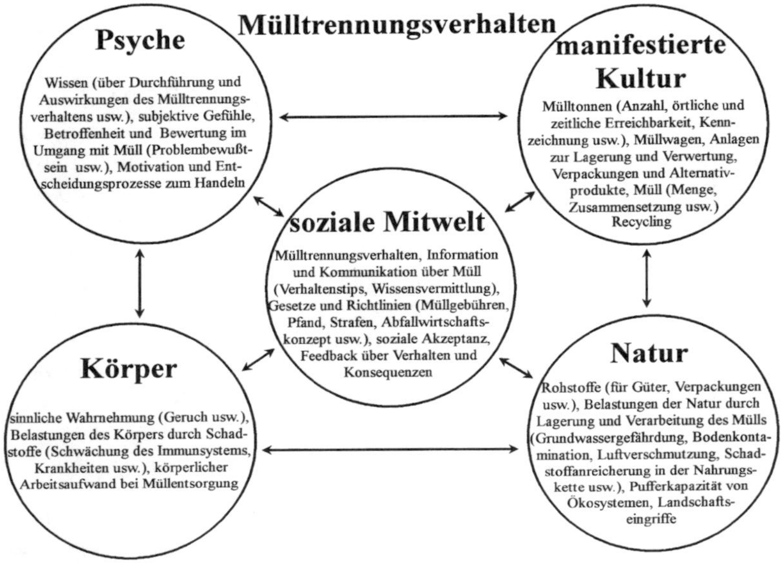

Abbildung 92: Wesentliche Faktoren beim Mülltrennungsverhalten als Ergebnis einer Brainstorming-Gruppensitzung

mene zuzuordnen.[2] Man ist somit angehalten im Sinne einer ganzheitlicheren Betrachtungsweise zu allen fünf Bereichen Faktoren zu identifizieren. Wird diese Technik in einer Gruppe angewendet, empfiehlt es sich, zunächst einzeln zu arbeiten und dann die Ergebnisse in der Gruppe zu diskutieren. Dabei werden meist schon erste Zusammenhänge deutlich.

In weiteren Schritten der Systemanalyse können dann die wichtigsten Faktoren ausgewählt werden und mit diesen Variablen auch Feedback-Loops und/oder synergetische Modellvorstellungen aufgebaut werden. Die in diesem Abschnitt dargestellten Techniken können kombiniert als Sprache für die Analyse und Modellierung von Systemen hilfreich sein. Insbesondere in interdisziplinären Arbeitsgruppen kann diese Sprache im Sinne einer gemeinsamen Konstruktion von Realität genutzt werden.

2 Man kann hier z. B. einfach ein Blatt Papier benutzen, auf dem das SÖHM in Form von fünf großen leeren Kreisen aufgezeichnet ist. Aufgabe ist es, alle Kreise zu füllen, indem Einflußfaktoren zugeordnet und aufgeschrieben werden.

Synergetische Modelle

Systemarchetypen und Feedback-Loops sind zwar als Hilfsmittel für Systemanalysen geeignet, haben aber Grenzen wie alle Modelle. Es wird vielfach so getan, als ob man die Realität einfach in einem wirklichkeitsgetreuen Modell abbilden könnte. Kennt man dann die »wahren« Systemzusammenhänge, kann man das Systemverhalten im eigenen Interesse »regeln«, vorhersagen und kontrollieren. Selbstorganisation, wie sie für lebende Systeme typisch ist, mit Wechsel und gleichzeitigem Ineinandergreifen von Strukturbildung und Chaos, hat hier wenig Platz. Ein zentraler Unterschied zwischen kybernetischen Modellen und Selbstorganisationstheorien ist nämlich, daß bei der Selbstorganisation-Sichtweise auf Regler verzichtet wird. Es gibt keine Systemarchetypen. Systemarchetypen stellen eine Form gemeinsam geteilter Sinnattraktoren in einer Gruppe von Menschen dar, die für die Beschreibung von Systemen und Prozessen genutzt werden können. Es besteht ein Vorteil der Modellbildung dahingehend, daß sich jene Menschen, die die Sprache der System-Archetypes kennen, damit möglicherweise angemessenere Realitäten konstruieren können (angemessener, weil größeren Sinn stiftend und genauere Prognosen über Systemverhalten ermöglichend). Ein Nachteil ist zugleich, daß Systemarchetypen, wie alle anderen Deutungsmuster auch, der Realität übergestülpt werden, die Wirklichkeit an die verfügbaren Systemarchetypes angepaßt wird. Auch bei der Verwendung von Modellen wie Systemarchetypen oder Feedback-Loops ist daher auf einen interdisziplinären und gemeinschaftlichen Gebrauch zu achten. Interessant sind dann auch Differenzen zwischen abgebildeten Realitäten verschiedener Individuen, die dieselbe Methode benutzen. Durch gemeinsames, fortwährendes Reflektieren der Konstruktionsergebnisse können mit diesen Techniken gemeinsame soziale Realitäten hergestellt werden.

Problematisch ist die Ansicht, daß man nach der Konstruktion eines Feedback-Loops wüßte, wie ein abgebildetes System wirklich funktioniert und an welchem Regler man drehen muß, um wieder perfekte Kontrollierbarkeit und Vorhersagbarkeit eines Systems sicherzustellen. Diese Position ist dabei nicht nur ideologisch fragwürdig, sondern auch aufgrund der Möglichkeit von Systemen zu spontaner Selbstorganisation unangemessen. Um selbstorganisierten Prozessen Rechnung zu tragen, müssen daher auch synergetische Modellbildungen zum Verstehen von Zusammenhängen einbezogen werden. Um Systemverhalten zu verstehen muß überlegt werden, welche Elemente, welche Kontrollparameter und Ordnungsparameter zusammenwirken. Natürlich gilt auch für synergetische Modelle, daß sie konstruierte Realitäten darstellen. Die genaue mathematische Modellierung ist dabei sehr kompliziert und teilweise prinzipiell (häufig gerade bei psychologischen Problemen) nicht möglich. Trotzdem besitzen diese Modelle auch als Metapher angewendet häufig einen hohen Erkenntniswert.

Techniken für Perspektivenvielfalt und Kommunikation

Mit einer Metapher – als einer Technik für innovative Realitätskonstruktion – könnte man sagen: Wenn man nur einen Hammer als Werkzeug hat, so sieht die ganze Welt wie ein Nagel aus. Für Perspektivenvielfalt und Konstruktion systemkompetenter Formen der Gestaltung von Lebenswelten ist es daher notwendig, verschiedene Werkzeuge zu haben. Damit werden Freiheitsgrade und Perspektiven erweitert, denn einerseits können so weitere Sichtweisen und Segmente von Realität und damit Komplexität erfahren werden, und andererseits besitzt man Möglichkeiten, größere Komplexität, die ja auch Angst manchen kann, wenn man keine geeigneten Mittel hat, mit ihr umzugehen, überhaupt zuzulassen. Ziel des Trainings von Systemkompetenz ist es auch, Kompetenzen zu erlernen, die es erlauben, die komplexe Realität weniger stark zu trivialisieren (verstärktes Denken in zirkulären Zusammenhängen). Eine Komplexitätsreduktion ist in jedem Falle notwendig, dennoch bietet die kontinuierliche Reflexion über unsere individuellen und sozialen Konstruktionsprozesse die Chance, Erkenntnisse für eine nachhaltigere Entwicklung von Lebenswelten zu gewinnen.

Perspektiven wechseln und »Verfremdung«

Es wurde bereits betont, daß aus systemisch-konstruktivistischer Perspektive die Reflexion und die Diskussion über individuelle und soziale Denk- und Verhaltensmuster einen zentralen Stellenwert einnehmen. Mit dem Training von Systemkompetenz sollen daher Fähigkeiten entwickelt werden, die der gemeinsamen Reflexion von Realität dienen. Das Problem des Perspektivenwechsels besteht darin, daß trotz allem Bemühen um eine Veränderung und Erweiterung von Sichtweisen prinzipiell keine Möglichkeit besteht, zu einer objektiven Wahrheit zu gelangen. Der Versuch, die subjektiven Denkmuster zu verlassen und neue Realitäten zu konstruieren, ist nur innerhalb dieser bereits bestehenden Muster – und somit durch diese beschränkt – realisierbar. Diese Einschränkungen sollten aber nicht daran hindern, Perspektivenwechsel als Grundhaltung in die Gestaltung der eigenen Lebenswelt zu integrieren. Die Methode der Verfremdung kann benutzt werden, um bisher zu wenig reflektierte Annahmen und Kontexte sichtbar zu machen, die die Grundlage für entwickelte wissenschaftliche Theorien und Alltagsrealitäten bilden. Dabei werden Konstrukte einer Wissenschaftsdisziplin in eine andere Disziplin »übersetzt« (Wallner 1990). Ein besonders eindrucksvolles Beispiel für Verfremdung beschreibt Wu Xianghong (1997) anhand des Wandels des geographischen Weltbildes in Europa, aber aus chinesischer Perspektive. Der Wechsel vom ptolemäischen zum kopernikanischen Paradigma stellte für die europäische Kultur einen gewaltigen Umbruch dar. Selbstverständlich existiert keine einheitliche europäische Kultur, wie hier vereinfachend gebraucht, genauer wäre es, sich dabei die christliche Kulturgemeinschaft vorzustellen. China wurde durch Missionare zunächst mit dem ptolemäischen Weltbild vertraut gemacht (ab 1583 durch den Jesuiten Matteo Ricci) und relativ kurze Zeit später mit dem kopernikanischen System konfrontiert (ab 1620 durch den Jesuiten Nicolaus Trigault). Die historische Forschung zeigt, daß dieser Wechsel in China auf keine nennenswerten Probleme stieß, wogegen der Wechsel in Europa von heftigen Konflikten begleitet war. Berühmte zeitgenössische chinesische Astronomen entwarfen sogar einen Almanach, in dem beide Systeme (Ptolemäus und Kopernikus) miteinander vermischt wurden. Aus chinesischer Sicht widersprachen sich diese beiden Systeme nicht wesentlich. Es wurden lediglich bedeutende Unterschiede zwischen dem westlichen und dem chinesischen Weltverständnis als irritierend empfunden. Die Differenz zwischen Kopernikus und Ptolemäus war demgegenüber marginal. Wesentlich dabei ist, daß der Unterschied zwischen Kopernikus und Ptolemäus aus chinesischer Perspektive rekonstruiert wurde, also eine soziale Konstruktion (oder Verfremdung) eines Paradigmas aus einer anderen Kultur darstellt. Der Wandel wurde in Europa deshalb so dramatisch empfunden, weil damit religiöse Weltbilder vermischt waren. Innerhalb des Dogmas der Kirche war es als Beweis für die Existenz Gottes (aus damaliger Sicht) entscheidend, daß die Erde den Mittelpunkt des Universums bildet. Da die Kirche eine große Definitionsmacht über die Realität besaß, waren die Konflikte stark ausgeprägt, und es wurde versucht, mit Gewalt Andersdenkende zum Schweigen zu bringen. In China hingegen gab es kein vergleichbares Gotteskonzept. Nach der Lehre des Konfuzius war die Welt der »Götter« von der irdischen Natur nicht getrennt. Ob das Zentrum des Kosmos nun die Sonne oder die Erde wäre, berührte in China keine wesentlichen Lebenszusammenhänge. Es änderte nichts an der Möglichkeit des Menschen, mit dem Göttlichen in der Natur zu verschmelzen. Dieses Beispiel zeigt auf, daß Realitäten einer Kultur oder einer Wissenschaftsdisziplin aus Sicht einer anderen sozialen Konstruktionsgemeinschaft interpretiert und bei der Rekonstruktion verfremdet werden. Zugleich bietet die Auseinandersetzung mit Realität und verfremdeter Realität die Möglichkeit, Erkenntnisse über den Kontext zu erlangen, in dem ein bestimmtes System zu funktionieren scheint. In diesem Fall bietet es die Erkenntnis des Einflusses von Ideologien (z. B. religiösen Dogmen) als Basis für andere soziale Konstruktionen.

Metaphern und Geschichten

Im folgenden werden einige Metaphern und Geschichten vorgestellt, die auch beim Training von Systemkompetenz bei der Wissensvermittlung eingesetzt werden, um bestimmte Wissensinhalte (und somit Konstrukte) verständlicher zu machen. Metaphern und Geschichten werden als Konstruktionsformen gewählt, damit Umgebungsbedingungen geschaffen werden, unter denen die Teilnehmer an dem Trainingsprogramm dazu angeregt werden, eigene Denkmuster zu verändern. Man kann – und dies ist selbst eine Metapher – soziale Prozesse in Organisationen auch als eine Art Theaterspiel auffassen. Personen übernehmen bestimmte Rollen, gebrauchen Requisiten und inszenieren auf der Bühne der Organisation typische Stücke (z. B. das Stück »Gehaltsverhandlung«). Aus dieser Perspektive ist auch »soziale Kompetenz« niemals die Fähigkeit eines einzelnen Individuums, sondern das Produkt einer sozialen Gemeinschaft, die in ihrem »Spiel« die Manifestation individueller Kompetenzen und Potentiale mehr oder weniger zuläßt und fördert (Nöbauer 1999). Der einzelne kann lediglich Grundfertigkeiten wie Kommunikationstechniken erlernen.

In Anlehnung an Johnson (1987) und Lakoff und Turner (1989) versteht Kronberger (1997, S. 58) die Metapher als universelle kognitive Strategie des Denkens und Sprechens, »die ein Verständnis von sich selbst und der Welt erlaubt .... Metaphern werden hier als kognitive Modelle verstanden, die sowohl Wahrnehmung und Denken als auch Sprache und Handlungen strukturieren.« Metaphern haben dabei auch die Funktion, einen Sachverhalt mit anderen synonymen Begriffen auszudrücken. Die Metapher dient somit als Substitut für eine andere Aussage oder steht in einer Ähnlichkeitsbeziehung zum darzustellenden Sachverhalt. Diese Sicht der Metapher beruht aber auf der positivistischen Annahme, daß es objektiv gegebene Ähnlichkeiten zwischen

Aussagen gibt, die durch die Metapher nun in bildhafter Form dargestellt werden. Die konstruktivistische Position der sogenannten Interaktionstheorie (Black 1977) geht davon aus, daß Metaphern eine Ähnlichkeitsbeziehung zwischen Begriffen nicht nur einfach darstellen, Metaphern nicht nur in ihrer Vergleichs- und Substitutionsfunktion von Begriffen verstanden werden, sondern selbst aktiv Bedeutung erzeugen und somit neue Bedeutungen konstruieren. Black (1977, S. 409 und S. 405, zit. nach Kronberger 1997, S. 62) meint, »daß manche Metaphern uns in die Lage versetzen, bestimmte Aspekte der Wirklichkeit zu sehen, zu deren Konstitution die Herstellung der Metapher beiträgt. Das überrascht indessen nicht, wenn man der Ansicht ist, daß die ›Welt‹ notwendig eine Welt in einer bestimmten Beschreibung ist – oder eine Welt, die aus einer bestimmten Perspektive gesehen wird. Manche Metaphern können eine solche Perspektive erzeugen«; und er vertritt die Position, »nach der eine metaphorische Aussage manchmal neues Wissen und neue Erkenntnis hervorbringen kann, indem sie Beziehungen zwischen den bezeichneten Dingen ... verändert.«

Metaphern und Geschichten können Perspektivenvielfalt und Perspektivenwechsel unterstützen. »Wir haben es nie mit der Wirklichkeit schlechthin zu tun, sondern immer mit Bildern der Wirklichkeit, also mit Deutungen. Die Zahl der jeweils möglichen Deutungen ist groß, subjektiv aber durch das Weltbild der Betreffenden meist auf eine einzige ... begrenzt« (Watzlawick 1981, S. 96). Perspektivenwechsel erhöht die Freiheitsgrade des Individuums oder der Gruppe, über die beschränkten Deutungen der Realität hinauszugelangen. Gerade Metaphern und Geschichten sind geeignet, ein anderes Bild von der Realität entwickeln zu helfen und damit neue Alternativen für die Lösung von Problemen bereitzustellen. In der systemischen Familientherapie kommt daher auch der Umdeutung von Realität (dem sog. Reframing) eine große Bedeutung zu.

Metaphern für Reframing und Perspektivenwechsel

Eine Geschichte zur Verdeutlichung von Reframing und Perspektivenwechsel nennt v. Schlippe (1984, S. 85 f.) das Märchen »Hans im Glück«.

Hans erhält als Lohn für sieben Jahre Arbeit einen Klumpen Gold. Der Goldklumpen drückt ihn auf seiner Wanderschaft und so ist er heilfroh (trotz des ungleichen Handels), ihn gegen ein Pferd einzutauschen. Als ihn das Pferd abwirft, tauscht der »glückliche« Hans das Pferd gegen eine Kuh ein. Die Kuh tritt ihn beim ersten Melkversuch gegen den Kopf. In dem Moment geht der Metzger vorbei und wieder glaubt sich Hans im Glück, als er die Kuh gegen ein Schwein eintauschen kann. Weitere Tauschobjekte sind eine Gans und Schleifsteine, da Hans (aus einer anderen Perspektive) immer Pech mit den erworbenen Objekten hat. Hans sieht aber die Tauschmöglichkeit immer als Glückszustand. Vom Tragen der Steine wird Hans müde. Beim Versuch aus einem Brunnen zu trinken, entgleiten ihm die Steine und versinken im Brunnenwasser. »Hans, als er sie mit seinen Augen in die Tiefe hatte versinken sehen, sprang vor Freuden auf, kniete darnieder und dankte Gott mit Tränen in den Augen, daß er ihm auch diese Gnade noch erwiesen und ihn ... von den schweren Steinen befreit hätte, die ihm allein doch hinderlich gewesen wären. So glücklich wie ich, rief er aus, gibt es keinen Menschen unter der Sonne« (Zitat aus Grimms Märchen).

Hans hat seine Situation ständig »reframed«. Er war aber in seiner Welt immerhin glücklich! Gerade Märchen sind als eine Form von Geschichten und Metaphern hervorragend geeignet, Realitäten zu konstruieren. Eine Reihe von psychosozialen Dynamiken werden im Märchen prototypisch und ein wenig überzeichnet dargestellt. Eine andere Metapher für Reframing ist eine Version einer bekannten Problemlöseaufgabe (s. Abb. 93).

Oben links in Abbildung 93 wird das Problem definiert. Die Punkte sollen mit möglichst wenigen geraden Linien verbunden werden. Zusätzlich wird (oben Mitte) eine Lösung präsentiert, die mit fünf Linien das Problem löst. Danach wird das Publikum aufgefordert, bessere Möglichkeiten zu finden. Dafür müssen neue Perspektiven eingenommen werden. Die 4er-Lösung (oben rechts) erfordert ein erstes Umdenken (der Kontext-»Raum« wird verändert). Der enge quadratische

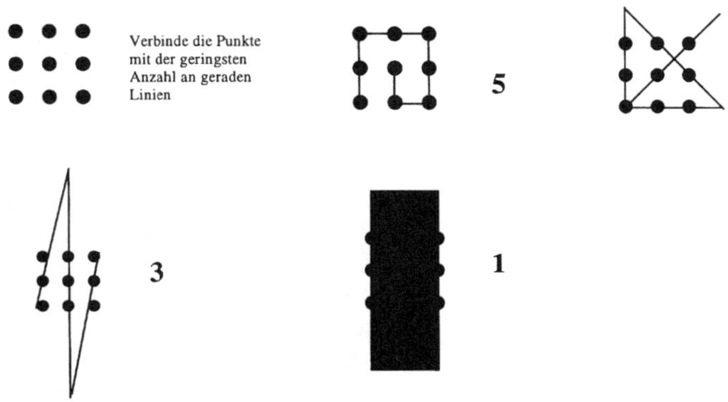

Abbildung 93: Lösungsmöglichkeiten einer Problemlöseaufgabe

Raum kann verlassen werden. Die Vorführung der 5er-Lösung erzeugt üblicherweise eine Sichtweise von Problemdefinition und Regeln, die das Auffinden der 4er-Lösung erheblich erschwert. Dies ist ein schönes Beispiel dafür, wie Menschen allgemein in verschiedensten Lebenssituationen unreflektierte Annahmen (z. B. Vorurteile) miteinbringen, die eine optimalere Gestaltung von Prozessen erschweren. In einer weiteren Verfremdung der üblicherweise unbewußt eingebrachten Problemdefinitionen kann die Kontextbedeutung »Punkte« verändert werden. Die Striche müssen nicht durch die Mitte der Punkte[3] gehen und somit ist auch eine Lösung mit drei Strichen möglich (unten links). Schließlich existiert sogar eine Lösung mit nur einem Strich (unten Mitte), wenn man sich von der Annahme löst, daß die Striche dünn sein müssen. Eine wichtige Erkenntnis ist die über die Wirkung von unausgesprochenen »Zusatz«-Realitäten und Perspektiven, die wir als Menschen aufgrund unserer Denkmuster in Problemsituationen einbringen, und die alternative Deutungs- und Handlungsmuster im Sinne der Synergetik versklaven. Gerade aber interdisziplinäre Teamarbeit kann Perspektivenvielfalt ermöglichen und ist deshalb bei der Lösung von komplexen Problemen von besonderer Bedeutung.

Eine andere Metapher für Reframing ist der »Circle in the Air« (Booth 1995). Dies ist eine kurze Übung, die ein Bewußtsein dafür schaffen kann, daß die Wirklichkeitssicht von anderen prinzipiell legitim ist. Häufig findet man bei sozialen Konflikten eine starke Überzeugung derart, daß jede Partei meint, nur ihre Realitätssicht ist richtig und überhaupt sinnvoll möglich.

Bei dieser Übung (Abb. 94) werden die Teilnehmer gebeten, mit dem ausgestreckten Zeigefinger des ausgestreckten Armes (möglichst senkrecht) an die Decke zu zeigen. Die Personen werden dann gebeten, einen Kreis im Uhrzeigersinn an die Decke zu malen. Nach einigen Kreisen der Teilnehmer wird die Anweisung gegeben, daß diese nun langsam den Arm senken, dabei den Zeigefinger weiterhin senkrecht halten und weiterhin im Uhrzeigersinn kreisen sollen. Der Arm wird immer weiter gesenkt, soweit daß die Personen nun das Kreisen nicht mehr von unten beobachten, sondern von oben auf den kreisenden Zeigefinger schauen können. Das für viele erstaunliche Aha-Erlebnis ist es nun, daß aus dieser Perspektive (von oben hinunter) der Zeigefinger nicht im Uhrzeigersinn kreist, sondern gegen den Uhrzeigersinn. Viele Personen werden Erstaunen ausdrücken und Vermutungen äußern, daß sie irgendwann wohl ver-

3 »Punkt« ist hier nur ein »Name« für eine Kreisfläche.

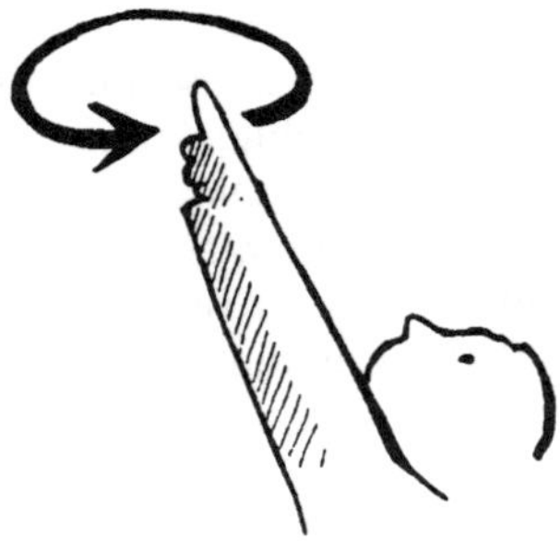

Abbildung 94: Circles in the Air (aus: Booth 1995, S. 17)

sehentlich die Drehrichtung gewechselt haben. Dieses Beispiel zeigt aber, daß, je nach Blickrichtung (Perspektive), derselbe Prozeß verschieden gesehen und interpretiert werden kann (im Uhrzeigersinn oder gegen den Uhrzeigersinn). »Wahr« und »falsch« existiert nicht. Aus einer Metaperspektive (der Reflexion) oder für einen Beobachter der Übung (aus einigen Metern Entfernung) ergibt sich eine Ganzheit, die aber für den im Prozeß Involvierten in mehrere unterschiedliche Realitäten aufgespalten wird. Die Perspektiven von anderen müssen nicht als bedrohende oder unsinnige Realitätssichten gewertet werden, sondern können als Quelle der Erweiterung der eigenen Perspektiven zu einer umfassenderen Sichtweise willkommen geheißen werden.

Metapher für Ganzheitlichkeit und Vernetzung von Perspektiven

Eine alte Geschichte, die in ähnlicher Form in vielen Kulturen auffindbar ist, erzählt von sechs Blinden und einem Elefanten.

Es waren sechs Blinde in Indien, die versuchten herauszufinden, was ein Elefant sei. Der erste Blinde betastete die Seite des Elefanten und sagte: »Der Elefant ist wie eine Mauer.« Der zweite Blinde fühlte den Stoßzahn und rief aus: »Der Elefant ist vielmehr wie ein Speer.« Der dritte Blinde, der den Schwanz des Elefanten fassen konnte, rief ärgerlich: »Nein, der Elefant ist wie ein Seil.« Der vierte Blinde hatte ein Bein betastet und meinte: »Der Elefant ist doch wie ein Baumstamm.« Der fünfte Blinde entgegnete: »Der Elefant ist wie ein Fächer«, er hatte nämlich ein Ohr untersucht. Der sechste Blinde, der den Rüssel gefaßt hatte, rief wütend: »Ihr liegt alle falsch in eurer Beschreibung. Der Elefant ist wie eine Schlange.« Die sechs Blinden stritten für lange Zeit und beharrten auf ihrer persönlichen Meinung und auf der Schlußfolgerung, daß die anderen völlig im Unrecht waren.

Diese Geschichte zeigt, daß niemand eine umfassende Sichtweise einer objektiven Wirklichkeit besitzt (auch Sehende nicht). Jeder ist in gewisser Weise blind und in seiner subjektiven Interpretation verhaftet. Jeder besitzt aber eine Teilwahrheit. Durch den Austausch von Perspektiven in kooperativer Weise kann ein ganzheitlicheres Bild gewonnen werden. Für die Zusammenarbeit im Team ist daher eine Kommunikations- und Reflexionskultur zu entwickeln, die den Austausch von Perspektiven fordert und fördert.

Metapher für die Interpunktion eines ganzheitlichen Prozesses

Simon (1997, S. 268) erzählt eine alte chinesische Geschichte: »Die Geschichte vom Bauern, dessen Pferd davonlief. Am Abend versammelten sich die Nachbarn und bemitleideten ihn, weil er solches Pech hatte. Der Bauer sagte: ›Kann sein‹. Am nächsten Tag kam das Pferd zurück und brachte noch sechs prächtige Wildpferde mit, und die Nachbarn liefen zusammen und riefen, welches Glück er hatte. Er sagte: ›Kann sein‹. Und am folgenden Tag versuchte sein Sohn, eines der wilden Pferde zu reiten, er wurde abgeworfen und brach sich das Bein. Wieder kamen die Nachbarn und bekundeten ihr Mitleid wegen des Unglücks, weil der Sohn nun nicht mehr als vollwertige Arbeitskraft zur Verfügung stand und dieser zusätzlich Schmerzen hatte. Er sagte nur: ›Kann sein‹. Am anderen Tag kamen Offiziere ins Dorf und zogen junge Männer als Rekruten für einen Krieg in die Armee ein, aber der Sohn des Bauern wurde wegen dem gebrochenen Bein nicht eingezogen. Als die Nachbarn kamen um zu sagen, wie glücklich sich für ihn alles gewendet habe, sagt er: ›Kann sein‹ . . .«.

Diese Geschichte zeigt das prozeßhafte Geschehen aller Lebenszusammenhänge. Die Interpretation oder Herausnahme eines kleinen Teilausschnitts aus einer Ganzheit führt häufig zu keiner brauchbaren Beschreibung. Watzlawick et al. (1969) haben mit ihren Kommunikations-Axiomen darauf hingewiesen, daß zirkuläre Verkettungen wie / Mann geht in Kneipe / Frau nörgelt / Mann geht in Kneipe / Frau nörgelt / . . . / von den Akteuren unterschiedlich interpunktiert werden können (der andere hat jeweils angefangen und ist somit der Auslöser für das eigene, nur reagierende Handeln, oder man ist selbst immer der »Täter«, der mit dem eigenen Verhalten die »Macht« ausüben kann, den anderen zu einem bestimmten Handeln zu veranlassen). Diese zirkulären Interaktionsmuster bauen langlebige soziale Verhaltensmuster auf. Das Beispiel und die Geschichte machen aber deutlich, daß das Herausschneiden von Interaktionen willkürlich erfolgt und daher eine Konstruktion von Realität darstellt, die häufig den Blick für Prozesse und für zirkuläre Kausalitäten vernachlässigt. Einzelhandlungen, Ereignisse und Interaktionen sind immer nur Ausschnitte aus einer prinzipiell unendlichen Handlungs- oder Ereignisgeschichte. Damit wird notwendiger Weise Komplexität reduziert. Die Geschichte soll auch davor warnen, Urteile vorschnell zu fassen. Die Angemessenheit der gewählten Interpunktionen sollte zum Reflexionsgegenstand gemacht werden.

Metapher für die Effizienz von Kooperation statt Konkurrenzverhalten

Die Effizienz von Kooperation gegenüber Konkurrenz kann mit einer kleinen Übung gut demonstriert werden. Bei »Thumb Wrestling« werden Personen gebeten, sich in Zweiergruppen zusammenzufinden und gegenüberzusetzen. Dann werden jeweils die rechten Hände ineinander verschränkt, so daß der Daumen freibleibt und die restlichen vier Finger mit den vier Fingern des Partners eingehakt sind.

Die Übung wird zunächst vom Seminarleiter gezeigt. Ziel ist es, möglichst viele Punkte zu erwerben. Einen Punkt erlangt man immer dann, wenn es einem Spieler gelingt, mit dem eigenen Daumen, den Daumen des anderen herunterzudrücken. Dann gibt man ca. 20 Sekunden Zeit. Auch hier werden wieder unausgesprochene Annahmen aktiv. Die meisten Spieler legen unreflektiert Konkurrenzverhalten an den Tag, die andere Person ist ein Gegner. Dies führt oft dazu, daß überhaupt keine Punkte erzielt werden oder nur sehr wenige. Kooperative Spieler, die sich als Team begreifen (meist in der extremen Minderheit) und kooperieren, kommen auf 30–50 Punkte. Hier wechseln die Partner schnell und kooperativ ab, der andere ist nicht Gegner, sondern Teammitglied, es gibt keinen Kampf und kein Ausweichen. Jeder bietet dem anderen den eigenen Daumen zum Herunterdrücken an. Dieses kooperative Handlungsmuster setzt aber ein Mindestausmaß an Vertrauen und die Festlegung einer gemeinsamen Strategie voraus.

Abbildung 95: Thumb Wrestling (aus: Booth 1995, S. 22 f.)

Infragestellen der Realität

Aus konstruktivistisch-systemischer Perspektive konstruieren soziale Systeme durch Kommunikation Realität (z. B. Geschichten-Erzählen). Regeln und Normen werden ebenfalls durch Kommunikation vermittelt. Im systemischen Verständnis werden »Krankheiten«, »Symptome«, »Probleme« als Ausdruck von dysfunktionalen Kommunikationsmustern in sozialen Systemen aufgefaßt. Häufig bestehen als Ordnungsparameter Kommunikations- und Handlungsmuster, verbunden mit bestimmten Denk-, Fühl- und Deutungsmustern der beteiligten Individuen, die die Realität definieren und festlegen. Diese gemeinsam konstruierten Realitäten sind vielfach relativ starr und unflexibel. Ziel von Interventionen ist es daher, den Handlungs- und Deutungsspielraum zu vergrößern, um die selbstorganisierten Lösungen von Problemen zu unterstützen.

Sowohl für die Veränderung von Sinnattraktoren als auch von Kommunikationsmustern ist das Infragestellen der Realität von Bedeutung. »Fragen stellen wir allerdings nicht um der Fragen willen, sondern weil sie uns helfen, Bedeutungen und Konstruktionen unserer Gegenüber zu erhellen und so in einen gemeinsamen – über Sprache vermittelten – Prozeß des Konstruierens überzugehen« (Hargens 1996, S. 46). In Systemischer Therapie und Beratung geht es darum, durch Fragen neue Hypothesen über Realitäten zu entwickeln. Da es nicht eine einzige Wahrheit gibt, wird versucht, Perspektivenvielfalt durch möglichst viele Interpretationsmöglichkeiten von sprachlich vermittelten Realitäten anzubieten.

Feedback in Gruppen

Feedback ist eine Form der Kommunikation. Beim Feedback werden Informationen ausgetauscht, die sich auf gemeinsame Erfahrungen und Beobachtungen von Verhalten beziehen. Dabei schildert eine Person, wie sie selbst das Handeln einer anderen Person wahrnimmt und bewertet. Es wird auch über die Gestaltung der Kommunikation zwischen zwei Personen gesprochen, Feedback stellt daher auch eine Form der Metakommunikation dar. Wie jede Form der Kommunikation hat Feedback als Mitteilung von Sender zu Empfänger mehrere Aspekte, denn es wird Information über einen Sachverhalt ausgetauscht, der Sender des Feedback teilt etwas über sich selbst mit, das Feedback spielt eine Rolle bei der Beziehungsdefinition und beinhaltet häufig einen Appellaspekt (ein bestimmtes Verhalten soll verändert werden). Feedback kann zur Veränderung unerwünschter und zur Unterstützung erwünschter Verhaltensweisen dienen. Wird Feedback in einer angemessenen Art und Weise gestaltet, kann es die (Arbeits-)Beziehungen verbessern und Lernprozesse in Organisationen fördern. Das Konzept des sogenannten double-loop-learning (Argyris 1982) meint die Umsetzung von selbstreflektierendem Lernen. Personen sollten demnach kontinuierlich über das eigene Lernen und Handeln nachdenken. Im Training von Systemkompetenz sollen verschiedene Kompetenzen erlernt werden, die zum Aufbau effizienter und teamorientierter Denk- und Handlungsmuster beitragen. Die personalen Kompetenzen und sozialen Musterbildungen müssen dabei im Sinne der Qualitätssicherung kontinuierlich modifiziert und reflektiert werden.

Feedback ermöglicht es, weitere Perspektiven einzubeziehen und dem Individuum Rückmeldung darüber zu geben, wie das Handeln und die Person selbst von anderen wahrgenommen wird. Feedback in Gruppen oder Teams ist Voraussetzung für selbstorganisierte Lernprozesse, da mit Feedback alle Beteiligten Verantwortung für das individuelle und gemeinsame Lernen, Kommunizieren und Handeln übernehmen. »Durch die Anwendung von Feedback ist jeder Beteiligte herausgefordert, seine persönliche Stellungnahme zu formulieren, um die eigene augenblickliche Position im Lernprozeß sowie seine inhaltlichen und prozessoralen Bedürfnisse deutlich zu machen und sowohl den persönlichen Beitrag zur Lernsituation zu reflektieren, als auch widerfahrende Erlebnisse im Umgangsverhalten mitzuteilen« (Freimuth u. Hoets 1996, S. 224). Feedback trägt auch dazu bei, nicht aus Gewohnheit zu lange an dysfunktionalen oder scheinbar bewährten Handlungsmustern festzuhalten, sondern deren Angemessenheit immer wieder zu hinterfragen. Empirische Forschungen belegen, daß Gruppenfeedback und die Rückmeldung von Leistungsergebnissen wesentlich zu einer Verbesserung der Leistung, der Zielbildung und Informationssuche in Gruppen beitragen (Early et al. 1990; Korsgaard u. Diddams 1996).

Voraussetzung für eine möglichst nutzenbringende Gestaltung des Feedback ist eine im Team gemeinsam getroffene Entscheidung, das Feedback regelmäßig in den Arbeitsprozeß miteinzubeziehen. Dazu sollte eine Atmosphäre des Vertrauens, der Wertschätzung, der Ehrlichkeit und der gegenseitigen Anteilnahme aufgebaut werden. Es sollte eine Übereinkunft getroffen werden, in der zum Ausdruck gebracht wird, daß die am Feedback beteiligten Personen voneinander und miteinander lernen und Erfahrungen austauschen wollen, und daß das Feedback der Erweiterung der gemeinsamen Problemlösefähigkeiten dient. Aufgrund der Erkenntnis, daß Menschen zu selektiver Wahrnehmung und spezifischen Denk- und Handlungsmustern neigen, sollte versucht werden, Feedback als Angebot an den anderen zu formulieren, das die eigene subjektive Sichtweise und nicht »die Wahrheit« zum Ausdruck bringt. Unterschiedliche Beschreibungen, Empfindungen und Meinungen dürfen beim Feedback geäußert werden und sind im gemeinsamen Prozeß legitim und erwünscht. Feedback stellt somit eine zentrale Kommunikationskompetenz dar, auf deren Weiterentwicklung im Training von Systemkompetenz besonders Wert gelegt wird. Die gruppendynamische Forschung definiert einige Kriterien oder Leitlinien wie Feedback idealer Weise gestaltet werden sollte. Im folgenden werden die wichtigsten Punkte der Regeln für Feedbackprozesse aufgelistet (vgl. Antons 1998; Crisand 1992):

- Das Feedback beschreibt das Verhalten, das zum Feedback geführt hat, mit spezifischen und konkreten Aussagen. Man verzichtet auf Werturteile oder moralische Bewertungen, auf (ab)urteilende Formulierungen und ungenaue und verallgemeinernde Aussagen.
- Das Feedback wird so direkt wie möglich nach dem Verhalten und in konstruktiver (ohne Aggression) Weise gegeben (angeboten). Es wird möglichst nicht verzögert abgegeben, man verzichtet auf destruktive und verletzende Formulierungen.
- Das Feedback wird im direkten Gespräch vom Sender zum Empfänger ausgedrückt und nicht indirekt über eine dritte Person weitergegeben.
- Das Feedback nimmt in den Aussagen Bezug zum Sender und dessen Gefühlen (z. B.: »Ich fühlte als ...« »Auf mich wirkte das ...«). Die eigenen Gefühle werden nicht ausgeklammert oder verallgemeinert (z. B. »Man meint, daß ...«, »Wir alle wissen doch ...«).
- Der Feedback-Geber überprüft, ob der Empfänger das Feedback versteht und hält Augenkontakt.
- Der Feedback-Geber gebraucht Fragen (echtes Interesse), um mehr Information vom Empfänger zu bekommen (über Situation, Verhalten, Gedanken und Gefühle), um das Feedback hilfreicher und besser annehmbar zu gestalten. Auf rein rhetorische Fragen wird verzichtet.
- Das Feedback nennt Konsequenzen des Verhaltens und mögliche Folgen in der Zukunft.
- Das Feedback ist mit dem Empfänger abgestimmt, das heißt dem Empfänger angeboten worden und von diesem gewollt oder erbeten worden.
- Das Feedback bezieht sich auf Verhaltensweisen des Empfängers, an denen dieser selbst auch etwas verändern und kontrollieren kann.
- Das Feedback gibt konkrete und praktikable Beispiele und Ideen, wie das (kritisierte) Verhalten verändert werden kann.

- Der Feedback-Nehmer hört aufmerksam zu und fragt nach, er verzichtet darauf zu argumentieren oder sich zu verteidigen. Der Nehmer stoppt das Feedback, wenn die Aufnahmefähigkeit nachläßt oder die eigene Belastungsgrenze erreicht ist. Der Nehmer prüft das erhaltene Feedback.
- Im Feedbackprozeß wird mit Nachfragen geprüft, ob die gegebene Information beim anderen klar und genau angekommen ist. Es werden – wenn möglich – weitere Beobachter in einer Gruppe hinzugezogen und gebeten, ebenfalls Feedback zu geben und eventuelle andere relativierende Perspektiven einzubringen.
- Nach einem Feedbackprozeß kann nochmals über den Prozeß selbst (nicht die Inhalte, sondern nur das Wie der Gestaltung) reflektiert werden. Es kann diskutiert werden, welche Probleme die einzelnen bei der Umsetzung der genannten Kriterien hatten (z. B.: Neige ich zum Widerspruch? Akzeptiere ich das Gesagte, ohne zu prüfen? Gebrauche ich wertende Aussagen?) und wie die Feedbacksituation besser gestaltet werden könnte.

Für die Förderung eines gemeinsamen Gesprächs über mentale Modelle und Verhaltensweisen hat Senge (1994) in Anlehnung an Argyris (1990) die Technik der »ladder of inference« vorgeschlagen. Diese soll es erleichtern, unreflektierte implizite Schlußfolgerungen und Interpretationen über das Verhalten gegenüber anderen Menschen aufzudecken und kritisch zu diskutieren. Dieser Technik liegt eine konstruktivistische Sichtweise des menschlichen Informationsverarbeitungsprozesses zugrunde. Wahrgenommenes wird selektiv verarbeitet und mit subjektiver Bedeutung versehen. Auf Grundlage bestehender mentaler Modelle werden Annahmen getroffen und Schlußfolgerungen gezogen, die

Abbildung 96: Beispiele zur »ladder of inference« (aus: Steinmann u. Hennemann 1997, S. 43)

zu bestimmten Meinungen über die Realität der Welt und entsprechenden Handlungen führen. Ziel der Technik ist es, diesen Prozeß bewußt individuell oder in der Gruppe zu reflektieren. Haben sich mentale Modelle gebildet (in Abbildung 96 z. B. »die wettbewerbsfeindliche Frau Klein«) so werden diese Sinnattraktoren die weiteren Personenwahrnehmungen und Selektionsprozesse beeinflussen (z. B. man wird auch in der Folge bei Äußerungen von Frau Klein vorwiegend Wettbewerbsfeindlichkeit heraushören).

In der Praxis kann etwa bei der Analyse eines als unangemessen empfundenen Verhaltens jeweils eine Leiter aufgezeichnet und versucht werden, die Schritte der möglicherweise dysfunktionalen Realitätskonstruktion nachzuvollziehen. Bei Kommunikationsproblemen sollten bei der Analyse einer typischen Kommunikationssequenz entsprechende »Leitern« für alle beteiligten Interaktionspartner untersucht werden.

Zirkuläres Fragen

Zirkuläres Fragen (Jones 1995) stellt eine weitere systemische Technik dar, die dazu dient, Bedeutungszusammenhänge und soziale Konstruktionen von Realität aufzudecken und verstehbar zu machen.

In Abbildung 97 oben links ist ein weinender Mensch (Helmut) dargestellt (Beispiel vgl. v. Schlippe u. Schweitzer 1996, S. 139 f.). Eine typische Frage, die auch nach wie vor wichtig ist, fragt direkt nach der Erklärung eines Verhaltens oder nach der subjektiven (Be-)Deutung für den Betroffenen (oben Mitte: Warum weinst du?). Diese Frage ist deshalb wesentlich, weil dadurch die Gefühle des anderen angesprochen werden. Dem anderen wird bekundet, daß sein Verhalten wahrgenommen wurde und daß man in wertschätzender Weise an dem anderen interessiert ist. Aus systemisch-konstruktivistischer Sicht ist aber jedes Verhalten nicht nur Ausdruck eines Prozesses in einem Individuum, sondern gleichzeitig eine soziale Botschaft, die etwas aussagt über die Beziehung zwischen Menschen (oben rechts: Hannelore nimmt das Weinen von Helmut wahr und Helmut weiß, daß Hannelore das Weinen wahrnimmt). Der kommunikative Bedeutungsaspekt wird daher mit anderen Fragemöglichkeiten berücksichtigt (unten links: Was denkst du, Helmut, was dein Weinen für Hannelore bedeutet?). Mit dieser Fragetechnik wird neue Information durch Deutungsalternativen erzeugt (unten rechts: auch die Interpretation Dritter wird miteinbezogen). »Diese Art der Informationsgewinnung fragt nach Mustern, nicht nach

Dingen. Ein Symptom, ein Problem, eine Krankheit sind keine Dinge, sondern Prozesse, gebildet durch Handlungen und Kommunikationen verschiedener Personen« (v. Schlippe u. Schweitzer 1996, S. 141).

Die folgende Übersicht zeigt verschiedene Fragetypen (Hargens 1996, S. 47 f.), die in vielen unterschiedlichen Beratungskontexten anwendbar sind. Zusätzlich wird je ein Beispiel angegeben, das sich auf die direkte Kommunikation bezieht. Diese können durch zirkuläre Fragen sinnvoll ergänzt werden, wie beim ersten Fragetyp exemplarisch angegeben.

Erklärung des Problems: Ideen darüber, wie man sich das zu befragende Symptom erklärt.
- »Wie erklären Sie sich, daß Ihr Problem dann nicht auftritt?«
- zirkulär: »Wie erklärt sich Ihre Frau, daß Ihr Problem dann nicht auftritt?«

Zukunft: verschieben der Zeitperspektive in die Zukunft.
- »Wenn wir uns in einem halben Jahr auf der Straße treffen, und ich Sie frage, wie es Ihnen geht, was werden Sie mir dann antworten?«

Vergangenheit: verschieben der Zeitperspektive in die Vergangenheit.
- »Als Sie vor der Entscheidung standen, ob Sie heiraten sollten, was hat da für Sie den Ausschlag gegeben?«

Hypothese: Ideen über »was wäre wenn«.
- »Angenommen, ich würde Ihnen sagen, Ihr Problem hat die und die Ursache, was wäre dann für Sie anders?«

Vergleich: verschiedene Möglichkeiten der Vergleiche, Skalierung.
- »Wenn das Problem so stark wie heute ist, wer leidet dann am meisten darunter, Sie, Ihre Frau, Ihr Sohn, Ihre Tochter oder jemand anders?«

Metapher: Bilder aufgreifen, gegebenenfalls einführen und im Rahmen der Bilder fragen.
- »Wenn Sie sagen, Sie sind ein Langstreckenläufer, zählen Sie da zu den Landesbesten, den Bundesbesten, zur europäischen oder zur Weltspitze?«

Existenz: betreffen das Sein oder Nicht-Sein, Leben oder Tod, Geburt oder Sterben.
- »Angenommen Sie würden sich wirklich das Leben nehmen, was glauben Sie, wie lange wird ihre Familie über Ihren Tod trauern?«

Operationalisierung: machen Phänomen greifbar.
- »Woran würden Sie erkennen, daß sich Ihr Problem jetzt verringern wird?«

Ausnahme: verändern den Fokus auf »störungsfreie« oder erwünschte Zeiten.
- »Wenn Sie so deprimiert sind, wie erkennen Sie dann, wenn Sie nicht deprimiert sind?«

Abbildung 97: Zirkuläres Fragen (aus: v. Schlippe 1994, S. 23–25)

Perspektivenwechsel: verändert die Beobachterin oder den Blickwinkel.

- »Was glauben Sie, wie (jemand anders als die Befragte) dieses Problem beschreiben würde?«

»Paradox«: führt Widersprüche, Absurditäten und Un-Logik ein.

- »Was können Sie tun, damit Ihr Problem noch schlimmer wird?«

Reflecting Team

Eine konkrete Möglichkeit, Realität in Frage zu stellen, ist das sogenannte Reflecting Team (Andersen 1990; Hargens u. v. Schlippe 1998). Bei dieser Technik versucht ein Therapeut mit der Familie oder ein Berater mit einem sozialen System, verschiedene Sichtweisen über die sozial konstruierten Realitäten und somit auch über die Problemdefinitionen herauszuarbeiten. Diese im Gesprächsprozeß geäußerten Informationen werden von einem reflektierenden Team aus mehreren weiteren Therapeuten oder Beratern eine Zeit lang schweigend aufgenommen (dieses reflektierende Team befindet sich meist im selben Raum, ist aber in einiger Entfernung zum Klienten/Kundensystem plaziert). Nach einer gewissen Zeit sprechen (reflektieren) diese zusätzlichen Berater über das Wahrgenommene, in dem sie möglichst viele Deutungen, Ideen und Perspektiven zum Gehörten anbieten. Die Äußerungen der Reflecting-Team-Mitglieder entsprechen dabei einigen Grundregeln (J. Kriz 1997a): (a) Verwendung von wertschätzenden, positiven Konnotationen, (b) hypothetische Formulierung von Aussagen und Fragen (Konjunktiv) und (c) möglichst große Neutralität gegenüber dem Klientensystem: das Gespräch soll nicht auf Kosten einer oder weniger Personen geführt werden (alle Personen des Klientensystems sollen besprochen werden). Damit werden neue Deutungen von Realität angeboten, Deutungen und Kommunikationsmuster der Klienten werden hinterfragt und umgedeutet (Reframing). Die Wirksamkeit dieser Technik wird dadurch erhöht, daß es zu keiner direkten Kommunikation zwischen Reflecting-Team und Klientensystem kommt. Klienten hören lediglich neue Interpretationsmöglichkeiten ihres Handelns und Denkens, Rechtfertigungen und Verteidigungen werden so bewußt ausgeschlossen. Zirkuläres Fragen und das Reflecting Team werden im Training für Systemkompetenz in die Planspiele integriert.

Techniken für Problemlösen und Lernen

Prozeßplanung

Bei Problemlöseprozessen in Gruppen ist es von Vorteil, sich auf ein gemeinsames Vorgehen zu einigen. Es wird festgelegt, in welchen Schritten die Problemlösung vollzogen werden soll. Eine solche Sequenz von Schritten, die von Greif (1996c) vorgeschlagen wurde, ist in Abbildung 98 veranschaulicht. Als erster Schritt bietet sich eine Analyse des Problems an (Ist-Zustand). Danach erfolgt als zweiter Schritt die Bildung und Definition von Zielen oder Teilzielen (Soll-Zustand). Der dritte Schritt dient dazu, möglichst viele kreative Ideen zur Problemlösung zu finden, etwa mit Hilfe bewährter Brainstorming Methoden. Der vierte Schritt besteht in der Bewertung der Lösungen auf Basis einer gemeinsamen Definition von Bewertungskriterien. Entsprechend der am höchsten bewerteten Lösung wird dann in einem fünften Schritt ein Plan entworfen, welche Teilaufgaben durchgeführt werden müssen, um das Problem zu lösen. Ein Durchführungsplan wird vereinbart, der auch eine Zeit- und Ressourcenplanung beinhaltet. Der sechste Schritt beinhaltet die Präsentation und Diskussion des Plans vor einem Entscheidungsgremium. Im siebenten Schritt erfolgt die möglichst konsequente Durchführung des Plans. Im abschließenden achten Schritt werden die Ergebnisse der Handlungen bewertet und der gesamte Prozeß evaluiert. Auf diesen Erkenntnissen aufbauend kann dann wieder mit der Arbeit an einem neuen Problem begonnen werden.

In der Praxis wird dieser Kreislauf natürlich nur selten in der vorgeschlagenen Sequenz durchgeführt werden können. Häufig treten in einer bestimmten Phase Ergebnisse oder Erkenntnisse auf, die es notwendig machen, zu einem früheren Schritt zurückzukehren. So kann sich bei der Planung zeigen, daß die Lösung, die Ziele oder sogar das Problem noch nicht angemessen genug definiert wurden, oder bei der Durchführung kann sich zeigen, daß das Projektmanagement nicht gut genug funktioniert, so daß die Planung nochmals modifiziert werden muß. Im Problemlöseprozeß ist somit von den Teammitgliedern Flexibilität und das Ertragen von Unsicherheit und Konflikten gefordert, der vorgestellte Kreislauf kann aber als wichtige Orientierungshilfe für den Problemlöseprozeß dienen. Beim Problemlösen in Teams spielt die Beziehungsebene eine wesentliche Rolle. Häufig liegt sogar in der Beziehung selbst das zu lösende Problem. Beziehungskonflikte bewirken mehr negative Emotionen, eskalierendes aggressives Kommunikationsverhalten und unproduktive Arbeitsprozesse als reine Sachkon-

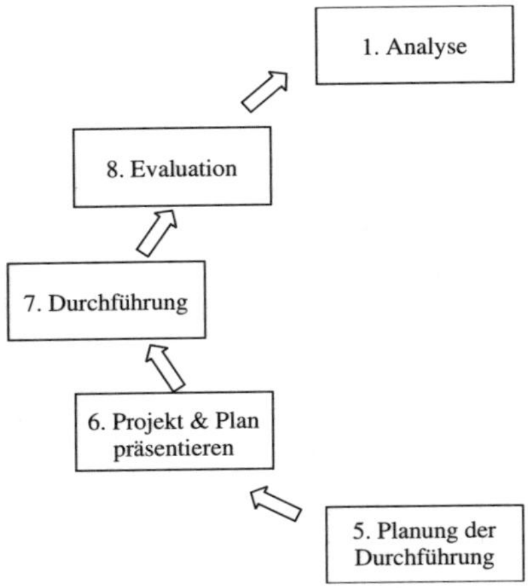

Abbildung 98: Problemlösen als Kreisprozeß (aus: Greif 1996c, S. 269)

flikte (Jarboe u. Witteman 1996). Im Rahmen von Teambildungs- oder Teamentwicklungsmaßnahmen kann die Beseitigung von dysfunktionalen Kommunikationsmustern die Hauptaufgabe darstellen, damit das Team überhaupt dazu befähigt wird, Sachprobleme gemeinsam und effizient zu bearbeiten und gemeinsame Ziele zu finden. König und Volmer (1997) schlagen sechs Ansatzpunkte für Problemlösungen aus systemischer Sicht vor.

- *Veränderungen in bezug auf die Person* bedeutet eine Veränderung, in der von den Eigenschaften der Person ausgehend überlegt wird, ob die Person aus bestimmten sozialen Prozessen entfernt wird oder Gelegenheit bekommt, an bestimmten sozialen Prozessen teilzunehmen. Konkret kann dies bedeuten, daß eine Person im Unternehmen in eine andere Abteilung versetzt wird.
- *Veränderung von subjektiven Deutungsmustern einzelner Personen* bedeutet, daß versucht wird, mit entsprechenden Maßnahmen (speziellen Trainings, Gesprächen und Feedback) Perspektivenvielfalt herzustellen und mentale Modelle der Personen zu verändern. Diese mentalen Modelle können sich dabei auf Sichtweisen eines Sachproblems oder auf Personenwahrnehmungen beziehen.
- *Veränderung von Verhaltensregeln des sozialen Systems* bedeutet die Thematisierung und Veränderung von Normen offizieller und inoffizieller Natur. Solche Veränderungen können nicht nur auf die »Spiel«-Regeln innerhalb einer Gruppe beschränkt sein (z. B.: Wer

übernimmt Führungsaufgaben?), sondern beziehen sich auch auf die Regeln zwischen sozialen Systemen oder Subsystemen, so könnte die Autonomie einer Abteilung im Unternehmen hinsichtlich bestimmter Entscheidungen gestärkt werden.

- *Veränderung von Interaktionsstrukturen* bedeutet die Entwicklung alternativer Kommunikations- und Handlungsmuster. Mit Trainingsmaßnahmen kann erreicht werden, daß dysfunktionale Strukturen aufgelöst und neue Interaktionsmuster gebildet werden. Dysfunktionale Muster behindern die Entwicklungsfähigkeit sozialer Systeme. Adäquate Kommunikationsmuster sind hingegen Voraussetzung für erfolgreiche Teamarbeit und Teamlernen. Die Interaktionsmuster stehen dabei in Wechselwirkung zu den Mentalen Modellen der an den sozialen Prozessen teilnehmenden Personen und den Normen der sozialen Systeme.
- *Veränderung hinsichtlich der Entwicklungsrichtung und Entwicklungsgeschwindigkeit* bedeutet die Entwicklung von gemeinsamen Zielen und Visionen und einer zeitlichen Perspektive für die Veränderung von Prozessen. Es kann hier überlegt werden, welche Aufgaben überhaupt ausgeführt werden sollen und wie Arbeitsabläufe besser organisiert und gestaltet werden könnten.
- *Veränderung in bezug auf die Systemumwelt* bedeutet, die Veränderung sozialer Rahmenbedingungen, aber auch die Um-Gestaltung der physischen Systemumwelt (z. B. Anschaffung neuer Büromöbel oder Veränderung der Ausstattung, bauliche Maßnahmen). Veränderungen in der materiellen Systemumwelt können zu mehr körperlicher Gesundheit und psychischem Wohlbefinden am Arbeitsplatz beitragen und damit wieder die Motivation und Leistungsfähigkeit erhöhen. Materielle Ressourcen (z. B. Computer) sind zugleich auch Voraussetzung für die Ausführung einer Reihe von Aufgaben.

Aus einer Gruppenarbeit im Rahmen des Trainings von Systemkompetenz wurden für die Planung von Prozessen die folgenden Fragen entwickelt, die als Hilfestellung zu den gemeinsamen Schritten der Problemlösung gestellt und beantwortet werden können.

(A) Kennenlernen (Welche Personen sind involviert?):

- Welche Motivation, Wünsche, Interessen und Visionen bringen wir ein?
- Wie stark sind Meinungsverschiedenheiten?
- Wie können wir uns motivieren und gemeinsame Interessen finden?
- Wer bringt welches relevante Fachwissen ein?

- Wer hat kreative Ideen?
- Wer scheint den Gruppenprozeß/Problemlöseprozeß zu behindern?

(B) Planung der Beziehungsebene (Wie gehen wir miteinander um?):

- Wie wollen wir zusammenarbeiten?
- Welche Regeln sind uns vorgegeben?
- Wo haben wir Entscheidungsmacht über die Bildung eigener Regeln?
- Welche Regeln begünstigen oder behindern unsere Zusammenarbeit?
- Welche Regeln und Rollen definieren wir für unsere Gruppendynamik?
- Wer übernimmt welche Rolle? Wie gehen wir mit dem Thema Führung um?
- Wie sehen wir unsere Beziehungen zueinander?
- Welche Interaktionsmuster können wir bei uns erkennen?
- Wie messen und bewerten wir unseren Gruppenprozeß und das Wohlbefinden des einzelnen?
- Welche Maßnahmen (z. B. regelmäßiges Feedback) wollen wir zur Gestaltung der Gruppendynamik einführen?
- Wie gehen wir mit Fehlern auf der Sachebene (Planungsfehler, Ausführungsfehler usw.) und Problemen auf der Beziehungsebene um?
- Wie hoch ist die Bereitschaft, die Folgen von Fehlern zu tragen?
- Was sind relevante Umgebungsbedingungen aus unserer Systemumwelt?
- Wie können wir unsere materielle Umwelt so einrichten, daß wir uns wohl fühlen und unsere Aufgaben erfüllen können?

(C) Planung der Sachebene:

Zu jedem Schritt:
- Hat jeder seine Sichtweise eingebracht?
- Können alle die Entscheidung/Definition mittragen?
- Welcher Entscheidungsmodus ist angebracht?

Aufgaben- und Problemdefinition (Wie ist unsere Situation?):
- Welche Probleme oder Aufgaben haben wir?
- Für wen ist was ein Problem?
- Wie klar wird das Problem von allen verstanden?
- Wie hoch ist das Problembewußtsein für jeden einzelnen?
- Was verlangt das Problem von uns?
- Was steht für uns auf dem Spiel?

Zieldefinition (Was wollen wir?):
- Welche Visionen und Utopien haben wir?
- Welche konkreten Ziele haben wir?
- Welche Nebenwirkungen darf unser Handeln nicht haben?
- Wer sind unsere internen und externen Kunden? (Für wen arbeiten wir? Wer ist Auftraggeber,Betroffener, Benützer des Endergebnisses?)

Definition des Weges, der zum Ziel führen soll (Wie erreichen wir das Ziel?):

- Welche Lösungsmöglichkeiten sehen wir für die Probleme bzw. welche Möglichkeiten sehen wir, um unsere Ziele zu erreichen?
- Wie bewerten wir die Lösungsvorschläge?
- Welche Konsequenzen haben die einzelnen Lösungsvorschläge?
- Inwieweit ergänzen sich Lösungsvorschläge oder schließen sich Vorschläge aus?
- Welche Ziele wählen wir konkret aus?
- Welche Ziele haben Priorität?
- Bis wann sollen bestimmte Ziele erreicht sein?
- Wie wichtig sind den einzelnen Teilnehmern die einzelnen Ziele?

Planung gemeinsamer Handlungsschritte (Was kann jeder einzelne beitragen?):

- Welche (zielorientierten) Teilschritte unserer gemeinsamen Arbeit legen wir fest?
- Was müssen wir tun, um die Ziele zu erreichen?
- Welche Maßnahmen sind möglich und nötig.
- Was ist jeder einzelne bereit zu tun?
- Was ist Sinn und Zweck jeder Aufgabe? (Welches Ziel wird damit erreicht?)
- Was ist unser Erfolgskriterium? (Wie und woran kann man hinterher das Ergebnis messen?)
- Was wissen/können wir noch nicht?
- Was können wir (noch) nicht allein, welche Trainings, Experten brauchen wir?
- Welche Informationen müssen noch eingeholt werden? Von wem? Bis wann?
- Welche detaillierten Aktionsschritte legen wir fest?
  - zu den Schritten die zeitliche Perspektive (wann, bis wann?),
  - zu den Schritten die personelle Perspektive (wer, von wem, mit wem?),
  - zu den Schritten die Zuteilung von materiellen Ressourcen,
  - zu den Schritten die Meßinstrumente für Erfolg angeben.

Zwischen- und Endevaluation des Handelns (Was haben wir erreicht?):

- Wurden die (Teil)ziele erreicht? Hatten wir Erfolg?
- Welche Erfolge, Fehler und Probleme unseres Handelns erkennen wir?
- Welche Ursachen haben unsere Fehler auf Sach- und Beziehungsebene?
- Sind entstandene Probleme innerhalb der Toleranzgrenze?
- Gibt es veränderte Umgebungsbedingungen und /oder neue Erkenntnisse für zusätzlich notwendige Ziele und Aktionen?
- Welche Konsequenzen leiten wir aus der Evaluation unseres Handelns ab?
- Ergeben sich neue Aufgaben, Ziele, Planungsschritte, Veränderungen im Zeitmanagement?
- Welche Erfahrungen sollen für die Veränderung kommender Problemlöseprozesse genützt werden?

Minimale Leittexte: Kartentechnik, Brainstorming, Bewerten von Vorschlägen und Kommunikationsübung

Bei Arbeits- und Lernprozessen in Teams wird aus systemisch-psychologischer Sicht die Möglichkeit zur Selbstorganisation gefordert. »Damit eine lernende Organisation entsteht, die sich selbst ständig in Auseinandersetzung mit inneren Prozessen und ihrer Umgebung verändert, ist selbstorganisiertes Lernen auf allen Ebenen erforderlich« (Greif 1996a, S. 69). Für die Umsetzung dieser Forderung wird von Greif et al. (1993) die Anwendung der Methode der minimalen Informations- und Leittexte vorgeschlagen. Ziel ist es, daß die Lernenden von Anfang an möglichst selbständig und aktiv Wissen und Verfahrensroutinen erwerben. Minimale Informationstexte dienen dazu, grundlegende Informationen so kurz und prägnant wie möglich zusammenzufassen. Minimale Leittexte dienen der Darstellung von praktischen Handlungsanleitungen und stellen somit eine Methode zum selbstgesteuerten Lernen dar mit der gleichzeitig wieder andere für die Teamarbeit relevante psychologische Techniken vermittelt werden können. In der folgenden Übersicht sind vier Leittexte dargestellt.

Kernstück minimaler Leittexte bildet die Beschreibung der Schritte (was ist nacheinander zu tun) und Regeln (wie sind die Schritte auszuführen). »Die Lernenden sollen sich keineswegs strikt an den Anleitungen orientieren, sondern sie eigenständig und kritisch reflektiert überprüfen und erproben . . . Die Leittexte sind so minimalistisch gestaltet, daß sie von den Lernenden eigenständig reinterpretiert werden müssen« (Finger u. Schweppenhäußer 1996, S. 102). Mit minimalen Leittexten werden lediglich Umgebungsbedingungen für die selbstorganisierte Entwicklung systemkompetenter Handlungsmuster geschaffen. In der Praxis sollte die Technik zusätzlich zur Ausgabe der Leittexte einmal demonstriert werden. In der Teamarbeit sollen dann die Techniken selbständig durchgeführt werden. Bei Fortbildungsseminaren mit externen Trainern, die diese Methode dem Team vermitteln, sollten die Trainer das Team ebenfalls weitgehend selbstgesteuert arbeiten lassen, aber als Berater bei Schwierigkeiten zur Verfügung stehen und dem Team einige wenige Besuche abstatten um Fragen zur Methode zu diskutieren. Außerdem sollten die Trainer bei der Präsentation der Ergebnisse, die mit der jeweiligen Methode erzielt wurden, anwesend sein und den Einsatz der Techniken mit dem Team gemeinsam reflektieren.

Kartentechnik (Greif 1996b, S. 257)

- *Ziele:* Zu einem komplexen Thema oder Problem sollen kurz Stichpunkte und Erfahrungen gesammelt werden. Alle können sich beteiligen. Bei rund 15 Teilnehmern dauert die Kartentechnik etwa 60 Minuten.
- *Kurzbeschreibung:* Die Gruppe braucht eine Moderatorin/Moderator der mit Unterstützung der Gruppe die folgenden Schritte einleitet:

Schritte:

1) Wie lautet die Frage?
- Konkret ausdrücken und oben auf eine Plakatwand schreiben.

2) Frage bzw. Aufgabe kurz erläutern und Karten austeilen (keine lange Diskussion!):
- Jede(r) erhält 2–5 Karten zu positiven und 2–5 Karten zu negativen Erfahrungen und einen Filzstift und schreibt auf, was ihm/ihr zu der Frage einfällt.
- Bitte mit großen Buchstaben schreiben!
- 1–2 Stichworte genügen (Erläuterungen können hinterher gegeben werden)

3) Ziel wiederholen:
- persönliche Erfahrungen zusammentragen;
- alle wichtigen Seiten der Frage betrachten, möglichst vielseitiges Bild des Problems;
- Diskussion und Bewertung erst hinterher.

4) Abwarten, einzelnen helfen, erläutern.

5) Wer fertig ist, heftet die Karten selbst an die Pinwand.

6) Die Karten erläutern und grob ordnen:
- eine freie Fläche schaffen (zusätzliche Pinwand),
- erste Karte aus einem Bereich aussuchen, zu dem viele Karten gekommen sind und oben in ein freies Feld heften,
- Frage: Wer hat diese Karte angeheftet? Bitte kurz erläutern, was gemeint ist?
- Frage: Welche Karten behandeln ähnliche Seiten des Problems? Wo paßt sie hin?
- Wenn keine ähnlichen Karten kommen, neue Gruppen bilden (wie vorher durchführen).

Kreative Lösungen finden mit Brainstorming (Greif 1996b, S. 273)

- *Ziele:* Gemeinsam möglichst viele Ideen zur Zielerreichung sammeln (und noch nicht bewerten!)
- *Kurzbeschreibung:* Brainstorming ist eine bewährte Standardtechnik. In 15–30 Minuten kann eine Gruppe viele Ideen sammeln. Mit Brainstorming Lösungen sammeln macht Spaß und ist effektiv. Dabei muß unter allen Umständen die wichtigste Regel des Brainstorming eingehalten werden: Keine

Kritik an den Vorschlägen anderer und keine Zwischendiskussion. Sonst ist es kein Brainstorming mehr und wird wenig effektiv.

Schritte:

1) Moderator wählen.
2) Moderator erinnert an die Brainstorming-Regeln und wiederholt das vorher konkret ausformulierte Ziel oder Problem, zu dem möglichst viele Lösungen gesammelt werden.
3) Moderator schreibt Ideen oder Vorschläge in Stichworten an die Plakatwand und achtet darauf, daß keine Kritik und Zwischendiskussion erfolgt (bewertet wird erst hinterher).

Brainstorming-Regeln:

- Während der Ideensammlung ist jede Art der Kritik an anderen und eigenen Vorschlägen verboten.
- Während der Ideensammlung geht Menge vor Qualität! Jeder sollte so viele Ideen wie möglich produzieren, gleichgültig wie gut die Ideen sind.
- Auch unsinnige oder verrückt scheinende Ideen ohne Hemmungen aussprechen.
- Möglichst oft Ideen, die vorher genannt wurden, aufgreifen, verändern und mit anderen Einfällen kombinieren.

Bewerten von Lösungen (Greif 1996b, S. 275 ff.)

- *Ziele:* Bei wichtigen Problemen sollte nach der Zielbeschreibung und nach dem Sammeln von Lösungsvorschlägen in der Gruppe eine sorgfältige Bewertung der Vorschläge durchgeführt werden. Ziel ist eine gemeinsame sorgfältig abgewogene Entscheidung über einen Lösungsvorschlag, der umgesetzt werden soll.
- *Kurzbeschreibung:* Gemeinsam werden in der Gruppe die vorher gesammelten Lösungsvorschläge sorgfältig bewertet.

Schritte:

1) Lösungen werden sortiert und zu Gruppen zusammengefaßt:
- dazu auf einer Pinwand eine freie Fläche schaffen;
- ähnliche Lösungsvorschläge zusammen untereinander oder nebeneinander schreiben oder Karten umgruppieren,
- bei unklaren Lösungsvorschlägen, die Person, die diese Lösung vorgeschlagen hat, bitten, den Vorschlag zu erläutern,
- Oberbegriffe zu den Gruppen suchen.

2) Lösungsvorschläge werden gemeinsam diskutiert:
- Diskussion: Welche Vor- und Nachteile haben die verschiedenen Lösungen. Es gibt kaum Lösungen, die nur Vorteile haben. Auf das Abwägen der Vor- und Nachteile kommt es an.

- Nach der Diskussion können bereits einvernehmlich einzelne Lösungsvorschläge gestrichen werden.

3) Beurteilungskriterien für die einzelnen Lösungsvorschläge werden zusammengestellt. Mögliche Kriterien dafür können sein:
- erwartete Einsparung von Zeitkosten, Personalkosten;
- erwartete Gewinne in zwei Jahren;
- erforderliche Investitionskosten zur Einführung der Lösung;
- Einfachheit oder Machbarkeit der Lösung;
- Bewertung »nach dem Gefühl« (gefühlsmäßiges Unbehagen ist oft ein wichtiger Hinweis auf Schwierigkeiten; spontan gute Akzeptanzgefühle zeigen eine gut vermittelbare Idee an).

4) Eine Matrix für Lösungsvorschläge wird gebildet. Dazu kann die Matrix auf eine Flip-Chartwand gezeichnet werden.
- Beispiel:

Lösungen	Zeitersparnis	Gewinn	Einfachheit	Gefühl	Summe
Lösung A	4	3	3	2	12
Lösung B	2	3	2	1	8
Lösung C	5	4	4	3	16

- In der Matrix werden die einzelnen Lösungsvorschläge nach den einzelnen Bewertungskriterien eingeschätzt (z. B. Punkte von 1–5; je höher die Bewertung, desto besser). Die Gruppe vergibt jeweils in gemeinsamer Diskussion einen Punktewert. Im Beispiel würde die Lösung C ausgewählt werden, weil sie die meisten Punkte erreicht hat.

5) Nochmals die Lösung überprüfen:
- Wurde bei der Lösung ein Problem übersehen?
- Muß die Lösung neu bewertet werden?
- Müssen weitere wichtige Bewertungskriterien einbezogen werden?
- Bei wichtigen Entscheidungen externe Experten und Beobachter als Diskussionspartner in den Prozeß miteinbeziehen.

Kommunikationsübung – kontrollierter Dialog (Antons 1998, S. 87 ff.)

- *Ziel:* Schärfung der Wahrnehmung für Vorgänge in der Kommunikation; Übung genauen Zuhörens und des genauen Sprechens; Verständnis für Komplexität und Schwierigkeiten in der Kommunikation erlangen. Damit sollen Kommunikationsfehler (s. u.) vermieden werden.
- *Kurzbeschreibung:* In Gruppen zu je drei Personen wird eine Kommunikationsübung durchgeführt.

Schritte:
- Aufteilen der Teilnehmer in Dreier-Gruppen;
- je zwei Personen suchen sich ein Thema und versuchen darüber ein Gespräch zu führen;

- die dritte Person fungiert als Beobachter und schaltet sich erst dann ein, wenn die Regeln nicht eingehalten werden;
- nach jeweils 10–15 Minuten wird gewechselt, so daß jeder Teilnehmer einmal Beobachter war.

Regeln für den kontrollierten Dialog:
- Person A beginnt mit einem Satz, einer These.
- Person B wiederholt zunächst den Satz von A sinngemäß.
- Person A prüft, ob B den Sinn des Satzes richtig getroffen hat und bestätigt mit »stimmt« oder »stimmt nicht«, erst dann darf Person B antworten.
- Person B antwortet mit einem Satz (der Kreislauf beginnt von vorn).
- Wurde der Satz von B nicht sinngemäß wiederholt, hat B einen zweiten Versuch. Gelingt das noch immer nicht, so muß A selbst die These nochmals aussprechen.

Beispiel:

A: Meiner Meinung nach, können wir uns die Anwesenheit der Trainer in den Sitzungen sparen, sie sagen ja doch nichts.

B: Sie meinen, wir können uns die Anwesenheit der Trainer sparen, da sie ja doch nichts sagen.

A: Stimmt.

B: . . .

Häufige Kommunikationsfehler, die zu Mißverständnissen führen:
- *Auf seiten des Sprechenden:* organisiert seine Gedanken nicht, bevor er spricht; drückt sich ungenau aus; versucht zu viel in einer Aussage unterzubringen; bringt zu viele Ideen in seine Äußerungen ein, oft untereinander nicht verbunden, so daß eine Zusammenfassung für den Partner schwierig ist; redet immer weiter, ohne die Aufnahmekapazität des Partners abzuschätzen; antwortet nicht aktuell zu dem, was zuvor gesagt wurde.
- *Auf seiten des Zuhörers:* hat keine ungeteilte Aufmerksamkeit, statt weiter aufmerksam zuzuhören legt er sich die Antwort zurecht, während der Partner noch spricht (kann dann nicht vollständig wiederholen was gesagt wurde); denkt den Gedanken des Sprechers weiter (wiederholt dann mehr als gesagt wurde); neigt dazu Details überzubewerten, anstatt den ganzen Sinn der Mitteilung zu erfassen.

Lerntagebuch

Auch wenn nicht alle Menschen ein Tagebuch führen, so kennt doch fast jeder das private Tagebuch als Möglichkeit, Erfahrungen und Gefühle aufzuschreiben und zu verarbeiten. Das Tagebuch wird aber auch im therapeutischen Kontext (z. B. Transaktionsanalyse), im Zusammenhang ethnographischer Feldforschung und in psychologischer Forschung (Brandstätter 1994) in jeweils unterschiedlicher Form angewandt. Vor allem in den USA ist es an Universitäten üblich, sogenannte Studienjournale zu führen. »Hier haben Notizen über gelesene Texte Platz, Listen des noch zu lesenden und bearbeitenden Materials, Fragen und Antworten um das Studienfach, die Lerninhalte des Semesters, aber auch persönliche Eindrücke an und über die Universität. In den USA gehört auch dazu, daß Studierende einander aus ihren Journalen vorlesen und sich über die dort beschriebenen Erfahrungen austauschen« (Nöbauer 1998, S. 2). Das Lerntagebuch stellt demnach eine Methode dar, die einerseits dem individuellen Lernprozeß dient, andererseits werden Erfahrungen mit anderen Lernenden ausgetauscht. »Ziel dieses Austausches ist es, daß alle Studierenden die eigenen Lernerfahrungen in der Gruppe noch einmal reflektieren und einander Feedback geben können. Und ebenso selbstverständlich: Der Dozent/die Dozentin führt ihr eigenes Tagebuch über den Werdegang dieser Arbeitsphase – als Element der Selbstkontrolle und Selbstevaluation« (v. Werder u. Schulte-Steinicke 1998, S. 299). Im Training von Systemkompetenz (im studentischen Kontext) werden Lerntagebücher geführt. Bestimmte Teile aus den Lerntagebüchern werden – ebenso wie die inhaltlichen Seminararbeiten der Teilnehmer – der gesamten Teilnehmergruppe zugänglich gemacht und gemeinsam diskutiert. Lerntagebücher sind prinzipiell private Dokumente. Die Studenten entscheiden selbst, welche Informationen sie für den Austausch zur Verfügung stellen wollen.

Die Lerntagebücher sollten regelmäßig geschrieben werden, etwa nach jedem Halbtag eines Seminars. Altrichter und Posch (1998) schlagen vor, Lerntagebücher in mehreren Phasen zu verfassen und damit die aufgeschriebene Information zu überarbeiten. In der ersten Phase werden alle Erfahrungen, Gefühle, Fragen, Aha-Erkenntnisse, Ideen gesammelt. Wesentlich ist es, Zeit und Ort des Lernprozesses aufzuschreiben, um im Rückblick die Informationen ordnen zu können. In der ersten Phase wird in Form von Notizen alles aufgeschrieben, was den Lernenden relevant erscheint. Als Hilfe kann auch eine Liste mit Satzanfängen vorgegeben werden (z. B.: Neu war für mich ... Was ich mir aneignen möchte ist ... usw.). In der zweiten Phase wird aus den ersten Skizzen ein Text ausformuliert und es werden Interpretationen und Schlußfolgerungen aus den aufgeschriebenen Informationen formuliert. In dieser zweiten Phase und einer optionalen dritten Überarbeitungsphase wird auch auf das Bewußtmachen von Konsequenzen fokussiert, die aus der Lernerfahrung gezogen werden können. Es wird versucht, durch das Durcharbeiten von Eintragungen über einen längeren Zeitraum hinweg Regelmäßigkeiten zu identifizieren und in dieser Weise eigene mentale Modelle und typische Verhaltensmuster sichtbar zu machen. Diese Erkenntnisse können als wichtiger Faktor in die Veränderung von Denk- und Kommunikationsmustern einfließen und auch die eigene Art und Weise zu lernen optimieren und so das vielfach geforderte Lernen-lernen unterstützen. Durch den Austausch von Teilen dieser Erfahrungen mit vertrauten Personen im gleichen Lernprozeß wird zugleich Perspektivenvielfalt und Teamlernen sichergestellt.

Planspiele und Teamübungen im Trainingsprogramm für Systemkompetenz

Klassische Gaming Simulation-Anwendungen

Im folgenden werden Gaming Stimulation-Anwendungen exemplarisch dargestellt. Es geht hier nicht um eine vollständige Beschreibung von Anwendungen, sondern um Hinweise, die das Verständnis des Trainingskonzepts erweitern sollen.

World3–91

Das Simulationsprogramm World3–91 wurde von Dennis Meadows (Meadows et al. 1993) entwickelt. Diese Anwendung ist ein Beispiel für eine Computersimulation, die versucht, komplexe Prozesse in unseren Lebensräumen auf der Erde verstehbar zu machen und Vorhersagen über zukünftige Entwicklungen zu ermöglichen. Die Simulation hat den Anspruch, der Realität zu entsprechen. Auf Grundlage von verschiedenen Systemdiagrammen, die das Wirkungsgefüge verschiedener für die Simulation relevanter Faktoren festlegen, können Variablen geändert werden. Durch eine Simulation des Systemverhaltens und das Ausprobieren verschiedener Szenarien können Personen Einblicke über die Folgewirkungen ihrer Eingriffe in das System erhalten. Teilnehmer einer solchen Simulationsanwendung sind somit Benutzer des Programms. Es handelt sich dabei um kein Spiel und es findet keine spezifische Rollenübernahme statt.

Ökolopoly

Ein weiteres Beispiel für eine Computersimulation ist das von Vester (1983a) entwickelte »Ökolopoly«, in dem verschiedene Staaten (Entwicklungsland, Industriestaat, »Kybernetien« usw.) simuliert werden. Die jeweilige Simulation beginnt mit einer Problemsituation, die der Anwender durch geeignete Maßnahmen lösen soll (man kann in Bereiche wie Produktion, Bildung usw. investieren; andere Bereiche wie Bevölkerungswachstum lassen sich nur indirekt beeinflussen). Bei dieser wie auch anderen Computersimulationen können in der Praxis auch kleine Teams gebildet werden, die gemeinsam in das simulierte komplexe System eingreifen und somit im Team Entscheidungen treffen. Eine solche Vorgehensweise hat den Vorteil, daß nicht nur ein »reales« System simuliert wird, sondern die Anwendung zusätzlich Spielcharakter bekommt. In einem solchen Simulation Game können dann auch soziale Fähigkeiten trainiert werden. Für die im folgenden angeführten Anwendungen sind diese sozialen Prozesse in Teams oder zwischen verschiedenen Personengruppen von zentraler Bedeutung.

The Island

Diese Gaming Simulation-Anwendung von Kavtaradze und Bukvareva (1989) dient der Simulation eines einfachen Ökosystems (Spieldauer ca. 10 Minuten). Diese Simulation soll, da es sich erstmals in dieser Auflistung um einen grundlegend anderen Typus von Planspiel handelt, etwas ausführlicher beschrieben werden: Es existiert eine bestimmte Menge Futter und darauf aufbauend eine Pyramide von Lebewesen, die jeweils Nahrung für eine andere Spezies darstellen. Die Anwendung versucht ein sehr einfaches hierarchisches System anschaulich zu machen und ist – im Gegensatz etwa zu World3–91 – bereits für Kinder spielbar. Es handelt sich hierbei aber nicht um eine Computersimulation, sondern um ein Kartenspiel für mehrere Personen (4–8). Die Karten bilden verschiedene Elemente der Simulation ab (z. B. eine Maus, 10 Weizeneinheiten). Gewinner ist, wer als erster alle seine Karten ablegen konnte. Das Ablegen erfolgt nach Regeln, die angeben, wie die Lebensformen voneinander abhängen. So kann etwa ein Fuchs nur dann abgelegt werden, wenn entsprechend viele Hasen und/oder Mäuse bereits abgelegt wurden, die somit als Nahrung vorhanden sind. Zusätzlich existiert eine Katastrophenkarte. Der entsprechende Spieler kann entscheiden, wann er die Karte ausspielt und auf welcher hierar-

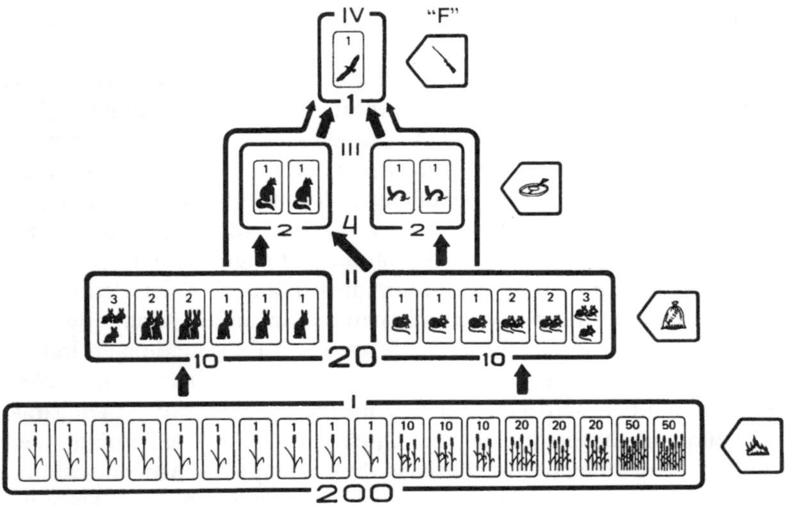

Abbildung 99: Beispiel für Spielkarten und Wirkungsgefüge bei »The Island«

chischen Ebene des Systems die Katastrophe wirken soll (z. B. Feuer vernichtet die Hälfte des Pflanzenfutters). Dadurch können die Teilnehmer die Konsequenzen eines solchen Eingriffs in das System erfahren. In diesem Beispiel: eine Reihe von Tieren auf allen Ebenen der Nahrungsmittelpyramide sterben, da diese durch die Vernichtung von Pflanzenfutter und in der Folge durch die Vernichtung von Tieren keine Nahrung mehr haben; diese Karten müssen nun wieder gemischt und aufgenommen werden.

Slogan

»Slogan« ist eine Simulation von Multilogue™ (1991). In diesem Planspiel (ca. 4–5 Stunden, 24–36 Spieler) werden drei konkurrierende Unternehmen simuliert, die sich auf dem gleichen Markt behaupten müssen. Alle Unternehmen sind zu Beginn gleich aufgebaut und bestehen aus verschiedenen Abteilungen (Management, Forschung und Entwicklung, Marketing und Produktion). In diesem Planspiel werden real Slogans produziert (z. B. werden Buchstaben aus Bögen ausgeschnitten, Sätze gebildet, die dann aufgeklebt werden). Die Slogans werden am gemeinsamen Markt verkauft oder Ressourcen (Bögen mit Buchstaben) eingekauft. Ziel ist es, möglichst viel Gewinn zu erwirtschaften.

Dabei müssen die Unternehmen selbst herausfinden, welche Kriterien für »gute« Slogans gelten. Es existieren nämlich eine Reihe von Regeln, die den Spielern anfangs unbekannt sind, nach denen die Slogans bewertet werden und die letztlich den Preis bestimmen, der für die Slogans am Markt erzielt wird. Diese Regeln können sich im Verlauf ändern. Die Unternehmen können aber Marktforschung betreiben und Fragen stellen, die mit »ja« oder »nein« beantwortet werden. Die Fragen selbst kosten auch Geld. Bei »Slogan« wird insbesondere die Wichtigkeit von Kundenorientierung erlebbar gemacht. Weitere Lernziele sind der Umgang mit der notwendigen vielfältigen Kooperation zwischen den Abteilungen und die Konkurrenzdynamik zwischen den Unternehmen. Das Thema Führung (Management) spielt ebenso eine Rolle wie die Organisationsentwicklung. Die Unternehmen müssen selbst eine optimale Form der Zusammenarbeit finden, indem bestimmte Handlungsmuster festgelegt werden. Dazu können selbstorganisiert Umstrukturierungen, Versetzungen von Personal oder Abbau von Hierarchieebenen vorgenommen werden, und es kann so die Effektivität verschiedener Organisationsformen erprobt werden.

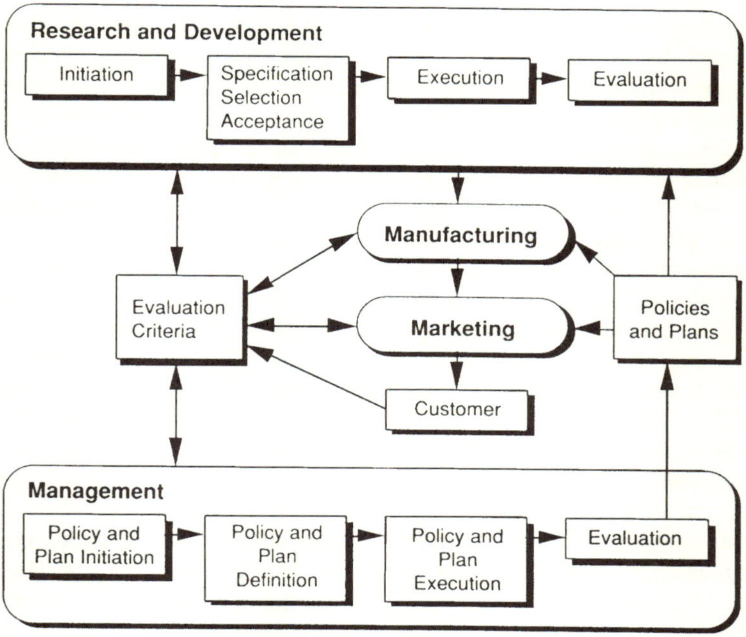

Abbildung 100: Spielschema von »Slogan«

Star Power

Das Planspiel »Star Power« (Shirts und Simulation Training Systems™ 1993) wurde konstruiert, um den Umgang mit Macht, Regeln und Normen zu demonstrieren. In dem Spiel (2–3 Stunden, 20–40 Spieler) können die Spieler mit Spielchips verschiedener Farbe, die unterschiedlich viele Punkte wert sind, handeln. Ziel des Handelns ist es, Kombinationen von Chips zu bekommen, die möglichst viele Punkte zählen. Am Beginn werden die Chips per Zufall verteilt. Nach einer ersten Spielrunde werden je nach Höhe der Punktergebnisse drei Gruppen gebildet (hohe, mittlere, niedrige Punktzahl). In den folgenden Runden, in denen gehandelt wird, ist die reichere Gruppe bevorzugt (sie bekommt mehr von den wertvolleren Chipsorten). Zusätzlich existieren Bonusrunden, in denen in jeder Gruppe wenige besonders wertvolle Bonuschips verteilt werden, die aber nur Einzelpersonen in der Gruppe zugute kommen dürfen. Kann keine einstimmige Entscheidung hergestellt werden, verfallen die möglichen Bonuspunkte. Durch Bonuspunkte und Handeln kann es zu Verschiebungen kommen, so daß einzelne Personen die Gruppen wechseln dürfen/müssen. Im Detail existieren auch eine Reihe von Spielregeln, es soll hier aber nur die Grundidee skizziert werden. Ab der dritten Runde erhält die reichste Gruppe die Macht, alle Spielregeln selbst zu bestimmen und zu verändern. Meistens wird diese Macht undemokratisch und egoistisch nur für die eigenen Interessen mißbraucht (für Regeln, die den Reichtum sichern und mehren), es kann aber auch zu Revolutionen und heftigen Konflikten zwischen den Gruppen kommen, die in demokratische Strukturen münden. Das Spiel eignet sich sehr gut, um eine Diskussion über den Gebrauch von Macht und die Folgen von verschiedenen existierenden politischen Systemen und Wirtschaftssystemen einzuleiten und erfahrbar zu machen (z. B.: welche Chancen und Handlungsalternativen haben Personen der untersten Spielgruppe – sprich Unterschichtangehörige in verschiedenen Gesellschaftssystemen nach oben zu kommen?).

Bafa Bafa

Bafa Bafa (Shirts/Simulation Trainings Systems™ 1977) dient zur Simulation des Verstehens sozialer Kulturen und deren typischen Handlungs- und Rollenmustern. Das Spiel wurde ursprünglich für die amerikanische Armee entwickelt, für die Schulung von Agenten und Soldaten, die sich in fremden Kulturen möglichst angepaßt und unauffällig verhalten sollen. Es kann und wird aber auch eingesetzt, um verschiedene Kulturen und deren Normen und Verhaltensmuster zum Thema zu machen (z. B. in der Schulausbildung, für Toleranz gegenüber Ausländern und anderen ethnischen Gruppierungen, bis hin zum Einsatz im Unternehmen, wenn zwei Organisationen oder Abteilungen innerhalb eines Unternehmens fusionieren und unterschiedliche Organisationskulturen aufeinandertreffen). Es werden zu diesem Zweck zwei Gruppen gebildet (5–25 Spieler pro Gruppe; Spieldauer ca. 3–5 Stunden). Die Gruppen (Alpha- und Beta-Kultur) erlernen in einer ersten Phase ihre spezifische Sprache, die Art und Weise ihrer sozialen Interaktion und die Rollen mit den entsprechenden Funktionen innerhalb der Gesellschaft. Eine Reihe von komplexen Regeln stellt sicher, daß sich die beiden Kulturen sehr stark voneinander unterscheiden.

Die Alpha-Kultur zeichnet sich durch einen sehr freundlichen und persönlichen Umgang der Menschen miteinander aus, Alphas »genießen das Leben«, spielen mit Karten nur zum Spaß, halten bei Gesprächen Körperkontakt, können eine normale Umgangssprache verwenden, haben aber sehr differenzierte soziale Regeln und Rituale und sind streng patriarchalisch organisiert. In der Beta-Kultur hingegen sind alle Personen gleichgestellt, haben aber sehr leistungsorientierte Aufgaben zu erfüllen (Handel mit Karten), besitzen keine Zeit für persönliche Beziehungen und Gespräche und verwenden eine reduzierte künstliche Sprache. Durch diese Konstruktion von handlungsrelevanter Wirklichkeit laufen die Lebensprozesse in den beiden Kulturen vollkommen unterschiedlich ab, was das Verständnis der jeweils anderen Gesellschaft später zu einer schweren Aufgabe macht. In der zweiten Spielphase, wenn die Regeln eingeübt sind, beginnt ein Besucheraustausch zwischen den Kulturen. Besucher dürfen sich eine Zeit lang in der anderen Kultur aufhalten, Erfahrungen sammeln und das Erlebte der eigenen Gruppe vermitteln. Ziel ist es, einen »Kulturschock« zu simulieren, das Verständnis von sozialen Normen und Verhaltensweisen zu entwickeln und die Fähigkeit zu erlangen, sich anderen sozialen Interaktionsmustern so gut wie möglich anzupassen. Damit wird den Teilnehmern aber auch die soziale Konstruktion von Realität und die Funktion von Regeln und Normen als Ordnungsparameter gelebter Handlungsrealität deutlich. Im Debrief kann dann besprochen werden, welche impliziten Normen, Machtstrukturen, Wertsysteme den eigenen realisierten Handlungsmustern zugrunde liegen. Es kann auch gelernt werden, andere, fremde Prozesse und Musterbildungen zu beschreiben, ohne diese gleich zu be- oder abzuwerten. Damit kann Respekt und Toleranz gegenüber dem Anderssein entwickelt werden und Strategien für den Umgang mit eigener Unsicherheit in zunächst unverständlichen sozialen Prozessen erworben werden.

Stratagem

Zur Simulation komplexerer dynamischer Systeme wurde diese Anwendung (Spieldauer ca. 2–3 Tage) von Meadows und Toth (1985) entwickelt. Wie auch das von Meadows et al. (1993) entworfene Planspiel »Fish Banks, Ltd.« handelt es sich um eine computerunterstützte

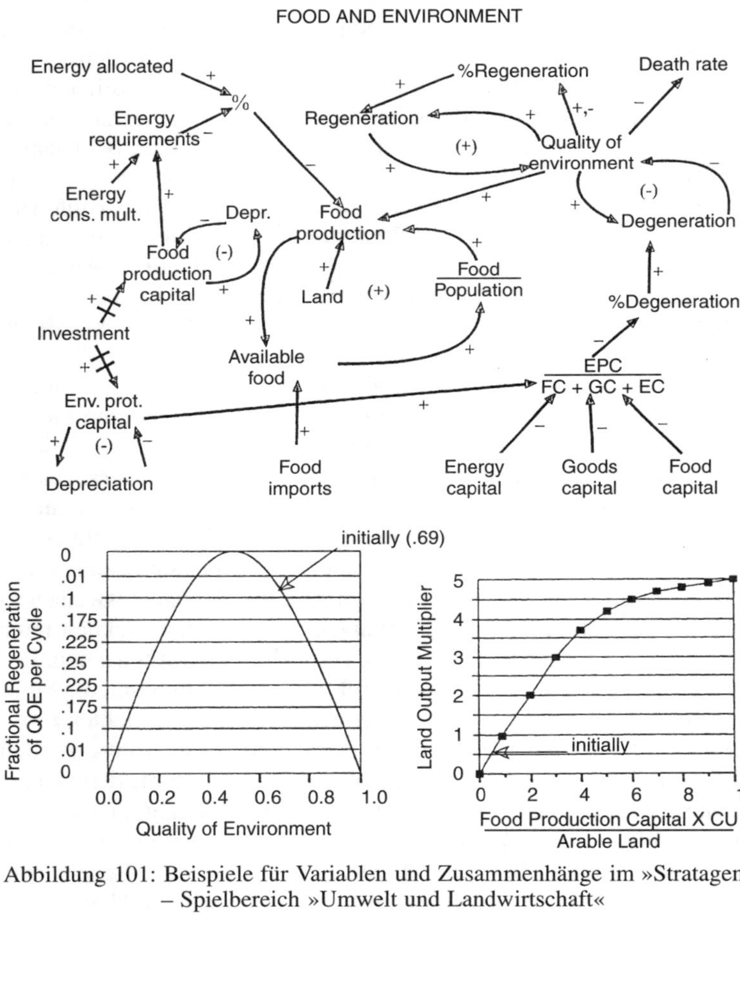

Abbildung 101: Beispiele für Variablen und Zusammenhänge im »Stratagem« – Spielbereich »Umwelt und Landwirtschaft«

Simulation. Die Spielteilnehmer interagieren nicht selbst mit dem Computer, aber ihre Entscheidungen werden von einem Spielleiter in die Computersimulation übertragen, und auf Basis ihrer Entscheidungen und der Simulation werden den Teilnehmern entsprechende Rückmeldungen über den Zustand oder die Entwicklung der Simulationssysteme gegeben. In der Simulation »Stratagem« sollen mehrere Mitspieler gemeinsam einen Staat führen (z. T. vergleichbar mit Ökolopoly), wobei die Spieler (5–12) verschiedene Minister-Rollen übernehmen müssen (z. B. Bereiche wie Landwirtschaft, Finanzen, Energie). Die Teilnehmer erhalten genaue Informationen über die Variablen und deren sehr komplexe Zusammenhänge. Trotz der gegebenen Information, aus der im Prinzip eine optimale Strategie abgeleitet werden könnte, ist der Erfolg in der Praxis nur selten gegeben. Spielziel ist eine nachhaltige Entwicklung des Staates, die aber durch die Komplexität der Wirkzusammenhänge erschwert wird, bereichsübergreifende Verbindungen müssen vom Team in Kooperation herausgefunden werden. Einen großen Einfluß auf das Spielgeschehen bildet dabei natürlich die Gruppendynamik (Ausmaß an Kooperation und gemeinsamer Bewertung und Planung, Führungskompetenzen). Das Training von verschiedenen sozialen Fähigkeiten nimmt – neben der Schulung des Verstehens komplexer Zusammenhänge – in diesem Spiel einen dementsprechend hohen Stellenwert ein.

Hex

Auch in diesem Planspiel von Multilogue™ (1991) geht es um die Simulation eines Entwicklungslandes. Dieses Spiel (5–8 Stunden, 15–30 Spieler) ist im Gegensatz zu »Stratagem« nicht computerunterstützt und auf der Ebene der Systemzusammenhänge (Anzahl an Variablen und deren Vernetzungen) insgesamt weniger komplex. Dafür liegt dem Spiel eine Idee zugrunde, die auf komplexere soziale Dynamiken fokussiert als »Stratagem«. Die Gruppendynamik ist auch deshalb hier von noch größerer Bedeutung, da drei Hierarchieebenen existieren: eine nationale Führungsebene, drei Regionen mit regionalen Führungsebenen und in jeder der drei Regionen existieren jeweils wieder vier Bezirke mit entsprechenden Verantwortlichen. Die 12 Bezirke haben unterschiedliche Ressourcen, produzieren verschiedene Güter und haben unterschiedliche Bedürfnisse. Zusätzlich müssen die Spieler auf allen Ebenen vielfältig kooperieren und komplexe Entscheidungen treffen, um den Staat insgesamt möglichst nachhaltig zu entwickeln. Dazu ist ein optimaler Informationsaustausch und eine Ressourcenumverteilung in und zwischen allen Entscheidungsebenen notwendig. Zeitdruck und verschiedenste positive und negative Ereignisse (z. B. Erdbeben, Entwicklungshilfe) erzeugen Streß und erfordern ein effizientes Konflikt- und Krisenmanagement (z. B. Verteilungskämpfe um Ressourcen, Steuerpolitik). Diese Simulation wird wegen des starken Bezugs zu Prozessen im Unternehmen (u. a. Führungsthematik, Informations- und Ressourcenmanagement) auch besonders erfolgreich in der Personal- und Organisationsentwicklung eingesetzt.

Framegames – Beispiel »Reframing Organizations«

Framegames sind ebenfalls ein spezieller Teilbereich des Gaming Simulation-Ansatzes. Es geht dabei aber weniger um die Simulation eines realen Prozesses, sondern um eine Art »Lernspiel«, das so konzipiert wurde, daß eine Spielstruktur entwickelt wird, die im Prinzip mit beliebigen Inhalten gefüllt werden kann (Thiagarajan 1996). Für Berater, die in einer Organisation tätig werden, um Organisationsentwicklung, Beratung, Coaching zu betreiben, haben Bolman und Deal (1997) das Konzept der »Reframing Organizations« entwickelt. Sie fordern für Berater die Fähigkeit, gezielt verschiedene Perspektiven einnehmen und wechseln zu können. Es werden insgesamt fünf sogenannte Frames (»Brillen«) vorgeschlagen, die dabei hilfreich sind, Organisations-Realität zu erfassen. Diese Frames sind dabei aber nicht nur für externe Berater relevant, sondern bezeichnen Zugangsweisen zum Umgang mit konstruierten Realitäten, die für alle Mitarbeiter und insbesondere Führungskräfte in der Organisation als notwendig erscheinen. Durch das Wechseln der Frames können Organisationen »reframed« werden. Trotz der tatsächlichen Vermischung dieser Frames sind in der Praxis häufig in spezifischen sozialen Systemen bestimmte Frames dominant. Mit einem anderen Frame wird die kollektive Realität somit in einen anderen Kontext gestellt. Neben dem »Systems-Frame«, also einer systemischen Sichtweise als Basis für das Verstehen der Prozesse in einer Organisation, schlagen Bolman und Deal (1997) den »Structural Frame«, den »Human Ressource Frame«, den »Political Frame« und den »Symbolic Frame« vor. Diese vier Frames sollen anhand eines längeren Beispiels dargestellt werden, das leicht modifiziert und übersetzt aus Bolman und Deal (1997, S. 282–292) übernommen wurde.

In diesem Beispiel wird der Leser gebeten, sich in die Situation von

Cindy Marshall hineinzuversetzen. Cindy Marshall hat viele Jahre in einer großen amerikanischen Organisation gearbeitet und soll nun das Management der Kansas-City Niederlassung übernehmen. Sie löst als Führungskraft den bisherigen Leiter Bill Howard ab, der als autoritär, frauenfeindlich und wenig kundenorientiert gilt. Howard wird an eine andere Stelle im Unternehmen versetzt und hat in den letzten Jahren den Großteil der jetzigen Angestellten eingestellt. Howard wurde aber von der Unternehmensleitung gebeten, noch eine Woche zu bleiben, um Marshall beim Übergang zu helfen. Die zukünftigen Mitarbeiter fühlen sich noch mit Howard loyal verbunden. Cindy Marshall wird von der Chefsekretärin kühl empfangen. Als sie in ihr neues Büro eintritt, sieht sie dort Howard sitzen, im Gespräch mit einigen Managern der Kansas-Niederlassung. Marshall grüßt höflich, wird aber von Howard unfreundlich angefahren: »Hat Ihnen die Sekretärin nicht gesagt, daß wir in einer wichtigen Besprechung sind? Warten Sie draußen und ich kann Sie in einer Stunde empfangen!«. Alle Augen sind auf Marshall gerichtet, wie wird sie mit dieser Situation umgehen? Die vier Frames bieten dazu verschiedene Lösungen an. Im folgenden wird jeweils zu jedem Frame ein mißlungenes und ein gelungenes Antwortbeispiel dargestellt.

Structural Frame

Beim Structural Frame geht es um die objektiven Organisationsstrukturen (sichtbar etwa in einem Organigramm). Der Fokus richtet sich hier auf festgelegte Unternehmensziele, Rollen, Funktionen, Hierarchien von Führung und Arbeitsteilung. Zentral sind hier festgelegte Arbeitsabläufe; Fakten und Logik sind wichtiger als individuelle Persönlichkeit und Gefühle. Formale Regeln legen Hierarchien und Arbeitsabläufe fest.

Howard: Hat Ihnen die Sekretärin nicht gesagt, daß wir in einer wichtigen Besprechung sind? Warten Sie draußen und ich kann Sie in einer Stunde empfangen!

Marshall: Mein Vertrag als Manager dieser Niederlassung begann heute morgen. Dies ist mein Büro, Sie sitzen hinter meinem Schreibtisch. Räumen Sie sofort den Platz, oder ich verständige die Unternehmensführung und berichte über ihr Fehlverhalten.

Howard: Ich wurde gebeten noch eine Woche zu bleiben, um Ihnen die ersten Schritte hier beizubringen. Ehrlich gesagt zweifle ich an Ihrer Fähigkeit, diesen Job hier zu übernehmen. Aber wenn Sie meine Hilfe nicht brauchen, werde ich sofort gehen.

Marshall: Ich wiederhole, ich bin nun verantwortlich für diese Niederlassung. Die Firmenleitung hat Sie gebeten mir zu assistieren. Ich erwarte, daß Sie diese Aufforderung erfüllen. Wenn nicht, werde ich die Firmenleitung von Ihrer Kooperationsunwilligkeit informieren. Nun verlassen Sie mein Büro!

Howard: »Gut, wir arbeiten an wichtigen Geschäften, aber weil die Prinzessin hier mehr daran interessiert ist, Befehle zu geben, als Arbeit weiterzubringen laßt uns unser Treffen in dein Büro verlegen, Joe.

Hier hat Marshall zwar ihre Autorität durchgesetzt, aber zu einem hohen Preis. Unter den zukünftigen Mitarbeitern wird sie keine Freunde gewonnen haben und als autoritär, kontrollierend und letztlich Unsicherheit überspielend wahrgenommen werden. Eine angemessenere Variante des Structural Frame wäre:

Howard: Hat Ihnen die Sekretärin nicht gesagt, daß wir in einer wichtigen Besprechung sind? Warten Sie draußen und ich kann Sie in einer Stunde empfangen!

Marshall: Sie hat nichts dergleichen gesagt. Ich will wichtige Arbeit nicht unterbrechen, aber es müssen einige Prioritäten gesetzt und ein Plan für den Tag gemacht werden. Bill, haben Sie einen Plan entwickelt, wie wir im Übergang effizient zusammenarbeiten können?

Howard: Ich dachte wir treffen uns später, wenn wir ein paar dringende Geschäfte erledigt haben.

Marshall: Diese Geschäfte sind gerade das, was mich als neuen Manager dieser Niederlassung besonders interessiert. Worum geht es?

Howard: Wie die Niederlassung trotzdem funktionieren kann, wenn der neue Manager noch nicht fähig genug für den Job ist.

Marshall: Nun, ich habe noch einiges über die Arbeit in dieser Niederlassung zu lernen. Aber ich bin bereit. Mit Ihrer Hilfe können wir einen guten Übergang schaffen. Wie wäre es, wenn Sie Ihre Gespräche fortsetzen und ich als Beobachter dabeibleibe?! Danach können wir, Bill, einen Plan für den Übergang ausarbeiten. Später möchte ich mit jedem Manager der Niederlassung sprechen und Zielvereinbarungen treffen. Ich möchte von jedem erfahren, welche Strategien für verstärkte Kundenorientierung er sieht und welche Wege gesehen werden, diese Strategien in die Tat umzusetzen. Nun, worüber sprachen Sie, bevor ich ankam?

Human Resource Frame

Bei diesem Frame geht es um die Bedürfnisse, Fähigkeiten und Entwicklungsmöglichkeiten der in der Organisation arbeitenden Menschen. Die Menschen werden als Herz der Organisation begriffen und sollen so gefördert werden, daß Individuen und Organisationsstrukturen besser zusammenpassen. Autoritäre Führung wird abgelehnt und partizipatives und unterstützendes Verhalten und Arbeitsmotivation für wesentlich erachtet. Persönliche Wärme, Offenheit, Vertrauen und Einfühlungsvermögen werden geschätzt.

Howard: Hat Ihnen die Sekretärin nicht gesagt, daß wir in einer wichtigen Besprechung sind? Warten Sie draußen und ich kann Sie in einer Stunde empfangen!

Marshall: Oh, nein. Entschuldigen Sie vielmals. Ich hoffe, ich habe Sie jetzt durch mein Hereinkommen nicht verletzt. Für mich ist es nämlich sehr wichtig, von Beginn an mit allen Personen eine gute Beziehung aufzubauen. Während ich warte, gibt es etwas, was ich für Sie tun kann? Mag jemand vielleicht eine Tasse Kaffee?

Howard: Nein. Wir lassen es Sie wissen, wenn wir fertig sind.

Marshall: Oh, ... gut, ich wünsche ein gutes Meeting, ich warte draußen.

Im Bestreben freundlich zu sein, hat Marshall mehr wie eine Kellnerin als wie eine Führungskraft reagiert. Konflikte wurden so zwar nicht akut, aber sie wird als schwach und hilflos angesehen werden und als Führungspersönlichkeit auch in Zukunft kaum ernstgenommen werden. Eine angemessenere Reaktion mit dem Human Ressource Frame ist hingegen:

Howard: Hat Ihnen die Sekretärin nicht gesagt, daß wir in einer wichtigen Besprechung sind? Warten Sie draußen und ich kann Sie in einer Stunde empfangen!

Marshall: Es tut mir leid, wenn ich Sie unterbreche, aber ich bin interessiert daran, hier zu starten. Dazu brauche ich all ihre Unterstützung. (Sie geht zu allen anwesenden Personen und schüttelt die Hände.) Bill, können wir uns ein paar Minuten Zeit nehmen, um zu besprechen, wie wir im Übergang zusammenarbeiten können, damit ich die Niederlassung gut weiterführen kann?

Howard: Sie sind noch nicht der Chef hier. Ich wurde gebeten, noch eine Woche zu bleiben. Ehrlich gesagt zweifle ich daran, daß Sie für den Job hier geeignet sind.

Marshall: Ich verstehe ihre Bedenken Bill, weil ich weiß, wie sehr sie sich mit dem Erfolg dieser Niederlassung verbunden fühlen. An Ihrer Stelle wäre ich auch in Sorge, mein »Baby« an jemanden weiterzugeben, der nicht gut genug darauf achtgeben kann. Aber ich wäre nicht hier, wenn ich es nicht könnte. Ich möchte noch soviel wie möglich von Ihrer Erfahrung lernen und profitieren. Ist Ihr Gespräch sehr wichtig, oder können wir zuerst über unsere Zusammenarbeit reden.

Howard: Es gibt einige dringende Dinge zu erledigen.

Marshall: Gut, als Manager bevorzuge ich es, auf das Urteil jener zu vertrauen, die gerade unmittelbar an einer Aktion beteiligt sind. Fahren Sie mit dem Gespräch fort, ich bleibe als stiller Beobachter hier. Danach reden wir darüber, wie wir gemeinsam weitermachen können.

Political Frame

Beim Political Frame geht es um persönliche Interessen und Konflikte. Reale Machtstrukturen und Machtspiele stehen im Mittelpunkt der Betrachtung (diese liegen oft quer zu objektiv festgelegten Führungshierarchien). Verhandlungen, Kompromisse schließen, persönliche Ziele verfolgen, Karrieremöglichkeiten und Koalitionen wahrnehmen, sind zentrale Prozesse aus Sicht dieses Frames.

Howard: Hat Ihnen die Sekretärin nicht gesagt, daß wir in einer wichtigen Besprechung sind? Warten Sie draußen und ich kann Sie in einer Stunde empfangen!

Marshall: In Ihrem nächsten Job sollten Sie Ihre Sekretärin besser schulen. Wie auch immer, ich kann meine Zeit nicht mit Warten verschwenden. Jeder in diesem Raum weiß, warum ich hier bin. Sie haben die Wahl, Bill. Sie können mit mir kooperieren, oder den letzten Rest von Ansehen verspielen, den Sie in diesem Unternehmen noch haben.

Howard: Ich habe immer noch mehr Erfahrung als Sie. Aber wenn Sie schon alles wissen, dann brauchen Sie wohl keine Hilfe von mir.

Marshall: Ich weiß, daß diese Niederlassung unter Ihrer Führung immer schlechtere Ergebnisse erzielt hat. Meine Aufgabe ist es, das Ruder herumzureißen. Sie können sofort gehen, wenn Sie wollen. Sie wissen ja,wo die Tür ist. Aber wenn Sie intelligent sind, dann bleiben Sie, um im Übergang zu helfen. Der Vizepräsident erwartet meinen Bericht. Es wäre für Sie besser, wenn ich über ihre Kooperation berichten könnte.

Marshall hat das Duell gewonnen, da sie am längeren Hebel sitzt. Mit dem Ausspielen ihrer Macht könnte sie aber den Mitarbeitern Angst gemacht haben und könnte als arrogant angesehen werden. Kooperationsmöglichkeiten wurden somit vielleicht längerfristig beschädigt. In diesem Frame ist es daher besser, an die eigenen Interessen der Beteiligten in anderer Art anzuknüpfen.

Howard: Hat Ihnen die Sekretärin nicht gesagt, daß wir in einer wichtigen Besprechung sind? Warten Sie draußen und ich kann Sie in einer Stunde empfangen!

Marshall (lachend): Bill, wie wäre es, wenn wir die Spielchen lassen und zu arbeiten beginnen. Ich will, daß diese Niederlassung ein »Renner« wird. Ich hoffe, das wollen wir alle. Ich möchte den Übergang so managen, daß es auch für Ihre weitere Karriere in diesem Unternehmen von Vorteil ist.

Howard (sarkastisch): Wenn ich Hilfe für meine Karriere brauche, dann lasse ich es Sie wissen!

Marshall: OK, aber der Vizepräsident erwartet meinen Bericht über die Kooperation, die ich hier bekomme. Ich würde ihm gerne sagen, daß ich viel davon bekommen habe. Ich hoffe, das ist auch in Ihrem Interesse.

Howard: Ich kenne den Vizepräsidenten sehr viel länger als Sie, ich kann mit ihm selbst reden.

Marshall: Das weiß ich, er hat es mir erzählt. Wie wäre es, wenn wir jetzt gleich gemeinsam mit dem Vizepräsidenten sprechen?

Howard: Uh . . . jetzt?. Nein nicht jetzt gleich.

Marshall: Gut, dann machen wir hier weiter. Wollen wir gemeinsam das Gespräch fortsetzen, das Sie begonnen hatten, bevor ich dazukam, oder können wir Ihr Treffen unterbrechen, um einen Plan für unsere Zusammenarbeit im Übergang zu entwickeln?

Symbolic Frame

Im Symbolic Frame werden die Organisation als Theaterbühne und die ablaufenden Prozesse bildlich gesprochen als Schauspiel gesehen. Die Organisationskultur und Corporate Identity sind hier zentral, Prozesse werden als Rituale (wie wird z. B. eine Beförderung durchgeführt) aufgefaßt. Der Fokus liegt auf erzählten Geschichten (Organisationsmythen). Symbole und Slogans (z. B. Logo im Briefkopf) werden als Bedeutungsträger hinterfragt und eingesetzt.

Howard: Hat Ihnen die Sekretärin nicht gesagt, daß wir in einer wichtigen Besprechung sind? Warten Sie draußen und ich kann Sie in einer Stunde empfangen!

Marshall: Es ist großartig zu sehen, wie hart Sie alle arbeiten. Es ist wichtig, daß wir eine gemeinsame Auffassung über den Stellenwert der Kundenorientierung in dieser Niederlassung teilen. Ich habe schon Ansteckbuttons für jeden machen lassen. Hier ist für jeden von Ihnen einer, den Sie sich bitte anstecken. Es steht darauf: »Der Kunde ist König.« Die Buttons sehen wunderbar aus. Sie kommunizieren jenen Geist, den wir hier brauchen. Fahren

Sie mit Ihrem Meeting fort. Ich kann inzwischen mit anderen Mitarbeitern über ihre Visionen sprechen. Mit diesen Worten verläßt Marshall das Büro.

Howard (zu den erstaunten verbleibenden Personen): Habe ich es Euch nicht gesagt? Es ist kaum zu glauben, was für einen unfähigen Nachfolger die für mich angeheuert haben. Nun habt ihr es mit eigenen Augen gesehen.

Marshall hat mit ihren Buttons vielleicht inhaltlich einen zentralen Punkt angesprochen, aber Symbole sind wertlos, wenn sie nicht zur rechten Zeit am rechten Ort eingesetzt werden. Als Neuling in der Organisationskultur hat Marshall mit dieser direkten Intervention eher Erstaunen gepaart mit Geringschätzung geerntet. Aber auch mit diesem Frame läßt sich eine angemessene Antwort geben:

Howard: Hat Ihnen die Sekretärin nicht gesagt, daß wir in einer wichtigen Besprechung sind? Warten Sie draußen und ich kann Sie in einer Stunde empfangen!

Marshall: Vielleicht ist das in dieser Abteilung der typische Initiationsritus, Bill, aber lassen Sie mich eine Frage stellen: Wenn hier durch die Tür jetzt ein Kunde hereingekommen wäre, hätten Sie diesen dann auch in dieser Art abgewiesen und gebeten eine Stunde zu warten?

Howard: Es sind nicht Ihre Kunden. Sie sind erst fünf Minuten hier.

Marshall: Ich bin lange genug dabei, um zu wissen, daß der Kunde an erster Stelle stehen muß.

Howard: Schauen Sie, Sie wissen nichts über diese Niederlassung. Bevor Sie gute Ratschläge über Kundenorientierung geben, lernen Sie lieber zuerst einmal, wie wir die Dinge hier anpacken.

Marshall: Es gibt sicher viel, das ich von Ihnen allen lernen kann. Ich möchte zum Beispiel erfahren, welche Ideen Sie haben, aus dieser Niederlassung einen Ort zu machen, an dem sich eine eintretende Person willkommen fühlt. Wie können wir eine Stimmung erzeugen, die den Eindruck vermittelt, daß man sich hier für das Anliegen des anderen verantwortlich fühlt? Dies soll für jeden gelten, einen Kunden, einen Mitarbeiter oder eine Person, die sich nur in der Hausnummer geirrt hat. Diese Botschaft habe ich bei meinem Eintreten von Ihnen nicht vermittelt bekommen, aber ich bin sicher, wir können das verändern. Was ist Ihr Bild davon, wie diese Niederlassung funktionieren sollte?

Von Lobtus (1997) wurde zu dieser Konzeption ein sogenanntes Framegame entwickelt. Bei dem Spiel werden an die Spieler normale Spielkarten (Skatkarten) ausgegeben. Jede Spielkarte hat Punktewerte (z. B. König: 10 Punkte). Die vier Farben (Pik, Herz, Kreuz und Karo) repräsentieren die vier Frames. Dann bekommen die Spieler in jeder Spielrunde eine Geschichte und müssen entscheiden, welcher der vier Frames in dieser Geschichte besondere Bedeutung einnimmt. Die Spieler können dann eine Karte ausspielen und erhalten die Punkte der Karte multipliziert mit einem Faktor, der von der »Richtigkeit« der gewählten Perspektive abhängt. Als Beispiel hier ein Inhalt (Text) für die erste Runde (Beazley u. Lobtus 1998, S. 426; Übersetzung W.K.):

»Die Fusion der Firmen ›Wunderwachstum KG‹ und ›Magic-Wachstum KG‹ bedeutet die Zusammenlegung der zwei größten Kunstdüngerproduzenten mit einem gemeinsamen Marktanteil von 38 %. Die beiden Konzerne haben stark unterschiedliche Unternehmenskulturen und Organisationsstrukturen. Wunderwachstum KG, gegründet 1907, befindet sich an der Ostküste der USA. Ihre ursprünglich sehr bürokratische und hierarchische Struktur hat sich bisher nur wenig verändert. Die Angestellten tragen Anzüge. Magic-Wachstum KG, gegründet 1967, befindet sich an der Westküste. Die Firma hat eine flache Hierarchie mit teilautonomen Arbeitsgruppen und die strikte Gruppennorm ›keine Anzüge bei der Arbeit‹. Das neue Hauptquartier wird sich in Chicago befinden. Was würden Sie als Unternehmensberater tun? Welcher Frame ist hier besonders nützlich?«

Damit werden die vier Frames spielerisch eingeübt. Natürlich könnte man auch andere Inhalte, die sich in vier Kategorien teilen lassen, mit diesem Framegame erlernen oder andere Spielkarten entwerfen, die für mehr als vier Kategorien geeignet sind. Bei diesem Beispiel wäre der Symbolic Frame am angemessensten, gefolgt vom Structural Frame, Political Frame und am wenigsten zentral wäre der Human Ressource Frame.

Teamübungen

Trust Wave

Experiential Learning-Teamübungen bilden einen weiteren wichtigen Teil des Trainingsprogramms für Systemkompetenz. Bei der Übung »Trust Wave« stehen sich die Spieler in zwei Reihen mit geringem Abstand gegenüber, so daß eine schmale Straße gebildet wird (vgl. Abb. 102). Die Arme sind horizontal ausgestreckt und ineinander verzahnt, wie bei einem Reißverschluß. Freiwillige Teilnehmer können dann durch diese Straße laufen (Länge des Anlaufs und Tempo können selbst bestimmt werden). Jeweils knapp vor dem Läufer werden die Arme gehoben und nach dem unmittelbaren Vorbeilaufen wieder in die

Abbildung 102: Trust Wave (aus: Rohnke 1992, S. 234)

ursprüngliche Position zurückgebracht. Von außen betrachtet entsteht so eine Wellenbewegung sich hebender und wieder niedergehender Arme, während der Läufer seinen Weg durch die Straße läuft. Diese Aktivität wird als eine typische Vertrauensübung eingesetzt, dazu muß sich die Gruppe schon kennen und ein Grundvertrauen entwickelt haben, und erfordert entsprechende Konzentration seitens der Gruppe, um die Sicherheit des Läufer zu gewährleisten.

Labyrinth

Bei dieser Teamübung wird auf dem Fußboden ein Raster hergestellt (z. B. mit Verpackungsklebeband). Die Größe des Rasters (z. B. 8×8 Felder) richtet sich nach der Gruppengröße. Die Gruppe wird in zwei Teams aufgeteilt, die sich an gegenüberliegenden Seiten des Raumes befinden. Die Teams sollen dabei einen Weg durch ein Labyrinth finden. Es wird den Teams nicht verraten, daß sie den selben Weg haben und nur von entgegengesetzten Seiten beginnen. Es wird nur gesagt, daß jede Gruppe einen sicheren Weg durch das Labyrinth besitzt, der durch Versuch und Irrtum herausgefunden werden muß. Es kann nur jeweils eine Person jedes Teams innerhalb des Labyrinths gehen. Gewinner ist das Team, das als erstes alle Mitglieder durch das Labyrinth gebracht hat. Die Felder des Weges schließen waagrecht, senkrecht oder diagonal aneinander an, sie können aber beliebig vor und zurück verlaufen. Für jedes gesprochene Wort gibt es Strafzeit (z. B. 1 Minute), die dann zu der Gesamtgehzeit addiert wird. Die Teams dürfen auch nichts aufschreiben oder Gegenstände in das Labyrinth legen. Sie müssen eine nonverbale Sprache finden, um sich den Weg kollektiv zu merken und den im Labyrinth befindlichen Teammitgliedern zu helfen (sich den Weg zu merken ist schwieriger als es sich anhört und im Labyrinth ist die Perspektive und das Erleben gänzlich verschieden zur Außensicht). Für jeden falschen Schritt, der vom Leiter der Übung bereits einmal als falsch kommentiert wurde, wird Strafzeit angerechnet. Hat ein Spieler einen richtigen Schritt getan, darf er weitergehen, bei einem falschen Schritt muß der ganze Weg zurückgegangen werden (in der richtigen Sequenz – sonst Strafzeiten) und das nächste Teammitglied beginnt mit einem Versuch. Am Beginn dürfen die Teams 10–12 Minuten planen und dazu auch miteinander sprechen. Die Übung berührt unterschiedliche Aspekte. Im Mittelpunkt stehen Kommunikations- und Planungsfähigkeiten in der Vorbereitung sowie der Umgang mit Streß, Fehlern und Unsicherheit, Vertrauen und Kooperation bei der Orientierung im Labyrinth. Von Interesse ist auch das Konkurrenzverhalten, wenn die beiden Teams merken, daß sie eigentlich den gleichen Weg haben (für diesen Fall ist meistens nicht geplant worden). Von Abdrängen und Verwirren des anderen, damit dieser einen Fehlschritt macht und zurückgehen muß, bis hin zu minutenlangem schweigendem Gegenüberstehen, weil man dem anderen nicht zuviel vom restlichen

Abbildung 103: Teamübung Labyrinth (aus: Booth 1995, S. 48 f.)

Weg verraten will, sind verschiedene, letztlich beide Teams hemmende Verhaltensweisen beobachtbar. Die Übung kann – wie alle Teamübungen – mit verschiedenen Kontexten und Variationen situationsgerecht modifiziert werden.

Debrief – Fragen

Bei der gemeinsamen Reflexion der in Gaming Simulation-Anwendungen und Teamübungen gemachten Erfahrungen ist es für den Leiter wesentlich, die Teilnehmer behutsam dabei zu unterstützen, die Erlebnisse zu diskutieren, zu bewerten und Konsequenzen zu erarbeiten. Debrief dient auch dem Transfer der Erfahrungen der Lernsituation in die Lebenswelt der Teilnehmer. Die Feedback-Situation wird aber auch selbst zum Modell für Lernprozesse. Debrief sollte nämlich kontinuierlich von Teams selbständig im gemeinsamen Prozeß angewandt werden, um das gemeinsame Handeln kritisch zu beleuchten. Im Training von Systemkompetenz werden von den Teilnehmern nach und nach auch Kompetenzen erworben, ein Debrief selbst zu leiten. Eine hilfreiche Liste mit möglichen Fragen, die im Debrief gestellt werden können, wurde von Knapp (1984) entwickelt. Einige dieser Fragen werden im folgenden – zum Teil modifiziert und ergänzt – wiedergegeben. Der Leiter muß aus diesen Fragen natürlich auswählen, diese der Situation entsprechend flexibel anpassen und zusätzlich weitere Fragen zum spezifischen Prozeß stellen.

Kommunikation:

- Können Sie ein Beispiel für eine Situation/gelungene Kommunikation angeben, in der Sie mit jemandem anderen – aus Ihrer Sicht – erfolgreich kommuniziert haben?
- Woher/Wie wußten Sie/haben Sie sichergestellt, daß das Gesagte vom anderen »richtig« verstanden wurde?
- Wann wurde eine Kommunikation mißverstanden?
- Was hat zu dem Mißverständnis geführt?
- Was könnte der Sender das nächste Mal besser/anders machen, um seine Interaktion verständlicher und annehmbarer zu gestalten?
- Was könnte der Empfänger beim nächsten Mal besser/anders machen, um die Information zu verstehen?
- In welchen verschiedenen Formen haben wir miteinander kommuniziert (schriftlich, verbal, Körpersprache, Befehle, freundliche Bitten, Nachfragen usw.)

- Welche Formen der Kommunikation waren besonders erfolgreich?
- Wie stark haben Sie sich an der Kommunikation in der Gruppe beteiligt und warum?
- Was haben Sie aus der Kommunikation in der Gruppe/aus Ihrer eigenen Art zu kommunizieren gelernt?

Angemessener Ausdruck von Gefühlen:

- Können Sie ein Gefühl benennen, das Sie während der Aktivität hatten?
- Wo in Ihrem Körper haben Sie das Gefühl besonders gespürt?
- Welche Gedanken haben das Gefühl begleitet?
- Ist Ihnen dieses Gefühl bekannt? Haben Sie es öfter in Ihrem Leben? In welchen Situationen?
- Haben Sie dieses Gefühl anderen gegenüber ausgedrückt? Warum nicht?
- Wie gehen Sie sonst mit Gefühlen um? In welchen Situationen drücken Sie Gefühle aus und in welchen Situationen unterdrücken Sie Ihre Gefühle?
- Hätten Sie sich gerne anders gefühlt? Wie?
- Was müßte geschehen, damit Sie sich anders fühlen könnten? In bezug auf Ihre Umwelt und in bezug auf sich selbst?
- Wie glauben Sie haben sich andere in der Situation gefühlt?
- Haben Sie die Gefühle anderer wahrgenommen? Wie haben Sie auf Gefühle anderer reagiert?
- In welchen Situationen fällt es Ihnen schwer, Ihre eigenen Gefühle wahrzunehmen?
- Welche Gefühle lassen sich leicht oder schwer ausdrücken?
- Welche Gefühle wurden nonverbal ausgedrückt?
- Ist (wann ist) der Ausdruck von Gefühlen förderlich oder hinderlich in der Zusammenarbeit?

Über andere urteilen:

- Können Sie Beispiele angeben, wann Sie in der Aktivität andere be/verurteilt haben?
- Haben Sie Ihre Urteile mitgeteilt?
- Ist es schwer für Sie, über andere nicht zu urteilen?
- Welche Vor- und Nachteile können Urteile in der Zusammenarbeit haben?
- Wie urteilen Sie in anderen Situationen?
- Wie sollten Urteile angemessen ausgedrückt werden?

Zuhören:

- Wer machte Vorschläge für die Lösung von Problemen?
- Wurden diese Vorschläge von allen gehört?
- Auf welche Vorschläge wurde besonders reagiert? Wie wurde reagiert?

- Ist jeder zu Wort gekommen?
- Welche Vorschläge wurden eingebracht, aber von der Gruppe überhört?
- Wie haben Sie sich gefühlt, als ein Vorschlag von Ihnen diskutiert/aufgegriffen wurde?
- Wie haben Sie sich gefühlt, als Sie übergangen wurden/als Ihnen niemand zugehört hat?
- Warum war es schwer für Sie zuzuhören? Was hat Sie abgelenkt?
- Wie hören Sie in anderen Situationen zu?
- Wie kann man die Teamarbeit so gestalten, daß sich alle einbringen können und daß allen zugehört wird?

Rollen und Führung:

- Wer hat Führungsrollen übernommen?
- Wer hat nie Führungsrollen übernommen?
- Welche anderen Rollen wurden übernommen?
- Wie haben Sie die Rollen festgelegt?
- Gab es Kompetenzstreitigkeiten? Wie wurden diese gelöst?
- Waren Sie mit Ihrer Rolle zufrieden?
- Welches Führungsverhalten (demokratisch, autoritär usw.) hat/haben die Führungsperson/en gezeigt?
- Können die gezeigten Führungs-Verhaltensweisen von allen akzeptiert werden?
- Wie haben Sie auf die Führungsperson und deren Verhalten reagiert?
- Wie haben sich die Geführten gefühlt? War es schwer, geführt zu werden?
- Wie haben sich die Führungspersonen gefühlt? War es schwer zu führen?
- Haben Sie sich an die Anweisungen der Führungsperson gehalten? Warum? Warum nicht?
- Wurden (Führungs-)Rollen in der Aktivität abgewechselt?
- Welche Führungsaufgaben wurden wie erfolgreich ausgeführt?
- War es schwierig, mit dem Thema Führung/Autorität/Macht umzugehen?
- Was sind notwendige Führungseigenschaften?

Gruppen-Entscheidungen:

- Wie wurden Gruppenentscheidungen getroffen?
- Waren Sie zufrieden mit den getroffenen Entscheidungen? Warum nicht?
- Wie wurde mit Fehlentscheidungen umgegangen?
- Waren Sie zufrieden mit der Art und Weise Entscheidungen zu treffen? Warum nicht?
- Konnte jede Person ihre Meinung beitragen? Warum nicht?
- Wurden Meinungen unterdrückt? Von wem?
- Was wurde beim Entscheidungsprozeß gut schlecht gemacht?
- Welche Vor- und Nachteile haben verschiedene Entscheidungsformen?
- Was soll das nächste Mal anders gemacht werden?

Respekt:

- Welche Unterschiede (Ziele, Werte, Kompetenzen, Persönlichkeiten usw.) bestehen in der Gruppe?
- Welche Gemeinsamkeiten bestehen in der Gruppe?
- Was haben Sie mit jemand anderem gemeinsam?
- Verglichen mit wem erkennen Sie besonders große Unterschiede?
- War es schwer, mit Differenzen umzugehen? Wie wurde damit umgegangen?
- Welche Vor- und Nachteile haben Unterschiede und Gemeinsamkeiten für die Zusammenarbeit?
- Konnten Sie die anderen akzeptieren/respektieren?
- Ist Ihnen ausreichend Respekt/Akzeptanz entgegengebracht worden?
- Wo sind ihre persönlichen Toleranzgrenzen?

Vertrauen:

- Können Sie ein Beispiel für eine Situation geben, in der Sie jemand anderem vertraut haben?
- Wann/Warum konnten Sie jemandem nicht vertrauen?
- Hat jemand Ihr Vertrauen mißbraucht oder ihre Vertrauenswürdigkeit verletzt?
- Haben Sie sich selbst als vertrauenswürdig erwiesen?
- Wie könnte das Vertrauen in der Gruppe weiter gestärkt werden?
- Welches Verhalten ist zum Aufbau von gegenseitigem Vertrauen notwendig?

Abschlußfragen:

- Was haben Sie über sich selbst gelernt?
- Was haben Sie über andere/die Gruppe gelernt?
- Was haben Sie besonders gut gemacht?
- Was sollten Sie noch verbessern? Wie wollen Sie in Zukunft an sich arbeiten?
- Was war an dem Erlebten typisch für andere Lebenssituationen?
- Was nehmen Sie an Erkenntnissen für andere Lebenssituationen mit?
- Was müssen Sie in anderen Lebenssituationen verändern? Wie können Sie Veränderungen umsetzen?
- Möchten Sie noch etwas ansprechen/mitteilen/fragen?

Beispiele zur Integration von Wissen, Techniken und Gaming Simulation im Trainingsprogramm

Das Planspiel »Fish-Banks Ltd.«

In dem von Meadows et al. (1993) entworfenen computerunterstützten Planspiel »Fish Banks Ltd« bewirtschaften mehrere Gruppen, die jeweils ein Fischfangunternehmen repräsentieren, eine gemeinsame Ressource: Fische. Dieses Spiel eignet sich hervorragend, um den Teilnehmern Themen wie nachhaltige Entwicklung, systemisches Denken, Kooperation und Teamwork näherzubringen. Dieses Spiel wurde dabei für breite Zielgruppen wie Schüler, Lehrer, Manager und Politiker konzipiert und seit 1986 weltweit erfolgreich eingesetzt. Als Basis dieses Spiels dienen die seit 1960 am MIT (Boston, USA) durchgeführten systemwissenschaftlichen Arbeiten zu den Fischpopulationen in den großen Weltmeeren. Diese Problematik der Ausbeutung der Weltmeere ist auch heute immer wieder Thema der Tagespresse und politischer Diskussionen. Es wird somit in diesem Planspiel die reale Systemdynamik »Fischfang« abgebildet und simuliert. Lernziel ist es, das adäquate Verstehen der simulierten Systemprozesse zu fördern und damit systemisches Denken und Handeln auszubilden. Gleichzeitig liegt aber ein zentraler didaktischer Schwerpunkt in der Auseinandersetzung mit und Verbesserung von gruppendynamischen Prozessen wie Teamverhalten, Entscheidungsfindung, Problemlösen und Umgang mit Führung. In 4–6 Gruppen zu je 3–8 Personen, die je ein Fischfangunternehmen repräsentieren, gilt es, den Gewinn zu maximieren. Alle Gruppen starten unter den gleichen Bedingungen, einem bestimmten Vermögen auf einem Bankkonto und einer Anzahl von Schiffen, mit denen Fische gefangen werden können. Die Schiffe können sich im Hafen, in der Küstenregion oder auf hoher See aufhalten.

Als Team müssen die Teilnehmer die vorhandenen Informationen auswerten, finanzielle Transaktionen vornehmen, Verhandlungen mit anderen Gruppen führen sowie Unternehmensstrategien entwickeln und andere komplexe Entscheidungen treffen. Für jedes Geschäftsjahr (es werden max. 10 Jahre gespielt) wertet der Computer – auf Basis realitätsnaher Systemsimulation – die Teamentscheidungen aus. Die Gruppen tragen dazu Entscheidungen in einen Entscheidungsbogen ein und erhalten dann auch Rückmeldung wichtiger Kennzahlen der Systemdynamik. Als individuelle Rückmeldungen werden jedem Team nach jedem Spielzyklus die Fangzahlen in Hochsee und Küstenregion,

Gewinn aus Fischverkäufen, Bankzinsen, aktuelles Vermögen auf dem Bankkonto und die Anzahl der Schiffe mitgeteilt. Zusätzlich wird allen Gruppen öffentlich auf einer Tafel angezeigt, wieviel Gesamtvermögen und Schiffe die einzelnen Teams besitzen und auf dem Spielbrett wird die Anzahl der Schiffe angezeigt, die sich in den jeweiligen Regionen aufhalten. Die Entscheidungen der Gruppen beziehen sich auf den Handel mit Schiffen (Kauf oder Verkauf an/von anderen Gruppen), Bestellung von Schiffen, die dann neu gebaut in der nächsten Periode zur Verfügung stehen, bieten bei Schiffsversteigerungen und der Aufteilung der Schiffsflotte in die Regionen Hafen, Küste und Hochsee. So werden die Auswirkungen des Handelns schon nach kurzer Zeit sichtbar, und wie im realen Leben bieten sie oft einige Überraschungen. Daher sind auch die das Spiel abschließenden Feedbackrunden von größter Wichtigkeit, die helfen, Erfahrungen aufzuarbeiten und den Transfer in die Alltagswelt der Teilnehmer zu erleichtern. Ebenso kann am Beispiel des Fischfangs der Umgang mit anderen erneuerbaren, aber begrenzten Ressourcen diskutiert werden.

»Fish-Banks« wird im Trainingsprogramm auch zur Förderung von systemischem Denken und zum Üben von Techniken eingesetzt. Bei diesem Planspiel wird mit dem System »Fischfang« eine reale Dynamik simuliert. In einem ersten Schritt können die Teilnehmer hier mit dem SÖHM versuchen, zentrale Wirkfaktoren zu identifizieren. Bei dieser Technik treffen die Teilnehmer zunächst individuell Zuordnungen, die dann in einer Gruppensitzung vorgestellt und modifiziert werden. Als weitere Analyse des Erlebten ist es sinnvoll, kritische Systemvariablen in ihrem zeitlichen Verlauf über die zehn Spielzyklen hinweg darzustellen. Beispielhaft wurden hier einige solcher Variablen dargestellt, eine andere wichtige Frage wäre etwa die Entwicklung der Vermögenskennzahlen. In rund 99 % aller Spiele[4] werden beide Fischregionen gänzlich ausgerottet. In der Regel ist in Periode 4–5 die Hochsee leergefischt und 1–2 Perioden später auch die Küstenregion. Spielt man dann alle zehn Zyklen, so sinken die Vermögenswerte sogar in den negativen Bereich durch Schulden, die für hohe Betriebskosten der

4 Schätzung von Dennis Meadows (persönliche Mitteilung). Die Schätzung bestätigt sich in etwa durch eigene Erfahrung: von ca. 35 durchgeführten Fish-Banks-Spielen wurde nur einmal die Küstenregion »gerettet«, die Hochsee-Fanggründe wurden immer ausgerottet. Neue (laufende) empirische Untersuchungen zeigen aber, daß Personengruppen, die vor dem Planspiel gruppendynamisches und systemisches Wissen vermittelt bekommen, durchaus in der Lage sind, nachhaltige Entscheidungen zu treffen.

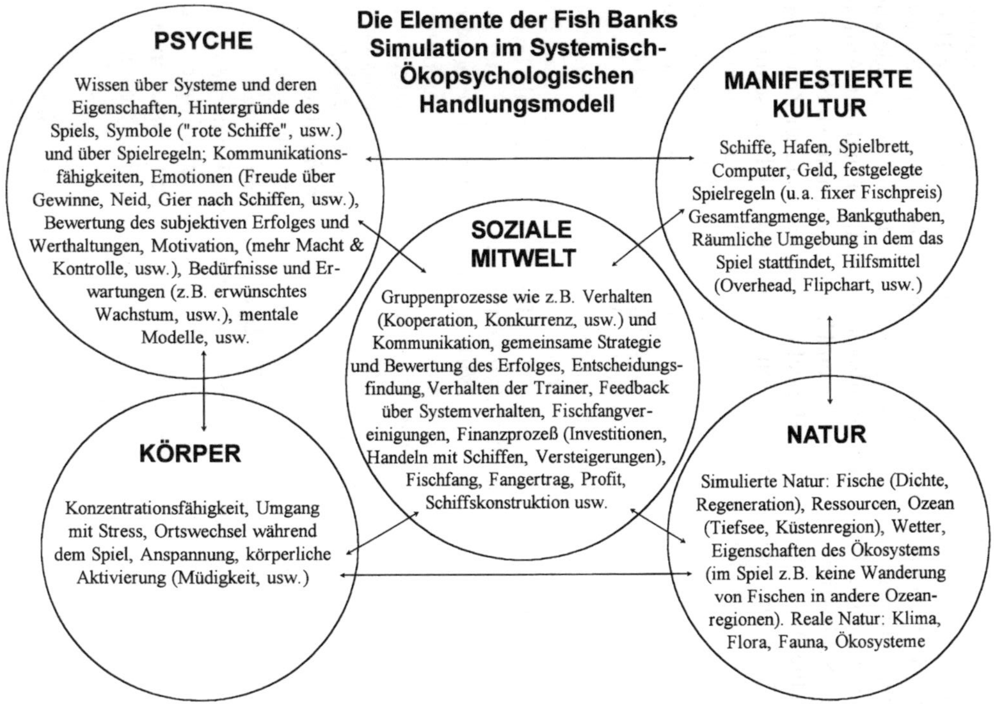

Abbildung 104: Einflußfaktoren für die in Fish-Banks erlebte Dynamik (exemplarische Lösung einer Seminargruppe)

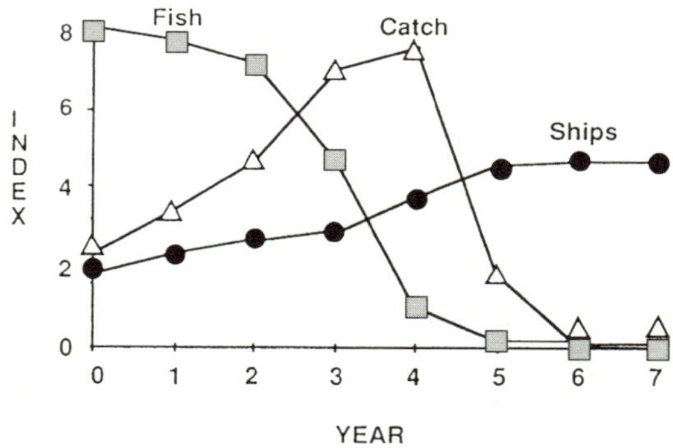

Abbildung 105: Typische Fish-Banks Gesamtdynamik (aus: Meadows et al. 1993)

Schiffe entstehen, obwohl keine Fische mehr gefangen und verkauft werden können.

Eine Reihe typischer Denkfehler im Umgang mit dynamischen Systemen können beobachtet und in der Reflexion analysiert werden. So ist für viele Gruppen der Umgang mit der Dynamik kaum durchschaubar, obwohl Fish Banks noch ein vergleichsweise wenig komplexes System darstellt. Ein Aha-Erlebnis ist es häufig, daß nach dem Ruin der Hochsee (in 5 Perioden) die Küste oft schon nach einer weiteren Periode leergefischt ist. Häufig wird dabei fälschlicherweise von einer linearen Dynamik mit zusätzlichen falschen Schlüssen ausgegangen: hat man fünf Perioden für die Hochsee gebraucht, meint man, fünf weitere in der Küstenregion fischen zu können. Übersehen wird, daß in der Küste generell weniger Fische vorhanden sind und daß in den ersten fünf Perioden die Anzahl der Schiffe ständig gewachsen ist und nun eine Größe erreicht hat, jede Region (auch die Hochsee) mit einem Zug leerfischen zu können. Es wird also auf die Entwicklungsdynamik falsch reagiert. Obwohl meist allen Teilnehmern klar ist, daß es irgendwann ein Problem mit der Fischregeneration und somit der Ressource für die Vermögensbildung geben wird, werden keine langfristig nachhaltigen Strategien entwickelt. Tatsächlich ist schon die falsche Deutung einer in der Simulation vorhandenen einfachen nichtlinearen Beziehung[5] zwischen Fischzuwachs und Fischdichte häufig ein Hindernis für effizientes Handeln.

5 Bei »geringer« und bei »hoher« Fischdichte gibt es einen geringeren Fischzuwachs. Eine »mittlere« Fischdichte führt zu einem maximalen Fischzuwachs (Wachstum der Fischpopulation in einer Zeitperiode durch Geburtenüberschuß).

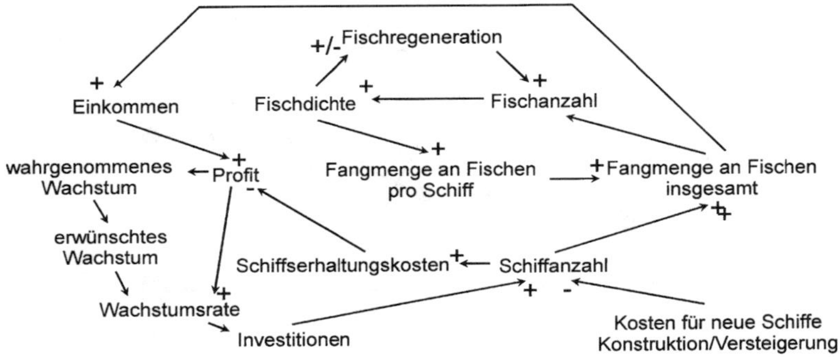

Abbildung 106: Feedback-Loops für »Fish-Banks«

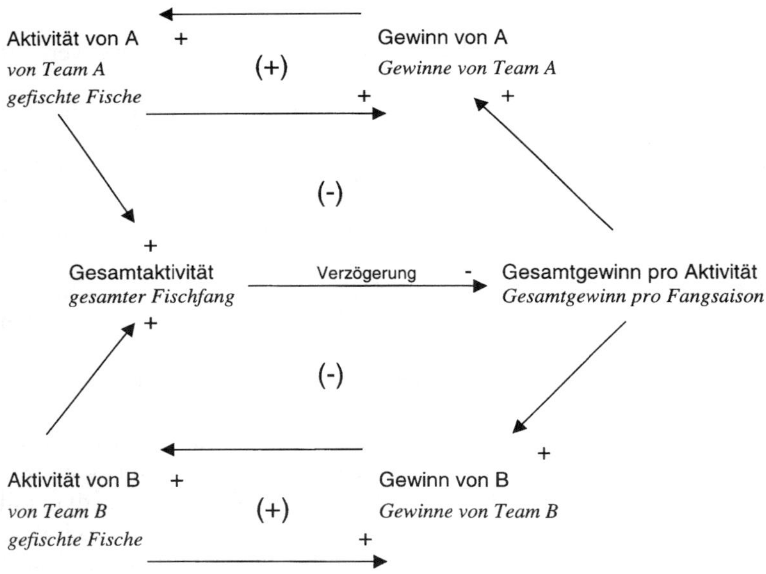

Abbildung 107: Tragedy of the Commons (übersetzt aus: Kim 1992, S. 6; und Ergänzung in bezug auf *»Fish Banks«*)

Auf Grundlage der Zeitreihen und wichtigsten Einflußfaktoren können Feedback-Loops konstruiert werden. Die Abbildung 106 zeigt ein mögliches Loop-Diagramm. Anzumerken ist, daß in diesen Loops außer dem erwünschten Wachstum noch gar keine psychologischen Faktoren einbezogen sind, wie etwa die Gier nach mehr Schiffen oder Kommunikationsmuster.

Zusätzlich bietet hier auch ein System-Archetype (Senge 1994) die Möglichkeit, die Systemdynamik zu veranschaulichen: »Tragedy of the Commons«. Bei Fish-Banks geht es darum, daß verschiedene Personen oder Teams eine gemeinsame Ressource (Commons) bewirtschaften. Handlungen, die (egoistisch gesehen) dem einzelnen Team nutzen (hier: viele Schiffe fischen zu lassen; dadurch viele Fische zu fangen und hohen Gewinn zu erwirtschaften), schaden langfristig der Ressource und damit der eigenen Existenz. Das Dilemma kann auf individueller Ebene nicht gelöst werden, sondern es muß eine gemeinsame Vorgangsweise geplant werden, die die Ressource nachhaltig erhält. Aufgrund der fehlenden Koordination der Einzelinteressen zu einer nachhaltigen Strategie werden in »Fish-Banks« zumeist zwei- bis dreimal so viele Schiffe gebaut und eingesetzt wie aufgrund einer langfristigen Perspektive der Fischnutzung sinnvoll wäre.

Es soll nochmals betont werden, daß bei der Konstruktion von Gaming Simulation-Anwendungen Modellbildungen einfließen, die auf systemwissenschaftlichen Grundlagen beruhen. Wird eine Systemdynamik konstruiert oder rekonstruiert, so können die selben Techniken angewendet werden. Die Teilnehmer am Training für Systemkompetenz reflektieren die den Simulationen zugrundeliegenden Systemzusammenhänge, und sie beziehen diese Erkenntnisse in die zu treffenden Entscheidungen in Planspielen ein. Damit wird systemisches Denken ausgebildet. Abbildung 108 zeigt beispielhaft das Wirkungsgefüge der Umweltsimulation »Ökolopoly« von Vester (1983b). Hier sind verschiedene Bereiche (Umweltschutz, Produktion, Lebensqualität, Bevölkerung) durch nichtlineare Beziehungen miteinander verbunden.

Beim Debrief von »Fish Banks« sind vor allem Fragen relevant, die es erlauben, mit der Gruppe die verschiedenen Handlungsstrategien der Fischfangteams zu reflektieren. Häufig existieren keine durchdachten Entscheidungen, Strategien werden emotional bedingt gewechselt, Systemzusammenhänge werden nur unzulänglich verstanden und auf die prinzipiell vorhandenen Informationen (rückgemeldete Fangergebnisse) wird nicht adäquat reagiert. Eine nachhaltige Bewirtschaftung der Fischereigründe mißlingt, die Fische werden ausgerottet und bis zum Ende des Spiels schreiben einzelne Teams bereits zum Teil große Verluste. Da kaum kognitive Strategien und angemessene mentale Modelle vorhanden sind, kommt emotionalen Prozessen eine zentrale Bedeutung zu (Gier nach Schiffen, bei Versteigerungen wird zum Teil hemmungslos und gegen jede Vernunft geboten). Zusätzlich sind hier Fragen zur Gruppendynamik von besonderem Inter-

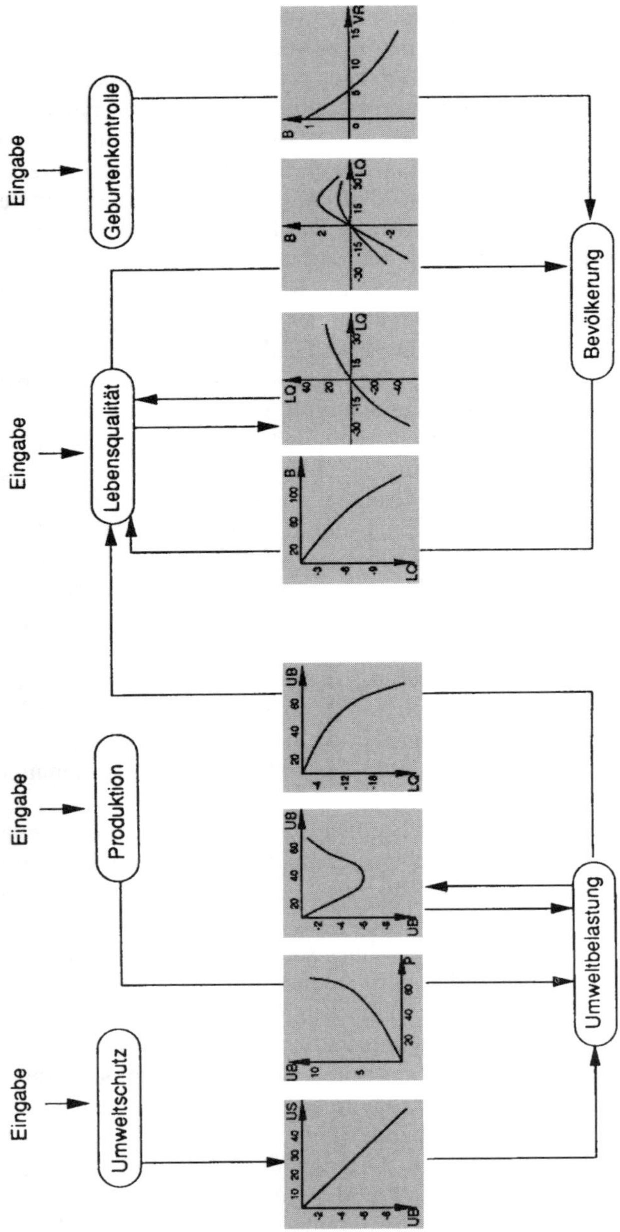

Abbildung 108: Ausschnitt aus dem Wirkungsgefüge »Ökolopoly« (Vester 1983b, S. 148)

esse. Vielfach gibt es keine hinreichende Differenzierung von Rollen, einzelne Personen reißen die Führung an sich, oder es gibt keine Koordination und Moderation, es existieren unzulängliche Kommunikations- und Entscheidungsmuster, so reden etwa alle durcheinander. Vor allem aber ist das Spiel meistens von einem ausgeprägten Konkurrenzverhalten und Mißtrauen gegenüber den anderen Teams geprägt, Informationen werden nicht ausgetauscht, so wird die Möglichkeit, die Gesamtsituation abzuschätzen erheblich verringert, gemeinsame Strategien werden nicht entwickelt. »Fish Banks« wird im Training von Systemkompetenz als erste Simulation durchgeführt. Zentrale soziale Kompetenzen werden – aufbauend auf dieser gemeinsamen Erfahrung dysfunktionaler Verhaltensmuster – dann im Verlauf des Trainings verbessert. Einige Kernfragen für das Debrief von »Fish Banks« sind im folgenden aufgelistet:

- Welche Erfahrungen haben Sie gerade gemacht?
- Was fühlen Sie jetzt?
- Wie zufrieden sind Sie mit Ihrer Leistung/mit der Gruppenleistung?
- Was waren Ihre Ziele/Gruppenziele?
- Welche Ziele haben Sie erreicht?
- Welche Strategien haben Sie angewandt, um die Ziele zu erreichen?
- Was wurde in der Gruppe gut oder schlecht gemacht?
- Was könnten Sie/Ihre Gruppe das nächste Mal besser machen?
- Haben Sie überhaupt auf den Gruppenprozeß geachtet?
- Wie haben Sie im Team miteinander kooperiert und kommuniziert?
- Wie haben Sie die Arbeit im Team aufgeteilt? Welche Rollen gab es?
- Wer hat die Führung übernommen?
- Wer war besonders engagiert/motiviert, wer hat wenig mitgemacht? Warum?
- Wie wurden Entscheidungen getroffen? Wie wurden Konflikte gelöst?
- Wie wurde die Kommunikation mit den anderen Gruppen vollzogen?
- Welche Aspekte der Simulation und des Gruppenverhaltens sind mit der realen Lebenswelt vergleichbar oder nicht?
- Wie wird in der realen Lebenswelt Fischfang betrieben? Was bedeutet das langfristig?
- Wie gehen wir allgemein mit unseren natürlichen Ressourcen um?
- Was haben Sie aus den Erfahrungen der Simulation gelernt?
- Was sind Kriterien effizienter Teamarbeit?
- Was bewirken Kooperation und Konkurrenz?

- Welche Rolle spielen gruppendynamische Prozesse (z. B. Konkurrenz) in ihrer Lebenswelt (z. B. an Ihrem Arbeitsplatz)?
- Wie könnten die vergleichbaren Prozesse in der realen Lebenswelt verbessert werden?
- Was bedeutet Gaming Simulation und Experiential Learning für Sie?
- Wie empfinden/bewerten Sie rückblickend diesen Debrief-Prozeß?
- Möchten Sie noch etwas Wichtiges mitteilen?

Die Teamübung »Group Juggle«

Bei »Group Juggle« (Rohnke 1989) bilden die Teilnehmer einen weiten Kreis und halten jeweils ungefähr gleich großen Abstand zu den benachbarten Mitspielern. Der Leiter wirft einer möglichst weit entfernten Person einen Ball zu und gibt die Anweisung, daß dieser Spieler den Ball an eine beliebige Person weiterwerfen soll. Jeder Mitspieler soll den Ball nur einmal bekommen und werfen, der letzte wirft den Ball dann wieder zurück zum Leiter. Die Spieler sollen sich merken, von wem sie den Ball bekamen und an wen sie den Ball weiterwarfen. Diese Wurfreihenfolge muß auch bei den folgenden Versuchen eingehalten werden. Bei den weiteren Versuchen geht es darum, die Wurfreihe möglichst schnell auszuführen.

Herunterfallende, nicht gefangene Bälle werden mit 10–20 Strafsekunden gezählt. Die Gruppe wird aufgefordert zu überlegen, wie sie den Prozeß weiter verbessern kann. Die meisten Gruppen kommen irgendwann auf die Idee, daß die Reihenfolge zwar eingehalten werden muß, sie aber die Personen so umstellen können, daß man jeweils zum unmittelbaren Nachbarn (links- oder rechtsherum) werfen kann. Eine andere Idee ist, daß man ganz nahe zusammenrückt, diese Variante trägt den Namen »Warp Speed«. Der Leiter sollte aber nicht helfen, Ideen zu entwickeln. Die Übung macht den Teilnehmern großen Spaß.

Nach »Warp Speed« oder nach einiger Zeit wird die Gruppe gebeten, wieder den ursprünglichen weiten Kreis einzunehmen. Nun kommen weitere Bälle ins Spiel. Aufgabe ist es jetzt, ein Maximum von Bällen im Wurf-Prozeß zu halten. Besonders bewährt hat es sich, Bälle oder Wurfgegenstände verschiedener Größe, verschiedenen Gewichts und verschiedener Beschaffenheit zu verwenden. Bei allen Übungen ist es von Vorteil (bei Trainings in Unternehmen sogar absolut notwendig) mit einem »Framing« die Übung zuvor einzuleiten und in einen – für diese Teilnehmergruppe möglichst konkreten – Kontext zu stellen. Möchte

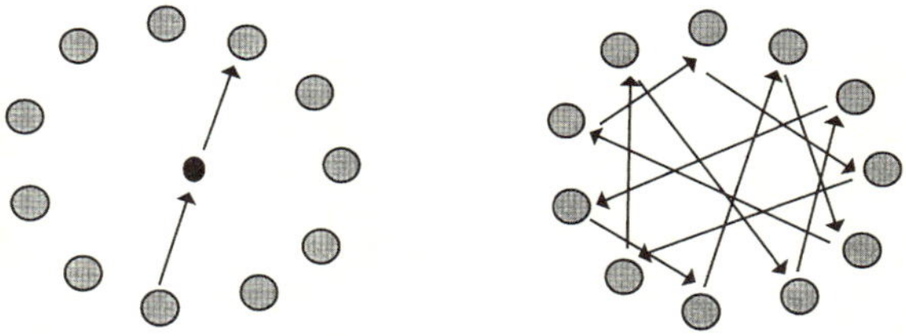

Abbildung 109: links: vom Leiter wird der Ball zum ersten Teilnehmer geworfen; rechts: eine mögliche vollständige Wurfreihe (Vogelperspektive)

man die Übung ohne speziellen Kontext durchführen, kann man einfach angeben, daß mit der Übung die Problemlöse- und Kommunikationsqualität der Gruppe beobachtet und auf die Probe gestellt wird. Bei »Group Juggle« verwende ich bei Studentengruppen den Kontext Universitätsausbildung. Der Ball symbolisiert einen Studenten, die Teilnehmer sind die Dozenten. Der Student muß in einer festgelegten Reihenfolge (Studienplan) die Fächer und somit auch die Lehrer »besuchen«. Studenten sollen dabei schnell, aber auch mit hoher Qualität durch das System Universität gebracht werden. Fällt ein Ball zu Boden, so hat ein Student das Studium abgebrochen. Die Drop Out-, besser »Drop down«-Rate soll möglichst niedrig gehalten werden. Es gibt nicht nur einen Studenten, sondern viele, die noch dazu verschiedene Eigenschaften haben, wie die vielen verschiedenen Bälle. Bei dem Spiel ist ein Dilemma gegeben, denn ab einer gewissen Anzahl an Bällen kann Quantität (möglichst viele Bälle zirkulieren) und Qualität (Bälle fallen nicht herunter) nicht gemeinsam steigen, es gibt oft hitzige Debatten in der Gruppe, welches Ziel wichtiger ist. Um es spannender zu machen, kann der Leiter, wenn die Gruppe ihre gruppendynamischen Probleme gelöst hat und eine Wurfsequenz bereits relativ gut (aber nicht zu perfekt) eingeübt hat, an einer Stelle ein Ei als Wurfgegenstand einbringen (Achtung ein rohes Ei – ein besonders zerbrechlicher Student). Hat der Leiter das Ei zur richtigen Zeit in den Prozeß eingebracht, zerbricht dies meist, bevor es zu ihm zurückkehrt (das Ei sollte dabei in Wirklichkeit besser hartgekocht sein). Am Beispiel »Ei« können dann gut weitere Verbesserungen des Gruppenprozesses und des Wurfsystems besprochen werden (Wie kann man in Zukunft verhindern, daß ein besonders sensibler Student zerbricht?). Um die Übung schwieriger zu machen, kann man verbieten, daß die Teilnehmer – wie bei »Warp-Speed« – dem unmittelbaren Nachbarn zuwerfen dürfen. Dabei realisieren sich dann erfahrungsgemäß verschiedene Wurfmuster. Zwei besonders häufige Muster sind in Abbildung 111 veranschaulicht.

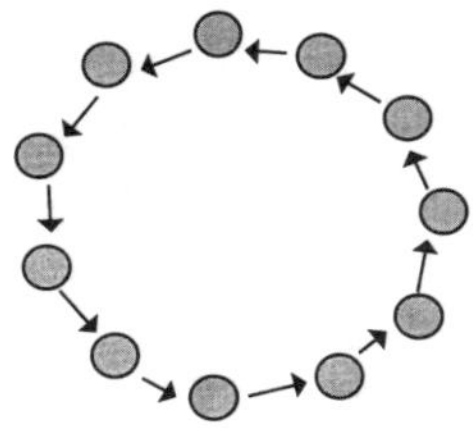

Abbildung 110: links: Wurfreihe in Kreisform; rechts »Warp Speed«-Variante (aus: Rohnke 1989, S. 83)

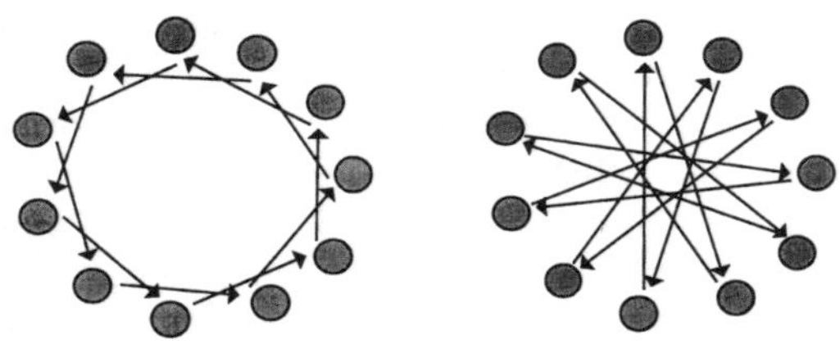

Abbildung 111: Zwei häufige und besonders erfolgreiche Wurfmuster

Bei der Verknüpfung der Übung von »Group Juggle« mit Wissensvermittlung und dem Üben von Techniken empfiehlt es sich, von den konkret erlebten Phänomenen auszugehen. In einem ersten Schritt können die Teilnehmer aufzählen, was sie erfahren haben. Es kann dann weiter diskutiert werden, in welcher Beziehung das Erlebte zu systemischen Prinzipien steht.

- *Ganzheitlichkeit:* Die Gruppe erlebt sich als ganzheitliches System; das Ganze ist etwas anderes als die Summe der Teile, die ganze Wurfdynamik ist etwas anderes als die einzelnen Würfe zwischen zwei Teilnehmern.
- *Vernetzung:* Durch Handlungen (Bälle werfen) und Kommunikation zwischen den Teilnehmern entsteht ein vernetztes Zusammenwirken.

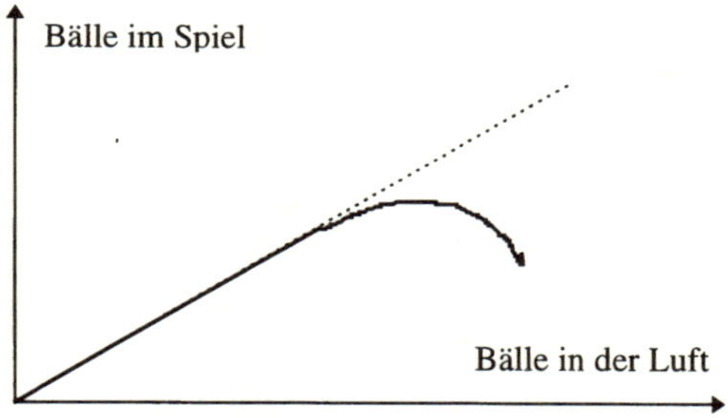

Abbildung 112: Nichtlinearität bei »Group Juggle«

- *Prozeßhaftigkeit:* Das Geschehen ist in hohem Grad dynamisch (Bälle zirkulieren, Ideen werden besprochen und ausprobiert oder abgelehnt).
- *Nichtlinearität:* Die Entwicklung des Systems führt zu nichtlinearen Beziehungen. Zunächst steigt mit der Anzahl der Bälle, die vom Leiter ins Spiel gebracht werden, auch die Anzahl der Bälle in der Luft (genauer: Bälle im Wurfprozeß). Ab einer bestimmten Anzahl von Bällen sind die Wurf-Kapazitäten des Systems erschöpft, Bälle fallen zu Boden, und die Anzahl der Bälle in der Luft nimmt wieder ab.
- *Rückkopplung:* Mehr Bälle im Spiel führen zunächst zu mehr Bällen in der Luft. Durch die zu Boden fallenden Bälle stabilisiert sich aber nach einiger Zeit eine bestimmte Anzahl an Bällen, die im System gehalten werden können. Schlechtes Zuwerfen und Fangen hat in diesem dynamischen Prozeß sofort Rückwirkungen auf alle anderen fangenden und werfenden Personen. Eine Person versucht einen heruntergefallenen Ball aufzuheben, dadurch kann die Person, die ihr zuwerfen soll, nicht werfen, der Werfer bekommt seinerseits aber schon den nächsten Ball und so weiter. Häufig »stauen« sich bei Personen dann mehrere Bälle, diese kommen mit dem Werfen nicht nach, die Wurfgenauigkeit läßt in dieser Streßsituation immer weiter nach, bis manchmal das ganze System zusammenbricht und alle Bälle am Boden liegen. Kleine Ungenauigkeiten (Ursachen) haben oft große Wirkungen. Aufgrund der erlebten Phänomene wie Ball fangen, Ball nicht fangen, verschiedene Materialeigenschaften der Bälle, Lachen oder Streß können Feedback-Loops aufgezeichnet werden, die die Systemdynamik verstehen helfen. Damit wird die Technik der Feedback-Loops weiter eingeübt.
- *Selbstorganisation:* Es entstehen selbstorganisiert neue Handlungs-(Wurf)muster. Stabilität wird durch Rhythmen und eingeübte Wurf-

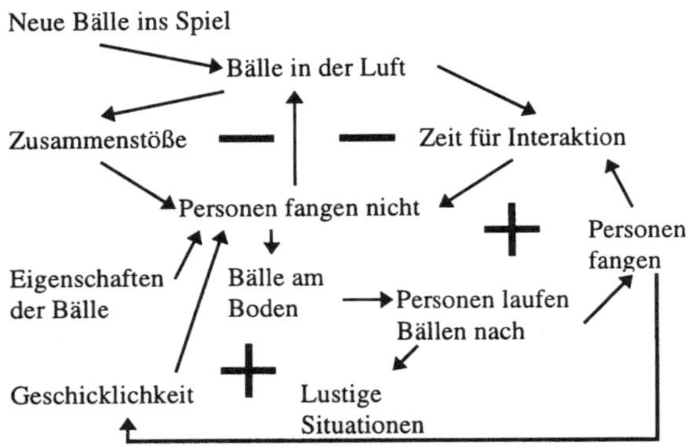

Abbildung 113: Mögliche Feedback-Loops für Group Juggle (+: positive Rückkopplungsschleifen; –: negative Rückkopplungsschleifen)

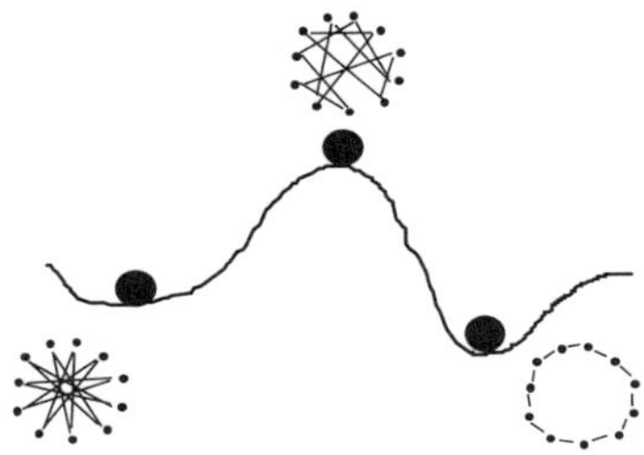

Abbildung 114: Ein instabileres Wurfmuster wird in einem selbstorganisierten Prozeß durch ein Wurfmuster größerer Stabilität (dynamische Stabilität) abgelöst

Abbildung 115: »Group Juggle« in Aktion (aus: Rohnke 1989, S. 84)

muster erzeugt. Als Ordnungsparameter wirken eben diese Wurfmuster, die die Dynamik der einzelnen Würfe »versklaven«. In manchen Gruppen entwickelt sich zusätzlich, daß jemand Kommandos gibt, damit alle Teilnehmer einen bestimmten Wurfrhythmus einhalten. Als Kontrollparameter sind in dieser Übung die Spielregeln, die Materialeigenschaften der Bälle und die Anzahl der Bälle, die vom Leiter ins Spiel gebracht werden, zu nennen. Bei der Erhöhung der Ballanzahl finden häufig Phasenübergänge statt. Ein weniger optimales Wurfmuster, das nicht geeignet ist, die vorhandene Ballanzahl zirkulieren zu lassen, wird dann von einem »besseren« Wurfmuster abgelöst, das sich durch größere Stabilität auszeichnet.

Die Entwicklung ist im Rahmen der gegebenen Kontrollparameter als selbstorganisiert aufzufassen, da die Gruppe die neuen Ordnungsparameter in einem Interaktionsprozeß selbst entwickelt und die Wurfmuster nicht von außen aufgezwungen werden. Analog zu den Wurfmustern können auch Kommunikationsmuster in der Gruppe als selbstorganisierte Dynamiken verstanden werden.

Beim Debrief der Teamübung »Group Juggle« spielen alle Fragen eine Rolle, die sich auf die gezeigten Teamfähigkeiten beziehen. Häufig wird die Einbindung aller Personen in die Generierung und Auswahl von Lösungen durch die Dominanz einzelner Teammitglieder verhindert. Besonders bei diesem Spiel wären aber viele kreative Ideen wichtig. Typisch für den Verlauf der Übung ist es auch, daß an einmal gefundenen Lösungen rigide festgehalten wird, ohne auf weitere Ideen zu kommen. Weitere Vorschläge werden zumeist abgelehnt, ohne diese ernsthaft zu diskutieren oder auszuprobieren.

Abschließend werden Debrief-Fragen zur Gruppendynamik aufgelistet:

Ebene des Individuums:

- Waren Sie zufrieden mit der Leistung?
- Waren Sie zufrieden mit der Rolle in der Gruppe?
- Welche emotional positiven und negativen Erlebnisse gab es (lustige Situationen, Spaß, Verunsicherung bei Nicht-Fangen, Streß bei immer mehr Bällen usw.)?
- Welche Erkenntnisse gab es?
- Wurde auf individuelle Fähigkeiten und Bedürfnisse Rücksicht genommen (Probleme mit Fangen) und wie?
- Wie wirken sich Spannungen zwischen zwei Individuen auf die Leistung aus, speziell wenn diese so gestellt sind, daß sie einander zuwerfen müssen?

Ebene der Organisation/Gruppe:

- Wer übernahm mit Ideen die Führung?
- Gab es einen/mehrere Moderator(en)?
- Wie wurden Entscheidungen getroffen und Konflikte gelöst?
- Konnten alle ihre Ideen einbringen?
- Gab es ausreichend Vertrauen in der Gruppe zueinander?
- Wurde auf Teilaspekte fokussiert (von wem bekomme ich den Ball, an wen gebe ich ihn weiter?), um den Prozeß effizienter zu machen und um Komplexität zu reduzieren?
- Welche Auswirkungen hatten Problemfälle? Werden Probleme von anderen genügend wahrgenommen?
- Gab es effiziente Kommunikationsstrukturen für den Umgang mit Problemfällen (Ei)?
- Gab es Zielkonflikte?
- Gab es die Gruppendynamik unterstützendes Verhalten (z. B. gegenseitiges Anfeuern)?
- Transfer: Wie ist es in anderen Gruppenprozessen (z. B. in der Arbeitswelt)? Was wollen wir dort anders machen und bei der nächsten Trainingsübung verbessern?

Ebene Trainingsmodell:

- Welche Wissensinhalte wurden vertieft?
- Welche Techniken wurden wie gut angewendet?
- Was bedeutet nach dieser Erfahrung Experiential Learning und Gaming Simulation für jeden einzelnen?
- Wie wurde das Debrief gestaltet und was kann man am Reflexionsprozeß verbessern?

Empirische Ergebnisse zur Effizienz des universitären Trainingsprogramms

Der subjektive Nutzen aus Sicht der Teilnehmer der Trainingsprogramme wird regelmäßig am Ende der Veranstaltungen gemeinsam reflektiert und diskutiert. Diese Vorgangsweise ist in der Trainingspraxis üblich und liefert wertvolle Hinweise für mögliche Verbesserungen und zeigt die Einschätzung jedes Teilnehmers über den möglichen Lerntransfer in die persönliche Lebenswelt auf. Aus den bisherigen Rückmeldungen läßt sich ganz allgemein der Schluß ziehen, daß der Besuch der Veranstaltung zumeist als sinnvoll und nützlich angesehen wird. Erlebter Kompetenzgewinn und Anregungen für Weiterentwicklungsmöglichkeiten der eigenen Persönlichkeit werden häufig genannt. Diese Erfahrung ist zwar positiv, jedoch sagt sie lediglich etwas darüber aus, wie der Erfolg des Programms von den Teilnehmern unmittelbar nach dem Programm eingeschätzt wird. Für eine genauere Evaluation des Programms müssen die Bewertungen der Teilnehmer zusätzlich quantitativ erfaßt werden, etwa mit Hilfe eines Fragebogens.

Bewertung des Trainingsprogramms

Die Bewertung des Trainingsprogrammes, das an der Universität Linz als Lehrveranstaltung angeboten wurde, erfolgte mittels eines Fragebogens. Dieser Fragebogen wurde allgemein für alle Lehrveranstaltungen der Universität vorgegeben. Evaluiert wurden die letzten fünf Seminare mit insgesamt $N = 84$ Teilnehmern. Die meisten Teilnehmer studierten Wirtschaftspädagogik, Betriebswirtschaft oder Volkswirtschaft. Aber auch Rechtswissenschaften, Soziologie und technische Wissenschaften waren vertreten, der Bildungshintergrund der Seminarteilnehmer war daher sehr heterogen. Die Teilnehmer beurteilten 16 Fragen zum Seminar (z. B. »Der Bezug zur Praxis war«, »Der Inhalt hat ... zum Weiterdenken angeregt«, »Das Interesse für den Stoff wurde ... gefördert«, »Der Aufbau der Lehrveranstaltung war«, »Die Fachkompetenz des Vortragenden war« usw.) auf einer 5stufigen Ratingskala. (1 = sehr gut, 2 = gut, 3 = weder noch, 4 = mangelhaft, 5 = sehr mangelhaft). Die Bewertungen zeigen mit einer Gesamtnote (Mittelwert über alle Teilnehmer und alle Fragen) von M = 1,2 ein sehr zufriedenstellendes Ergebnis. Die getrennte Analyse der fünf Seminare ergab keine bedeutenden Unterschiede in den Einschätzungen, eine Zusammenfassung aller Veranstaltungen ist daher gerechtfertigt. Diese dargestellten Kennwerte des Erfolges oder Nutzens des Trainings von Systemkompetenz sind durchaus ernstzunehmen, jedoch sind sie aus wissenschaftlicher Sicht nicht befriedigend.

Langfristiges Ziel muß es sein, die Systemkompetenz der Teilnehmer zu messen (z. B. vor und nach dem Programm) oder den möglichen Transfer des Erlernten in die berufliche Praxis über längere Zeiträume hinweg zu erforschen. Im Rahmen der Dissertation (W. Kriz 1999) wurde in einer empirischen Studie eine eintägige Potentialanalyse durchgeführt, an der Teilnehmer des Trainings für Systemkompetenz und solche ohne Training teilnahmen. Mögliche Unterschiede zwischen diesen beiden Versuchsgruppen sollten in der Pilotstudie untersucht werden. Die Studie hatte dabei im wesentlichen explorativen Charakter, auch wenn einige Hypothesen aufgestellt und geprüft wurden. Ziel war es, Erhebungsinstrumente zu erproben, die für spätere Forschungen optimiert und eingesetzt werden können. Im Rahmen der Dissertation wurde ein eigenes, computerunterstütztes und auf gruppendynamische Prozesse fokussierendes Planspiel entwickelt, das in der Praxis erprobt werden sollte, um es später, nach weiterer Verbesserung auf Basis der in der Pilotstudie gewonnenen Erfahrungen im Systemkompetenz-Training einzusetzen.

Ergebnisse einer Pilotstudie

Die Erhebung der Daten erfolgte von Mai bis Dezember 1997 an der Universität Linz.[6] Insgesamt nahmen 123 Personen an einer ganztägigen (ca. 8 Stunden) »Potentialanalyse«[7] teil. 24 Personen hatten jeweils einige Monate (2–4 Monate) vorher an einem 30stündigen Trainingsprogramm für Systemkompetenz im Rahmen einer Lehrveranstaltung teilgenommen. Dieses Trainingsprogramm entspricht dem dargestellten Seminar I. Diese 24 Personen waren Studenten in höheren Semestern, die anderen Teilnehmer setzten sich sowohl aus Studenten und Berufstätigen zusammen.[8] Die Weiterbildungsabteilung der Oberösterreichischen Landesregierung ermöglichte Beamten und Angestellten die Teilnahme. Das Gros der Teilnehmer kam durch die Vermittlung des Forums Personal (Verein der Absolventen des Instituts für Personalwirtschaft an der Universität Linz), durch den Frauen-Weiterbildungsverein »Alpha« und den Österreichischen Sekretärinnenverband.

Die Probanden waren zwischen 19 und 58 Jahren alt (M = 30,8 Jahre) Es nahmen 61 Frauen und 62 Männer teil. Insgesamt wurden 11 Potentialanalysen durchgeführt, an den einzelnen Terminen nahmen zwischen acht und 15 Personen teil. Die Teilnehmer hatten eine Reihe von

---

6 Die Teilnahme war für die Betreffenden kostenlos und traf auf großes Interesse.

7 Eine Analyse der individuellen Fähigkeiten im kognitiven und sozialen Bereich.

8 Die Teilnehmer erhielten jeweils zwei bis vier Wochen nach der Potentialanalyse eine schriftliche Rückmeldung über ihre verschiedenen Testergebnisse und deren Bedeutung (Umfang 10 Seiten), sowie ein ausführliches individuelles Beratungsgespräch (Dauer pro Person im Durchschnitt eineinhalb bis zwei Stunden, in Einzelfällen bis zu drei Stunden).

psychologischen Tests und Fragebögen gemeinsam zu bearbeiten (u. a. Fragebogen zum Wohlbefinden und zur Erfassung der Aktiviertheit, Persönlichkeitsfragebogen, Fragebogen zur Kooperationsbereitschaft, Test der kognitiven Leistungsfähigkeit). Zusätzlich wurden zwei Computersimulationen durchgeführt (u. a. zur Erfassung des Entscheidungsverhaltens beim Eingriff in komplexe simulierte Systeme bei unvollkommener Information, der Kooperationsbereitschaft, der Planungs- und Problemlösefähigkeiten). Nach den psychologischen Testverfahren und den Computersimulationen nahmen die Probanden in Teams zu zwei bis vier Personen an einer kurzen Gruppenübung teil. Nach der Mittagspause arbeiteten alle aufgeteilt in vier Teams (wie in der kurzen Gruppenübung) an dem entwickelten Planspiel »Sysko«. Die vier Teams standen dabei unter Zeitdruck und hinsichtlich der zu lösenden Aufgabe in Konkurrenz zueinander. Die Aufgabe erforderte die Koordination komplexer Problemlösestrategien, Fähigkeiten des Verhandelns mit anderen Teams und Führungsqualitäten sowie systemisches Denken und die Bewirtschaftung einer natürlichen Ressource. Das Planspiel stellt – vergleichbar »Fish Banks« – ein »Commons-Dilemma« dar. Während des Planspiels wurde, zusätzlich zu den »objektiven Daten« der von den Teilnehmern im Planspiel bewirkten Systemveränderungen, die gruppendynamische Entwicklungen erhoben. Zum Abschluß des Planspiels gab es die Möglichkeit zu einer gemeinsamen Reflexionsrunde. Das Planspiel und dessen Reflexion wurde von fast allen Probanden als positive Lernerfahrung bewertet. Die erlebten gruppendynamischen Prozesse und die Auseinandersetzung mit eigenen mentalen Modellen und Handlungsmustern trugen zur Selbsterkenntnis über eigene Stärken und Schwächen bei. Zum Abschluß sollen hier die wichtigsten Ergebnisse zusammengefaßt werden:

Die Pilotstudie bestätigte einige erwartete Zusammenhänge: Partizipatives und demokratisches Verhalten ist im Gegensatz zu autoritärem und Laissez-fair-Verhalten im Planspiel von zentraler Bedeutung, um nachhaltige Entscheidungen zu treffen. Partizipatives und demokratisches Entscheidungsverhalten korreliert signifikant mit erhöhter Zufriedenheit und positiven Beziehungen in der Gruppe.

Die Pilotstudie zeigt, daß zwischen Personen mit Training und Personen ohne Training Unterschiede bestehen, die als Lerneffekte des Trainings interpretiert werden können. Die Ergebnisse einer Computersimulation belegen die Tendenz, daß Personen mit Training einen angemesseneren Umgang mit Unbestimmtheit und Risikoeinschätzung demonstrieren. Eine zweite Computersimulation ergab signifikante Resultate hinsichtlich des Treffens nachhaltiger Entscheidungen. Bei einem Commons-Dilemma zeigten Personen mit Training eine stärkere Kooperationsbereitschaft, und sie erzielten durch eine stärkere Orientierung an einem sozialen Optimum (im Unterschied zu Konkurrenzverhalten) eine bessere Gesamteffizienz und damit auch höhere individuelle Gewinne. Zwei Komponenten des Trainingsprogramms, Umgang mit Unsicherheit und nachhaltiges, kooperatives Handeln, wurden angemessen umgesetzt.

Hinsichtlich der im Trainingsprogramm geförderten sozialen Kompetenzen läßt sich ebenfalls ein Trainingseffekt nachweisen. Personen mit Training erzielen nicht nur nachhaltigere Ergebnisse in der Dynamik des Planspiels, sondern zeigen auch adäquatere Gruppenprozesse. Zwar konnten nicht alle entsprechenden Hypothesen bestätigt werden, die statistische Analyse ergab aber einen hohen signifikanten Zusammenhang des Entscheidungsverhaltens im Team mit der Realisierung einer gemeinsamen nachhaltigen Strategie im Planspiel. Gruppen mit stärkerem partizipativem und demokratischen Verhalten erzielten nachhaltigere Ergebnisse. Von zentraler Bedeutung ist, daß Teams von Personen mit Training dieses demokratische und partizipative Verhalten in signifikant stärkerem Ausmaß einsetzten als Teams von Personen ohne Training. Somit wurde ein weiteres wesentliches Lernziel des Trainingsprogrammes für Systemkompetenz wirkungsvoll umgesetzt. Diese ersten empirischen Ergebnisse zeigen aber zugleich auch, daß für eine Reihe von Komponenten des Trainingsprogramms überhaupt noch keine Meßinstrumente zur Verfügung stehen und die vorhandenen weiter modifiziert und verbessert werden müssen. Zusätzlich sollten weitere Untersuchungen versuchen, den Nachweis von erwünschten Trainingseffekten mit differenzierteren Untersuchungsdesigns anzugehen und möglichen längerfristigen Effekten und deren Umsetzung durch die Probanden im realen Leben nachzugehen.

Die Pilotstudie hat ein Defizit. Die systemkompetenten Eigenschaften der Probanden wurden vor dem Trainingsprogramm nicht systematisch erhoben. Es wäre daher denkbar, daß die gefundenen Unterschiede zwischen Personen mit Training und Personen ohne Training schon vor der Teilnahme an dem Training bestanden haben, etwa im Sinne einer Selbstselektion der Teilnehmer. Es gibt aber auch ein starkes Argument, das die Interpretation eines Trainingseffekts unterstützt. Die erste Simulation, die im Training von Systemkompetenz zu Beginn als Einstiegserfahrung durchgeführt wurde, war das Planspiel »Fish Banks«. Die an der Potentialanalyse teilnehmenden Personen mit Training zeigten in ihren Trainingsprogrammen beim Planspiel »Fish Banks« noch keine systemkompetenten Verhaltensweisen, sondern die typischen nicht-nachhaltigen Entscheidungen und ein wenig angemessenes Interaktionsverhalten. Bei den in der Potentialanalyse gezeigten verbesserten Aspekten von Systemkompetenz dürften es sich somit durchaus um Lerneffekte des Trainings handeln, auch wenn das hier nicht methodisch hinreichend genau belegt werden kann.

Insgesamt zeigen auch die empirischen Ergebnisse neben der theoretischen Begründung eine Bestätigung des eingeschlagenen Wegs und die Sinnhaftigkeit des Trainings von Systemkompetenz mit Planspielen. Wesentliche Kompetenzen, in Führungs-, Team- und Problemlösungsprozessen, die als Schlüsselqualifikationen heute und in Zukunft verstärkt in Organisationen auf dem Arbeitsmarkt gefordert werden, können mit den vorgestellten Trainingsmethoden im bewußt doppeldeutigen Sinne des Wortes spielend erlernt werden.

»Fehler sind wichtig. Irrtümer sind ein notwendiges Durchgangsstadium zur Erkenntnis. Beim Umgang mit ›wahren‹ komplexen, vernetzten Systemen haben wir es aber schwer, unsere Irrtümer festzustellen ... Das Zeitraffersystem eines Simulationsspiels bringt hier Abhilfe ... Den Umgang mit verschiedenen Situationen, die verschiedene Anforderungen an uns stellen, kann man lernen ... Wir haben heute die Möglichkeit, solche Lernprozesse in Gang zu setzen. Spielen war immer eine wichtige Methode zur Vorbereitung auf den Ernstfall. Man sollte es in gezielter Weise verwenden. Wir haben heute viel bessere Möglichkeiten als früher. Wir sollten sie nutzen! Ist das eine frivole Forderung? Spielen, um Ernst zu machen? Nun: Wer Spiel nur als Spiel und Ernst nur als Ernst betrachtet, hat beides nicht verstanden!« (Dörner 1989, S. 309).

Danksagung

An dieser Stelle möchte ich jenen Personen meinen herzlichen Dank aussprechen, die den Entstehungsprozeß des vorliegenden Buches begleitet und unterstützt haben. Dazu zählen meine Frau, Dr. Ulrike Rohrhofer, meine Eltern, Dr. Vlasta Kriz und Prof. Dr. Jürgen Kriz, meine Geschwister, Sylvia, Sarah und Oliver Kriz, Elfriede und Dr. Franz Rohrhofer, Dr. Thomas Rohrhofer sowie Mukunda Lal Ghosh, Liane und Thomas Baal, Hilde, Karl und Max Mayer-Gutdeutsch, Dr. Paola Rizzi und Lorenzo Cotti. Meiner Frau und Dr. Franz Rohrhofer danke ich darüber hinaus auch für die Korrektur von Fehlern. Meinem Vater, Prof. Dr. Jürgen Kriz, danke ich besonders für die fachliche Diskussion der Arbeit. Seine »Personzentrierte Systemtheorie« hat mich inhaltlich wesentlich beeinflußt. Dr. Paola Rizzi danke ich für die ersten Einblicke und die gemeinsame weiterführende Auseinandersetzung mit dem Gaming Simulation Ansatz.

Dank gebührt auch Prof. Dr. Giselher Guttmann und Prof. Dr. Rainer Maderthaner, die meine Dissertation zum Thema des Buches betreuten. Dr. Brigitta Nöbauer, Dr. Alois Farthofer und Dr. Thomas Slunecko danke ich für weitere wichtige Beiträge und Hilfestellungen durch Literaturhinweise, Diskussionen und gemeinsame Erfahrungen bei Lehrveranstaltungen zur Systemkompetenz. Bei Prof. Dr. Hermann Brandstätter möchte ich mich dafür bedanken, daß er es mir im Rahmen meiner Arbeit an der Universität Linz ermöglichte, die erste Stufe meines Trainingsprogramms als Lehrveranstaltung anzubieten. So konnte ich wesentliche Erfahrungen mit der Anwendung des Programms sammeln. Bei Prof. Dr. Klaus Heinerth und Prof. Dr. Eberhard Elbing bedanke ich mich für die Wertschätzung und Förderung meiner Arbeit durch die Schaffung von Bedingungen, die es ermöglichen, das Gesamtprogramm an der Ludwig Maximilians Universität München umzusetzen. Prof. Dr. Dennis Meadows, Rudy Pucel, Moe Carrick und Earl Davis danke ich für ihr Beispiel gelebter Trainerqualität.

Frau Mag. Heyduk und Frau Dr. Mitterlehner möchte ich meinen Dank für die Unterstützung bei der Gewinnung von Probanden aussprechen, die an einer empirischen Untersuchung im Rahmen der Evaluation des Trainingsprogramms teilnahmen. Nicht zuletzt bedanke ich mich bei den 123 Probanden und bei allen 160 Trainingsteilnehmern in den letzten vier Jahren. Die dabei gewonnenen Erfahrungen und Rückmeldungen fließen in die kontinuierliche Optimierung der Inhalte und Methoden des Trainings von Systemkompetenz mit Planspielen weiter ein.

Willy Christian Kriz

Literatur

Adams, L. (1984): Ich habs's. Wie man Denkblockaden mit Phantasie überwindet. Braunschweig.
Altrichter, H.; Posch, P. (1998): Lehrer erforschen ihren Unterricht. Bad Heilbrunn.
Amelang, M.; Bartussek, D. (1994): Differentielle Psychologie und Persönlichkeitsforschung. Stuttgart.
an der Heiden, U. (1992): Selbstorganisation in dynamischen Systemen. In: Küppers, G.; Krohn, W. (Hrsg.), Emergenz: Die Entstehung von Ordnung, Organisation und Bedeutung. Frankfurt a. M., S. 57–88.
Andersen, T. (1990) (Hrsg.). Das reflektierende Team. Dortmund.
Anderson, J.R. (1988): Kognitive Psychologie. Heidelberg.
Antoni, C.H. (1994) (Hrsg.): Gruppenarbeit im Unternehmen. Weinheim.
Antons, K. (1998): Praxis der Gruppendynamik. Göttingen.
Argyris, C. (1982): Reasoning, Learning and Action. San Francisco.
Argyris, C. (1990): Overcoming Organizational Defenses. Needham.
Argyris, C. (1997): Initiating Change That Perseveres. American Behavioral Scientist 40 (3): 299–309.
Ashby, W.R. (1985): Einführung in die Kybernetik. Frankfurt a. M.
Austin, J.T., Vancouver, J.B. (1996): Goal Constructs in Psychology: Structure, Process and Content. Psychological Bulletin 120 (3): 338–375.
Axelrod, R. (1987): Die Evolution der Kooperation. München.
Baddeley, A.D. (1986): Das Gedächtnis. München.
Badke-Schaub, P.; Tisdale, T. (1995): Die Erforschung menschlichen Handelns in komplexen Situationen. In: Strauß, B.; Kleinmann, M. (Hrsg.), Computersimulierte Szenarien in der Personalarbeit. Göttingen, S. 43–56.
Bartlett, F. (1951): Denken und Begreifen. Köln.
Bartlett, F.C. (1932): Remembering. Cambridge.
Bateson, G. (1969): Schizophrenie und Familie. Frankfurt a. M.
Beazly, H.; Lobtus, J. (1998): Systems and Synergy. In: Geurts, J.; Joldersma C.; Roelofs E. (Hrsg.), Gaming/Simulation for Policy Development and Organizational Change. Tilburg, S. 423–430.

Beisl, R. (1996): Synergetik und Organisationsentwicklung. München.
Berger, P.; Luckmann, T. (1969): Die gesellschaftliche Konstruktion von Wirklichkeit. Frankfurt a. M.
Berne, E. (1988): Spiele der Erwachsenen. Reinbek.
Bertalanffy, L. v. (1968): General systems theory. New York.
Birkenbihl, V. (1997): Lebenslanges Lernen. In: Wieselhuber & Partner (Hrsg.): Handbuch Lernende Organisationen. Unternehmens- und Mitarbeiterpotentiale erfolgreich erschließen. Wiesbaden, S. 77–88.
Bisters, V. (1997): Teaching Sustainability through Simulation and Gaming. Proceedings of the ISAGA 1996 Conference. Riga, S. 17–24.
Black, M. (1977): Mehr über die Metapher. In: Haverkamp, A. (Hrsg.), Theorie der Metapher. Darmstadt, S. 379–413.
Bolman, L.G.; Deal, T.E. (1997): Reframing Organizations. Artistry, Choice and Leadership. San Francisco.
Booth, L. (1995): The Systems-Thinking Playbook. University New Hampshire.
Bossel, H. (1992): Simulation dynamischer Systeme. Braunschweig.
Brandstätter, H. (1994): Pleasure of leisure – pleasure of work. Personality makes the difference. Personality and Individual Differences 16 (6): 931–946.
Brauner, E. (1994): Soziale Interaktion und mentale Modelle: Planungs- und Entscheidungsprozesse in Planspielgruppen. Münster.
Brown, A. (1997): Transforming Schools into Communities of Thinking and Learning about serious matters. American Psychologist 4: 399–413.
Bruner, J. (1966): Towards a Theory of Instruction. New York.
Bruner, J. (1971): The Relevance of Education. New York.
Bullinger, H.-J.; Warnecke, H.J. (1996): Neue Organisationsformen im Unternehmen. Berlin.
Caha, M. (1997): Values and Skills in Teaching Sustainability. Proceedings of the ISAGA 1996 Conference. Riga, S. 363–369.
Campion, M.A; Papper, E.M.; Medsker, G.J. (1996): Relations between work team characteristics and effectiveness. Personnel Psychology 49: 429–452.
Capra, F. (1983/1991): Wendezeit. Bausteine für ein neues Weltbild. München.
Capra, F. (1987): Das neue Denken. Bern.
Ceccini, A. (1988): Simulation is education. In: Crookall, D. (Hrsg.), Proceedings of the ISAGA 18th Conference 1987. New York, S. 213–228.
Ciompi, L. (1982): Affektlogik. Über die Struktur der Psyche und ihre Entwicklung. Stuttgart.
Ciompi, L. (1993): Die Hypothese der Affektlogik. Heidelberg.
Clegg, C. (1994): Psychology and information technology. the study of cognitions in organizations. British Journal of Psychology 85: 449–477.
Compfort, L.K. (1997): Toward a Theory of Transition in Complex Systems. American Behavioral Scientist 40 (3): 375–383.

Cramer, F.; Kaempfer, W. (1991): Der Zeitbaum. In Der Komet. Almanach der anderen Bibliothek auf das Jahr 1991. Frankfurt a. M.

Cramer, F. (1988): Chaos und Ordnung. Die komplexe Struktur des Lebendigen. Stuttgart.

Crisand, E. (1992): Psychologie der Gesprächsführung. Heidelberg.

Crookall, D.; Arai, K. (1991): Global Interdependence. Proceedings of the 22nd ISAGA Conference in Kyoto. Tokyo.

Crookall, D.; Arai, K. (1994): Simulation and Gaming across disciplines and cultures. Proceedings of the ISAGA 25th Conference in Ann Arbor. London.

Deitering, F.G. (1996a): Humanistische Bildungskonzepte und selbstgesteuertes Lernen. In: Greif, S.; Kurtz, H.-J. (Hrsg.), Handbuch Selbstorganisiertes Lernen. Göttingen, S. 45–52.

Deitering, F.G. (1996b): Selbstgesteuertes Lernen. In: Greif, S.; Kurtz, H.-J. (Hrsg.), Handbuch Selbstorganisiertes Lernen. Göttingen, S. 155–160.

Dogs, W. (1978): Konzentrative Entspannungstherapie. Duisburg.

Dörner, D.; Pfeiffer, E. (1992): Strategisches Denken, strategische Fehler, Streß und Intelligenz. Sprache und Kognition 11: 75–90.

Dörner, D.; Preußler, W. (1990): Die Kontrolle eines einfachen ökologischen Systems. Sprache und Kognition 9: 205–217.

Dörner, D. (1989): Die Logik des Mißlingens. Strategisches Denken in komplexen Situationen. Reinbek.

Dörner, D. (1990): Von der Logik des Mißlingens. In: Fisch, R.; Boos, M. (Hrsg.), Vom Umgang mit Komplexität in Organisationen. Konstanz, S. 257–282.

Dörner, D. (1996): Eine Systemtheorie der Motivation. In: Enzyklopädie der Psychologie. Göttingen, S. 329–357.

Dörner, D.; Kreuzig, H.W.; Reither, F.; Stäudel, Th. (1983): Lohhausen: Vom Umgang mit Unbestimmtheit und Komplexität. Bern.

Dreher, E. (1994): Willenserziehung. Psychologie in Erziehung und Unterricht 41 (4): 291–302.

Duke, R.D. (1974): Gaming: The future's language. New York.

Early, P.C.; Northcraft, G.B.; Lee, C.; Lituchy, T.R. (1990): Impact of process and outcome feedback in the relation of goal setting to task performance. Academy of Management Journal 330: 87–105.

Edelmann, W. (1996): Lernpsychologie. Weinheim.

Eigen, M.; Schuster, P. (1979): The Hypercycle. Berlin.

Einstein, A. (1954): Ideas and opinions. New York.

Elbing, E. (1998): Das Rollenkonzept in seinen begrifflichen und metatheoretischen Bezügen. Arbeitshefte zur Sozialpsychologie. Universität München.

Ellis, A. (1977): Die rational-emotive Therapie. München.

Engemann, A. (1990): Systemtheorie. In: Kruse, L. (Hrsg.), Ökologische Psychologie. München, S. 105–111.

Epstein, K. (1996): Der narrative Turm. In: Schlippe, A.v.; Kriz, J. (Hrsg.), Kontexte für Veränderungen schaffen. Forschungsberichte Nr. 111: Universität Osnabrück.

Eulefeld, G. (1990): Umwelterziehung. In: Kruse, L.; Graumann, C.F.; Lantermann, E.D. (Hrsg.), Ökologische Psychologie. München, S. 654–659.

Fahrenberg, J.; Hampel, R.; Selg, H. (1984): Das Freiburger Persönlichkeitsinventar. FPI-R. Göttingen.

Fassbender, P. (1997): Auf dem Weg zum lernenden Unternehmen. In: Wieselhuber & Partner (Hrsg.), Handbuch Lernende Organisationen. Unternehmens- und Mitarbeiterpotentiale erfolgreich erschließen. Wiesbaden, S. 55–66.

Fauconnier, G.; Turner, M. (1994): Mental spaces. Chicago.

Feigenbaum, M.J. (1978): Quantitative Universality for a Class of Nonlinear Transformations. J. Stat. Phys. 19: 25–52.

Feire, P. (1974): Pedagogy of the Oppressed. New York.

Feldt, A.; Rycus, M. (1988): Analytical Methods. In: Dandekan, H.C. (Hrsg.), The planners use of information: techniques for collection, organization and communication. Chicago.

Fietkau, H.J.; Kessel, H. (Hrsg). (1984): Umweltlernen. Königstein.

Finger, A.; Schweppenhäußer, A. (1996): Leittextmethode und Minimale Leittexte. In: Greif, S.; Kurtz, H.-J. (Hrsg.), Handbuch Selbstorganisiertes Lernen. Göttingen, S. 99–108.

Foerster, H.v. (1985): Sicht und Einsicht. Braunschweig.

Foerster, H.v. (1988): Abbau und Aufbau. In: Simon, F.B. (Hrsg.), Lebende Systeme. Berlin, S. 19–34.

Foerster, H.v. (1990): Kausalität, Unordnung, Selbstorganisation. In: Kratky, K.W.; Wallner, F. (Hrsg.), Grundprinzipien der Selbstorganisation. Darmstadt, S. 77–95.

Forgas, J.P. (1995): Soziale Interaktion und Kommunikation. München.

Forgas, J.P., Bower, G.H.; Krantz, S. (1984): The effects of mood on perceptions of interactive behaviour. Journal of Experimental Social Psychology 20(6): 497–513.

Foster, S.F.; Heling, G.W.J.; Tideman, B.; Remmé, J.H.M. (1995): Teams in intelligent Process Based Organizations. Leidschendam.

Frank, D.; Matuschek, M. (1997): DG Bank – Das Personalmanagement in der lernenden organisation. In: Wieselhuber & Partner (Hrsg.), Handbuch Lernende Organisationen. Unternehmens- und Mitarbeiterpotentiale erfolgreich erschließen. Wiesbaden, S. 55–66.

Freimuth, J.; Hoets, A. (1996): Feedbackregeln. In: Greif, S.; Kurtz, H.-J. (Hrsg.), Handbuch Selbstorganisiertes Lernen. Göttingen, S. 223–230.

Freud, A. (1936): Das Ich und die Abwehrmechanismen. Frankfurt a. M., 1966.

Frieling, E. (1995): Bauliche Umwelt. In: Greif, S.; Holling, H.; Nicholson, N. (Hrsg.), Arbeits- und Organisationspsychologie. München, S. 169–173.

Funke, J.; Vaterrodt-Plünnecke, B. (1998): Was ist Intelligenz? München.

Furnham, A. (1997): The Psychology of Behavior at Work. Hove East Sussex.

Garfinkel, H. (1967): Studies in ethnomethodology. Englewood.

Gebauer, G.; Wulf, C. (1998): Spiel, Ritual, Geste. Mimetisches Handeln in der sozialen Welt. Reinbek.

Geilhardt, T.; Mühlbradt, T. (1995) (Hrsg.), Planspiele im Personal- und Organisationsmanagement. Göttingen.

Geilhardt, T. (1995): Planspiel-Definition und Taxonomie. In: Geilhardt, T.; Mühlbradt, T. (Hrsg.), Planspiele im Personal- und Organisationsmanagement. Göttingen, S. 45–56.

Gergen, K. (1990): Die Konstruktion des Selbst im Zeitalter der Postmoderne. Psychologische Rundschau 41, 191–199.

Gergen, K. (1991): The Saturated Self. New York.

Gergen, K. (1994): Realities and Relationships. Soundings in Social Construction. Cambridge.

Geulen, D. (1982): Soziales Handeln und Perspektivenübernahme. In: Geulen, D. (Hrsg.), Perspektivenübernahme und soziales Handeln. Frankfurt a. M., S. 24–72.

Geurts, J.; Joldersma, C.; Roelofs, E. (1998) (Hrsg.). Gaming/Simulation for Policy Development and Organizational Change. Tilburg.

Glasersfeld, E.v. (1987): Wissen, Sprache und Wirklichkeit. Braunschweig.

Goffman, E. (1959): The Presentation of Self in Everyday Life. New York.

Gollwitzer, P.M. (1991): Abwägen und Planen. Göttingen.

Gore, A. (1992): Wege zum Gleichgewicht. Ein Marshallplan für die Erde. Frankfurt a. M.

Grabowski, J.; Herrmann, T.; Pobel, R. (1990): Sprechen, Handeln, Regulieren. In: Merten, K; Schmidt, J.S.; Weischenberg S. (Hrsg), Medien und Kommunikation – Konstruktion von Wirklichkeit. Deutsches Institut für Fernstudien. Weinheim, S. 3/51–83.

Graumann, C. F. (1978): Ökologische Perspektiven in der Psychologie. Bern.

Greenblat, C.S.; Duke, R.D. (1975): Gaming-Simulations: Rationale, Design and Applications. New York.

Greenblat, C.S.; Duke, R.D. (1981): Principles and practices of gaming-simulations. Beverly Hills.

Greenblat, C.S. (1988): Designing games and simulations. Beverly Hills.

Greif, S.; Kurtz, H.-J. (1996): Handbuch Selbstorganisiertes Lernen. Göttingen.

Greif, S. (1994): Handlungstheorie und Selbstorganisationstheorien – Kontroversen und Gemeinsamkeiten. In: Bugmann, B.; Richter, P. (Hrsg.), Die Handlungsregulationstheorie. Göttingen, S. 89–114.

Greif, S. (1996a): Aufgaben, Regeln und Selbstreflexionen. In: Greif, S.;

Kurtz, H.-J. (Hrsg.), Handbuch Selbstorganisiertes Lernen. Göttingen, S. 69–76.

Greif, S. (1996b): Minimale Informations- und Leittexte. In: Greif, S.; Kurtz, H.-J. (Hrsg.), Handbuch Selbstorganisiertes Lernen. Göttingen, S. 255–266.

Greif, S. (1996c): Problemlösetechniken und kontinuierliche Verbesserungen. In: Greif, S.; Kurtz, H.-J. (Hrsg.), Handbuch Selbstorganisiertes Lernen. Göttingen, S. 167–182.

Greif, S.; Finger, A.; Jerusel, S. (1993) (Hrsg.): Praxis des Selbstorganisierten Lernens. Reihe Soziale Kompetenz, IG Chemie-Papier-Keramik.

Guttmann, G. (1982): Lehrbuch der Neuropsychologie. Bern.

Guttmann, G. (1992): Zur Psychophysiologie des Bewußtseins. In: Guttmann, G.; Langer, G. (Hrsg.), Das Bewußtsein. Wien, S. 302–348.

Guttmann, G. (1997): Finden oder erfinden. Gedanken über die Rolle des Experiments in der Psychologie. In: Fischer, K.R.; Stadler, F. (Hrsg.), Wahrnehmung und Gegenstandswelt. Zum Lebenswerk Egon Brunswik. Wien, S. 11–14.

Guttmann, G.; Schadler, Mi.; Kriz, W.C.; Schadler, M. (1995): Die Psychologie des nachhaltigen Handelns. Abschlußbericht der Projektgruppe »Wissen und Handeln«. Wiener Internationale Zukunftskonferenz.

Hacker, W. (1986): Arbeitspsychologie. Bern.

Hacker, W. (1996): Handlungsleitende psychische Abbilder. In: Enzyklopädie der Psychologie. Göttingen, S. 769–794.

Haeckel, E. (1866): Generelle Morphologie der Organismen. Berlin.

Haken, H.; Haken-Krell (1994): Erfolgsgeheimnisse der Wahrnehmung. Synergetik als Schlüssel zum Gehirn. Frankfurt a. M.

Haken, H.; Stadler, M. (1990): Synergetics of cognition. Berlin.

Haken, H.; Wunderlin, A. (1990): Die Anwendung der Synergetik auf Musterbildung und Mustererkennung. In: Kratky, K.W.; Wallner, F. (Hrsg.), Grundprinzipien der Selbstorganisation. Darmstadt, S. 18–30.

Haken, H.; Wunderlin, A. (1991): Die Selbststrukturierung der Materie. Synergetik in der unbelebten Welt. Braunschweig.

Haken, H. (1981/1995a): Erfolgsgeheimnisse der Natur. Synergetik: Die Lehre vom Zusammenwirken. Frankfurt a. M..

Haken, H. (1983): Synergetics. An introduction. Berlin.

Haken, H. (1984): Synergetik und ihre Anwendung auf psychosoziale Probleme. Unveröff. Manuskript eines Vortrages auf dem Kongreß »Familiäre Wirklichkeiten« in Heidelberg.

Haken, H. (1995b): Synergetische Prinzipien bei der Ordnungsbildung. Gestalt Theory 17 (3): 196–204.

Haken, H. (1987): Die Selbstorganisation der Information in biologischen Systemen aus Sicht der Synergetik. In: Küppers, B.-O. (Hrsg.), Ordnung aus dem Chaos. Prinzipien der Selbstorganisation und Evolution des Lebens. München, S. 127–156.

Haken, H. (1991): Psychologische Verhaltensmuster und deren Übergänge aus Sicht der Synergetik. In: Kratky, K. W. (Hrsg.), Systemische Perspektiven. Zur Theorie und Praxis systemischen Denkens. Heidelberg, S. 35–44.

Haken, H. (1992a): Konzepte und Modellvorstellungen der Synergetik zum Gedächtnis. In: Schmidt, J.S. (Hrsg.), Gedächtnis. Frankfurt a. M., S. 190–205.

Haken, H. (1992b): Synergetics in Psychology. In: Tschacher, W.; Schiepek, G.; Brunner, E.J. (Hrsg.), Self-Organization and Clinical Psychology. Empirical Approaches to Synergetics in Psychology.. Berlin, S. 32–54.

Haken, H.; Kelso, J.; Bunz, H. (1985): A Theoretical Model of Phase Transitions in Human Hand Movement. Biol. Cybernetics 51: 347–356.

Hall, A.; Fagen, R. (1956): Definition of a System. General Systems Yearbook 1: 18–29.

Hansch, D. (1997): Psychosynergetik. Die fraktale Evolution des Psychischen. Opladen.

Hargens, J.; Schlippe, A.v. (1998): Das Spiel der Ideen. Reflektierendes Team und systemische Praxis. Dortmund.

Hargens, J. (1996): Kundigkeit und Respekt(ieren). Kreatives Fragen in freier Praxis. In: Schlippe, A.v.; Kriz, J. (Hrsg.), Kontexte für Veränderungen schaffen. Forschungsberichte Nr. 111: Universität Osnabrück.

Harramach, N. (1992): Das Management-Plan-Spiel-Buch. Wien.

Heckhausen, H. (1989): Motivation und Handeln. Berlin.

Heckhausen, H.; Gollwitzer, P.M.; Weinert, F.E. (1987): Jenseits des Rubikon. Der Wille in den Humanwissenschaften. Berlin.

Heidack, C. (1995): Lernpotential und Lernfeld »Planspiel«. In: Geilhardt, T.; Mühlbradt, T. (Hrsg.), Planspiele im Personal- und Organisationsmanagement. Göttingen, S. 117–140.

Heider, F.; Simmel, M. (1944): An experiment study of apparent behavior. American Journal of Psychology 57: 243–249.

Heider, F. (1958): The Psychology of Interpersonal Relations. New York.

Hell, N. (1981): Merkmale des Lebendigen. Wien.

Herkner, W. (1986): Einführung in die Sozialpsychologie, 4.Aufl. Bern.

Herrmann, T. (1985): Allgemeine Sprachpsychologie. München.

Hinsz, V.B.; Tindale, R.S.; Vollrath, D.A. (1997): The Emerging Conceptualization of Groups as Information Processors. Psychological Bulletin 121 (1): 43–64.

Hoffmann, L. (1996): Therapeutische Konversationen. Dortmund.

Höfling, W. (1994): Vernetztes Denken und dessen Bedeutung für die Arbeitssicherheit und Wirtschaftlichkeit. Sichere Arbeit 2: 22–29.

Hofstätter, P.R. (1957): Gruppendynamik. Reinbek.

Honey, P.; Mumford, A. (1982): The Manual of Learning Styles. Maidenhead.

Horn, R.E.; Cleaves, A. (1980): The Guide to Simulation/Games for education and training. New York.

Ingensiep, H.W.; Dünckmann, M. (1990): Evolution des Menschen, Bd. 5: Evolution und Erkennen. Deutsches Inst. f. Fernstudien; Univ. Tübingen.

Jacobs, R.C.; Campbell, D.T. (1961): The perception of an arbitrary tradition through several generations of laboratory microculture. Journal of abnormal social psychology 62: 649–658.

Jerusel, S.; Greif, S. (1996): Lernquellenpool. In: Greif, S.; Kurtz, H.-J. (Hrsg.), Handbuch Selbstorganisiertes Lernen. Göttingen, S. 115–124.

Johnson, D.W.; Johnson, F.P. (1991): Joining together. Group theory and group skills. Boston.

Johnson, M. (1987): The body in the mind. The bodily basis of meaning, imagination and reason. Chicago.

Jones, E. (1995): Systemische Familientherapie. Dortmund.

Jung, C.G. (1950): Psychologische Typen. Olten.

Kabas, C. (1997): Kognitive und gruppenpsychologische Aspekte eines computerunterstützten Simulationsspiels. Diplomarbeit, Universität Wien.

Kagan, J. (1989): Unstable ideas – temperament, cognition and self. Cambridge.

Kasper, H. (1991): Die Handhabung des Neuen in organisierten Sozialsystemen: Grundlegung einer Theorie des Managements von Neuerungen unter Berücksichtigung selbstorganisierender und organisationskultureller Prozesse auf der Basis der neueren Systemtheorie. Wien, Habil.-Schr.

Keim, H. (1992) (Hrsg.): Planspiel, Rollenspiel, Fallstudie. Zur Praxis und Theorie lernaktiver Methoden. Köln.

Kelly, G.A. (1986): Die Psychologie der persönlichen Konstrukte. Paderborn.

Kessler, T.; Runde B. (1992): Selbstorganisation und Attraktorbildung – Über die Dynamik sinnbildender Prozesse. Diplomarbeit im FB Psychologie, Universität Osnabrück.

Kim, D. H. (1992): Systems Archetypes I/II. Boston.

Kim, D. H. (1994): Systems Thinking Tools. Boston.

Klabbers, J.; Gust, M. (1995): Interkulturelle Management Simulation. In: Geilhardt, T.; Mühlbradt, T. (Hrsg.), Planspiele im Personal- und Organisationsmanagement. Göttingen, S. 141–153.

Klabbers, J. (1989): On the improvement of competence. In Klabbers, J. (Hrsg.), Proceedings of the ISAGA 19th Conference 1988. New York, S. 3–8.

Klabbers, J. (1999): Three easy pieces: a taxonomy on gaming. In Sounders, D. (Hrsg.), Simulation; Gaming Yearbook 7: 16–33.

Klippert, H. (1996): Planspiele. Weinheim.

Knapp, C.E. (1984): Designing Processing Questions to Meet Specific Objectives, Journal of Experiential Education 7 (2): 47–49.

Koffka, K. (1931): Principles of Gestalt Psychology. New York.

Köhler, W. (1920): Die psychischen Gestalten in Ruhe und im stationären Zustand. Braunschweig.

Köhler, W. (1968): Werte und Tatsachen. Berlin.

Köhler, W. (1971): Die Aufgabe der Gestaltpsychologie. Berlin.

Kolb, D. A. (1984) Experiential Learning: Experience as the source of learning and development. New York.

König, E.; Volmer, G. (1997): Systemische Organisationsberatung. Weinheim.

Korsgaard, M.A.; Diddams, M. (1996): The Effect of Process Feedback and Task Complexity on Personal Goals, Information Searching and Performance Improvement. Journal of Applied Social Psychology 26: 1889–1911.

Krampen, M. (1990): Simulation von Umwelten. In: Kruse, L.; Graumann, C.-F.; Lantermann, E.-D. (Hrsg.), Ökologische Psychologie. München, S. 253–259.

Kratky, K.W. (1990): Der Paradigmenwechsel von der Fremd- zur Selbstorganisation. In: Kratky, K.W.; Wallner, F. (Hrsg.), Grundprinzipien der Selbstorganisation.. Darmstadt, S. 3–17.

Kriz, J.; Lisch, R. (1988): Methoden-Lexikon. München.

Kriz, J. (1981): Methodenkritik empirischer Sozialforschung. Stuttgart.

Kriz, J. (1985): Grundkonzepte der Psychotherapie. München.

Kriz, J. (1989): Entwurf einer systemischen Theorie klientzentrierter Psychotherapie. In: Sachse, R.; Howe, J. (Hrsg.), Zur Zukunft der klientenzentrierten Psychotherapie. Heidelberg, S. 168–196.

Kriz, J. (1990a): Erkennen und Handeln. Zum besonderen Verhältnis von (konstruktivistisch-systemischer) Theorie und Praxis in der klinischen Psychologie. In: Riegas, V.; Vetter, Ch. (Hrsg.), Biologie der Kognition. Frankfurt a. M., S. 189–204.

Kriz, J. (1990b): Pragmatik systemischer Therapie-Theorie. Teil 2: Der Mensch als Bezugspunkt systemischer Perspektiven. System Familie 3: 97–107.

Kriz, J. (1990c): Synergetics in clinical psychology. In: Haken, H.; Stadler, M. (Hrsg.), Synergetics of cognition. Berlin, S. 393–404.

Kriz, J. (1991a): Probleme systemisch-empirischer Forschung. System Familie (4): 236–242.

Kriz, J. (1991b): Systemisches Denken und Gestalten bei klinischen Prozessen. In: Kratky, K. W. (Hrsg.), Systemische Perspektiven. Zur Theorie und Praxis systemischen Denkens. Heidelberg, S. 113–126.

Kriz, J. (1992): Chaos und Struktur. Systemtheorie Band 1. München.

Kriz, J. (1993a): Gestalten menschlicher Lebenswelten, Teil 1. Gestalt Theory 15 (3/4): 189–207.

Kriz, J. (1993b): Zur systemtheoretischen Konzeption von »Familie«. In: Herlth, A.; Brunner, E.J.; Tyrell, H.; Kriz, J. (Hrsg.), Elternschaft; Partnerschaft. Berlin, S. 31–41.

Kriz, J. (1994a): Gestalten menschlicher Lebenswelten, Teil 2. Gestalt Theory 16 (1): 21–34.

Kriz, J. (1994b): Psychisch-kommunikative Prozesse als Umgebungsbedingungen für Asthma bronchiale. Eine systemische Sichtweise der Interaktion sozialer, psychischer und körperlicher Prozeßdynamik. In: Koenning, J. et al. (Hrsg.), Betreuung asthmakranker Kinder im sozialen Kontext. Stuttgart, S. 179–198.

Kriz, J. (1995): Muster personaler und interpersonaler Wirklichkeitskonstruktion. In: Fischer, H.R. (Hrsg.), Die Wirklichkeit des Konstruktivismus. Heidelberg, S. 63–82.

Kriz, J. (1996): Chaos und Selbstorganisation. In: Greif, S.; Kurtz, H.-J. (Hrsg.), Selbstorganisiertes Lernen – Ein Handbuch für Innovative. Göttingen, S. 33–44.

Kriz, J. (1997a) Systemtheorie. Eine Einführung für Psychologen, Psychotherapeuten und Mediziner. Wien.

Kriz, J. (1997b): Chaos, Angst und Ordnung. Wie wir unsere Lebenswelt gestalten. Göttingen.

Kriz, J. (1998): Die Effektivität des Menschlichen – Argumente einer systemischen Perspektive. Gestalt Theory 20 (2): 131–142.

Kriz, J.; Kessler, T.; Runde, B. (1992): Dynamische Muster in der Fremdwahrnehmung. Forschungsbericht Nr. 87, FB Psychologie, Universität Osnabrück.

Kriz, J.; Lück, H.; Heidbrink H. (1989): Wissenschafts- und Erkenntnistheorie. Opladen.

Kriz, W.C.; Kriz, J. (1992): Attrahierende Prozesse bei der Personenwahrnehmung. Forschungsbericht Nr. 88, FB Psychologie, Universität Osnabrück.

Kriz, W.C.; Rizzi, P. (1997): Planspiele für die Umwelterziehung. *Psychologie in Österreich* 2: 86–89.

Kriz, W.C.; Rizzi, P. (1998): Simulación y Juego para el Desarrollo de los Recursos Humanos. Cuadernos de trabajo CIDEC/Gobierno Vasco 25: 131–137.

Kriz, W.C. (1993): Attraktoren in der Dynamik von Sinn-Konstruktions-Prozessen. Wien: Diplomarbeit.

Kriz, W.C. (1998a): Training of Systems-Competence with Gaming/Simulation. In: Geurts, J.; Joldersma, C.; Roelofs, E. (Hrsg.). Gaming/Simulation for Policy Development and Organizational Change. Tilburg, S. 287–294.

Kriz, W.C. (1998b): Training von Umweltkompetenz mit Planspielen. In: Berufsverband Österreichischer Psychologen – Regionalgruppe Umweltpsychologie Oberösterreich (Hrsg), Mensch & Umwelt. Kulturbewußtsein im Wandel. Wels, S. 46–51.

Kriz, W.C. (1999): Training von Systemkompetenz mit Planspielen. Wien: Dissertation.

Kriz, W.C.; Rizzi, P.; Nöbauer, B. (1999): Gaming Simulation as Learning Tool for the Training of Systems-Competence. Psychologische Arbeiten und Berichte (PAB) 1999/1. Ludwig-Maximilians Universität München – Psychologische Beratung und Intervention.

Krohn, W.; Küppers, G. (1992): Emergenz: Die Entstehung von Ordnung, Organisation und Bedeutung. Frankfurt a. M.

Kronberger, N. (1997): Schwarzes Loch, geistige Lähmung und Dornröschenschlaf. Alltagsvorstellungen über Depression unter besonderer Berücksichtigung von Kausalität und Metaphern. Wien: Diplomarbeit.

Kruse, L. (1993): Vorwort. In: Schahn, J.; Giesinger, T.: Psychologie für den Umweltschutz. Weinheim, S. 12–28.

Kruse, L.; Graumann, C.F.; Lantermann, E.-D. (1990) (Hrsg.): Ökologische Psychologie. Ein Handbuch in Schlüsselbegriffen. München.

Kruse, P.; Stadler, M. (1987): Radikaler Konstruktivismus – Psychologische Überlegungen zu einem philosophischen Zweifel. In: Bericht über den 35. Kongreß der DGfP, Bd. 2, 199–210.

Kruse, P.; Stadler, M. (1990): Wahrnehmen, Verstehen, Erinnern. In: Merten, K; Schmidt, J.S.; Weischenberg, S. (Hrsg), Medien und Kommunikation – Konstruktion von Wirklichkeit. Deutsches Institut für Fernstudien, Buch 2. Weinheim, S. 11–45.

Kruse, P.; Stadler, M. (1992): Instability and Cognitive Order Formation: Self-Organization Principles and Psychotherapeutic Interventions. In: Tschacher, W.; Schiepek, G.; Brunner, E.J. (Hrsg.), Self-Organization. Berlin, S. 102–117.

Kruse, P.; Roth, G.; Stadler, M. (1987): Ordnungsbildung und psychophysische Feldtheorie. Gestalt Theory 9: 150–167.

Kuhl, J. (1983): Motivation, Konflikt und Handlungskontrolle. Berlin.

Kuhl, J. (1996): Wille und Freiheitserleben. Formen der Selbststeuerung. In: Enzyklopädie der Psychologie. Göttingen, S. 665–765.

Kuhn, T.S. (1962): Die Struktur wissenschaftlicher Revolutionen. Frankfurt a. M.

Küppers, B.-O. (1987) (Hrsg.): Ordnung aus dem Chaos. Prinzipien der Selbstorganisation und Evolution des Lebens. München.

Küppers, B.O. (1985): Der Ursprung biologischer Information. München.

Laing, R.D. (1989): Knoten. Reinbek.

Lakoff, G.; Turner, M. (1989): More than Cool Reason. A Field Guide to Poetic Metaphor. Chicago.

Langthaler, W.; Schiepek, G. (1995): Selbstorganisation und Dynamik in Gruppen: Beiträge zu einer systemwissenschaftlich orientierten Psychologie der Gruppe. Münster.

Lantermann, E.-D. (1980): Interaktion – Person, Situation und Handlung. München.

Lantermann, E.-D.; Döring-Seipel, E.; Schima, P. (1992): Werte, Gefühle und Unbestimmtheit. Kognitiv-emotionale Wechselwirkungen im Umgang mit einem ökologischen System. In: Pawlik, K.; Stapf, K.H. (Hrsg.), Umwelt und Verhalten. Bern, S. 129–144.

Lensch, G. (1992) (Hrsg.): Möglichkeiten der Analyse von natürlichen und kultürlichen Regelsystemen und ihren Verknüpfungen im städtischen Lebensraum St. Ingbert.

Lewin, K. (1963): Feldtheorie in den Sozialwissenschaften. Bern.

Lobtus, J. (1997): Systems and Synergy. Proceedings of the ISAGA Conference 1997. Tilburg.

Lorenz, E. (1973): Deterministic Nonperiodic Flow. Journal of Atmospheric Science 20: 130–141.

Lorenz, K. (1973): Die Rückseite des Spiegels. Versuch einer Naturgeschichte. München.

Luchins, A. (1965): Mechanisierung beim Problemlösen. In: Graumann, C.F. (Hrsg.), Denken. Köln, S. 171–202.

Luhmann, N. (1984): Soziale Systeme. Frankfurt a. M.

Maderthaner, R. (1987): Erkenntnispsychologie. Habilitation, Univ. Wien.

Malik, F. (1989): Strategie des Managements komplexer Systeme. Ein Beitrag zur Management-Kybernetik evolutionärer Systeme. Bern.

Mandelblit, N.; Zachar, O. (1998): The Notion of Dynamic Unit: Conceptual Development in Cognitive Science. Cognitive Science 22 (2) 229–268.

Mandl, H.; Spada, H. (1988) (Hrsg.): Wissenspsychologie. München.

Manteufel, A.; Schiepek, G. (1993): Systemspiele und Systemkompetenz – Ein Beitrag zu systemtheoretisch begründeter Praxis. Systhema 3: 19–27.

Manteufel, A.; Schiepek, G. (1994): Systemkompetenz. Orientierung und Handeln in komplexen Sozialsystemen. Verhaltenstherapie und psychosoziale Praxis 2: 203–215.

Manteufel, A.; Schiepek, G. (1998): Systeme spielen. Selbstorganisation und Kompetenzentwicklung in sozialen Systemen. Göttingen.

Markus, H.R.; Kitayama, S. (1991): Culture and the Self. Implications fo Cognition, Emotion, and Motivation. Psychological Review 98 (2): 224–253.

Mastermann, M. (1970): The nature of paradigm. In: Lakatos, I.; Musgrave, A. (Hrsg.), Criticism and the growth of knowledge. Cambridge, S. 59–89.

Maturana, H.; Varela, F. (1980): Autopoiesis and cognition. Boston.

Maturana, H.; Varela, F. (1987): Der Baum der Erkenntnis. Bern.

Maturana, H. (1982): Erkennen: Die Organisation und Verkörperung von Wirklichkeit. Braunschweig.

Maturana, H. (1990): Kognition. In: Schmidt, S.J. (Hrsg.), Der Diskurs des Radikalen Konstruktivismus. Frankfurt a. M., S. 89–118.

Mead, G.H. (1968): Geist, Identität und Gesellschaft. Frankfurt a. M.

Meadows, D.; Toth, F. (1985): Stratagem-1.A. Microcomputer based management training game on the dynamics of energy/environment interaction.

Meadows, D.H.; Meadows, D.L.; Randers, J. (1992): Die neuen Grenzen des Wachstums. Stuttgart.

Meadows, D.H.; Meadows, D.L.; Randers, J.; Behrens, W.W. (1972): Die Grenzen des Wachstums. Stuttgart.

Meadows, D.L.; Fiddamann, T.; Shannon, D. (1993): Fish Banks, Ltd. (3. Aufl.) Laboratory for Interactive Learning. Institute for Policy and Social Science Research. University of New Hampshire.

Mechsner, F. (1990): Am Anfang war der Hyperzyklus. In: Geo-Wissen »Chaos + Kreativität«. Hamburg.

Meer, E.v (1996): Gesetzmäßigkeiten und Steuerungsmöglichkeiten des Wissenserwerbs. In: Enzyklopädie der Psychologie. Göttingen, S. 209–247.

Merten, K; Schmidt, J.S.; Weischenberg S. (1990): Medien und Kommunikation – Konstruktion von Wirklichkeit. Weinheim.

Metzger, W. (1963): Schöpferische Freiheit. Frankfurt a. M.

Metzger, W. (1975): Psychologie, 5. Aufl. Darmstadt.

Metzger, W. (1986): Gestaltpsychologie. Ausgewählte Werke aus den Jahren 1950–1982. In: Stadler, M.; Crabus, H. (Hrsg.), 600 Seiten. Frankfurt a. M.

Milgram, S. (1974): Das Milgram-Experiment. Zur Gehorsamsbereitschaft gegenüber Autorität. Reinbek.

Miller, G.A.; Galanter, E.H.; Pribram, K.H. (1960): Plans and the structure of behavior. New York.

Minuchin, S. (1977): Familie und Familientherapie. Freiburg.

Mischel, W. (1971): Introduction to Personality. New York.

Morris, C. (1977): Pragmatische Semiotik und Handlungstheorie. Frankfurt a. M.

Moscovici, S. (1984): The phenomena of social representations. In Farr, R.M.; Moscovici, S. (Hrsg.), Social representations. Cambridge, S. 3–69.

Mosler, H.-J. (1993): Self-dissimination of environmentally-responsible Behavior: The Influence of Trust in a Common's Dilemma Game. Journal of Environmental Psychology 13: 111–123.

Neelamkavil, F. (1987): Computer Simulation and Modelling. New York.

Neisser, U. (1974): Kognitive Psychologie. Stuttgart.

Neisser, U. (1979): Kognition und Wirklichkeit. Stuttgart.

Neuberger, O. (1998): Sozioökonomisches Personalwesen. Papier zum Emeritierungsvortrag für Hermann Brandstätter. Universität Augsburg.

Newcomb, T.M. (1961): The Acquaintance Process. New York.

Newstrom, J.W.; Scannell, E.E. (1990): Games trainer play. New York.

Nicolis, G.; Prigogine, I. (1987): Die Erforschung des Komplexen. München.

Nilson, C. (1995): Games that drive change. New York.

Nöbauer, B. (1998): Vom Tagebuch zum Lerntagebuch. Seminarunterlage. Universität Linz.

Nöbauer, B. (1999): Soziale Kompetenz aus einer Sozialkonstruktionistischen Perspektive. Linz: Dissertation.

Noelle-Neumann, E. (1989): Öffentliche Meinung: die Entdeckung der Schweigespirale. Wien.

Nowak, M.A.; May, R.M.; Sigmund, K. (1995): Das Einmaleins des Miteinander. Heidelberg.

Obermann, C. (1995): Computerunterstützte Planspiele inder Mitarbeiterauswahl. In: Geilhardt, T.; Mühlbradt, T. (Hrsg.), Planspiele im Personal- und Organisationsmanagement. Göttingen, S. 401–4093.

Oerter, R. (1971): Moderne Entwicklungspsychologie. Donauwörth.

Osterhold, G. (1996): Veränderungsmanagement. Visionen und wege zu einer neuen Unternehmenskultur. Wiesbaden.

Pawlik, K.; Stapf, K.H. (1992): Umwelt und Verhalten. Perspektiven und Ergebnisse ökopsychologischer Forschung. Bern.

Peirce, C. (1983): Phänomen und Logik der Zeichen. Frankfurt a. M.

Peitgen, H.-O.; Richter, P.H. (1986): The Beauty of Fractals. Berlin.

Peitgen, H.-O. (1990): Symmetrie im Chaos. Selbstähnlichkeit in komplexen Systemen. In: Wille, R. (Hrsg.), Symmetrie in Geistes- und Naturwissenschaft. Berlin, S. 30–49.

Pellert, A. (1990): Der Konstruktive Realismus als Organisationstheorie. In: Wallner, F. (Hrsg.), Acht Vorlesungen über den Konstruktiven Realismus. Wien.

Pfligersdorffer, G.; Seibt, M. (1997): Mit Computersimulationen Umweltprobleme besser erkennen. Unterricht Biologie 21: 35–39.

Pfligersdorffer, G. (1994): Computersimulationen in Umwelterziehung und Ökologieunterricht. In: Kattmann, U. (Hrsg.), Biologiedidaktik in der Praxis. Köln, S. 155–175.

Piaget, J.; Inhelder, B. (1986): Die Psychologie des Kindes. Stuttgart.

Piaget, J. (1974): Biologie und Erkenntnis. Über die Beziehungen zwischen organischen Regulationen und kognitiven Prozessen. Frankfurt a. M.

Piaget, J. (1975a): Das Weltbild des Kindes. Stuttgart.

Piaget, J. (1975b): Der Aufbau der Wirklichkeit beim Kinde. Stuttgart.

Piaget, J. (1976): Die Äquilibration der kognitiven Strukturen. Stuttgart.

Pohl, M. (1998): Kognitive Ordnungsbildung am Beispiel der Entscheidungsfindung. Diplomarbeit: Universität Osnabrück.

Popper, K.R.; Eccels, J.C. (1982): Das Ich und sein Gehirn. München.

Popper, K.R. (1973): Objektive Erkenntnis. Ein evolutionärer Entwurf. Hamburg.

Powers, W.T. (1976): Some Cybernetics and some Psychology. Forum of the American Society for Cybernetics 4 (4): 6–9.

Preuss, S. (1991): Umweltkatastrophe Mensch. Über die Grenzen und Möglichkeiten ökologisch bewußt zu handeln. Heidelberg.

Preußler, W. (1985): Über die Bedingungen der Prognose eines bivariaten ökologischen Systems (Memorandum Lehrstuhl Psychologie II). Bamberg: Universität.

Prigogine, I.; Stengers, I. (1981): Dialog mit der Natur. Neue Wege naturwissenschaftlichen Denkens. München.

Prigogine, I. (1979): Vom Sein zum Werden. München.
Probst, G.J.B. (1987): Selbstorganisation. Ordnungsprozesse in sozialen Systemen aus ganzheitlicher Sicht. Berlin.
Rausch, E. (1952): Struktur und Metrik figural optischer Wahrnehmung. Frankfurt a. M.
Read, S. (1993): Personal Development via the Outdoors. In: Armstrong, R.; Percival, F.; Saunders, D. (Hrsg.), The Simulation and Gaming Yearbook 1993, Volume 2. London,S. 76–80.
Reich, W. (1933): Charakteranalyse. Frankfurt a. M.
Reinmann-Rothmeier, G.; Mandl, H. (1998b): Wissensmanagement in der Bildung. In: Höfling, S.; Mandl, H. (Hrsg.): Lernen für die Zukunft. Lernen in der Zukunft. München, S. 56–68.
Richards, J.; Glasersfeld, E.v. (1987): Die Kontrolle der Wahrnehmung und die Konstruktion von Realität. In: Schmidt, J. (Hrsg.), Der Diskurs des Radikalen Konstruktivismus. Frankfurt a. M., S. 192–228.
Riegas, V.; Vetter, C. (1987) (Hrsg.): Zur Biologie der Kognition. Frankfurt a. M.
Rizzi, P. (1994): Classification and Taxonomy of Urban Gaming Simulations. Paper presented at ISAGA, Ann Arbor.
Rizzi, P. (1995): Planspiele und Ausbildung. Schriftliche Fassung eines Vortrages an der Universität Osnabrück.
Rogers, C.R. (1982): Partnerschule. Frankfurt a. M.
Rogers, C.R. (1974): Lernen in Freiheit. München.
Rogers, C.R. (1983): Die klientenzentrierte Gesprächspsychotherapie. Frankfurt a. M.
Rohn, W.E. (1993): Deutsche Planspielübersicht, 5. Aufl. Wuppertal.
Rohnke, C. (1989): Cowtails and Cobras II. A guide to games, initiatives, ropes courses & adventure curriculum. Dubuque.
Rohnke, C. (1992): Silver Bullets. A guide to initiative problems, adventure games and trust activities. Dubuque.
Rohracher, H. (1988): Einführung in die Psychologie. München.
Rosch, E. (1977): Human Categorization. In: Warren, N. (Hrsg.), Advances in Cross-Cultural Psychology. London, S. 96–118.
Rosenstiel, L.v. (1992): Grundlagen der Organisationspsychologie. Stuttgart.
Rotering-Steinberg, S. (1995): Kooperative Formen des Lehrens und Lernens in der Erwachsenenbildung, Unterrichtswissenschaft 23 (4): 332–346.
Roth, G. (1992): Kognition: Die Entstehung von Bedeutung im Gehirn. In: Krohn, W.; Küppers, G. (Hrsg.), Emergenz: Die Entstehung von Ordnung, Organisation und Bedeutung. Frankfurt, S. 104–133.
Runde, B.; Kessler, T.; Kriz, J. (1992): Serielle Assoziation – ein synergetischer Prozeß. Forschungsbericht Nr. 86, FB Psychologie, Universität Osnabrück.
Sader, M. (1994): Psychologie der Gruppe. München.

Sader, M. (1996): Die unscheinbaren Normen. Gruppendynamik 27 (4): 381–398.

Satir, V. (1985): Selbstwert und Kommunikation. München.

Schahn, J.; Giesinger, T. (1993): Psychologie für den Umweltschutz. Weinheim.

Scheffler, P. (1959): Ordnung ist unvermeidlich. Die Pyramide 7: 105–110.

Schiepeck, G.; Tschacher, W. (1992): Application of Synergetics to Clinical Psychology. In: Tschacher, W.; Schiepek, G.; Brunner, E.J. (Hrsg.), Self-Organization and Clinical Psychology. Berlin, S. 3–31.

Schiepek, G.; Langthaler, W. (1995): Selbstorganisation und Dynamik in Gruppen: Beiträge zu einer systemwissenschaftlich orientierten Psychologie der Gruppe. Münster.

Schiepek, G. (1987): Systeme erkennen Systeme. München.

Schiepek, G. (1992): Synergetik in der Psychologie. Selbstorganisation und nichtlineare Dynamik in Praxis und Forschung. Psychologie in Österreich 1: 4–11.

Schiepek, G. (1997): Ausbildungsziel: Systemkompetenz. In: Reiter, L.; Brunner, R.J.; Reiter-Teil, S. (Hrsg.), Von der Familientherapie zur systemischen Perspektive. Berlin, S. 181–215.

Schiepek, G.; Manteufel, A.; Reicherts, M. (1993): Dynamik und Struktur in komplexen Sozialsystemen – zur Entwicklung eines Forschungs- und Trainingsparadigmas. Verhaltensmodifikation und Verhaltensmedizin 14 (2): 141–155.

Schlippe, A.v.; Schweitzer, J. (1996): Lehrbuch der systemischen Therapie und Beratung. Göttingen.

Schlippe, A.v. (1984): Familientherapie im Überblick. Paderborn.

Schmalt, H.-D. (1996): Zur Kohärenz von Motivation und Kognition. In: Enzyklopädie der Psychologie. Göttingen, S. 241–263.

Schöning, H. (1995):Computersimulierte Szenarien in einem internationalen Konzern. In: Strauß, B.; Kleinmann, M. (Hrsg.). Computersimulierte Szenarien in der Personalarbeit. Göttingen,S. 261–272.

Schreiber, L. (1995): Der Einsatz eines computersimulierten Szenarios im Assessment Center bei Merck. In: Strauß, B.; Kleinmann, M. (Hrsg.), Computersimulierte Szenarien in der Personalarbeit. Göttingen, S. 273–284.

Schrödinger, E. (1985): Mein Leben, meine Weltsicht. Wien.

Schuler, H. (1995) (Hrsg.): Organisationspsychologie. Bern.

Schulz v. Thun, F. (1981): Miteinander Reden 1. Reinbek.

Schulz v. Thun, F. (1989): Miteinander Reden 2. Reinbek.

Schulz-Wensky, G. (1994): Kooperation im Lehrerteam. Psychologische Untersuchung von Lehrergruppen im Team-Kleingruppen-Modell. Universität Hannover.

Seifert, H. (1971): Einführung in die Wissenschaftstheorie 1. München.

Senge, P.M. (1990): The Fifth Discipline. The Art; Practice of The Learning Organization. New York.

Senge, P.M. (1994): The Fifth Discipline Fieldbook. New York.

Shannon, C.; Weaver, W. (1976): Mathematische Grundlagen der Informationstheorie. München.

Sherif, M. (1935): A study of some social factors in perception. Arch. Psychol. 27, Nr. 187.

Siebert, H. (1994): Lernen als Konstruktion von Lebenswelten. Entwurf einer konstruktivistischen Didaktik. Frankfurt.

Sigmund, K. (1997): Spielpläne. Zufall, Chaos und die Strategien der Evolution. München.

Simon, F.B. (1988): Lebende Systeme. Berlin.

Simon, F.B. (1989): Das deterministische Chaos schizophrenen Denkens. Familiendynamik 14: 236–258.

Simon, F.B. (1997): Meine Psychose, mein Fahrrad und ich. Zur Selbstorganisation der Verrücktheit. Heidelberg.

Slunecko, T. (1996): Wissenschaftstheorie und Psychotherapie. Wien.

Spears, R.; Oakes, P.; Ellemers, N.; Haslam, S.A. (1997): The Social Psychology of Stereotyping and Group Life. Oxford.

Stadler, M.; Kruse, P. (1986): Gestalttheorie und Theorie der Selbstorganisation Gestalt Theory 8 (2): 75–98.

Stadler, M.; Kruse, P. (1990): The Self-Organization Perspective in Cognition Research: Historical Remarks and New Experimental Approaches. In: Haken, H.; Stadler, M. (Hrsg.), Synergetics of Cognition. Berlin, S. 32–52.

Stadler, M.; Kruse, P. (1990): Über Wirklichkeitskriterien. In: Riegas, V.; Vetter, C. (Hrsg.), Zur Biologie der Kognition. Frankfurt a. M., S. 133–158

Stadler, M.; Kruse, P. (1991): Visuelles Gedächtnis für Formen und das Problem der Bedeutungszuweisung in kognitiven Systemen. In: Schmidt, S.J. (Hrsg.), Gedächtnis. Frankfurt a. M., S. 250–266.

Stadler, M.; Kruse, P. (1992): Zur Emergenz psychischer Qualitäten. In: Krohn, W.; Küppers, G. (Hrsg.), Emergenz: Die Entstehung von Ordnung, Organisation und Bedeutung. Frankfurt a. M., S. 134–160.

Stadler, M.; Wildgen W. (1997): Ordnungsbildung beim Verstehen und bei der Reproduktion von Texten. Spiel 1: 101–144.

Stadlmayr, E. (1995): Das Planspiel: Theorie und Praxis. Linz: Diplomarbeit.

Stapf, K.H. (1978): Ökopsychologie und Systemwissenschaft. In: Graumann, C.F. (Hrsg.), Ökologische Perspektiven in der Psychologie. Bern, S. 251–273.

Steinmann, H.; Hennemann, C. (1997): Die lernende Organisation – eine Antwort auf die Herausforderungen der Managementpraxis? In: Wieselhuber & Partner (Hrsg.), Handbuch Lernende Organisationen. Unternehmens- und Mitarbeiterpotentiale erfolgreich erschließen. Wiesbaden, S. 33–44.

Stern, W. (1923): Die Differentielle Psychologie. Leipzig.

Strauß, B.; Kleinmann, M. (1995) (Hrsg.): Computersimulierte Szenarien in der Personalarbeit. Göttingen.
Taylor, J. (1971): Instructional planning systems. A gaming-simulation approach to urban problems. Cambridge.
Terry, D.J.; Hogg, M.A. (1996): Group Norms and the Attitude-Behavior Relationship: A Role for Group Identification. Personality and Social Psychology Bulletin 22(8): 776–793.
Thiagarajan, S. (1993): How to maximize transfer from simulation games through systematic debriefing. In: Percival, F.; Lodge, S.; Saunders, D. (Hrsg.), The Simulation and Gaming Yearbook 1993. London, S. 45–52.
Thiagarajan, S. (1996): Framegames by Thiagi. Bloomington.
Triandis, H.C.; Brislin, R.W. (1980) (Hrsg.): Handbook of cross cultural social psychology. Boston.
Tschacher, W. (1990): Interaktion in selbstorganisierten Systemen. Grundlegung eines dynamisch-synergetischen Forschungsprogrammes in der Psychologie. Heidelberg.
Tschacher, W. (1997): Prozessgestalten. Göttingen.
Tschacher, W.; Brunner, E.J.; Schiepek, G. (1992): Self-Organization in Social Groups. In: Tschacher, W.; Schiepek, G.; Brunner, E.J. (Hrsg.), Self-Organization and Clinical Psychology. Berlin, S. 341–366.
Uexküll, J. von (1909): Umwelt und Innenwelt der Tiere. Berlin.
Ulich, E. (1995): Gestaltung von Arbeitstätigkeiten. In: Schuler, H. (Hrsg.), Organisationspsychologie. Bern, S. 189–208.
Ulrich, H.; Probst, J.B.G. (1993): Anleitung zum ganzheitlichen Denken und Handeln: Ein Brevier für Führungskräfte. Bern.
Ulrich, M. (1997): Links between Learning and Simulation; Gaming. Proceedings of the ISAGA Conference 1997. Tilburg.
Ulrich, M. (1998): Games for Environmental Education. Proceedings of the ISAGA Conference 1997. Tilburg.
Varela, F. (1975): A calculus for self-reference. Int. J. of General Systems 2: 18–30.
Vester, F. (1983a): Ballungsgebiete in der Krise. Vom Verstehen und Planen menschlicher Lebensräume. München.
Vester, F. (1983b): Unsere Welt – ein vernetztes System. München.
Vollmer, G. (1975): Evolutionäre Erkenntnistheorie. Stuttgart.
Voß, B. (1995) (Hrsg.): Kommunikations- und Verhaltenstrainings. Göttingen.
Wagner, R.H., (1995) (Hrsg.): Praxis der Veränderung in Organisationen. Was Systemtheorie, Psychologie und Konstruktivismus zum Verstehen und Handeln in Organisationen beitragen können. Göttingen.
Wagner, W. (1994): Alltagsdiskurs. Die Theorie sozialer Repräsentationen. Göttingen.
Wallner, F. (1990): Acht Vorlesungen über den Konstruktiven Realismus. Wien.

Wapner, S. (1987): A holistic, developmental, system-oriented Environmental Psychology: some beginnings. In: Stokols, D.; Altman, E. (Hrsg.), Handbook of Environmental Psychology. New York, S. 1433–1465.

Watson, D.R.; Sharrock, W.W. (1990): Realities in simulation/gaming. In: Crookall, D.; Oxford, R. (Hrsg.), Simulation, Gaming and Language Learning. New York, S. 231–238.

Watzlawick, P. (1981) (Hrsg.): Die erfundene Wirklichkeit. München.

Watzlawick, P. (1983): Anleitung zum Unglücklichsein. München.

Watzlawick, P. (1987): Schopenhauer und die Thesen des modernen Konstruktivismus. In: Spierling, V. (Hrsg.), Schopenhauer im Denken der Gegenwart.. München, S. 311–322.

Watzlawick, P. (1992): Berufskrankheiten systemisch-konstruktivistischer Therapeuten. In: Schweitzer, J.; Retzer, A.; Fischer, H.R. (Hrsg.), Systemische Praxis und Postmoderne. Frankfurt a. M., S. 87–105.

Watzlawick, P., Beavin, J.H.; Jackson, D.D. (1969): Menschliche Kommunikation.

Wehner, T.; Stadler, M. (1996): Gestaltpsychologische Beiträge zur Struktur und Dynamik fehlerhafter Handlungsabläufe. In: Enzyklopädie der Psychologie. Göttingen, S. 795–815.

Weinert, F.E. (1982): Selbstgesteuertes Lernen als Voraussetzung, Methode und Ziel des Unterrichts. Unterrichtswissenschaft 2: 99–110.

Weißbuch der Europäischen Union (1993): Wachstum, Wettbewerbsfähigkeit, Beschäftigung. Brüssel.

Weizsäcker, C.F. v. (1986): Die Einheit der Natur. München.

Weizsäcker, C.F. v. (1989): Die Zeit drängt – Das Ende der Geduld. München.

Weizsäcker, C.v.; Weizsäcker, E.U.v. (1985): Fehlerfreundlichkeit. In: Kornwachs, K. (Hrsg.), Offenheit – Zeitlichkeit – Komplexität. Frankfurt, S. 167–201.

Werbik, H. (1987): Handlungstheorien. Stuttgart.

Werder, L.v.; Schulte-Steinicke, B. (1998): Schreiben von Tag zu Tage. Zürich.

Wertheimer, M. (1922/23): Untersuchungen zur Lehre von der Gestalt. Psychologische Forschung 1: 47–58; 4: 301–350.

Wertheimer, M. (1925): Produktives Denken. Frankfurt a. M.

Westermann, R.; Heise, E. (1996): Motivations- und Kognitionspsychologie. In: Enzyklopädie der Psychologie. Göttingen, S. 275–327.

Whorf, B.L. (1963): Sprache, Denken, Wirklichkeit. Beiträge zur Metalinguistik und Sprachphilosophie. Reinbek.

Wiener, N. (1963): Kybernetik. Regelung und Nachrichtenübertragung im Lebewesen und in der Maschine. Wien.

Wieselhuber & Partner (1997): Handbuch Lernende Organisationen. Unternehmens- und Mitarbeiterpotentiale erfolgreich erschließen. Wiesbaden.

Wilkening, F. (1988): Zur Rolle des Wissens in der Wahrnehmung. In: Mandl, H.; Spada, H. (Hrsg.), Wissenspsychologie. München, S. 203–224.

Willi, J. (1975): Die Zweierbeziehung. Reinbek.
Willke (1983): Methodologische Leitfragen systemtheoretischen Denkens. Zeitschrift für systemische Therapie 1 (2): 23–37.
Willke, H. (1987): Systembeobachtung, Systemdiagnose, Systemintervention. In: Schiepek, G. (Hrsg.), Systeme erkennen Systeme. München, S. 94–114.
Wittenbrink, B.; Henly, J.R. (1996): Creating Social Reality: Informational Social Influence and the Content of Stereotypic Beliefs. Personality and Social Psychology Bulletin 22: 598–610.
Xianghong, W. (1997): What can Constructive Realism do for transferring science?. In: Slunecko, T. (Hrsg.), The movement of Constructive Realism. Wien.
Zeeman, E.C. (1976): Catastrophe Theory. Scientific American 234: 65–83.

Straßenbau – Planspiel

Grundstücksplan

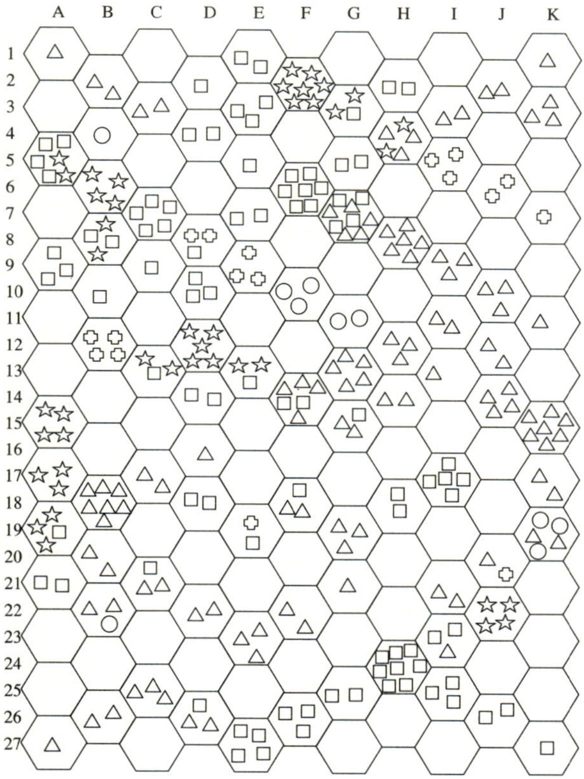

Aufgabe ist die . . .

Planung einer maximal kostengünstigen Straße. Die Straße muß in einem Sechseck der Reihe 1 beginnen und in Reihe 27 enden. Jedes Sechseck kostet 5 Punkte und dazu noch Punkte für jedes der Symbole (vgl. Liste). Jeder Spieler bekommt eine Rolle zugeteilt (vgl. Liste). Für jede Rolle kosten die Symbole verschieden viele Punkte! Die Straße muß durch die Mitte der Sechsecke gebaut werden. Tragen Sie Ihre Route in den Plan ein. Die Sechsecke müssen aneinander anschließen. Die Straße kann beliebig vor und zurück gebaut werden. Berechnen Sie dann die Gesamtkosten Ihrer Route (vgl. Rechenbeispiel).

Symbol auf dem Plan:

Rollen	Wohnsiedlungen Erholungsraum	Geschäftszentren Industrieanlagen	schwer bebaubares Gelände	historische Sehenswürdigkeit	archäologische Ausgrabung
Stadträte	5	3	1	1	1
Archäologen	1	1	1	3	5
Steuerzahler	1	3	5	1	1
Hausbesitzer	7	1	1	1	1
Geschäftsleute	1	7	1	1	1
Bauingenieure	1	1	7	1	1

Rechenbeispiel: Feld A5 (4 Wohnsiedlungen und 2 Geschäftszentren) kostet für Stadträte 31 Punkte (5 Grundpunkte + 4 mal 5 Punkte für die Siedlungen + 2 mal 3 Punkte für die Geschäftszentren). Für Bauingenieure kostet das selbe Feld A5 lediglich 11 Punkte (5 + 4 mal 1 + 2 mal 1). Achtung: Auch Felder ohne Symbole kosten 5 Grundpunkte!

Aktivität:	Planung einer Straßenroute
Lernziele:	Problemlösen, Kooperation vs. Konkurrenz, Verhandlungsfähigkeiten, Durchsetzung von Interessen bei der Nutzung von beschränkten Ressourcen, Argumentationsstrategien, Moderation
Zeit:	40–60 Minuten
Gruppengröße:	mindestens 6 Personen
Material:	eine Kopie des Planes, der Regeln und der Punktetabelle pro Spieler, einen zusätzlichen vergrößerten Plan (mindestens DIN A3) pro Gruppe

Ablauf des Spiels
Die Pläne (und Informationen) werden ausgeteilt. Die Teilnehmer werden aufgefordert die Information durchzulesen (unter: Aufgabe ist die ...). Dann wird ein Rechenbeispiel mit der Gruppe diskutiert (eventuell sind mehrere Beispiele notwendig). Dann werden die Teilnehmer verschiedenen Rollen zugeteilt. Die Teilnehmer sollen dann entsprechend ihrer Rolle eine möglichst kostengünstige Route planen. 5–8 Minuten sind dafür in der Regel ausreichend.

Danach werden die Teilnehmer aufgefordert eine gemeinsame Route zu planen. Sie müssen innerhalb einer festgesetzten Zeit eine Route in den großen Plan einzeichnen. Dabei sollen die Teilnehmer weiterhin ihre Interessensgruppe (Rolle) so gut wie möglich vertreten. Die Zeitvorgabe für die zweite gemeinsame Planung sollte in der Regel zwischen 20 und 30 Minuten liegen. Auch bei der gemeinsamen Route soll am Ende ein Gesamtscore berechnet werden (Gesamtkosten: Addition aller Kosten der Straße für alle sechs Rollen).

Variationen
Bei großen Gruppen kann man das Spiel in mehreren kleinen Gruppen parallel durchführen. Eine große Gruppe (bis ca. 30 Personen) kann aber auch als Ganzes an der gemeinsamen Route planen (es übernehmen dann mehrere Personen die selbe Rolle). Varianten mit oder ohne der Wahl von Gruppensprechern für die Vertretung von Interessensgruppen (Spielersubgruppen mit gleicher Rolle) sind möglich. Preise für die kostengünstigsten individuellen Routen, für die kostengünstigsten gemeinsamen Routen oder für die »beste« Vertretung der eigenen Rolleninteressen bei der gemeinsamen Planung können den Konkurrenzdruck zusätzlich steigern. Man kann am Ende des Spiels auch die individuellen Routen der ersten Planungsphase nochmals hinsichtlich der Gesamtkosten für alle Rollen rechnerisch auswerten.

Debriefing (Reflexion)
In der Reflexion können die verschiedenen Punktescores verglichen werden. Die Teilnehmer sollen über Ihre Gefühle und Strategien im Spiel berichten. Der Bezug des Erlebten zu realen Entscheidungs- und Problemlöseprozessen bei unterschiedlichen Individualinteressen sollte diskutiert werden.

Mögliche Fragen: Sind Sie zufrieden mit der Route? Sind Sie zufrieden mit Ihrer Verhandlungsleistung? Welches Ausmaß an Kooperation, Koalitionen und Konkurrenz gab es? Wie wirken sich Kooperation bzw. Konkurrenz auf die individuellen Gesamtkosten und auf die gemeinsamen Gesamtkosten aus? Wie wurden Entscheidungen getroffen? Welche Argumentationsstrategien gab es beim Vertreten der eigenen Interessen? Welche Art von Führung und/oder Moderation des Problemlöseprozesses hat sich herausgebildet? Welchen Zusammenhang sehen Sie zwischen Spiel und Realität? Was können Sie in vergleichbaren realen Situationen konkret verbessern?